세기의 오심
Wrongful Conviction

이윤호 | 이승욱

서 문

사법 정의는 어쩌면 국가 존립의 근간일지도 모른다. 동시대를 살아가는 우리는 모두가 서로 지켜야 할 그리고 지키기로 암묵적으로 동의하고 합의한 규범을 따르고, 계약을 지키기 마련이고, 그것을 지키지 않거나 따르지 않을 때 그가 누구라도 그로 인한 손실과 손상에 비례하여 신속하고 확실하게 처벌하는 것이 바로 사법 정의를 실현하는 것으로 알고 있을 것이다. 그러나 이 당연하고 지극히 상식적인 것이 우리가 상상하기 어려울 정도로 빈번하게, 그것도 거의 모든 나라에서, 심지어 가장 민주적이고, 과학기술의 발달에 힘입은 첨단 과학수사가 이루어지고 있다는 나라에서까지, 일어나고 있다는 현실을 어떻게 받아들여야 할까?

비록 약간은 기울어지고 있는 추세이긴 하지만, 아직도 끝나지 않은 사형제도의 존치와 폐지에 대한 논쟁에서 폐지론자들이 가장 중요시하고 강력하게 주장하는 사형이 폐지되어야 할 이유로 들고 있는 것이 바로 "오판"의 가능성이다. 다른 모든 범죄의 억울한 오심 피해자도 빼앗긴 시간과 고통은 결코 회복되지도 돌려받지도 못하기는 마찬가지이지만, 사형의 오판, 오심은 사형 자체도 문제인데 거기에 더하여 억울하고 무고하게 오판, 오심으로 사형이 선고되고 집행된다면 그 억울한 죽음은 어떻게 해도 회복되고 보상될 수 없지 않은가?

안타까운 것은 한 사람의 생명이 달린 이토록 중대한 일임에도, 더구나 첨단 과학기술과 그에 힘입은 온갖 과학수사 기법에도 불구하고, 아직도 도처에서 심심치 않게 이런 불행과 불상사가 빈번하게 일어나고 있다는 사실이다. 사법 정의의 실현을 궁극의 목표로 하고 있는 사법제도와 기관들이 사법 정의의 실현이 아니라 오히려 '오심'과 '오판'으로 대표되는 사법 부정의의 온상이 되고 있다면 어떻게 이해할 수 있을까? 미국처럼 유독 흑인과 가난한 사람이 무고한 오심의 피해자가 되는 확률이 비정상적으로 높아서, 무고한 흑인 피해자를 두고는 "당신은 태어난 순간부터 유죄이다"라고 희화화하고, 가난한 사람이 무고한 오심 피해자가 되는 것을 두고는 "가난의 반대는 부자가 아니라 부정의(Injustice)이다"라고 개탄한다. 그래서 미국의 사법제도가 백인, 중산층에게는 유죄가 확정되기까지는 무죄이지만, 흑인, 가난한 사람에게는 무죄가 확정되기까지는 유죄라는 개탄의 소리가 나온다.

어쩌면 우선순위의 문제라고 하소연할 수도 있겠지만, 사법 정의는 법과 사법제도의 효율성보다는 효과성에 더 가치가 있어야 하지 않을까? 모든 범죄자를 신속하게 검거하여 죄에 상응한 처벌을 확실하게 하는 것이 우리가 바라는 궁극의 사법 정의이지만, 현실은 그리 호락호락하지 않다. 그렇다면 설사 억울하고 무고한 희생이 따르더라도 신속하고 확실한 처벌을 우선할 것인지, 아니면 비록 조금은 늦어지고 일부는 놓치고 해결하지 못하더라도 단 한 사람의 무고한 희생도 없는 사법의 운용이 우선되어야 할까? 독자들의 이해에 작은 도움이라도 드릴 수 있기를 희망해 본다.

삼청공원 비탈길 옆 봄빛 가득한 고려사이버대학교 연구실에서

2024년 봄 이 윤 호

목차

02   오심 사건의 대표적인 사례   116

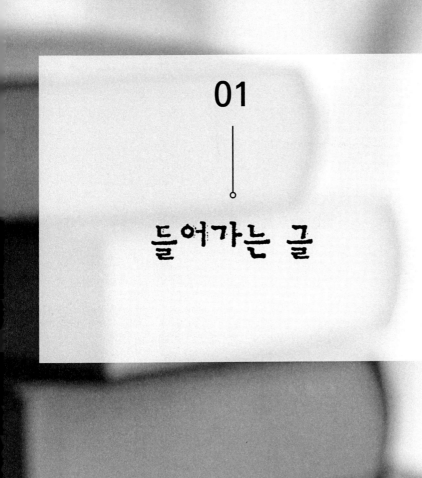

01

들어가는 글

01 들어가는 글

　무고한 사람이 아무런 잘못도 없이, 내가 저지르지도 않은 범죄로 억울하게 누명을 쓰고 사형이 집행된다면, 사형까지는 아니라도 교도소에 구금된다면, 그 사람의 삶은 송두리째 멈춰지게 될 것이다. 당연히 이미 희생된 생명을 되살릴 수도, 가버린 시간을 되돌릴 수도 없다. 더구나 그토록 끔찍하고 심각함에도 우리가 생각하는 것보다 훨씬 더 빈번하게 발생한다는 것이 더 큰 문제이다. 역사적으로 대부분의 나라에서 형사사법제도는 단 한 명의 무고한 시민이라도 억울하게 사회로부터 격리시키려고 하지 않았을 것이며, 그것은 나라마다 법이 있고 사법제도가 있는 이유일 것이다. 그래서 우리는 아홉 사람의 도둑을 놓치는 한이 있어도 단 한 명의 무고한 사람이 억울하게 처벌되어 희생되어서는 안 된다고 강조해 왔을 것이다. 이뿐만 아니라, 우리는 누구나 유죄가 확정되기까지는 무죄로 추정한다거나, 미란다 경고(Miranda Warning)를 비롯한 가능한 모든 적법절차의 권리를 법으로 보장하고 있는 것이다. 이런 원칙들은 아마도 검찰이 합리적 의심 그 이상으로(beyond reasonable doubt) 그 사람이 유죄임을 입증할 책임이 있음을 의미한다. 그러나 관련된 사람들이 이런 기본적 원칙들을 이해하지 못하고, 제대로 적용하지 않거나 못한다면, 누구라도 억울하게 잘못된 심판, 오심을 받을 수 있는 것이고, 실제로 전 세계 모든 국가에서 적지 않게 발생하고 있는 것이 사실이다.

유죄가 입증될 때까지는 무죄로 추정한다는 원칙은 합리적 의심 이상으로 피의자가 범행했다는 것을 뜻한다. 사법제도는 피의자에게 유리하게 해석, 적용되어야 한다는 원칙도 바로 이런 이유에서일 것이다. 만약 이 원칙이 없거나 지켜지지 않는다면, 피의자가 자신이 저지르지도 않은 다른 사람의 범죄로 교도소에 갈 수도 있는 것이다. 그래서 옛날부터 한 명의 죄가 있는 사람이 도주하는 것이 한 명의 무고한 사람이 고통을 받게 하는 것보다 더 낫다고 하였을 것이다. 이런 원칙은 사회가 발전되고 인간의 권리가 신장되면서 더욱 강조되어, 이제는 단 한 명의 무고한 사람이 처벌되어 고통받게 하는 것보다도 천 명의 죄지은 사람이 도주하는 것이 더 낫다는 말까지 나오고 있다. 물론 이런 상황은 있을 수도 없고 있어서도 안 되지만 그만큼 오심해서는 안 된다는, 즉 오심이 얼마나 중요한가를 보여주는 경고인 것이다. 그것은 억울한 누명으로 옥살이를 한 사람의 잃어버린 시간, 억울하게 사형이 집행된 사람의 생명은 어떻게도 보상될 수가 없기 때문이다. 상상해보라. 검찰이 합리적 의심 이상으로 유죄를 입증할 책임이 있지 않고, 피의자가 자신의 무고함을 입증해야 한다면 어떨까? 마치 현재 우리 사회에서 의료사고의 입증이 병원과 의사에 있지 않고, 환자 본인에게 있는 것처럼 그 입증이 거의 불가능하거나 극단적으로 어려울 것이다. 그만큼 의료사고의 개연성은 더 높아질 것이다. 이처럼 형사사법에서도 같은 상황이 벌어지지 않을까? 이 경우, 검찰은 범행 동기 외엔 아무런 증거가 없어도 피의자를 교도소로 보낼 수 있을 것이다.[1] 오심은 글자 그대로,

---

1 Isabella T. Likos, "A look into wrongful conviction within the U.S. Justice System," The Downtown Review, 2021, 7(2): 1-7.

만약 누군가가 자신이 범하지 않은 범죄로 유죄가 확정된다면, 그 사람은 억울하게 무고하게 잘못 심판되고 처벌된 것이라는 의미이다.

무죄냐 유죄냐? 이에 대한 대답을 우리는 하나의 공동체 사회로서 너무나 자주 "범죄자들"에 대한 법정에서의 판정에 의존하고 있다. 시민으로서 우리는 우리의 사회를 안전하게 지키기 위하여 사법제도의 과학성에 신뢰를 보낸다. 우리가 제도를 믿고, 유죄가 확정되면 누군가가 유죄, 무죄가 확정되면 누군가가 무죄라고 믿는 것이 하나의 규범이 되었다. 그러나 불행하게도, 진짜 범인은 자유를 누리는 동안, 자신이 범하지도 않은 범죄로 교도소에서 수형의 시간을 보내는 무고한 사람도 있다. 한 연구에 의하면, 미국에서 사형이 선고된 피의자의 4.1%, 즉 25명 중 한 명 정도가 이후에 무고한 것으로 밝혀지고 있다고 한다. 만약 그들에게 선고된 사형이 오심이 확인되고 면죄되기 전에 이미 사형이 집행되었을 때를 상상해보라. 이 얼마나 무서운 일인가.[2]

실제로 미국에서는, '우리에게는 사법제도(Justice System)는 없고, 다만 법률제도(Legal System)만 있을 뿐'이라는 자조적인 비판의 소리가 적지 않다. 그도 그럴 것이 Minnesota 주에서 백인 경찰관들이 흑인 청년에게 무참하게 폭력을 가하여 숨지게 한 사건을 필두로 여러 곳에서 유사한 사건이 발생하면서, 급기야는 사법제도의 최첨병, 최일선인 경찰의 위법과 불공정, 부정의에 대한 비난이 들끓었다. 시민들이 극단적으로는 경찰에 대한 예산 배정을 중단하라는 "Defund the Police"를 시작으로, 더 나아가 경찰을 폐지하라는 "Abolish the Police"까지 외치게 되었던 것이다. 이런 일들이 바로 미

---

2 Gross, S. R., "The staggering number of wrongful convictions in America," Washington Post, 2015. 7. 24일자, https://www.washingtonpost.com/opinions/the-cost-of-convicting-the-innocent/2015/07/24, 2023. 1. 9. 검색.

국인들이 왜 사법제도가 아니라 법률제도만 있다고 주장하고, 그것은 곧 인종에 대한 체제적 편견과 차별이라고 이야기하는 이유라고 한다. 그러한 제도는 공정의 정신(the spirit of fairness)이 아니라, 법의 조문(the letter of the law)만을 따르도록 고안된 것에 불과하다는 것이다. 넷플릭스(Netflix)에서 최근 발표한 "그들이 우리를 볼 때(When They See Us)"라는 미니시리즈가 바로 이런 사실에 대한 강력한 독촉장, 비망록이 되고 있다. 물론 이 미니시리즈는 오심으로 인하여 무고하게 유죄가 선고된 사건 중 하나를 그리고 있지만, 그렇다고 그것이 결코 특별한 예외적인 것이 아니며, 미국의 흑인이나 라틴계 젊은 남성들에 대한 하나의 부정의한 체포와 무고한 유죄평결의 역사적인 양식이라고 지적한다.[3]

오심은 역사적으로 어떤 시기에도 그리고 지구상 어느 나라에서도 있었다. 오판으로, 오심으로, 무고하고 억울하게 형벌을 받은 사람들에게는 인생을 바꾸는 중요한 사건임에 틀림이 없고, 그렇게 잘못된 제재와 구금은 결코 잊혀질 것 같지 않다. 그러나 아마도 이러한 사건은 그렇게 많지 않은 소수의 사람들에게만 그토록 직접적으로 파괴적이고 충격적이기 때문에, 공동체의 나머지 다수는 문제의 정도와 그 심각성을 정확하게 인지하지 못하여, 때로는 관련된 결과와 과정에 적정한 중요성을 부여하지 못하는 죄를 지을 수도 있다. 결국, 오심 사고나 사건은 일어나지 않아야 하지만, 그럴 수 없다면 그 정도를 최소화하는 것이 당면과제이고, 그러기 위해서는 오심에 대하여 공동체 사회와 우리 모두가 더 많이, 더 깊이 알아야 할

---

3 The Washington Post, "How the Central Park Five expose the fundamental injustice in our legal system," https://www.washingtonpost.com/outlook/2019/12/how-central-park-five-expose-fundamental-injustice-our-legal-system, 2023. 1. 16. 검색.

필요가 있다. 이를 위하여 우리는 오심이란 과연 무엇인지부터 이해할 필요가 있을 것이다.

1) 오심이란?

오심은 민사나 형사 재판에서 극도로 불공정한 결과가 일어날 때 발생한다. 그 가장 극단적인 경우가 억울한 사형이나 억울한 옥살이, 즉 자신이 하지도 않은 범죄로 사형되거나 형벌을 받아 옥살이를 하게 되는 경우일 것이다. 결과적으로 무고한 사람이 때로는 자신에게 내려진 유죄 선고가 뒤집히기까지 짧게는 수년, 길게는 수십 년 아니 일생을 교도소에서 보내게 된다. 더 극적으로는 이미 사형이 집행되고 나서야 진범이 나타나거나 붙잡혀서 누군가가 억울한 죽음을 당하는 것이다. 억울한 형벌을 받은 오심의 당사자들은 만약 새로운 증거가 드러나고 알려지고 나타나거나, 경찰이나 검찰이 원심, 1심에서 어떠한 유형의 위법행위를 저질렀음이 결정된다면, 그들의 결백이 입증되고, 무죄임이 밝혀질 수도 있다.[4]

학술연구의 결과로, 이러한 오심을 초래하는 주요 요인은 엉뚱한 사람을 범인으로 지목하는 목격자의 오식별(Eyewitness misidentification), 법의학적 분석 오류, 취약한 용의자의 허위자백, 증인의 거짓과 위증, 강제나 강압이나 고문에 의한 허위자백의 유도나 위협이나 적법절차의 위반과 같은 경찰, 검찰, 판사의 위법행위 그리고 증인을 제대로 부르지 않거나 변론을 하지 않거나 제대로 못하는 등 변호인의 무능이나 무성의하거나 부적절하거

---

4 Innocence Project, Compensating the wrongly convicted, https://innocenceproject. org/compensating-wrongly-convicted, 2023. 1. 9. 검색.

나 효과적이지 못한 변론과 같은 변호인의 무능함 등인 것으로 밝혀지고 있다.

② 오심의 실상

현실적으로, 민사나 형사 재판에서 정확하게 얼마나 많은 오심과 오판이 발생하는지는 아무도 알 수 없는 일이다. 그럼에도 거의 모든 사람들은 그러한 오심과 오판은 당연히 발생하는 것으로 확신하고 있다. 그래서 우리가 알고 있는 오심의 실제 정도는 대부분 추정치에 불과하지만, 오심의 정도를 추정하는 데는 대체로 두 가지 주요 방법이 있다고 한다. 그 하나는 바로 법원에 의하여 최종적으로 선고된 형이 무효화되어 무죄가 선고되는 면죄(Exoneration) 사례의 통계이고, 다른 하나는 자기보고(Self-report)라고 한다.

(1) 면죄(Exoneration)

오심의 정도를 추정하는 첫 번째 방법은 유죄평결이나 유죄 선고가 유죄가 평결되거나 선고가 된 사람이 사실 무죄, 무고함을 입증하는 새로운 증거가 제시된 후에 법관이나 상위 법원에 의해서 파기되는 사건, 사람의 수이다. 실제로, 최근 들어 개선, 향상, 발전된 유전자 정보(DNA)의 분석이나 검사로 다수의 사건이나 사람의 유죄평결과 선고가 뒤집어지고 있다. 그러나 안타깝게도 이 유전자 정보의 분석이나 검사는 전체 범죄 사건의 극히 소수, 아마도 10% 미만에도 미치지 못하는 실정이며, 유전자 검사 등으로 추정되고 있는 수치도 살인과 강간에 거의 제한되고 있어서 오심 사건의 실제 수치는 훨씬 더 높을 것으로 추정되고 있다. 결과적으로 피의자를 면죄시키기 위하여 가용한 증거가 없는 훨씬 더 많은 오심, 오판에 의한 유죄평결이나 선고가 있을 수 있다는 가능성을 보여주는 대목이다. 이 분야에서 활동하고 있는 미국의 Innocence Project라는 단체에 따르면, 미국 내 전체 재소자의 2.3%에서 5% 정도가 무고한, 무죄인 것으로 추정될 수 있다고 주장한다. 그러나 미국 Virginia 주에서 7~80년대 유죄가 평결되고 선고된 사례들을 보다 면밀하게 들여다본 결과에서는 오심이 그보다 훨씬 더 많은 11.6%에 이른 것으로 추정되기도 하였다.[5]

(2) 자기보고(Self-report)

오심의 정도를 추정하는 두 번째 방법은 자기보고(self-report)를 포함하고 있다. 수형자, 피의자 등 유죄가 확정되고 선고나 평결이 이루어진 범죄자들에게 자신이 범하지 않은 범죄를 자백한 적이 있는지 여부를 직접 묻는 것이다. 위의 면죄 사건의 수를 추정하는 방법이 주로 살인이나 강간에 국한되는 것과는 달리 이 자기보고식 추정은 DNA 분석을 활용할 수 있는 살인과 강간 사건만이 아니라 오심이 발생한 모든 범죄에 대해서 면죄가 허용된다는 장점이 있다.

아이슬란드(Iceland)에서 10년의 간격을 두고 이루어진 두 번의 연구 결과, 허위자백의 비율이 각각 12.2%와 24.4%에 달하였다고 하는데, 허위자백이 오심으로 이어질 개연성이 매우 높기 때문에 이 수치가 오심에 대한

---

5 Innocence Project, Wayback machine, "How many innocent people are in prison" https://web.archive.org/web/20141110182624/http//www.innocentproject. org/content/How_many_innocent_people_are_there_in_prison.php, 2023. 1. 9. 검색; Kelly Walsh, Jeanette Hussemann, Abigail Flynn, Jennifer Yahner, and Laura Golian, 2017, "Estimating the prevalence of wrongful conviction," https:// www.ncjrs.gov/pdffiles1/nij/grants/251115.pdf, ODF Report, US Department of Justice, 2023. 1. 9. 검색.

근사치를 제공한다고 볼 수 있을 것이다. 보다 최근에는 스코틀랜드(Scotland)에서의 연구에서 어느 한 교도소 재소자 집단 가운데 허위자백을 스스로 보고한 비율이 무려 33.4%에 달하는 것으로 밝혀지기도 하였다.[6] 또 다른 연구에서는 매년 10,000명 이상이 미국에서 오심으로 강력범죄의 유죄가 평결되고 선고되고 있다고도 추정하였다. 이스라엘의 한 법학 교수는 대부분의 오심이 대부분의 나라에서 주로 연구대상으로 삼는 살인이나 강간보다는 덜 심각한 범죄에서 발생한다는 점을 상기시키면서, 그럼에도 불구하고 사법제도는 범죄를 다루는 데 훨씬 부주의하거나 조심스럽지 못하기 때문에 사회의 실제 오심 정도는 지금까지의 추정보다 훨씬 더 심각할 것이라고 주장하였다고 한다.[7]

(3) 오심 통계

그 심각성은 누구나 의심하지 않을 정도로 적지 않게 발생하고 있지만, 정확하게 얼마나 많은 오심 사건이 발생하는지 그 정확한 수치는 알 수가 없는 실정이라고 할 수 있을 것이다. 그것은 일반적으로 오심 사건이 질병처럼 전체 재소자 인구 안에서 검증될 수 있는 무언가가 아니기 때문이다. 유죄 선고가 '잘못된 것', '오심'으로 확인되고 분류되는 면죄를 따를 뿐이기 때문이다. 극히 일부의 경우에만 DNA 검사가 오심을 밝히는 데 충분

6 Leo, Richard A., Davis, Deborah, 2010, "From false confession to wrongful conviction: Seven psychological processes," The Journal of Psychiatry and Law, 38(1-2):9-56; Gudjonsson, Gisli Hannes, Gonzalez, Rafael A., Young, Susan, "The risk of making false confessions: The role of developmental disorders, conduct disorder, psychatric symptoms, and compliance," Journal of Attention Disorders, 2021, 25(5): 715-723.

7 https://en.wikipedia.org/w/index.php?title=Miscarriage_of_justice&oldid=1118648433, 2023. 1. 9. 검색.

하게 입증 능력이 있지만, 유죄 확정 후 오심을 주장하는 대다수는 무죄, 무고함의 주장을 지지하기 위한 다른 형태의 신선한, 새로운 증거나 DNA와 같이 높은 수준의 기준에 도달할 수 있는 다른 과학적 검증을 포함하고 있지 않다. 결국 우리가 알고 있는 사건만이 오심의 통계에 잡히고, 마치 범죄통계에서 신고되지 않은 사건은 통계에 잡히지 않는 암수인 것과 같아서 범죄통계가 우리 사회의 실제 범죄 현상을 왜곡한다는 비판을 받는 것처럼 오심의 수치도 마찬가지일 것이다. 분명한 것은 우리가 알고 있는 것보다 훨씬 더 많은 오심 사건이 있을 것이기에 우리가 표면적으로 알고 있는 것보다 훨씬 더 심각하다고 할 수 있을 것이다.[8]

오심 사건의 정확한 수치나 통계는 다양한 이유로 부족하거나 없는 실정이다. 먼저, 당연한 것이지만 오심이 있었다는 것을 공개적으로 밝히는 것은 경찰이나 법률 당국의 이익이 아니기 때문에, 상응한 자료를 수집하고 분석하는 데 관여하고 참여하는 조직이 별로 없다. 둘째, 절도와 같은 비교적 경미한 범죄에 대한 오심과 살인과 같은 강력범죄에 대한 오심을 구분하는 것이 적절한 것으로 보이기 때문에 범죄유형, 죄명 또는 평결의 유형에 따른 집합적 통계가 필요하다. 셋째, 다수의 오심은 수년에 걸친 방대한 양의 송사 후에나 알려지기 때문에 자세한 내용은 구하기가 어렵다. 그러한 사례들은 때로는 오직 지역적으로만 보도되거나 아마도 한 번만 보도되기도 하기 때문에 발견하기가 어렵다. 그럼에도 불구하고 세계 어느 나라에서나 시간이 가면서 그리고 사법절차와 과정이 더 투명해지고 전문화되고 과학화되고 발전함에 따라 오심에 대한 관심이 더 커지기 시작하

---

8 Dioso-Villa, R., R. Julian, M. Kebbell, L. Weathered, and N. Westera, "Investigation to exoneration: A systemic review of wrongful convictions in Australia," https://www.classic.audtlii.edu.au/au/journals/CICrimJust/2016/22.html, 2023. 1. 16. 검색.

였다.

때로는 사회와 국가의 정치적, 사회적 상황에 따라, 오심 사건의 수가 급증하기도 한다. 예를 들어 7~80년 대 영국에서 IRA의 폭파가 대중의 공분을 불러일으킬 때 가능한 짧은 기간 내에 범법자들을 재판정에 세우라는 경찰에 대한 대중의 압력, 압박이 거세졌으며, 재빠르게 움직이라는 압박이 바로 오심으로 이어지게 하였다는 것이다. 미국에서도, 오심 관련 사회 단체인 Innocence Project의 성장과 중요성이 법의학적 유전자 분석의 기술적 발전과 함께 오류가 발생했을 것으로 판단되는 범죄 현장 증거에 대한 재조사, 재검사의 급증으로 이어졌고, 그 결과 오심으로 유죄가 평결되고 선고되었던 많은 재소자들에게 면죄를 가져다주었다고 한다. 그들의 활동으로, 2017년에는 미국에서 면죄된 사람의 수가 400명에 조금 미치지 못하는 정도였다고 한다.

3) 오심의 원인

그렇다면 오심은 왜 발생하는 것일까? 학자들에 의하면, 사법절차와 과정에서 잘못된 판단과 결정에 이르게 하는 것은 다양한 요인들이 있다고 한다. 예를 들어, 목격자가 엉뚱한 사람을 범인으로 지목하는 목격자의 오인이나 오식별(misidentification), 잘못된 법의학적 분석, 취약한 용의자의 허위자백, 증인의 허위 진술과 위증, 경찰, 검찰, 법원의 위법행위나 실수 그리고 피의자 변호인단의 무능과 부적절한 전략 등이라고 한다.[9] 구체적인

---

9 https://en.wikipedia.org/w/index.php?title=Miscarriage_of_justice&oldid=1118648433, 2023. 1. 9. 검색.

정도를 보면, 오심의 원인으로서, 경찰의 위법이나 실수가 가장 많고, 이어서 목격자의 잘못된 식별이나 지목, 검찰의 위법이나 실수, 허위자백, 대가에 의한 증언, 의문스러운 법의학적 증거나 증언, 제 역할을 제대로 하지 못한 변호인 순이었다.[10]

학자들은 다른 여러 국가에서 발생했던 오심을 분석하여 밝혀낸 오심과 관련된 수많은 요인들을 파악하였지만, 요약하면 물적 또는 법의학적 증거의 오류, 목격자/증인의 오식별과 위증, 피의자의 허위자백, 제도적 오류로서 경찰이나 검찰이나 법원의 위법행위, 편견과 차별 그리고 변호인의 무능과 무관심의 세 가지로 크게 분류될 수 있다. 지금까지 알려진 바로는, 오심의 원인으로서 목격자/증인이 용의자를 의도적으로 또는 오판으로 무고한 사람을 지목하는 식별의 오류가 가장 많으나, 오심을 되돌려 면죄하는 데는 물적, 법의학적 증거가 가장 크게 기여한다고 할 수 있다.[11]

범죄 수사로부터 법정에서의 활용에 이르기까지 유죄평결로 이어지는 과정에 있어서 법의과학적 증거를 효과적이지 않거나 문제가 있거나 잘못 이용하는 것은 사건에서 획득된 증거와 경찰 수사에 영향을 미칠 수 있는 잠재성, 위험성이 있으며, 이것이 다시 오심에 기여할 수 있다는 것이다. 그래서 전문가들은 형사사법기관과 인력이 법의과학적 증거의 잠재적 가치를 제대로 활용하고, 가장 중요한 것으로 자신들의 일상 업무에 있어서 법의과학적 증거의 활용을 비판적으로 평가할 수 있도록 할 필요성을

---

10 https://engagedsociology.wordpress.com/2017/05/03/wrongful-convictions-how-do-they-impact-society, 2023. 1. 9. 검색.

11 Dioso-Villa, R., R. Julian, M. Kebbell, L. Weathered, and N. Westera, "Investigation to exoneration: A systemic review of wrongful convictions in Australia," https://www.classic.audtlii.edu.au/au/journals/ClCrimJust/2016/22.html, 2023. 1. 16. 검색.

강조한다. 그러나 당연히 오심이 오류나 허위 법의과학적 증거만으로 초래되는 것은 아니며, 다른 요소들도 독자적으로 또는 결합하여 오심을 일으키는 데 역할을 한다. 이들 중 가장 보편적인 사례는 목격자나 증인의 식별 오인(misidentification)이다. 모든 사람들 – 수사관과 정보를 제공하는 목격자/증인 모두 – 의 기억과 인식의 불완전성이 바로 이런 오류를 가능하게 한다. 범죄 현장에서 물적/법의과학적 증거의 수집, 보존과 마찬가지로, 조심스럽게 목격자와 용의자의 입장, 진술을 보존하고 시험할 필요가 있는 것이다. 범죄 발생 여부와 범인을 확정하기 위해서는 범죄 수사가 다양한 근원으로부터 정보를 수집하는 것을 포함한다. 목격자가 종종 이런 정보를 제공하고, 범죄 수사의 선도적 역할을 한다. 그러나 대개의 경우는 수사관들이 한 사람의 목격자나 증인이 아니라 복수의 사람들로부터 정보를 수집하기 때문에 수사를 오염시키는 일반적 오류를 생산할 수 있는 것이다. 이런 오류가 사법제도에 유입될 수 있는 첫 번째 장소는 사건에 대한 목격자의 기억이다. 불행하게도 사람의 기억이란 영상 녹화와는 달라서, 다양한 이유로 정확하지 않을 수 있는 능동적, 창의적 과정이라고 한다. 따라서 목격자가 자신도 모르게 언론 보도나 다른 사람들과의 대화 등 사전 경험과 기대를 사건의 설명, 진술에 결합시킬 수도 있는 것이다. 이에 더하여, 수사관이 목격자 등으로부터 획득된 정보를 어떻게 인식하고 기억하는가에도 오류가 일어날 수 있다. 대표적으로 확정 편향(Confirmation Bias)은 수사관이 특정한 결과를 지향하는 동기가 강할 때 일어날 수 있다. 수사관이 범행했을 것이라 이미 의심하고 있는 용의자에 대한 기술과 목격자에게 제공하는 정보가 일치하는 정보를 기억할 개연성이 더 높거나, 수사관이 자신의 이론을 지지하기 위하여 암시하는 질문을 통하여 정보를 끌어내기

위하여 유도적, 암시적인 방식으로 목격자를 인터뷰할 수 있다는 것이다.[12]

(1) 목격자·증인의 오식별(Misidentification)

목격자 증언은 누군가가 범죄를 목격하고, 후에 법원을 위하여 증언대에 서서 목격한 사건의 모든 구체사항을 기억해서 진술할 때 일어나는 것이다. 문제는 목격자가 매우 강렬한, 설득력 있는 증언을 제공할 수 있지만, 흠결 없이, 완전하게 경험을 기록하기보다는 오히려 그들의 기억이 다양한 실수와 편견에 영향을 받기 쉽다는 점이다. 우리와 마찬가지로, 목격자도 구체적인 내용을 기억하는 데 오류를 범할 수 있으며, 심지어 실제로는 일어나지도 않은 전체 사건을 일어난 것으로 기억해 낼 수도 있는 것이다. 바로 이런 면에서 목격자 증언이 중요하면서도 동시에 내재된 문제점 또한 상당하다고 할 수 있다. 즉, 재판에서 매우 중요한 유무죄 결정 요인으로 작용하는 동시에 증언 자체가 안고 있는 문제도 없지 않아서 과연 목격자의 증언을 신뢰할 수 있는가 논란이 지속되고 있다.[13]

실제로 목격자가 법정에 서서 자기 자신의 관점에서 일어난 일에 대해 기술할 때, 자신의 눈으로 직접 목격한 것을 진술, 증언하는 것으로 추정되기 때문에 매우 설득력 있고 강렬하지 않을 수 없다. 목격자의 증언을 듣는 사람, 판사는 물론이고 배심원과 심지어 방청객에게도 그것을 액면 그대로 받아들이지 않기는 어려운 일이다. 당연히 지금까지의 다수 연구로부

---

12 Dioso-Villa, R., R. Julian, M. Kebbell, L. Weathered, and N. Westera, "Investigation to exoneration: A systemic review of wrongful convictions in Australia," https://www.classic.audtlii.edu.au/au/journals/CICrimJust/2016/22.html, 2023. 1. 16. 검색.

13 Laney, C. and Loftus, E. F., "Eyewitness testimony and memory biases," , file:///E:/Eyewitness Testimony and Memory Biases_Noba.html, 2023. 3. 13. 검색.

터 얻어진 증거는 목격자 증언이 아마도 법정에서 제시된 가장 설득력 있는 형태의 증거이지만, 다수의 경우 그 정확성이 수상쩍고 의심의 여지가 많다는 점을 지적하고 있다. 실제로도 나중에 DNA 검사로 면죄된 오심 사건의 75% 정도가 이 잘못된 목격자 증언이 오심의 원인이었다는 증거도 제시되고 있다. 그러나 그나마 다행스러운 것은 그러한 오류와 실수 대부분은 수사와 사법 과정에서 보다 더 적절한 사전주의가 취해지면 피할 수 있다는 점이다.[14]

목격자의 용의자 식별(eyewitness identification)은 다양한 이유로 활용되고 있다. 예를 들자면, 목격자가 용의자를 식별한 후, 경찰은 용의자를 범법자로 식별할 수 있는 목격자의 능력을 검증하기 위하여 사진을 나열하거나 실제 사람들을 줄을 세우고 용의자를 지목하도록 하는 식별 절차를 활용할 수 있고, 수사 과정에서는 체포영장을 위해서 아니면 추가 심문을 위하여, 용의자를 검거하기 위하여 등 상당한 근거를 입증하기 위해서도 활용될 수 있는 것이다. 어떤 경우이건, 목격자의 피의자에 대한 긍정적 식별은 기소하고 유죄를 확정하는 데 강력한 증거가 되고 있다. 그렇다고 목격자 증언이 과학적 증거의 한 형태라기에는 아직 거리가 있고, 사실 아마도 가용한 가장 흠이 있는 도구의 하나, 즉 인간의 기억에 기초하는 것이다. 그럼에도 불구하고, 목격자 증언은 여전히 범죄 수사의 결과에 엄청난 영향을 미치지만, 불행하게도 이 증거는 약간의 오류에서 참사에 가까울 정도로 부정확한 데까지 이를 수 있다. 그리고 이것이 누군가의 생명과 자유가 달린 문제라면, 형사사법제도는 잘못해서는 안 될 일인 것이지만 아직도 여

---

14 Laney, C. and Loftus, E. F., "Eyewitness testimony and memory biases," , file:///E:/ Eyewitness Testimony and Memory Biases_Noba.html, 2023. 3. 13. 검색.

러 가지 이유로 빈발하고 있다고 한다.[15]

가. 목격자 오식별의 사회과학적 함의

목격자에 의한 용의자 식별은 목격자가 얼마나 적절하게 사건을 감지하고, 인식하고, 기억하고, 회상, 소환하는가에 좌우된다. 모든 식별은 그것이 정확하건 부정확하건, 사건이 발생하는 것을 목격하는 최초의 기회에서 시작하는 것이다. 그리고는 목격자가 자신의 관심을 어디에 초점을 맞추고, 무엇을 기대하거나 볼 것인가를 결정해야만 한다. 이어서 이 모든 정보가 사건에 대한 인식으로 결합되고 통합된다. 이들 인식은 다시 부호화되고 단기기억으로 처리된다. 그러나 이 작업, 작동 기억은 그 능력에 한계가 있다. 궁극적으로 이들 인식은 장기기억으로 굳혀지고 저장된다. 후에, 목격자가 사건을 소환하도록 요구받으면, 저장되었던 관련 기억들을 꺼내와야 한다. 그런데 이런 기억은 매우 복잡하고, 기억에 대한 변화도 시간이 흐름에 따라 일어날 수 있다. 더구나 기억을 부호화하고 유지하고 꺼내 오는 것 모두가 부정확성의 대상이다.[16]

일반적으로, 학자들은 부정확성이 인간이 정보를 습득하고, 습득된 정보를 유지하고, 그것들을 다시 회상할 때면 언제라도 일어날 수 있는 정상적이고 자연스러운 과정에서 일반적으로 초래된다고 결론을 내리고 있다.

---

15 Locard's Lab, "Rounding up fascinating news and research in the field of forensic," 2015, 8, 25, https://locardslab.com/2015/08/25/forensic-fails-eyewitness-testimony-the-ronald-cotton-trial, 2023. 3. 2. 검색.

16 Mario Roque, Kayla Burd, Christie Diaz, and Alexandra Kitson, "Eyewitness testimony and making a murder," Cornell University Unit Signature, Cornell University Law School, Social Science and Law, https://course2.cit.cornell.edu/sociallaw/MakingAMurder/Eyewitness Testimony.html, 2023. 1. 9. 검색.

일부 연구에서는 심지어 이러한 자연스러운 과정으로 인하여, 목격자들이 올바른 식별을 할 확률이 단지 50% 정도에 지나지 않는다고도 주장한다. 먼저, 습득 단계에서는 목격자 인식의 정확성이 조명, 사건의 지속 기간, 폭력, 스트레스, 두려움, 나이, 성별 그리고 기대감과 같은 요소들의 영향을 받는다고 한다. 유지 단계는 목격자의 기억이 형성된 시간과 목격자가 기억을 기술하는 시간 사이의 기간을 함축한다. 이 유지 단계에서 기억의 정확성은 유지 간격의 길이와 사건 후 경험에 영향을 받는다고 한다. 인출, 회상 단계는 목격자가 식별에 관해서 증언하는 순간이라고 할 수 있다.

그런데 목격자 식별의 정확성, 신뢰성에 영향을 미치는 요소는 다양하지만, 대체로 체제변수(system variables)와 추정자, 즉 목격자 변수(Estimator variables)가 중요하다고 한다. 체제변수에는 식별의 절차와 관행에 관련된 변수들로서, 목격자에게 주어지는 설명이 아마도 가장 좋은 예가 될 수 있을 것이다. 목격자의 경찰관과의 상호작용이나 기억을 끌어내기 위하여 활용되는 절차와 같은 것들이 모두 목격자 증언의 정확성에 영향을 미칠 수 있다는 것이다. 추정자, 목격자 변수는 목격자의 특성이나 그가 최초 사건을 목격했던 과정의 상황, 여건, 환경과 관련된 변수들이다. 기억의 부호화, 목격자에 대한 외상의 수준, 기억 부호화 동안의 상황이나 조건의 일반적 특성이나 조명 모두가 이 추정자 변수에 해당된다고 한다. 그중에서도 가장 보편적으로 다루어지는 추정자 변수는 스트레스, 두려움, 노출 그리고 소환 간격(retention interval)이라고 한다. 실제로 목격자가 높은 수준의 공포나 스트레스를 받으면 사건에 대한 기억은 장애를 받을 수 있다고 한다. 증인이 용의자를 관찰해야 하는 시간의 정도라고 할 수 있는 사건이나 상황에의 노출 정도도 사건에 대한 기억의 전체적인 정확성에 영향을 미친다는 것이다. 당연히 사건, 상황에 오래 노출될수록 기억의 정확성은 높아지는 것이다. 마지막으로 소환 간격으로서, 이는 최초로 사건을 목격했던 때와 그 사건을 처음 소환할 때 사이의 시간적 간격, 시간의 정도인데, 이 간격이 길수록 사건을 자세하게 소환하기가 더 어렵다는 것이다. 그런데 개인은 이 추정자 변수에 대한 통제를 거의 할 수 없기 때문에 용의자 식별의 정확성과 신뢰성을 높이기 위해서는 체제변수를 향상, 개선하는 것이 중요하다고 한다.[17]

나. 목격자 오식별이 오심을 초래하는 이유

미국의 Innocence Project가 예로 든 사례에서, 한 강간미수 피해 여성이 Mike McAlister라는 남자가 자신을 강간하려 한 범인이라고 확신하였다. 심지어 경찰이 Mike와 비슷하게 보이는 또 다른 남자가 그녀를 강간하려 한 범인이라고 믿기 시작한 이후에도 그녀는 Mike가 범인이라고 확신하고 있었다. 안타깝게도 그녀의 확신은 틀렸으며, 다른 남자가 범인이었고, 결국 그 남자도 범죄를 자백하였다고 한다. 이런 예는 비단 그녀만으로 그치지 않는다. 그들은 정직하였지만, 용의자를 잘못 인식하고 식별하였던 것이다. 실제로 목격자가 오심의 가장 많은 원인이라는 것이다.[18]

목격자 식별(eyewitness testimony)은 배심원이나 재판부에서 믿을 만한 형태의 증거로 간주되고 있다. 만약 누군가가 무언가 일어났다는 것을 직접

---

17 Mario Roque, Kayla Burd, Christie Diaz, and Alexandra Kitson, Eyewitness testimony and making a murder," Cornell University Unit Signature, Cornell University Law School, Social Science and Law, https://course2.cit.cornell.edu/sociallaw/MakingAMurder/Eyewitness Testimony.html, 2023. 1. 9. 검색.

18 http://www.innocenceproject.org/causes/eyewitness-misidentification, 2023. 1. 9. 검색.

눈으로 보았다면, 분명히 그것은 일어난 것이라 할 수 있을 것이다. 그러나 점점 이런 믿음은 반드시 그렇지 않을 수도 있다는 생각으로 바뀌고 있다. 실제로 미국 뉴욕의 Innocence Project는 목격자의 식별은 어리석게도 악명이 높을 정도로 신뢰할 수 없어서 전체 오심 사건의 무려 70% 이상을 점하는 것으로 알려지고 있다고 주장하였다. 이처럼 잘못된 식별은 다양한 이유로 일어날 수 있다고 하는데, 목격자가 그냥 단순히 거짓말을 한다고 가정할 수도 있지만, 다수의 다양한 심리적 현상들이 확정 편향, PTSD, 오정보 효과(misinformation effect), 출처 오인 등이 기억을 흐리게 하는 것 같이 목격자로 하여금 실제, 사실 이상으로 확신하게 만들기 때문일 개연성이 더 높다. 이보다 더 중요한 것은 아마도 기억의 재구성일 것이다. 영상 녹화기와는 달리, 기억은 퍼즐에 더 가깝게 작동하는 것이어서, 우리는 조각들을 한데 모아 일어났던 일을 재구성한다. 그러나 기억의 조각들은 부지불식간에 질문하는 사람이 제공하는 정보와 결합될 수 있어서 심지어 변호인의 질문만으로도 기억이 바뀔 수 있다는 것이다.[19]

　　사실, 70년대부터 기억형성과 보존(memory formation and retention)을 연구하는 심리학자들은 경찰이 소위 범인 확인을 위하여 용의자들을 줄을 세우는 범인 식별 절차(police lineup)가 실행되는 방식이 용의자에 대한 목격자의 기억을 변경시킬 수 있고, 이는 종종 오식별, 잘못된 식별로 이어질 수 있음을 알게 되었다. 특히 자신과 다른 인종 집단에 속한 용의자에 대한 정확한 식별을 하는 것은 상당한 어려움이어서, 대부분의 사람들이 믿고자 하는 것보다 훨씬 더 높은 비율의 오식별이 발생한다는 것이다. 전문가들에 따

---

19 The 10 worst failures of eyewitness testimony(Part one), https://www.theinvestigators.co.nz/news/the-10-worst-failures-of-eyewitness-testimony-part-one, 2023. 1. 9. 검색.

르면, 실제로 기억이란 상당히 믿기 어려운 것이어서 결과는 재판에서 매우 확신적인 목격자가 완전한 허위 사실을 자세하게 증언할 수 있다는 것이다.[20]

그렇다면, 왜 그렇게 많은 목격자들이 용의자를 잘못 식별하게 되는 것일까? 우선, 범죄는 스트레스가 많고 심한 것이며, 그것도 종종 순식간에 일어난다. 뿐만 아니라 범행하려는 사람들은 많은 경우 자신의 모습을 감추고 숨기려고 한다. 그리고 목격자가 용의자를 지목, 식별하는 절차가 진행되는 방식도 용의자들이 사진이나 실제로 일렬로 서 있거나, 경찰이 무심코 특정 용의자를 지목하도록 목격자를 유도하거나, 목격자의 자신감이 절차가 진행되는 동안 지나치게 부풀려지기 때문이라고 한다.[21] 더구나 사회과학자들에 따르면, 인간의 기억은 매우 불완전하고 취약하다고 한다. 사람들이 범죄와 같은 스트레스가 크고 많은 사건을 경험하게 되면, 정확한 식별을 할 개연성은 훨씬 더 낮아진다고 한다. 그럼에도 목격자에게 용의자들의 사진을 깔아놓거나 사람을 줄 세워놓고 특정인을 지목하라는 것은 매우 암시적일 수 있고, 목격자로 하여금 잘못된 지목을 하도록 인도하거나 유도할 수 있다는 것이다. 이 과정에서 경찰도 영향을 미칠 수 있는데, 그들의 신체언어, 논평이나 지적, 부연 설명, 긍정적 환류 등이 목격자로 하여금 특정 용의자를 지향하도록 만들 수 있고, 그렇게 이루어진 목격자 식

---

20 Garrett, Brandon L., "Wrongful convictions," Annual Review of Criminology, 2020, 3(1): 245-259; Ralph Slovenko, "Testifying with confidence," Journal of American Academy of Psychiatry Law, 1999, 27(1), http://jaapl.org/content/jaapl/271/127.full.pdf; Loftus, Elizabeth F. "Eyewitness testimony," Applied Cognitive Psychology, 2019, 33(4): 498-503.

21 http://www.innocenceproject.org/causes/eyewitness-misidentification, 2023. 1. 9. 검색.

별 결과는 배심이나 재판관에게는 극단적으로 설득력이 있는 증거가 된다는 것이다. 재판정에서 범죄 피해자가 확신을 가지고 지목하면 배심원이나 재판관은 그러한 증언을 배척하거나 거절하기가 쉽지 않게 되기 때문이다.

사회과학적 연구는 인간의 기억은 매우 불완전하고 부서지기 쉬운 것임을 보여주고 있다. 사람들이 범죄와 같은 스트레스가 큰 사건을 경험하게 되면, 정확한 식별을 할 개연성은 더욱 낮아진다. 더구나 목격자들이 자신과 다른 인종의 사람을 식별하는 것은 더욱 어렵다. 또한 사람을 줄을 세워놓거나 사진을 열거해 놓고 용의자를 지목하도록 하는 경우 누군가를 연상시키거나 시사하는 경우도 있고, 그래서 잘못된, 엉뚱한 사람을 지목하도록 유도하고 이끌 수 있다. 당연히 용의자 식별 절차를 거치는 동안, 경찰관도 목격자와의 상호작용 방식에 따라 그 과정에 영향을 미칠 수 있다. 경찰관의 언급, 신체언어, 긍정적 환류 등이 목격자를 특정한 용의자를 향하게 유도할 수 있고 목격자에게 자신의 식별에 확신감을 높여줄 수도 있다. 이처럼 목격자에 의한 용의자 식별의 비신뢰성을 지적하는 거듭된 연구에도 목격자에 의한 용의자 식별은 극단적으로 설득력이 있다. 세상에는 눈으로 직접 보았다는 것보다 더 정확한 증거는 없다고 믿기 때문일 것이다. 범죄 피해자가 법정에서 피의자를 지목하며 확실하게 저 사람이 나에게 그런 짓을 한 사람이라고 말한다면 배심원들이 그 증언을 거부할 개연성은 거의 없지 않을까? 이런 목격자가 엉뚱한 사람을 용의자로 잘못 식별하여 무고한 사람이 자신이 저지르지도 않은 범죄로 억울한 처벌을 받은 대표적인 사례의 하나가 바로 Kirk Bloodsworth라고 할 수 있는데, 그는 1984년 Maryland에서 9살 소녀를 강간, 살해한 혐의로 5명의 목격자가 그가 범죄 당시 소녀와 주변에 있었다고 증언함으로써 사형이 선고되었으나, 8년 후 DNA 검사로 진범이 밝혀짐으로써 면죄가 된 사례이다.[22]

다. 목격자 증언 오류의 원인

목격자 증언은 믿을 수 없다는 학계의 합의와 형법의 연대기는 목격자의 잘못된 신원, 신분 확인과 엉뚱한 무고한 사람을 용의자로 지목하는 것으로 점철되었다는 미국 대법원의 인식에도 불구하고, 목격자 증언이 배심원단에 제시되는 가장 확실한 증거의 하나로 여전히 크게 작용하고 있다. 1981년 미국의 대법관 William J. Brennan 판사는 "법정에 서서, 맞아요. 바로 저 사람이요"라고 손가락을 가리키는 것보다 더 확신을 주는 것은 거의 없을 것이라며, 목격자 증언과 식별을 강조하였다. 법 집행 관료들도 신원확인의 정확성과 무관하게, 목격자가 확인, 식별, 지목한 용의자에게 재빠르게 자기들의 모든 노력을 다 쏟는 소위 "편협한 시각(tunnel vision)", 즉 마치 우리가 터널에 들어가면 어둠 속에서 터널만 보여 한 방향만 주시하게 되는 것처럼, 목격자가 지목한 그 사람 외에는 보이지 않고 볼 수도 없고 보려고 하지도 않는 경우를 경험하게 하여 목격자 증거의 신뢰성을 잘못 과대평가하곤 한다. 실제로 대부분의 형사사건에서 목격자 식별 증언이 종종 배심원단에게 제출된 가장 확신을 주는 증거 중 하나로 알려지고 있다. 그러나 이는 이율배반적이기도 하여, 중요한 만큼 또 그만한 오류의 개연성도 높다고 한다. 그렇다면 왜 이런 오류가 생기는 것일까? 그 원인은 매

---

22 University of Colorado School of Law, Korey Wise Innocent Project, "Why do wrongful convictions happen?" https://www.colorado.edu/outreach/korey-wise-innocence-project/out-work/why-do-wrongful-convictions-happen, 2022. 9. 24. 검색.

우 다양하게 제시되고 있다. 우선 목격자의 기억에 대부분 의존함에도 불구하고, 인간의 기억이란 지나간 과거 사건의 정확한 복제품이 아니라는 것이다. 우리의 뇌는 비디오 레코드, 영상 녹화처럼 작동하는 것이 아니다. 여기에다 목격자들은 종종 범죄 현장에서나 식별의 정확성을 변경시킬 수 있는 식별 과정에서 극단적인 스트레스를 겪게 된다. 더구나 흉기나 무기가 존재했다면 스트레스와 두려움의 수준은 훨씬 더 올라갈 것이다. 또한 목격자들은 범죄 현장에서 사건에 관련된 사람, 즉 범인보다 그 사람의 무기, 흉기에 더 초점을 맞추고 집중하게 된다. 또한, 경찰과 검찰은 종종 암시적인, 유도적인 목격자 식별 방식을 활용한다. 예를 들어, 의도되지 않은 단서나 신호가 때로는 어떤 사람을 지목할 것인가에 관하여 목격자에게 주어질 수도 있다. 가해자들은 자신을 위장하는 것으로 알려지고 있어서 유책 가해자를 정확하게 식별, 확인할 수 있는 능력을 방해한다. 만약에 가해자가 문신이나 극단적으로 큰 키나 수염 등과 같은 독특한 특성이 없다면, 정확한 식별, 확인은 더 어려울 수 있다. 더구나, 식별하는 목격자와 식별 대상인 가해자가 서로 인종이 다르다면 식별하기도 더 어렵고 따라서 당연히 그만큼 정확성은 더욱 낮아진다고 한다.[23]

가) 잘못된 정보

목격자의 기억에 관한 초기의 한 연구에서, 실험 참가자들에게 자동차가 보행자를 치는 영상을 보게 한 다음, 양보 신호를 지날 때 자동차가 얼마나 빠른 속도로 주행하였는지를 물었다. 그런데 이 질문은 실험 참가자들

---

23 Montana Innocence Project, "Eyewitness Misidentification," https://mtinnocenceproject. org/eyewitness-identification, 2023. 3. 2. 검색; Public Defenders, Department of Public Advocacy, "Eyewitness Misidentification," file:///E:/Eyewitness Misidentification - Department of Public Advocacy.html, 2023. 3. 13. 검색.

을 호도하기 위해 설계되었던 것으로, 원래 영상에는 양보 신호가 아니라 정지 신호만 있었다. 그리고 난 후, 정지 신호가 담긴 원래 영상과 양보 신호가 담긴 대체 영상 두 개를 보여주고, 그들이 본 영상을 선택하도록 하였다. 원래 정지 신호가 담긴 영상을 보았음에도 양보 신호에 관한 질문을 받았던 참가자는 양보 신호가 담긴 영상을 선택하는 확률이 더 높았다고 한다. 이는 다른 말로 하자면 호도하기 위한 질문에서의 잘못된 정보가 부정확한 기억으로 이어졌음을 보여주었던 것이다. 이런 현상을 "오정보 효과(misinformation effect)"라고 하는데, 실험 참가자가 사건 후에 노출된 오정보(이 실험에서는 호도 질문)가 확실히 실험 참가자가 목격한 것에 대한 기억을 오염시키기 때문이다. 이런 오정보 효과는 젊은 성인은 물론 어린이와 노인들에게 그 개연성이 더 높아서 쉽게 그리고 속일 아무런 의사가 없이도 일어날 수 있다는 것이다.[24]

나) 가해자 식별

자신이 목격한 범죄에 관한 다수의 상세 상황을 정확하게 기억하는 것에 더하여, 목격자들은 종종 범죄 가해자의 얼굴과 다른 식별 특성들을 기억할 필요가 있다. 목격자들은 종종 가해자를 법집행기관에 기술하고, 그 후에 머그 사진이나 실물을 줄 세우고 식별하도록 요구받기 때문이다. 이 점에 대해서도 많은 연구 결과가 목격자가 심각하지만, 때로는 이해할 수 있고 심지어 예측할 수 있는 실수, 오류를 범할 수 있다는 점을 보여준다. 목격자로 하여금 용의자를 식별, 지목하도록 하는 대부분의 라인업(Lineup)은 비슷하게 옷을 입은 통상 6~8명의 사람들을 줄을 세우거나 비슷한 상황

---

24 Laney, C. and Loftus, E. F., "Eyewitness testimony and memory biases," , file:///E:/ Eyewitness Testimony and Memory Biases_Noba.html, 2023. 3. 13. 검색.

에서 찍은 사진들을 주고 용의자를 식별, 지목하도록 하는 것인데, 사진이나 인물의 한 사람은 경찰이 추정하는 용의자이고 나머지는 수사 중인 특정 범죄와는 무관한 것으로 알려진 사람들로 이들을 흔히 포장(foils)이나 충전제(fillers)라고 부른다. 이 과정에서 목격자들은 두 가지 상이한 방식으로 오류를 범할 수 있다고 한다. 목격자들이 경찰의 용의자, 표적이 포함된 라인업에서 들러리 중 한 사람을 지목하거나 아예 가해자를 지목하지 못한다. 경찰 표적이나 용의자가 포함되지 않은 라인업에서는 선택, 지목하지 않는 것이 유일한 정확한 선택인데도, 사건과 전혀 관련이 없는 엉뚱한 들러리 중 한 명을 지목하는 것이다.[25]

만약 라인업을 실시하는 담당 경찰관이 어떤 사진이 용의자의 것인지, 또는 누가 용의자인지 알고 있다면, 심지어 의도적이지 않더라도 알게 모르게, 의식, 무의식적으로 (경찰이 지목하고 있는 사람을 목격자가 지목하는), 소위 "올바른" 선택의 신호를 보낼 수 있고, 피해자의 반응을 형성시킬 수 있다. 이것이 바로 암시 또는 유도에 의한 오식별이고, 그러한 제시나 단서를 방지하기 위한 한 가지 단도직입적인 방법이 바로 담당 경찰관이 용의자가 누구인지 알지 못하고, 목격자에게 경찰관이 용의자를 알지 못한다는 것을 밝히는 소위 이중 은폐 절차(double-blind procedures)를 활용하는 것이다. 목격자가 초기에는 확실하지 않고 확신하지 못하여, 들러리나 다른 용의자를 지목하거나 아예 아무도 지목하지 못하는 등 확실치 않다고 기술하다가 거의 예외가 없이 이들 목격자는 재판 때가 되면 자신이 무엇을 보았는지 절대적으로 확신하게 되고, 확실해진다. 왜, 어디서 이런 허위, 가짜 확

25 Laney, C. and Loftus, E. F., "Eyewitness testimony and memory biases,", file:///E:/ Eyewitness Testimony and Memory Biases_Noba.html, 2023. 3. 13. 검색.

실성, 확신이 올까? 바로 경찰의 부적절하고 암시적인 식별 절차가 크고 문제가 있는 역할을 한다는 것이다. 경찰이 목격자에게 바로 피의자를 제시하거나, 피의자가 눈에 띄도록 줄을 세우거나, 사진을 진열하거나, 라인업에서 어떤 용의자를 식별할 것인지를 말해주는 암시적 발언을 하거나, 목격자의 선택을 '잘 했다'거나 '맞다'고 확인하는 것 등이다. 이런 측면에서 목격자에게 언제나 항상 이 라인업에 용의자가 있을 수도 있고 없을 수도 있다는 점을 분명하게 밝혀야 한다. 그리고 목격자의 식별이나 증언에 대한 최초, 맨 처음의 확신 정도는 기록해두어야 하는데, 그것은 재판 때가 되어 바뀔 수 있기 때문이다.[26]

이와 같은 목격자 식별 오류의 개연성을 특별히 높이는 것으로 알려진 몇 가지 요인들이 있다. 범행 동안 시야가 좋지 않거나 시력이 나쁘거나, 특히 스트레스가 큰 목격 경험, 가해자나 가해자들을 목격할 시간이 너무 짧거나, 목격과 식별 사이의 시간이 너무 지연되거나, 자신과 인종이 전혀 다른 가해자를 식별하도록 요구받을 때 등의 요소가 이에 해당된다. 그런데 문제는 불행하게도 우리의 법률제도는 이들 문제의 대부분에 대해서 많은 것을 하기란 매우 어렵다는 점이다. 문제는 라인업을 실시하는 경찰이 활용하는 절차에 달렸기 때문이다. 더 큰 문제는 오심 사건의 대부분이 DNA 검사로 면죄되거나 바로잡히고 있는데, 목격자 증언이나 식별은 DNA 검사와도 무관하여 DNA로도 이 문제는 해결할 수가 없고, 설사 활용이 가능하다 할지라도 DNA 검사는 형사사건의 아주 작은 일부에서만 유무죄의

---

26 Garrett, B. L., "How eyewitnesss can send innocents to jail," Slate, 2011, 4, 11, https://slate.com/news-and-politics/2011/04/how-eyewitnesses-can-send-innocents-to-jail.html, 2023. 3. 2. 검색.

의문에 답하기 위해서 이용되는 것이기 때문에 더욱 그렇다.[27]

다) 일종의 기억 편견

기억이란 원래부터 당연히 폭넓게 다양한 편견과 오류의 대상이기도 하다. 사람들은 자신에게 일어났던 사건들이나 한때 자신이 알았던 사람을 잊을 수 있으며, 시간과 장소가 뒤섞일 수도 있고, 심지어 전혀 일어나지 않았던 전반적으로 복잡한 사건을 기억할 수도 있다. 중요한 것은, 이들 오류가 한 번 발생하면 변형하기가 매우 어렵다는 점이다. 어떤 작은 기억 오류는 다반사이고 보편적이어서 누구나 많은 그러한 오류를 경험했을 것임에는 의문의 여지가 없다. 물론 일부 기억 오류는 보다 더 복잡하고 더 오래 지속되기도 한다. 기억은 인간이 자신이 마주했던 정보를 해석하고 변형시키는 적극적, 능동적인 복원 과정이다. 이는 정보가 진실한 것이건 가짜나 허위이건, 정보를 듣거나 보거나 알게 되고, 그 정보를 자신의 기억 속으로 통합시키고, 그래서 자신의 회상을 보충하거나 변형시키는 것을 내포하게 된다. 실제로 법정에서의 재판에 대한 메타분석을 한 연구에 따르면, 목격자들의 증언은 가장 설득력 있는 형태의 증거였으며, 지문, 거짓말 탐지기 검사, 필적에 비하여 아주 더 높은 가중치가 주어졌다고 한다.[28]

당연한 이야기이지만, 목격자가 범죄자를 목격하는 기간이 길수록 목격자가 범죄자를 정확하게 식별할 확률은 그만큼 더 높아진다. 그런데 불행하게도 대부분 피해 당사자인 목격자들은 범죄자와 끊임없이 맞붙어 싸우거나 저항해야 하고, 앞으로 있을 용의자 식별을 정확하게 하기 위하여

---

27 ibid.

28 "Eyewitness testimonies: A gateway to wrongful convictions," file:///E:/Eyewitness Testimonies_A Gateway to Wrongful Convictions.html, 2023. 3. 13. 검색.

범죄자의 얼굴이나 다른 특징들에 밀접하게 초점을 맞추는 데 비하여, 무장한 범인이 자신에게 총격이나 공격을 가하지 못하게 하고 자신을 방어, 보호하는 데 더 초점을 맞추게 된다. 또한 어떤 피해자는 경찰에 신고하거나 누구에게 도와달라고 전화를 하려고 도망가서 숨어 있게 된다. 이 모든 것들이 다 목격자가 범인에 노출되는 기간을 더욱 단축시키고, 그래서 범인을 자세히, 정확하게 볼 수 없게 만들게 된다. 그렇지 않아도, 범죄로 인하여 야기된 스트레스와 불안도 목격자 증언에 부정적 영향을 미칠 수 있는데, 무기의 존재와 같은 범죄 현장의 환경적 요소들도 더 높은 수준의 스트레스를 유발하는 잠재성을 가지고 있다. 이런 것들이 목격자로 하여금 흉기에 더 큰 관심을 집중시키게 하고, 나중의 용의자 식별에 유용할 가해자의 얼굴 특징과 같은 관점에는 초점을 덜 맞추게 되는 결과를 초래하게 된다. 또 다른 하나의 목격자 증언의 결함이라면 목격자들이 종종 식별에 참여할 때 실제 가해자가 라인업의 일부, 즉 용의자 라인업에 들어있다고 가정하는 것이다. 그 결과, 목격자들은 라인업에 포함된 사람들 중에서 실제 가해자로 알려진 범법자와 가장 닮은 사람을 지목하는 경향이 있다는 것이다. 바로 이러한 사고의 결함이 오심으로 이어진다는 것이다.[29]

라) 제도적 변수와 추정자 변수

(가) 제도 변수

제도 변수는 법 집행 기관에서 하는 식별 절차의 운용과 관련된 요소들이다. 가해자의 신원을 잘못 식별하는 데 기여하는 전통적 식별 절차에 있어서 제도적 약점으로는 특정한 용의자를 지목하도록 하는 단서를 제

---

29 "Eyewitness testimonies: A gateway to wrongful convictions," file:///E:/Eyewitness Testimonies_A Gateway to Wrongful Convictions.html, 2023. 3. 13. 검색.

공하는 목격자에 대한 암시적 지시를 하거나, 식별 대상자 속에 가해자가 없을 수도 있다는 언급을 하지 않는 것, 용의자의 신원을 알고 있는 경찰관에게 식별 절차를 실시하도록 하는 것, 용의자와 전혀 달라서 용의자가 특별하게 눈에 띄게 하는 잘못된 들러리의 선택, 한 사람씩 식별하도록 하는 순차적 식별이 아닌 모든 참가자를 동시에 세우고 식별하도록 하는 동시적 식별, 목격자의 잠재적 허위 증언을 증대시키는 식별 후 논평 등이 해당된다.[30]

제도적 변수 중 가장 빈번하게 지적되는 오류의 하나는 식별 전 사전 설명이 부족하거나 잘못된 경우이다. 전통적으로 목격자들에게는 통상적으로 용의자와 용의자가 아닌 소위 들러리들을 포함하는 사진을 펼쳐놓거나 사람들을 줄을 세워서 용의자를 식별하도록 하는데, 만약에 용의자가 있을 수도 있고 없을 수도 있다고 제대로 설명하지 않으면 목격자는 용의자가 당연히 사진이나 참여 사람들 중에 있다고 가정하게 되어 참여자 중 한 사람을 지목하거나, 수사가 자신들이 즉각적으로 성공적인 식별을 하는 데 달렸다고 가정하게 되어 실제로 범행을 한 사람보다는 오히려 참가자 중 가해자와 가장 닮은 사람을 선택하는 "상대적 판단(relative judgement)"을 종종 하게 된다는 것이다. 그리고 만약에 식별을 진행하는 경찰관이 용의자의 신원을 안다면 의식, 무의식적으로, 의도하지는 않을지라도 목격자가 식별, 지목해주기를 바라는 사람을 용의자로 식별, 지목하도록 하는 소위 "정확한, 올바른" 답변에 대해서 얼굴 표정이나 몸짓을 보이는 등의 방식으로 목격자에게 일종의 단서(cue)를 줄 수 있어서 목격자가 자신의 기

---

30 Public Defenders, Department of Public Advocay, "Eyewitness Misidentification," file:///E:/Eyewitness Misidentification - Department of Public Advocacy.html, 2023. 3. 13. 검색.

억으로부터 독립적인, 독자적인 식별을 할 수 있는 능력을 저하시키게 된다는 것이다. 한편, 사진이나 참가자 중에는 범행과 관련이 없는 들러리들이 포함되는데, 들러리들이 용의자와는 너무나 다른, 전혀 닮지 않은 사람들이라면 용의자가 너무 눈에 띄게 될 수 있다는 것이다. 예를 들어서 용의자가 대머리거나 특이한 머리모양을 하거나 문신이 있거나 용의자를 다른 들러리들과는 전혀 다르게 보일 수 있게 하는 다른 특징들이 있다면, 특히 용의자의 독특한 특징이 가해자에 대한 목격자의 기술과 일치하고 다른 들러리들의 특징은 일치하지 않는 경우 목격자는 그 사람을 무의식적으로 용의자로 지목하게 된다는 것이다. 또한 식별이 끝나고, 경찰관이 때로는 목격자가 자신의 식별에 대한 자신, 확신을 상승시키는 아주 잘했다거나 다른 사람도 동일한 사람을 지목했다는 등의 언급을 하게 되면 목격자는 그 후 경찰관의 사후 언급을 듣기 전보다 자신의 식별에 더 크고 강한 확신, 자신감을 경험하고 표현하게 되어 잘못된 기억의 회복에 기여할 수 있다는 것이다. 그리고 전통적으로 한 사람씩 따로 순서대로가 아니라 사진이나 사람을 한꺼번에 동시에 보게 하고 용의자를 식별하도록 하는데, 가해자의 외관에 대한 기억에 참가자 각자를 비교하기보다는 다른 참가자에 비하여 상대적으로 가장 많이 닮은 사람을 식별하는, 상대적 판단에 의한 식별을 하는 경향을 초래한다는 것이다.[31]

(나) 추정자 변수

추정자 변수는 목격자 자신이나 가해자에 대한 목격자의 관찰을 둘러싼 상황과 관련되는 요인들로서, 이에는 기억의 간극, 목격자의 스트레스

---

31 Public Defenders, Department of Public Advocay, "Eyewitness Misidentification," file:///E:/Eyewitness Misidentification - Department of Public Advocacy.html, 2023. 3. 13. 검색.

나 트라우마, 사건 당시 가해자의 외관에 대한 목격자의 관심도 그리고 다른 인종 간의 식별 등이 있다. 먼저, 기억의 간극과 무의식적 전이로서, 목격자 기억은 원고나 영상과 같은 기록이 아니라 최초 부호화와 그 후의 회상, 검색에 있어서 오염될 수 있는 사건에 대한 부정확하고 해석적인 재구성이다. 여기서 정확한 기억은 시간이 흐름에 따라 당연히 줄어들고 간극이 생기기 마련인데, 목격자가 종종 무의식적으로 다른 기억, 일반적인 지식과 가정, 다른 목격자, 신문, 근원으로부터 얻게 된 정보로 이 간극을 채운다고 한다. 예를 들어, 가해자의 얼굴을 완전하게 보지 못하거나 자세한 사항을 단지 흐릿하게만 기억하는 목격자가 주변에서 익숙한 얼굴, 몇 차례 식별을 통해서 자기 기억 속에 남아있는 사람을 지목하게 된다는 것이다. 이러한 기억 간극을 채우는 부주의한 전이 과정을 "무의식적 전이 (Unconscious transference)"라고 하며, 이로 인하여 목격자는 나중에 다른 근원으로부터 얻어진 정보를 사건의 직접적인 회상으로 돌리게 하는 "근원 혼동 (source confusion)"을 경험하게 된다는 것이다. 그리고 목격자의 높은 수준의 스트레스나 트라우마도 목격자 기억의 정확성을 극적으로 낮춘다고 한다. 인구 구성상 다인종 국가일수록 더 하겠지만 목격자와 식별 대상자가 서로 전혀 다른 인종일 경우 기억의 정확성과 그로 인한 식별의 정확성이 낮아진다고도 한다. 보다 구체적인 요소들로서, 목격자가 아이나 노인의 경우 일반 성인보다 정확성이 낮은 경향이 있고, 범죄 현장에 다수의 사람이 관련된 사건에서도 가해자 식별의 어려움은 더 높아지며, 목격 기간이 길수록 정확하게 기억할 개연성은 더 높아지며, 동성 간 식별보다 이성 간 식별이 정확도가 더 낮으며, 범죄 현장의 조명이나 레이아웃과 가해자와 목격자/피해자와의 거리도 가해자를 기억하고 식별하는 데 영향을 미친다

고 한다.[32]

마) 목격자 오식별을 줄이기 위한 개선책

먼저 식별을 진행하기 전에 목격자에게 가해자가 이 식별에 있을 수도 있고 없을 수도 있으며, 목격자가 가해자를 식별하거나 않거나 관계없이 수사는 계속될 것이며, 목격자는 진행자에게 지침이나 지시를 구하거나 받아서는 안 된다는 구체적인 설명을 하라고 권고한다. 그리고 진행하는 경찰관이 용의자의 신원을 알지 못해야 한다고 권장한다. 이를 이중 – 블라인드(Double-blind) 식별이라고 한다. 이는 진행자의 비의도적 단서가 목격자 증거의 신뢰성에 부정적으로 영향을 미칠 수 있는데, 학자들의 연구 결과 그러한 영향은 이 "블라인드" 절차로 피할 수 있다는 것이다. 그리고 식별 과정에는 용의자와 들러리들이 참가하게 되는데, 들러리를 구성할 때 목격자가 기술하는 가해자와 너무 다르거나 용의자 눈에 띄게 튀는 들러리 구성은 피해야 한다는 것이다. 또한 전통적인 식별에서는 참가자가 한꺼번에 사진이건 실물이건 목격자에게 제시되는데, 이는 곧 상대적 판단과 식별의 위험이 있어서 참가자를 한 사람씩 순차적으로 제시할 것을 권하고 있다.[33]

---

32 Public Defenders, Department of Public Advocay, "Eyewitness Misidentification," file:///E:/Eyewitness Misidentification – Department of Public Advocacy.html, 2023. 3. 13. 검색.

33 Public Defenders, Department of Public Advocay, "Eyewitness Misidentification," file:///E:/Eyewitness Misidentification – Department of Public Advocacy. html, 2023. 3. 13. 검색; Johnsoton, J. E., "Wrongful convictions, memory, and eyewitness testimony," 2022, 1, 31, file:///E:/Wrongful Convictions, Memory, and Eyewitness Testimony_Psychology Today,html, 2023. 3. 13. 검색.

(2) 법의학적 분석의 오류

각종 보고서나 자료에 의하면, 부적절하거나 믿을 수 없는 법의과학 (forensic science)이 DNA 재분석 등에 의한 면죄 사건의 절반 이상에 관련된다고 한다. 유전자 감식이나 분석이 교흔(깨문 잇자국)이나 모발분석 증거와 같이 우리가 수년 동안 의존해왔던 일부 법의과학은 용의자를 결론적으로 식별하는 데 이용될 수 없다는 주장도 제기되어 왔다. 뿐만 아니라, 우리는 혈액형, 지문, 심지어 유전자 분석 사례에서도 실수와 오류를 목격해왔다. 탄흔, 방화, 아기 머리 흔들기 증상(Shaken Baby Syndrome)과 같은 비교적 새로운 사례에서도 법의과학자, 의사, 화재조사관의 결론이 잘못되거나 잘못된 가정에 기초한 것이었음을 목격하고 있다. 결국 이런 결과는 법의학, 법과학의 오용 또는 악용에 기인한 것이라고 할 수 있는데, 이 오용과 악용으로는 원천적으로 믿을 수 없거나 타당하지 않은 법의과학이 문제라고도 한다. 범죄 수사에 활용되고 있는 일부 법의학적 방법들이 일관되게 정확한 결과를 내놓지 못하고 있다는 것인데, 교흔(깨문 잇자국)이 대표적이라고 할 수 있다. 그리고 법의학적 방법에 대한 충분하지 못한 타당화와 검증도 문제로 지적되고 있다. 일부 활용되고 있는 법의과학은 정확한 결과를 일관되게 생산해낼 수 있지만, 그 타당성을 확고히 할 충분한 연구는 없었다는 것이다. 당연히 타당성이 검증되지 않은 결과라면 제대로 해석될 수 없는 것인데, 신발 자국 분석이 한 가지 예라고 할 수 있다. 문제는 현실이 이런데도 불구하고, 때로는 법의과학적 증언이 현장에서 확보된 증거와 용의자 등 개인에게서 확보된 증거의 유사점의 중요성을 과장하거나 과대평가하거나, 자료를 지나치게 단순화한다는 것이다. 예를 들어, 일련의 특징이 독특하다거나 이 특징들은 얼마나 희귀하거나 비상한 것인지 과장하여 용의자가 증거의 근원이 되는 개연성을 높이게 된다는 것이다. 뿐만 아니라, 누구나와 마찬가지로 법의과학 전문가들도 증거를 오염시키거나 훼손하는 등의 오류를 범할 수 있는데, 이런 실수나 오류는 매우 발전되고 제대로 검증된 형태의 과학 분야나 실험실에서도 일어날 수 있다. 더구나 일부 사례에서는 법의과학 전문가들이 결과를 조작하고, 무죄를 입증하는 증거를 배제하고, 검사가 이루어지지도 않은 결과를 보고하기도 하는 법의과학 전문가들의 비리도 지적되고 있다. 이런 문제들을 미국의 국가과학원(National Academy of Science)에서도 인지하여, 부정확하고 과장된 전문가 증언은 때로는 잘못되거나 호도하거나 오해의 소지가 있는 증거의 채택에 기여하고 있다고 지적하면서, 일부 법의과학적 기술, 특히 자동차 바퀴 자국, 잇자국, 모발 등 형태나 특징을 비교하는 법의학 기술들은 충분한 과학적 평가를 받지 않았다고 평가하며 경고하였다.[34]

이런 현상은 대부분의 법의과학이 오로지 법정에서의 이용만을 위하여 개발, 발전되었고, 그래서 과학적 연구를 정당화하기 위하여 전통적으로 활용되는 엄격하고 동일한 절차와 표준을 조건으로 하지 않기 때문에 일어날 수 있다고 한다. 극단적으로 모발분석이나 교흔(깨문 잇자국)의 분석과 같은 분야는 법의과학에 대한 보다 엄격한 검증이 요구되자 단순한 정크 사이언스(쓰레기 과학: Junk science)에 지나지 않는다는 혹평을 받기도 하는 실정이다. 심지어 보다 믿을 만한 학문 분야에서도 전문가들은 종종 자신의 결과를 과대평가하고, 특정 법의과학 기술의 한계와 제약과 오류 비율 등에 관해서는 거의 언급하지 않는다. 더구나 일부는 표본을 섞거나 시료

---

34 "Misapplication of Forensic Science," file:///E:/Misapplication of Forensic Science.html, 2023. 3. 13. 검색.

를 오염시키는 등 비행을 저지르기도 하며, 때로는 분석 결과를 각색하거나 피의자에게 무죄를 입증할 수 있는 증거를 숨기거나 검사하지도 않은 결과를 보고하기도 한다는 것이다. 그 밖에, 대부분의 과학이 엄격한 심사 등을 거치며 철저하게 감시받고 있는 데 비하여, 법의과학적 분석가와 검사자들은 자신의 분석이나 검사가 부정확한지 아니면 과장되지 않았는지 감시받지 않는다. 흔치는 않지만, 실제로 실수가 아니라 비리나 비행이 일어난 경우에도 그것을 바로잡거나 예방할 감시나 감독은 별로 없다고 한다. 특히 우리나라와 같이 소위 '전문가 프리미엄(expert premium)', 즉 박사, 의사, 변호사, 교수 등 전문가라는 호칭, 지위, 자격 등이 지나칠 정도로 권위와 신뢰를 주는 경향이 강한 사회에서는 전문가로 불리는 사람들을 쉽게, 때로는 지나치게 과신하는 경향이 있기 때문에 더 문제라고도 한다.[35]

이런 오심의 대표적인 사례로는 Krystal Voss를 예로 들 수 있다. 2004년 Krystal Voss는 머리 손상으로 사망에 이르게 된 자신의 17개월 된 아들 Kyran에 대한 아동학대로 유죄가 확정된 인물이다. 처음부터 Voss와 아동의 보모는 아이가 보모의 등에서 뒤로 떨어졌고, 얼어붙은 땅바닥에 머리를 부딪쳤기 때문이라고 같은 이야기를 반복적으로 진술하였다. 반면에 병원의 의료진들은 Kyran은 아동학대의 피해자라고 서둘러 결론을 내렸다. 그 당시 확산되었던 소위 "흔들린 아이 증후군(Shaken Baby Syndrome)" 이론에 따르면, 어른이 아이를 폭력적으로 흔드는 것이 Kyran과 같은 아이가

---

35 http://www.innocenceproject.org/causes/eyewitness-misidentification, 2023. 1. 9. 검색; University of Colorado School of Law, Korey Wise Innocent Project, "Why do wrongful convictions happen?" https://www.colorado.edu/outreach/korey-wise-innocence-project/out-work/why-do-wrongful-convictions-happen, 2022. 9. 24. 검색.

뇌의 팽창이나 부어오름, 뇌출혈 그리고 망막출혈이라는 삼각 증상에 대한 유일한 설명이라는 것이다. 이런 설명을 옹호하는 입장에서는 그처럼 높지 않은 곳에서 떨어진다고 그와 같은 삼각 증상을 초래하지는 않는다고 주장한다. 이런 증언으로 그녀는 유죄가 확정되어 20년 형을 선고받았다. 항소심에서 그녀의 새 변호인은 낮은 곳에서 떨어져도 흔들린 아이 증후군과 관련된 세 가지 증상을 초래할 수 있고, Kyran은 얼어붙은 땅바닥에 떨어진 것과 일치하는 머리 한쪽 방면에만 타박상이 있다는 것을 보여주는 새로운 경쟁적 의학적 증거를 제시하였다. 그녀는 13년의 수형생활 끝에 유죄가 뒤집어지고 마침내 석방되었던 것이다.[36]

이를 뒷받침 또는 증명이라도 하듯, 미국의 국가 과학원(National Academy of Science)은 한 보고서에서 과학수사연구소와 법의과학에 심각한 문제가 있다는 것을 경고하였다. 보고서는 DNA 분석을 제외하고는 어떤 법의학적, 법과학적 방법도 일관적이고 상당한 수준의 확실성을 가지고 특정한 개인이나 원천과 증거 사이의 관련을 보여줄 수 있는 능력을 엄격하게 보여주지 못하였다고 지적하였다. 비록 DNA 분석이 오늘날 가용한 가장 믿을 만한 도구로 간주되지만, 그럼에도 불구하고 법과학, 법의학 실험실이나 연구소는 표본을 잃어버리거나 잘못 표기하거나 잘못 해석하는 등과 같은 오류를 범할 수 있다는 것이다. 물론 저변의 과학이 탄탄할지라도, 오류는 일어날 수 있는데, 과연 법의학, 법과학이 진정한 과학인가 의문을 받

---

36 University of Colorado School of Law, Korey Wise Innocent Project, "Why do wrongful convictions happen?" https://www.colorado.edu/outreach/korey-wise-innocence-project/out-work/why-do-wrongful-convictions-happen, 2022. 9. 24. 검색.

기도 하는 상황에서는 더욱 그 개연성은 높은 것이다.[37]

　미국에서 전문가 증인에 의한 증언의 증거능력에 관한 증거 규칙인 Daubert 결정에서 전문가 증언의 허용 범주를 다시 규정하여 믿을 수 있고 타당한 과학적 또는 기술적 전문가 증언을 보장하기 위한 지침을 제공하고 있다. 몇 년 후, 국가과학원은 법의학, 법과학 공동체가 직면한 과학적, 기술적 도전을 강조하였다. 보고서는 일부 법의학, 법과학이 과학적 엄격함이 부족하다는 우려를 표하고, 더 많은 그리고 더 나은 연구의 필요성을 설파하였다. 보고서에 의하면, 법의학, 법과학에 있어서 정확성, 타당성 그리고 신뢰성 쟁점을 고심하기 위해서 더 좋은 연구가 더 많이 필요하다는 것이다. 과학적으로 신뢰성은 일반적으로 서로 다른 관찰자 간 관찰의 다양성 정도를 표현하고, 기법이 얼마나 잘 반복될 수 있는가를 포함하는 용어이다. 예를 들어, 만약에 100명의 검사관에게 특정한 기법으로 검사할 표본을 주었을 때 99명이 동일한 결론에 도달한다면 매우 신뢰할 수 있는 기법이라 할 수 있는 반면에, 동일한 결론에 도달하는 검사자가 절반에도 미치지 못한다면 신뢰성이 없거나 낮다는 것이다. 그러나 신뢰성은 어느 방법이 얼마나 잘 반복될 수 있는가를 보여주는 것이지 올바른 결론을 생산할 것임을 의미하지는 않는다. 아마도 법원이 진정으로 바랐던 것은 신뢰성이 아니라 "의존성(dependability)"이었을 것으로 추정하였다. 이 의존성은 과학적으로 말하자면 신뢰성과 타당성을 다 함께 함축하는 용어라는 것이다. 신뢰성만으로는 타당성을 담보할 수 없고, 타당성은 가장 단순하게 규정하자면 특정 기법으로 틀림없는 결론에 도달하는 확률이다. 올바른 결

---

37 Roger Koppl, "Fixing the flaws in forensic science," FDU Magazine, 17(2), 2010, file:///E:/FDU Magazine-%C2%AOFixing the Flaws in Forensic Science.html, 2023. 3. 13. 검색.

론에 도달할 확률이 우연보다 높다면 타당한 것으로 간주될 수 있는 것이다. 따라서 타당성이 증거능력을 담보하는 데 하나의 중요한 관점이 되는 것이다.[38]

가. 오염

범죄 현장에서 수집된 증거품이 그 수집과 포장 및 실험실이나 안전한 시설로의 운송과정에서 오염될 때도 오심이 발생할 수 있다. 증거물의 오염은 범죄 발생 시 존재하지 않았던 물질이 사건 이후 현장에 들어가는 누군가에 의하여 의도하지 않았지만 유입될 수 있는데, 예를 들자면 용의자가 될 수도 있는 관계없는 목격자, 긴급 출동자, 경찰관, 소방관 그리고 범죄 현장 수사요원들이 그런 부류의 사람들이다. 만약에 적절한 프로토콜(Protocol)을 따르지 않으며, 그 증거가 저장되거나 분석될 때도 오염될 수 있다. 오심은 이런 오염을 방지하기 위한 절차들이 주의 깊게 그리고 정확하게 지켜지지 않을 때 증거가 오염될 수 있고, 그 결과 궁극적으로 오심이 발생할 수 있다는 것이다.[39]

나. 법의학적 오류의 인적 요인

전문가의 법의학적 의견이 다수의 법정 사건들을 결정하는데, 그들 전문가의 의견이 종종 현장에서 확보된 대상물, 예를 들어 지문, 필적, 교흔

---

38 Florida Forensic Science, "Review: Error and its meaning in forensic science," file:///E:/Review_Error and its Meaning in Forensic Science – Florida Forensic Science.html, 2023. 3. 13. 검색.

39 Giannelli, Paul C., "Wrongful convictions and forensic science: The need to regulate crime labs," North Carolina Law Review, 2007, 86(1): 163-235, https://www.worldcat.org/issn/0029-2524, 2023. 1. 9. 검색.

(깨문 잇자국), 모발 등을 용의자나 데이터베이스에서 확보한 것들과 시각적으로 비교하는 일종의 차별, 구별(individualization)과 관련되고 있다. 전문가는 처음에 증거를 이용할 수 있는지 판단하고, 있다면 일치, 제외 또는 결정 불가로 분류한다. 이러한 차별, 구별 판단은 배심원단이 이 전문가의 의견에만 의존하여 피의자에게 유죄를 확정할 수 있을 정도로 너무나도 강력한 것이다. 법원에서도 일반적으로 크게 의심을 갖지 않고 이들 전문가의 판단을 받아들인다. 그러나 최근 세인의 관심을 크게 끌었던 법의과학적 차별, 구별, 개인화 오류와 다수 연구 결과로 법의학적 증거에 대한 회의를 더욱 증폭시키고 있다. 그런데 대체로 이러한 전문가 판단의 오류에 관한 연구 결과들은 두 가지 중요한 사실을 보여주고 있다. 첫째는 전문가들이 개별화, 구별, 차별화 오류, 실수를 저지른다는 것이다. 사실 필적 감정과 같은 분야는 확실히 불확실성이 존재하기 때문에 어쩌면 당연한 것인지도 모른다. 둘째는 증거 그 자체와는 무관한 정보의 원천, 근원인 "환경적 요소(contextual factors)"로 인한 전문가의 편견이다.[40]

편견과 관련하여, 인식에 대한 기본적인 과학적 원리는 매우 직관적이지 않다. 즉 모든 의식 있는 인식은 일종의 해석이라는 것이다. 인간은 객관적 사실, 현실을 경험하는 세상으로부터 빛을 그냥 수동적으로만 받아들이지는 않는다는 것이다. 오히려 인간은 감각(sensory)과 비감각(nonsensory)이라는 뚜렷이 다른 두 가지 종류의 정보를 이용하여 인식과 해석을 적극적, 능동적으로 구성한다는 것이다. 그런데 이 비감각적 인지과정이 때로는 판단에 편견을 갖게 한다는 것이다. 과학적으로 편견이라는 용어는 하

---

40 Marc Green, "Human factors in forensic evidence," file:///E:/Human Factors in Forensic Evidence.html, 2023. 3. 13. 검색.

나의 반응 범주를 다른 범주보다 선호하는 경향이라고 하며, 그렇다고 어떤 잘못된 행위나 비행을 함축하지는 않는다고 한다. 사실 어쩌면 이런 편견적인, 편파적인 판단은 성과를 증진시키기 위한 정상적이고 합리적이며 때로는 지능적인 행위라고 한다. 확률 정보(probability information)는 하나의 반응 범주가 올바른 선택인 선험적, 우선적 개연성, 가능성이라는 것을 제시하는 것이다. 모든 인식 과학자들은 보는 것이 믿는 것임을 알고 있지만, 믿는 것이 보는 것이라는 것도 그만큼 사실임을 알고 있다. 용의자가 유죄라는 가능성, 확률에 영향을 미치는 다른 요소들과 기존의 기대와 일치하는, 일관된 반응을 내놓을 개연성이 더 높다는 것이다. 예를 들어, 용의자가 자백했다는 것을 알고 난 뒤에 일치하는 지문을 찾아낼 개연성이 더 높았으며, 심지어 전문가 증언에 대한 이차 확인 조사를 요하는 경우에도 누군가가 이미 긍정적 일치를 찾았다는 것을 알게 되면 일차 결과를 그대로 확인하는 확률이 더 높았다고도 한다. 일종의 기대에 의한 편견 또는 편견에 의한 기대에 호응, 부응하는 '기대효과'라고 할 수 있을 것이다.[41]

이처럼 비감각적 정보를 활용하는 것은 종종 완벽하리만큼 합리적이다. 자백한 용의자의 지문은 일치할 개연성이 더 높다. 한 가지 속성을 공유하는 두 가지 물질이나 대상은 또 다른 속성을 공유할 개연성도 더 높다. 그러나 문제는 그러한 사고가 틀림이 없는 것이 아니라는 점이다. 인간은 정보와 노력의 합리적 경계 내에서 충분히 좋은 해결책을 추구하기 때문에 인간의 사고가 반드시 100% 옳다고 확언할 수 없음에도 법원은 법의학적 전문가들이 100% 정확하다고, 옳다고 가정하고 기대한다는 것이다. 여

---

41 Marc Green, "Human factors in forensic evidence," file:///E:/Human Factors in Forensic Evidence.html, 2023. 3. 13. 검색.

기서 법원의 요구와 정상적 인간의 판단 사이에 부조화가 있기 마련이고, 이것이 바로 법의과학적 증언의 문제라는 것이다. 여기서 더 큰 문제는 이런 인간의 기본적인 한계와 문제가 있음에도 인간이 판단을 하게 되면 이전 신념에 반하는 증거는 무시하고 이전에 갖고 있던 신념과 일치하는, 일관된 것을 인식하고 결정하는 강력한 경향이라고 할 수 있는 "확정 편향(confirmation bias)"을 가지는 경향이 있다는 것이다. 이 점이 오류와 사고의 근원임은 물론이고 법의과학적 증거 분석에 있어서 문제로 지적되고 있는 것이다. 마지막 편견은 소위 '보상 편견(payoff bias)'으로서 인간은 자동적으로 자신의 목표에 미치는 결과를 고려한다는 것이다. 법률제도는 일반적인 구조적 보상 편견을 가지고 있는데, 그것은 한 명의 무고한 사람에게 유죄를 확정하는 것이 100명의 유죄 범인을 놓치는 것보다 더 낫다고 짐작되기 때문이다. 그 밖에도 개인적 목표와 보상도 고려될 것이다. 예를 들어, 세간의 관심이 쏠리거나 잔혹한 범죄를 해결하는 데 도움을 줌으로써 경찰의 인정을 받기를 원할 수도 있고, 다른 전문가가 실패했지만 자신은 성공할 수 있다는 엄청난 자아를 가지고 자신의 능력, 기술을 증명하고 싶어도 한다.[42]

이런 몇 가지 편향 중에서도 어쩌면 확증 편향이 근본적인 문제일 수도 있다. 확정 편향은 사람들이 자신의 기존 신념과 기대를 정당화, 타당화하는 증거는 의도적으로 찾거나 더 찾으려하고 강조하는 반면에, 자신의 신념을 거부할 수 있는 증거는 완전히 무시하거나 변명할 개연성이 있을 때라고 할 수 있다. 과학자들은 편견이 인간의 사고와 행동에 영향을 미친

---

42 Marc Green, "Human factors in forensic evidence," file:///E:/Human Factors in Forensic Evidence.html, 2023. 3. 13. 검색.

다는 것을 오랫동안 인식해 왔다. 그래서 이러한 인간의 편견 성향, 경향을 철학자 Bacon은 "특이한 인간의 경향(peculiar human tendency)"이라고 했으며, 이런 경향으로 이론을 구성하거나 지지하기를 원하는 사람들은 사실들을 자기 용도로 왜곡한다는 것이다. 그렇다면 왜 이런 확정 편향은 일어나는가? 당연히 우리가 객관적이 되는 능력을 상실할 때 발생한다. 확정 편향이 너무나 일상적, 보편적인 것은 정신적으로 다루기가 너무나 쉽기 때문이라고 한다. 사람들은 어떤 특정한 신념을 성화할 때면 긍정적 증거에 받아 마땅한 그 이상의 가중치를 줌으로써 자신의 신념을 따르는 정보를 해석하고 증거를 찾으려고 한다는 것이다. 반면에 사람들은 부정적 증거에는 가중치를 덜 줌으로써 자신의 신념을 인정하지 않는 증거를 찾지 않거나 심지어 거부한다는 것이다. 물론 그렇다고 사람들이 부정적인 정보를 완전히 무시한다는 것을 의미하지는 않고, 다만 긍정적인 정보보다 무게를 덜 준다는 것을 의미한다는 것이다. 이는 어떠한 부정적인 관찰을 희석시키거나 변경시키거나 내버려둠으로써 통상적으로 이루어진다고 한다.[43]

다. 분석의 오류

Sherlock Holmes와 같이 대중매체의 유명한 수사관들은 법의학, 법과학을 활용하여 범죄자를 검거하고 범죄를 해결하는 것에 우리는 익숙해져 있다. 범죄 현장에서 확보된 법의과학적 증거는 오랫동안 형사 재판과 법 집행에 있어서 고정적 도구이기도 하였다. 형사 재판에서 법의과학적 증거의 가중치는 엄청나며, 종종 법 집행이나 대중들이 믿을 만한 가치가 있고 신뢰할 수 있는 표준화된 방법으로 간주되기 때문에 누군가의 유무죄

---

43 "Confirmation Bias, Ethics, and Mistakes in Forensics," file:///E:/Confirmation Bias, Ethics, and Mistakes in Forensics - Forensic Pathways.html, 2023. 3. 13. 검색.

를 결정하는 데 있어서 핵심 요소가 되곤 하였다. 당연히 그 역사도 무려 13세기까지 거슬러 올라가지만, 법 집행과 병리학 모두에 밀접하게 관련되는 긴 역사에도 불구하고, 법의학, 법과학은 아직도 일부 분야에서는 부족한 면이 있으며, 심지어 최근에는 무고한 사람을 감옥에 보내거나 사형까지 시키는 잘못된 관행으로 비난을 받게 되기도 하였다.

미국의 오심 관련 사회단체인 Innocence Project는 전체 오심 사건의 44%가 잘못된 법의과학적 분석의 결과라고 주장하였다고 한다. 법의과학 전문가들이 무심코 부주의로 또는 의도적으로 과학적 증거의 타당성이나 신뢰성, 그 중요성을 잘못 전달할 때 잘못된 법의과학적 분석이 발생한다. 지금까지, 혈청학적 분석, 미세 모발 비교, 교흔(깨문 잇자국), 선창(신발자국, shoe point), 토양, 섬유 그리고 지문 분야에서 이러한 오류가 발생하는 것으로 알려지고 있다. 그런 유형의 법의학, 법과학적 오류는 대체로 다음과 같은 분야에서 빈번하다고 한다.[44]

지구상의 모든 사람은 다른 모든 사람들과 다른 자기만의 독특한 지문을 가지고 있다는 생각은 아직도 법 집행, 법의학자나 법과학자 그리고 일반 대중들에게 폭넓게 확산되어 있지만, 최근에는 그러한 가정에 의문이 제기되고, 지문 분석에 대한 정해진 기준이 없다는 점도 지적되곤 한다. 측정 범주에서 비교점에 이르기까지, 지문을 평가하는 정해진 기준이 없다는 것이다. 비교 탄두 분석(Comparative bullet-lead analysis)이 한때는 FBI가 40년 동안 활용했던 가장 대중적인 법의학, 법과학적 관행이었다. 이 검사에 대한 일반적 생각은 탄환은 다른 어떤 탄환과 다른 자기만의 독특한 원소 구

---

[44] https://en.wikipedia.org/w/index.php?title=Miscarriage_of_justice&oldid=1118648433, 2023. 1. 9. 검색.

성을 가지고 있다는 것이었다. 법의학, 법과학자들은 현장에서 수거된 탄두와 용의자 소유 총기의 탄두가 그 둘이 동일한가를 알기 위하여 대조, 시험한다. 교흔 분석(깨문 잇자국 분석)(Bite Mark Analysis)은 법치의학자(Forensic Dentist)는 용의자의 신원을 파악하기 위하여 유해에 생긴 물린 잇자국을 분석하기도 하는데, 최근 잘못된, 허위 잇자국 식별로 비판을 받고 있다. 실제로 잇자국, 교흔 검사로 유죄가 확정되었던 사람들이 나중에 DNA 검사를 통하여 잘못된 구금에서 풀려나는 사례가 적지 않다. 증거의 최적 표준(gold standard)으로 간주되고 있는 DNA 검사는 검사기술의 발전으로 자신이 범하지도 않은 범죄에 대하여 무고하게 오심으로 구금되었던 사람들 다수를 석방시키는 데 크게 기여해 왔다.

이들 오류들은 실무자 오류, 도구적/기술적 오류, 통계적 오류, 방법/기법의 오류로 나눌 수 있다. 실무자 오류(Practitioner Error)는 대체로 우연, 사고이지만, 때로는 사기의 경우에는 고의적일 수도 있다. 오류는 주로 사고이고, 무작위적 오류, 제도적, 체제적 문제, 방기 또는 무능에서 나올 수 있다. 이런 오류에는 자료를 기록하는 동안 숫자의 이항, 도구의 오용, 분석 방법의 부적절한 선택과 적용 등이 포함된다. 이유가 어떻거나, 실무자 오류는 인간 오류이고 따라서 과학적 오류로 간주되지는 않는다. 도구적/기술적 오류(Instrument/technological Error)에서 도구적 오류는 측정 도구에 의한 측정치와 실제 가치의 차이이며, 통계적 오류(Statistical Error)는 실제 가치와 예측, 계산된 가치의 편차로서, 일반적으로 측정과 예측의 특징인 정상적인 다양성을 보여주는 것으로 표준오차(standard error)나 기타 불확실성의 측정으로 표기된다. 그리고 방법/기법 오류(method/Technique Error)는 실무자나 도구 오류와 관련되지 않는, 주어진 방법/기법의 어쩔 수 없는 고유의 한계에 기인한다. 일반적으로 방법 오류는 서로 다른 집단 간의 기질이나 측정의 중첩, 모집단 내의 관찰된 기질의 빈도와 같은 한계에 따른 오류라고 한다.[45]

라. 전문가들의 과신

전문가 증인의 지나치게 확신적인 증언도 오심으로 이어질 수 있다고 한다. 전문가 증인의 신뢰성은 수많은 요소들 - 특히 모두가 그들이 얼마나 믿을 만한가에 영향을 미치는 그들의 자격, 개인적 호감도와 자기확신 - 에 좌우된다고 한다. 전문가들이 증거를 제시하는 확신도 지나치게 긴장하거나 불안한 증인은 거짓말을 한다고 믿는 경향이 있는 배심원들에게 영향을 미치는 것으로 알려져 왔다. 전문가들이 증언하는 태도나 방식이 분명하고 모호하지 않은 명백한 결론을 제공하는 전문가들을 선호하는 판사와 법률가들에게 지대한 영향을 미칠 수 있다는 것이다.[46]

사실 법의학, 법과학적 증거의 분석은 대부분 표준화가 이루어지지 않아서 전문가의 전문성이라는 어쩌면 검사자의 경험과 주관적 판단에 좌우되는 경우가 많다는 점을 고려한다면 전문가들에 대한 지나친 신뢰나 그들의 판단과 결정에 대한 무조건적인 수용이 무고한 오심을 불러올 수 있다는 것이다.

---

45 Florida Forensic Science, "Review: Error and its meaning in forensic science," file:///E:/Review_Error and its Meaning in Forensic Science - Florida Forensic Science.html, 2023. 3. 13. 검색.

46 Cramer, Robert J., Brodsky, Stanley L., DeCoster, Jamie, "Expert witness confidence and juror personality: Their impact on credibility and persuasion in the courtroom," Journal of the American Academy of Psychiatry and the Law Online, 2009, 37(1): 63-74.

(3) 허위자백(False Confession)

2006년 3월 1일, 미국의 Wisconsin 주에서 평균 이하의 지능과 인지 장애가 있는 16살의 고교생 Brendan Dassey라는 소년이 2005년 11월에 Teresa Halbach를 살해한 혐의로 기소되어 종신형이 선고되지만, 2016년 8월 12일 연방법원 판사는 그의 유죄를 무효화시킨다. 그의 이런 이야기는 "살인자 만들기(Making a Murderer)"라는 다큐멘터리로 만들어졌는데, 궁극적으로 형사사법제도의 일부 본질적 결함을 잘 보여주고 있다. 핵심 내용은 지능이 낮고 인지능력도 제한적인 오로지 16살 소년의 강압 받고 강요된, 그래서 아마도 믿을 수 없는 허위, 거짓 자백을 그대로 받아들이는 것은 사법제도가 거의 배타적으로 절차적 공정성에만 초점을 맞추었지 실질적 공정성은 거의 무시한다는 것을 보여주는 사건이었다.[47]

무고한 수형자를 면죄시키기 위하여 DNA 검사가 활용되고, 그에 대한 언론의 관심이 높아지면서 형사사법제도가 종종 무고한 사람에게 유죄를 확정, 선고한다는 대중의 인식도 높아졌다. 그러나 DNA 검사를 통한 무죄 입증과 면죄(exoneration)는 오심이라는 더 큰 문제의 아주 작은 부분에 지나지 않는다. 대부분의 형사사건에 있어서 그렇게 이용할 DNA가 과거에도 없었고 지금도 없기 때문이다. 그중에서도 대체로 심리적으로 강압적인 경찰이 심문하는 동안 무고한 용의자들의 허위자백이 원인인 사례가 상당하다고 하는데, 이런 경우에는 DNA도 아무런 소용이 없는 경우가 대부분이라는 것이다. 아침 운동하는 여성을 강간하고 살해한 용의자로 지목되었던 다섯 명의 소년들이 협박, 거짓말, 고함 그리고 유인 등으로 점철된 녹

---

47 Alvarez-Toro, V. and Lopez-Morales, C. A., "Revisiting the false confession problem," The Journal of American Academy of Psychiatry and the Law, 2018, 46: 34-44.

화되지 않고 진행된 장시간 심문 끝에 결국엔 허위로 자백하고, 그것을 근거로 유죄가 확정되었던 미국 New York Central Park 5인방이 대표적 사례의 하나이다. DNA 검사로 면죄된 오심 사건의 15~20%가 경찰이 유도하거나 강요한 허위자백이 원인이라고 한다. 그러나 여기에도 DNA 검사가 불가능한 사례가 너무나 많고, 재판 전에 기각되거나 오류가 입증된 허위자백, 유죄협상으로 끝난 경우, 유죄 확정 후 재심의 대상이 되지 않는 사례(특히 중대 범죄가 아닌 경우), 소년사법과 같이 비밀조항을 담고 있는 경우의 허위자백도 포함되지 않기 때문에 아마도 허위자백으로 인한 무고한 유죄 확정 피해는 이보다 훨씬 더 많다고 볼 수 있을 것이다.[48]

당연히 우리는 어느 정도나 빈번하게 또는 많이 이러한 허위자백이 발생하는지 정확하게 알 수는 없다. 따라서 우리는 과학적으로 의미 있는 허위자백 발생률을 정할 수 없게 되는데, 여기에는 몇 가지 이유가 있다고 한다. 먼저 정부나 민간 분야 어떤 조직에서도 허위자백을 기록하지 않기 때문에 이와 관련된 어떠한 통계나 기록이 없다는 사실이다. 둘째는 기록되어 있어도 자백이 진실인지 허위인지 정확하게 판단하고 구분하기가 쉽지 않다는 것이다. 그러나 오심을 연구해 온 사회과학자들은 자백이 허위임을 입증할 수 있는 4가지 방법을 제시한다. 1) 살해된 것으로 추정되었던 피해자가 생존한 것으로 발견되는 등과 같이 용의자가 발생하지도 않은 범죄를 자백했다는 점이 객관적으로 성립되거나, 2) 피의자가 범죄가 발생했던 당시에 다른 위치에 있었다거나 하는 등으로 피의자가 도저히 그 범죄를 저지를 수 없었다는 것이 객관적으로 성립되거나, 3) 진범이 확인되고

---

48 Leo, R. A., "False confessions: Causes, consequences, and implications," The Journal of the American Academy of Psychiatry and the Law, 2009, 37: 332-343.

그의 유죄가 객관적으로 성립되거나, 4) 최근에는 대부분 DNA 증거이지만 과학적 증거가 결론적으로 자백한 사람의 무죄, 무고함을 입증할 수 있을 때 자백이 허위라고 할 수 있다는 것이다.[49]

상당한 기록과 그 기록에 대한 학자들의 분석에도 불구하고, 경찰이 유도(Police-induced)한 허위자백 현상은 대부분의 사람들에게는 반직관적 (counterintuitive)이라고 할 수 있다. 대부분의 일반인들은 심리적 심문의 통념 (myths of psychological interrogation), 즉 무고한 사람은 물리적으로 고문을 당하거 나 정신적으로 아프지 않는 한 경찰에 허위로 자백하지 않을 것이라 믿는 다는 것이다. 정상적인 사람이라면 그 어떤 사람도 자신이 처벌받고 때로 는 목숨까지도 잃을 수 있는 줄 알면서도 자신이 하지도 않은 범죄를 허위 로 자백할 리 없다고 믿고 있다는 것이다. 이런 심리적 심문에 대한 통념이 지속되는 것은 대부분의 사람들은 경찰이 심문하는 동안 어떤 일이 벌어 지는지 알지 못하고, 사람들은 자기-이익에 반하여 행동하지 않거나, 자신 이 범하지 않은 범죄를 허위로 자백하는 것과 같이 자기-파괴적인 행위에 가담하지 않는다고 잘못 가정하기 때문이다. 그야말로 인간의 기본적 특 성이 이성적, 합리적이어서 손해보는 것은 선택하지 않는다는 합리적 선 택의 이론과도 부합되는 논리이다.[50]

이처럼 상식적으로 또는 본능적으로, 아니면 인간의 본성에 따라, 무 고한 사람이 자신이 범하지도 않은 범죄를 시인할 개연성, 가능성은 있을

---

49 Leo, R. A. and Ofshe, R., "The consequences of false confessions : Deprivation of liberty and miscarriage of justice in the age of psychological interrogation," Journal of Criminal Law and Criminology, 1998, 88: 429-496.

50 Leo, R. A., "False confessions: Causes, consequences, and implications," The Journal of the American Academy of Psychiatry and the Law, 2009, 37: 332-343.

것 같지 않아 보이지만, 그럼에도 이런 일은 아주 빈번하게 발생하는 실정이어서, 앞서 소개한 오심 관련 미국의 사회단체 Innocence Project는 살인과 강간 사건의 전체 오심 중 대략 25%가 이 허위자백으로 인한 것이라고 주장할 정도이다. 그런데 이렇게 정상적으로는 이해하기 어려운 허위자백도 사람에 따라 그 개연성이 달라서, 허위자백에 특히 더 취약한 부류가 있다고 한다. 즉, 일부 사람들이 경찰의 압박하에서 허위자백을 하는 데 더 취약할 수 있다는 것인데, 특히 지적으로 장애가 있거나, 정신 질환을 가진 사람들이 대표적이라고 하지만, 심지어 일부 정상적인 사람들까지도 허위자백을 한다는 것이다. 물론 흥미롭게도 젊은 사람, 어린 사람들도 그들이 특히 스트레스를 받거나 지치거나 엄청난 충격으로 외상을 받으면 자백에 특별히 취약해진다고도 한다.[51]

당연히 보통 사람들은, 왜 일부 사람들이 자신이 범하지도 않은 범죄를 처벌받을 줄 알면서도 자백하는지 이해하기가 어려울 것이다. 그러나 지금까지 알려진 바로는 법집행기관에서의 신체적 위협이나 협박만으로도 사람들을 허위로 자백하게 만들 수 있다고 한다. 그것은 통상적인 심문, 조사 기법도 심리적으로 강압적, 강제적일 수도 있다. 또한 경찰은 증거에 대하여 거짓말을 할 수 있고, 심지어 사실이 아님에도 경찰은 유죄를 입증할 법의학적 검사나 결정적인 증거를 확보했음을 용의자가 믿게 만들 수도 있다. 또한 경찰은 용의자로 지목된 사람에게 오직 자백만이 오랜 심문을 끝내고 상황이 더 좋아지게 할 수 있다고 확약, 유도할 수도 있다. 진실은 이와 같은 압박, 특히 장기간의 심문이나 수면, 음식, 물 등의 박탈과 같

---

51 Innocence Project, Research Resources, https://innocenceproject.org/research-resources.

은 극단의 상황하에서 많은 사람들은 무너지게 된다는 것이다. 여기에 더하여, 강압이나 강제나 강요나 고문 등 고통스러운 심문 상황에서 벗어날 수 있는 유일한 길은 경찰이 원하는 자백을 하는 수밖에 없다고 자포자기하면서, 동시에 나중에 재판을 통해서 자신의 결백을 입증할 수 있다고 믿기 때문에 허위자백을 할 개연성을 높인다고도 한다.[52]

일반적으로 경찰에게 있어서, 대부분의 용의자 심문의 초점은 조사, 수사가 아니라 자백을 받아내는 것이라고 한다. 그러나 누구에게, 심지어 범인에게서도 자백을 받아내기란 쉬운 일이 아니다. 경찰은 그래서 자백이 합리적 선택으로 보이게 하려고 노력한다. 경찰은 자기들이 얼마나 강력한 증거를 확보했는지를 강조하고, 그리고는 용의자에게 형량을 최소화할 수 있는 유일한 기회는 스스로 순순히 자백하는 것뿐이라고 제안한다. 일부 수사관들은 사형이나 자녀의 상실로 용의자를 협박, 위협하기도 한다. 또한 경찰은 확보한 증거에 관해서 용의자에게 거짓말을 할 수도 있다. 대부분의 허위자백 사례를 보면 경찰이 범죄에 대한 정보를 용의자에게 제공하여 그들의 자백이 범죄에 대한 일부 정확한 정보를 담도록 하고 있는 것이다.[53] 다수의 연구와 언론과 대중의 관심에도 불구하고, 경찰 - 유도의 허위자백이라는 현상은 대부분의 사람들에게는 반직관적으로 남아서 이해가 쉽지 않다. 대다수 사람들은 소위 심리적 심문의 통념, 신화라고 할 수 있는 '무고한 사람이 물리적, 신체적으로 고문을 당하거나 정신적으

52 University of Colorado School of Law, Korey Wise Innocent Project, "Why do wrongful convictions happen?" https://www.colorado.edu/outreach/korey-wise-innocence-project/out-work/why-do-wrongful-convictions-happen, 2022. 9. 24. 검색.

53 http://www.innocenceproject.org/causes/eyewitness-misidentification, 2023. 1. 9. 검색.

로 병을 앓고 있지 않는 한 자신이 형벌, 심지어는 사형까지도 받을 수 있는 범죄를 자신이 범하지도 않았음에도 허위로 자백할 리가 없다'고 믿는 것이다. 여기에다 인간은 합리적이라 자기 이익에 반해서 손해를 보는 행동은 하지 않으며, 따라서 이러한 합리적 인간은 당연히 자신이 범하지 않은 범죄를 허위로 자백하는 것과 같은 자기 – 파괴적인 행위에 가담하지 않는다고 인간의 본성을 잘못 이해하고 있어서 그렇다는 것이다.[54]

허위자백에 의한 무고한 사람에 대한 억울한 처벌의 사례가 오심 사건의 두 번째로 빈번한 원인이지만, 그중에서도 Lorenzo Montoya 사건이 대표적인 사례의 하나로 알려지고 있다. 그는 2000년 특수교육 교사를 강도, 살해한 혐의로 억울하게 처벌되었다고 하는데, 그가 억울한 처벌을 받게 된 이유가 바로 자신의 허위자백 때문이었다는 것이다. 범행 당시 그는 고작 14살의 미성년자였지만, 성인으로 재판을 받고 가석방 없는 종신형에 처해졌던 것이다. 그에 대한 유죄평결과 확정은 부분적으로 자신의 허위자백을 근거로 이루어졌다고 한다. 40여 시간 동안에 걸친 심문에 처음에는 그의 어머니가 동석하였지만, 어머니가 떠난 후 수사관들은 그에게 가석방이 없는 종신형(Life sentence without parole)에 처해질 것이라고 말하고, 탁자를 내려치고 소리를 지르는 등 Montoya를 매우 공격적으로 심문하였다고 한다. 무려 60번 이상이나 자신이 살인 사건과 무관함을 주장하였음에도, 그는 결국 압력에 굴복하여 허위로 자백하고 만다. 그는 그렇게 유죄가 확정

54 Chojnacki, D. E., Cichini, M. D., and White, L. T., "An empirical bases for the admission of expert testimony on false confessions," Arizona State Law Journal, 2008, 40: 1; Kassin, S. and Gudjonsson, G., "The psychology of confessions: A review of the literature and issues," Psychological Science in the Public Interest, 2004, 5: 35-67.

되어 14년의 수형생활 끝에 DNA 검사로 면죄가 되었다.[55]

지금까지 알려지기로는, 경찰의 강압적인 심문기법이 용의자들에게 스트레스를 심하게 받게 하고 지치게 하고 심지어 심각한 외상을 겪게 하여, 결국에는 허위로 자백을 하는 수밖에 없다고 생각하게 만든다는 것이다. 경찰은 종종 자백을 받아내려는 바람에서 심문을 진행할 때 강압적인 조작 기법, 기술을 활용한다고 한다. 미국에서 5~60년대 John Reid라는 경찰관에 의하여 도입되었던 소위 Reid 기법은 자백을 확보하기 위하여 속임수, 강요 그리고 공격적 대치 등에 의존하는 전략이 그중 가장 잘 알려진 강압적 심문기법으로, 그동안 수도 없이 많은 무고한 시민들의 허위자백으로 이어지게 하였다는 것이다. 이런 강압적, 조작적 심문기법은 상대적으로 덜 대치적, 강압적인 면담기법에 비해서 용의자로부터 더 적은 정보가 얻어지고, 진실된 자백도 더 적게 제공될 뿐만 아니라 오히려 더 많은 허위자백을 초래하지만 일선에서는 여전히 활용되고 있다고 한다.[56]

가. 허위자백의 정의

허위자백은 범죄를 범하지도 않은 사람이 자신이 범하지도 않은 범죄에 대하여 스스로를 범죄자라고 시인하는 진술이라고 정의될 수 있다. 허위자백은 "내가 그랬어(I did it)"라는 시인과 여기에 더하여 자백한 사람이

---

55 University of Colorado School of Law, Korey Wise Innocent Project, "Why do wrongful convictions happen?" https://www.colorado.edu/outreach/korey-wise-innocence-project/out-work/why-do-wrongful-convictions-happen, 2022. 9. 24. 검색.

56 The Seismic change in police interrogations, Marshall Project, 2017, https://www.themarshallproject.org/2017/03/07/the-seismic-change-in-police-interrogations; Vrij, Aldert, "Deception and truth detection when analyzing nonverbal and verbal cues," Applied Cognitive Psychology, 2019, 33(2): 160-167.

범하지 않은 범죄에 대한 시인 후 범죄에 대한 자세한 묘사(어떻게, 왜 범죄가 발생했는지 자세한 기술)로 이루어진 진술이다. 이렇게 규정되는 허위자백은 대체로 자발적(voluntary), 강제된 순응(coerced-compliant) 그리고 강제된 내면화(coerced-internalized)라는 유형으로 나누어지고 있다.

나. 허위자백의 원인

사람들이 자신이 범하지도 않은 범죄를 자백하게 되면 유죄가 확정되어 수형생활을 하거나 극단적으로는 사형까지도 받을 수 있다는 것을 알면서도 허위로 자백하는 데는 그만한 이유가 있을 것이다. 지금까지 알려지기로는 경찰 - 유도의 허위자백은 다단계 과정과 영향력, 설득 그리고 순응의 결과에서 초래되며, 통상적으로 심리적 심문을 포함하고 있다. 따라서 경찰 수사관이 어떻게 범죄 용의자를 표적으로 하는지, 어떻게 경찰 심문이 심리적 과정으로 작동하는지를 이해할 필요가 있다. 일반적으로 오심으로 이끄는 경찰 - 유도 허위자백이 일어나는 데는 세 가지 순차적인 오류가 있다고 한다. 수사관들은 먼저 무고한 사람을 유책자, 범인 또는 용의자로 잘못 분류, 지목하고, 이어서 언제나 증거에 관한 거짓말을 하고 종종 암시적이고 명시적인 약속으로 유인하는 것은 물론이고, 위협을 포함하고 있는 유죄추정과 혐의를 제기하는 고발적 심문을 하고, 허위 시인을 유도하게 되면 경찰이 용의자로 지목된 사람과 공동으로, 때로는 범죄에 관한 공개되거나 공개되지 않은 정보와 사실을 무고한 피의자에게 제공하며 범행 시인 후 자세하게 묘사하고 진술하도록 압력을 가한다는 것이다. 이런 일련의 순차적 오류를 순서대로 엉뚱한 무고한 사람을 용의자로 분류하는 오분류 오류(misclassification error), 그렇게 지목된 무고한 용의자에게 자백을 강요하는 강요 오류(coercion error) 그리고 범행 시인 후 자세한 묘사를 하도록 만드는 오염 오류(contamination error)라고 한다.[57]

미국에서 대부분의 법 집행 기관은 소위 Reid 기법이라는 심문방식을 사용하도록 경찰관을 훈련시킨다고 한다. 목표는 심문 초기 피의자의 행동을 수단으로 유죄를 입증하려는 것이다. 거짓말 탐지기 전문가인 Reid는 피의자의 유죄는 신체언어를 통한 불안 신호로 나타난다고 믿었다. 그의 행동에 대한 초기 해석이 심문하는 경찰관으로 하여금 자백을 끌어내기 위한 더 많은 직접적인 기법들을 추구하도록 북돋운다는 것이다. 물론 이 기법이 자백을 받아내는 데는 효과적이지만, 상당 부분 접근방법상의 본질적인 결함, 즉 그 주 목적이 불안을 끌어내는 동시에 유죄 결정인자로 동시에 해석하는 것이어서 걱정스러울 정도로 많은 정도가 허위라는 것이다.[58]

심문의 강요된 특성과 관련된 심문기법으로 극대화(maximization)와 극소화(minimization)라는 것이 있는데, 어쩌면 극대화는 심문관이 엄포를 놓거나 거짓말로 용의자의 불안감을 극대화시키는 일종의 협박이고, 반면에 극소화는 형의 감경 약속 등을 통하여 불안감을 극소화시키는 하나의 회유라고 할 수 있다. DNA 증거, 목격자, 영상 등이 있다고 엄포를 놓고 거짓말을 함으로써 용의자로 하여금 자신에게 불리한 증거가 있다고 믿게 한

---

57 Leo, R. A., "False confessions: Causes, consequences, and implications," The Journal of the American Academy of Psychiatry and the Law, 2009, 37: 332-343.

58 Leo, R. A., "False confessions: Causes, consequences, and implications," The Journal of American Academy of Psychiatry and the Law, 2009, 37: 332-343; Hill, C., Memon, A. and McGeorge, P., "The role of confirmation bias in suspect interviews: A systematic evaluation," Legal & Criminological Psychology, 2008, 13: 357-371; Perillo, J. T. and Kassin, S. M., "Inside interrogation: The lie, the bluff, and false confession," Law and Human Behavior, 2011, 35: 327-337.

다. 역설적으로 용의자들은 자신의 무고함이 법원에서 궁극적으로 입증될 것이라는 희망 때문에 종종 자백을 한다는 것이다. 극소화 기법은 도덕적 정당성을 통하여 범죄의 심각성을 약화시키고 불안감을 낮추는 것이다. 이때 심문관은 종종 관대함과 형량의 경감을 암시하여 무고한 용의자를 허위자백에 더 취약하게 하는 것이다[59]. 허위자백과 관련된 또 다른 전술은 범죄 행동에 대한 용의자의 도덕적 타락(moral depravity)을 최소화하여 용의자가 자백을 보다 더 받아들일 수 있는, 받아들이기 쉽게 만드는 것이다. 이 전술은 소위 "선택적, 대안적 질문(alternative question)"을 활용하는데, 심문관이 어떤 대답이라도 심문 대상자에게 불리한 두 가지 질문을 하는 것이다. 예를 들어, "순간적인 충동에서 강간했는가 혹은 사전에 계획해서 강간했는가"를 물어서 "강간하지 않았다"는 대답은 애초에 배제되는 것이다. 첫 번째 조건, 순간의 충동으로 강간했다는 대답은 도덕적 책임성을 낮추어 주고, 관용의 회유도 내포하게 된다. 실제로 유명한 미국 New York Central Park에서 아침 운동을 나온 여성을 강간, 살해한 혐의에 허위로 자백했던 "Central Park 5"의 다섯 소년 모두가 경찰에 협조하면 집으로 돌려보내 줄 것이라 믿었었다는 것이다.

구금 환경과 물리적 격리는 당연히 용의자를 사회관계와 지역사회로부터 격리시켜서 그의 힘을 빼기 마련이다. 심문의 길이와 강압적 특성의 심문기법의 결합이 순응적이고 설득된 허위자백을 초래할 수 있다고 한다. 순응적 허위자백과 관련하자면, 용의자는 수사관의 비난을 부인하는 것은 상황을 더 악화시킬 뿐이기 때문에 자백하는 것이 자신에게 최상의

---

59 Alvarez-Toro and Lopez-Morales, op cit.; Perrillo and Kassin, op cit.; Kassin, S. M., Drizin, S. A. and Grisso, T., "Police induced confessions: Risk factors and recommendations," Law & Human Behavior, 2010, 34: 49-52.

이익이라고 믿는다는 것이다. 다수의 용의자들이 격리되어 오랜 시간 강압적 심문을 받으면서 지칠대로 지쳐서 그들이 이 엄청난 스트레스를 주고 불쾌하고 힘든 상황과 경험에서 탈피하는 유일한 길은 심문관의 바람에 동조하는 것뿐이라고 믿게 된다는 것이다. 반면에 설득된 허위자백과 관련해서는, 용의자에게 아무도 그의 무고함을 믿지 않을 것이며, 그의 유죄가 이미 입증되었다고 설득시키는 것이다. 용의자들은 자신의 기억을 다시 한 번 되짚어 보고 자신이 범행했다고 믿게 된다는 것으로, "내재화(internalization)"라고 알려진 과정이다.[60]

허위자백과 관련된 인과적 요소는 다양하지만, 가장 먼저 그리고 가장 자주 지적되는 것이 경찰의 마음가짐이다. 경찰은 자백을 얻으려는 바람에서 심문할 때 설득적 조작 기법을 활용한다. 증거에 대해서 거짓말을 하고(없는 증거를 있다고), 경찰이 용의자를 돕기 위해서 있다고 믿도록 하고, 용의자의 편인 것처럼 하는 것 등이 이에 해당된다. 충분한 시간과 설득이 지나면, 용의자는 자신이 범하지도 않은 범죄일지라도 심문관의 자백 요구에 동조할 개연성이 있다는 것이다. 더 중요한 것은, 일단 용의자에게 유죄가 유도되면, 원래 유죄의 근원과는 전혀 무관한 요구에도 더욱 동조하게 만든다는 것이다.

가) 오분류(misclassification)로 인한 오류

경찰이 무고한 사람을 용의자로 잘못 분류하는 것은 수사관의 잘못으로 무고한 사람이 유책한 사람으로 결정될 때 벌어지는 일이다. 당연히 그

---

60 Leo, 2009, op cit.; Kassin, S. M. and Kiechel, K. L., "The social psychology of false confessions: Compliance, internalization, and confabulation," Psychological Science, 2005, 16: 481-486

래야만 하지만, 허위자백으로 가는 길은 경찰이 무고한 용의자를 표적으로 삼으면서 시작된다. 일단 특정한 용의자가 표적이 되면, 경찰조사와 심문은 그때부터 유죄 추정에 이끌리게 된다. 수사 과정에서 심문할 것인지 여부를 결정하는 것이 핵심적인 의사결정 지점인데, 어떤 유형의, 어떤 원인으로 인한 허위자백이건 거의 모든 허위자백이라도 만약에 경찰이 잘못하여 무고한 사람을 용의자로 잘못 분류하고 따라서 심문하지 않는다면 경찰이 허위자백을 유도할 수는 없는 것이다. 무고한 사람을 용의자로 잘못 분류하는 것이 모든 허위자백과 오심의 필요조건인 것이다.[61]

그렇다면 왜 경찰은 무고한 사람을 유책한 용의자로 잘못 분류하는 오류를 범할까? 경찰이 무고한 사람을 유죄의 용의자로 잘못 분류하게 하는 다수의 인지적 오류가 있다고 한다. 그중에서도 가장 큰 것은 아마도 부적절하고 잘못된 수사 훈련일 것이다. 경찰은 스스로 거의 완벽에 가까울 정도로 높은 정확도로 진실과 속임수를 구별할 수 있는 인간 거짓말 탐지기(Human Lie Detector/polygraph)가 될 수 있다고 잘못 배운다는 것이다. 예를 들어서, 수사관들은 눈을 깜박이거나, 코를 만지작거리거나, 안경을 고쳐 쓰고 닦거나, 손톱을 깨물거나, 뒷머리를 치거나 하는 사람은 거짓말을 하고, 그래서 유죄일 개연성이 높다고 잘못 배운다는 것이다. 그러나 사회과학적 연구들은 모든 사람이 인간 거짓말 탐지기이기에 당연히 부족하고, 심지어 경찰도 부족한 인간 거짓말 탐지기이고, 그래서 누군가가 거짓말을 하는지 진실을 말하는지에 대한 판단에 있어서 실수, 오류를 범할 확률이 매

---

61 Davis, D. and Leo, R., "Strategies for preventing false confession and their consequences," in Kebbell, M. and Davis, G(eds), Psychology for Forensic Investigations and Prosecutions, New York: John Wiley and Sons, 2006, pp. 121-149.

우 높다고 주장한다. 대부분의 사람들은 기껏해야 우연(예를 들어 50 대 50)에 지나지 않을 정도로 맞게 판단한다는 것이다. 심지어 경찰 수사관에 대한 구체적 연구에서도, 경찰이라도 50/50의 우연 정도 이상으로 유죄에 대한 진실된 부정과 허위 부정을 믿을 수 있을 정도로 구별할 수 없다는 것을 밝혀내기도 한다. 결국, 실제로 경찰은 잘못된 판단을 일상적으로 하고 있다는 것이다.[62]

이런 이유 외에도, 예를 들어 용의자가 그냥 단순히 목격자의 일반적 기술에 맞는 가장 쉽게 눈에 띄는 사람일 수도 있다. 물론 목격자 진술에 맞거나 유사한 사람은 많이 있을 수 있지만, 굳이 그 사람이 용의자로 분류된 것은 단순히 그 사람이 경찰 눈에 띄었거나 경찰의 용의자 스케치를 우연히 보게 된 사람이 신고했거나, Lineup이나 Mugshot 사진에서 잘못 지목되었기 때문이다. 또한 오인 용의자는 가능한 범죄 동기는 물론이고, 그러한 동기를 가졌을 개연성이 높은 가해자를 포함하는 범죄 관련 도식에 근거하여 표적이 되기도 한다.[63]

종합하자면, 사건이 서로 다른 모든 진행 단계를 거치면서 단계마다 그 영향, 불이익이 누적되는 수사의 초기 단계에서 오분류 오류에 관련이 있는 몇 가지 요소들이 문헌에서 파악되고 있는데, 위장이나 기만에 대한 주관적 해석, 편견, 범법자 프로파일링, 결함이 있는 과학적 증거, 사변적,

62 Hartwig, M., Granhag, P. A., and Stromwall, I., "Police officers' lie detection accuracy: Interrogating freely vs. observing video," Police Quarterly, 2004, 7: 429-456; Kassin, S. and Fong, C. T., ""I'm innocent!": Effect of training on judgment of truth and deception in the interrogation room," Law and Human Behavior, 1999, 23: 499-516.

63 Leo, R. A., "False confessions: Causes, consequences, and implications," The Journal of the American Academy of Psychiatry and the Law, 2009, 37: 332-343.

추측적 수사 가설 그리고 교도소 정보원에의 의존이 그것들이다. 기만에 대한 주관적 해석은 수사관이 무고한 사람을 용의자로 잘못 초점을 맞추는 것을 포함하고 있다. 이는 경찰관이 언어적/비언어적 신호를 통하여 그들이 거짓말을 할 때, 그냥 직감이나 육감에 의존할 때를 확실히 구분할 수 있다는 신념이나 잘못된, 호도된 교육 때문에 일어난다고 한다. 이러한 기만에 대한 그릇된 편견은 종종 유형의 증거도 없이 강력한 유죄 추정을 하는 수사관의 대응 편견(response bias)으로 이어지게 한다. 열린 마음가짐의 결여와 그로 인한 편견은 범법자들은 언제나 거짓말을 하고, 경찰은 언제나 진실을 말한다는 과도한 인상, 근거가 없는, 입증되지 않은 유죄 추정, 확증 편향과 같은 시야, 시각을 좁아지게 한다는 터널 비젼(tunnel vision) 등의 요인이 다른 사람에 대한 호도된 인식을 갖게 되어, 마치 "보이지 않는 고릴라" 실험에서처럼, 보고자 하는 것들만 보게 된다는 것이다. 예를 들어 범법자 프로파일링은 인종적 차별을 초래할 수 있는 인종적 프로파일링(racial profiling)이나 주변에서 사건이 일어나면 전과자 등 위험인물을 우선적으로 용의선상에 올리는 것과 같은 분류의 오류를 범하게 된다는 것이다. 결함이 있는 과학적 증거는 증거물이나 표본의 오염이나 분석가의 전문성 결여 등으로 오분류를 초래하는 경우이다. 추측적, 사변적 수사 가설이란 여성의 취약성으로 여성을 용의선상에서 처음부터 배제하거나 사소한 상황적 단서로 특정인이 배제되거나 특정인이 포함되는 경우라고 할 수 있다. 교도소 정보원에 의존하는 것도 때로는 재소자가 자신의 범죄에 대한 처벌의 경감을 대가로 잘못된 정보를 제공할 수 있기 때문에 오류를 초래하게 된다.[64]

---

64 Meissner, C. A. and Kassin, S. M., "'He's guilty': Investigator bias in judgment of

나) 강요에 의한 오류(The Coercion Error)

수사관이 무고한 사람을 유죄 용의자로 잘못 분류하고 나면, 종종 혐의를 제기하는 심문을 하게 된다. 일단 무고한 사람을 잘못 분류하면, 전형적으로 호도된 주관적 기만의 탐지와 유죄 추정 편견을 통하여, 특히 사건 해결에 대한 대중과 정치권의 압박이 심한 세간의 관심이 집중된 사건에서 용의자로부터 자백을 강요하기 위하여 심문적이고 구금적인 요소들을 이용하게 된다. 외부적 압박과 야망, 인지 편향, 통제와 권력감 등과 같은 내부적으로 동기가 지워진 요소들이 강압적인 인터뷰, 심문 전술로 이끌 수 있다는 것이다. 자백을 받는 것은 용의자에 대한 다른 증거가 없을 때, 특히 수사관들에 대한 범죄를 해결하라는 압박, 압력이 강한 경우, 찾을 수 있는 잠재적 증거의 근원이 없을 때 그리고 무고하지만 잘못 분류된 용의자에 대한 다른 믿을 만한 증거가 없을 때 특히 중요해 진다고 한다.[65] 일단 경찰의 심문이 시작되면, 경찰 - 유도 허위자백의 일차적 원인은 심리적으로 강요하고 강압하는 경찰의 심문방식이다. 심리적 강압과 강요는 경찰이 심리학이나 법학적으로 태생적으로 강압, 강요적인 것으로 간주되는 심문기법을 사용하거나, 점증적으로 용의자가 심문관에게 동조하는 것 외에 다른 선택이 없다고 인식하도록 하는 심문기법을 이용할 때라고 한다. 이와 같은 심리적 강압, 강요적 기법으로는 형의 감경이나 선처의 약속과 가중 처벌의 위협이 대표적이라고 할 수 있다. 실제로도 근래의 허위자백

---

truth and deception," Law and Human Behavior, 202, 26: 469-480.

65 Gross, S., "The risk of death: why erroneous convictions are common in capital cases," Buffalo Law Review, 1996, 44: 469-500.

사례 대부분이 선처의 약속이나 가중 처벌의 위협에 의한 것이라고 한다.[66]

용의자로 하여금 수사관에게 협조하는 것 외에 다른 선택이 없다고 인식하도록 만드는 심리적 강요, 강압의 두 번째 형태는 어느 특정한 하나의 기법이 아니라 전반적인 심문 방법의 누적 결과일 수 있다는 것이다. 구금 환경과 물리적 감금은 용의자를 무력화시키고 격리시키려는 의도가 있다. 그리고 심문은 스트레스를 주고 유쾌하지 않도록 설계, 고안되고, 그 스트레스와 불유쾌함이 더 강할수록 스트레스는 그만큼 더 오래 지속된다고 한다. 심문기법들은 용의자가 상상할 수 있는 의심 이상으로 자신의 유죄가 입증되었고, 아무도 자신의 무죄 주장을 믿지 않을 것이고, 수사관의 비난을 계속 거부함으로써 자신의 상황과 자신에 대한 사건의 궁극적인 결과를 훨씬 악화시킬 것이라고 인식하게 만들기 위한 것으로 여겨진다. 용의자는 지쳐서 또는 참을 수 없는 스트레스를 주는 경험으로부터 탈출할 수 있는 방법이 없다는 것을 알기 때문에 수사관의 바람에 동조, 협조하는 것 외에 선택의 여지가 없다고 인식하게 된다고 한다. 일부 용의자들은 자신이 이 상황을 떠날 수 있는 유일한 방법은 수사관이 바라는 대로 하는 것이라 믿게 된다. 다른 일부는 교도소에서의 동성 강간 등 두려운 일들을 피할 수 있는 유일한 방법은 수사관에 동조, 협조하는 것이라고 믿도록 이끌려서 허위자백을 할 수 있다는 것이다. 이처럼 용의자가 동조하는 것 외에 다른 선택이 없다고 인식하게 되면 그의 결과적인 동조와 자백은 비자발

---

66 Gross, S., Jacoby, K. and Matheson, D., "Exonerations in the United States, 1989 through 2003," Journal of Criminal Law and Criminology, 2005, 21: 201-223; Leo, R. and Ofshe, R., "The consequences of false confessions: Deprivations of liberty and miscarriage of justice in the age of psychological interrogation," Journal of Criminal Law and Criminology, 1998, 88: 429-496.

적이고 강요, 강압된 결과로 정의된다.[67]

물론 심리적 강요, 강압이 경찰-유도 허위자백의 일차적 원인이지만, 개인에 따라 심문 압박, 압력을 견뎌내는 능력이 다르고, 따라서 그로 인하여 허위자백에 대한 민감성, 취약성, 즉 허위자백을 할 개연성도 다르다고 한다. 유사한 상황과 환경이라도, 특히 허위자백에 더 취약한 사람이 있다는 것이다. 그러한 사람들은 일반적으로 기억력이 좋지 않고, 불안 수준이 높고, 자기 - 존중감이 낮고, 자기주장이 낮은 인성을 가지고 있어서 심문의 압박에 더 취약하고, 그래서 허위자백할 개연성은 더 높다는 것이다. 심문 암시성, 즉 심문의 영향을 받기 쉬운 정도는 수면박탈, 피로, 약물과 알코올 금단증상으로 더욱 강화되는 경향도 있다고 한다. 매우 순응적, 동조적인 사람들은 갈등을 회피하고, 순순히 동의하고, 다른 사람, 특히 힘 있는 사람들을 기분 좋게 해주려고 애쓰는 경향이 있다고 한다.[68]

심문의 영향을 받기 아주 쉬운 사람 또는 심문에 상대적으로 더 순응적, 동조적인 사람은 경찰 심문의 압박감에 비정상적으로 취약한 사람만이 아니다. 발달 장애나 인지 장애가 있는 사람, 청소년 그리고 정신질환자도 상대적으로 더 취약한 것으로 알려지고 있다. 발달 장애가 있는 사람이 허위로 자백할 개연성이 더 높은 데는 다양한 이유가 있다고 한다. 먼저 그들의 정상 이하의 지적 기능, 낮은 지능, 짧은 집중력 유지 기간, 좋지 않은 기억력 그리고 좋지 않은 인식기술과 소통기술로 인하여, 이들은 자신에

---

67 Ofshe, R. and Leo, R., "The social psychology of police interrogations," Studies in Law, Politics, and Society, 1997, 16: 189-251.

68 Blagrove, M., "Effects of length of sleep deprivation on interrogative suggestibility," Journal of Experimental Psychology, 1996, 2: 48-59; Harrison, Y. and Horne, J., "The impact of sleep deprivation on decision making: A review," Journal of Experimental Psychology, 2000, 6: 236-249.

게 주어진 문서나 진술이나 진술과 심문에 대한 자기 답변의 함의를 잘 이해하지 못한다. 이들은 또한 자기 - 확신, 자신감이 부족하고, 문제해결 능력도 좋지 못하며, 자신의 인지능력을 위장하거나 숨기고, 행위에 대한 적절한 단서를 다른 사람들, 특히 힘 있는 사람들에게 의지하는 경향도 있다. 그러므로 그들을 동의하도록 하고, 허위자백이나 호도하는 진술, 심지어 자신에게 불리한 진술을 반복하게 만들기 쉽다는 것이다.[69]

발달 장애아들은 대체로 다른 사람을 기쁘게 하려는 욕구가 있어서 갈등 상황에 쉽게 영향을 받고 동조하게 된다고 한다. 학자들은 이를 두고 "편향된 응답(biased responding)"이라고도 한다. 이들은 자신에게 질문, 심문하는 사람에게 그들이 듣고자 한다고 믿고 있는 것을 말한다는 것이다. 이들은 비난을 열정적으로 받아들이고, 알면서도 자신을 심문하는 힘 있는 수사관을 기쁘게 해주려고, 그들의 비위를 맞추려고, 그들의 승인을 얻으려고 옳지 않은 대답을 제공한다는 것이다. 또한 그들의 인지 장애와 학습된 극복 행위로 인하여 스트레스에 쉽게 압도된다. 이들은 정신적으로 정상적인 사람들과 같은 수준의 압박, 불안, 고통을 이겨낼, 견뎌낼 심리적 자원이 부족하거나 결여되어 있어서, 그 결과 그들은 갈등을 회피하는 경향이 있다는 것이다. 따라서 이들은 대립적 경찰 심문의 압박에 저항할 개연성이 낮고, 심지어 그것이 알면서도 허위자백을 하고 있다는 것을 의미함에도 자신을 비난하는 사람, 즉 수사관의 요구에 동조할 개연성이 더 높다고 한다. 이들이 힘든 심문을 피하기 위하여 수사관이 듣고자 하는 것을 말하

---

69 Cloud, M., Shepherd G. and Barkoff, A., "Words without meaning: The constitution, confession and developmentally disabled suspects," University of Chicago Law Review, 2002, 69: 495-624.

게 되는 시점이 정신적으로 정상인 사람들보다 훨씬 빠르다는 것이다.[70]

젊음 혹은 더 정확하게는 어리다는 것도 경찰 유도 허위자백의 중요한 요인의 하나로 알려지고 있다. 위에서 발달 장애를 특징지었던 기질의 다수가 어린 아동이나 청소년도 특징지을 수 있어서 청소년들도 매우 동조적, 순응적이라는 것이다. 그들은 미성숙하고, 권위자, 권위를 순진하게 신뢰하며 묵인하고, 성인 권위자들을 기쁘게 해주고 싶어 해서, 경찰의 심문을 받게 되면 순종적인 경향이 있다는 것이다. 그리고 청소년은 남의 영향을 받기가 매우 쉬워서 발달 장애가 있는 사람처럼 쉽게 압박을 받고, 착취당하고, 이용당하고, 허위자백을 하도록 설득당한다는 것이다. 당연히 이들 어린 아동이나 청소년들은 심문의 심각성과 특성 또는 경찰 심문에 대한 자기들의 대답이 가져다줄 장기적 결과를 이해할 판단력과 인지능력이 부족하며, 성인에 비해 언어능력, 기억력, 집중 기간, 정보처리 능력이 제한적이고, 대인적 스트레스 극복 능력도 부족하며, 힘든 심문을 견딜 수 없다고 인식할 개연성은 더 높다는 것 등 청소년의 기질과 특성들이 왜 청소년이 강압적 심문에 더 취약하고 허위자백을 하는 데 더 민감한가를 설명해 준다는 것이다.[71]

마지막으로 정신 질환이 있는 사람도 특히 경찰 압박의 대응에 있어서 허위자백을 할 개연성이 불균형적으로 높다고 한다. 그들을 경찰 심문에 허위자백을 할 개연성이 높게 만드는 정신 질환적 증상으로는 잘못된 현

70 Drizin, S. and Leo, R., "The problem of false confessions in the post-DNA world," North Carolina Law Review, 2004, 82: 891-1007.

71 Owen-Kostelnik, J., Reppucci, N. and Meyer, J., "Testimony and interrogation of minors: Assumptions about maturity and morality," American Psychologist, 2006, 4: 286-304.

실 감시, 왜곡된 인식과 신념, 현실과 환상을 구별하지 못하고, 죄책감을 갖기 쉽고, 고조된 불안감, 기분장애, 자기통제의 결여 등이 있다고 한다. 뿐만 아니라, 이들은 실행, 집행 기능, 집중력 그리고 기억력의 결핍으로 고통받고, 쉽게 혼란스러워지고, 자기주장, 적극성과 같은 사회적 기술도 부족하여, 허위자백의 위험성을 증대시킨다는 것이다. 이들이 자발적인 허위자백을 할 개연성이 높지만, 동조적, 순응적 허위자백을 하도록 쉽게 강요될 수도 있다는 것이다. 그런데 여기서 흥미롭기도 하고 중요한 것은 경찰이 끌어내는 대부분의 허위자백이 정신 질환이 있거나 청소년이거나 발달 장애가 있는 사람이 아니라 오히려 정신적으로 정상적인 개인들에게서였다는 사실이다.[72]

다) 오염으로 인한 오류(The contamination Error)

심리적으로 강압적인 경찰의 심문 방법과 그것들이 어떻게 개인의 인성과 상호작용하는지가 왜 그리고 어떻게 용의자가 부정에서 시인으로 움직였는가를 설명해줄 수 있지만, 자백이란 그냥 단순히 "내가 했어(I did it)"라는 진술 그 이상이라고 한다. 자신이 했다는 진술에 더하여 시인 후 묘사(postadmission narrative)라고 일컬어지는 그 다음의 사건 관련 상세한 묘사를 필요로 한다는 것이다. 그 묘사는 "내가 했어"라는 진술을 맥락을 관련지어 고려하고 설명하려고 시도하며, 미숙한 시인을 완전히 형성된 자백으로 전환시키는 것이다. 이 시인 후 묘사가 적어도 외견상으로는 용의자의 유죄에 대한 설득력 있는 설명으로 보이게 만든다는 것이다. 또한 용의자의

---

72 Redlich, A., "Mental illness, police interrogations, and the potential for false confession," Law and Psychiatry, 2004, 55: 19-21; Sals, C., "The case for excluding confessions of mentally ill," Yale Journal of Law and Humanity, 2004, 16:243-275; Drizin and Leo, op cit.; Leo and Ofshe, op cit.

시인 후 묘사의 내용과 수사적 힘이 부분적으로 왜 자백이 그토록 강력한 유죄의 증거인가를 설명해주고, 때로는 무고한 사람의 기소와 유죄 확정으로 이끈다는 것이다. 이는 시인 후 묘사의 구체적 내용이 본인이 직접 행하지 않고는 알 수 없다고 믿기 때문이라고 한다.[73]

경찰 수사관은 심문의 시인 후 단계의 중요성을 이해하기에 용의자의 묘사에 영향을 미치고, 구성하고, 심지어 때로는 대본을 쓰는 데 그것을 이용한다. 수사관의 목표는 용의자의 유죄를 성공적으로 입증하고, 그의 유죄 확정으로 이끌 설득력 있는 설명을 끌어내는 것이다. 예를 들어, 허위자백 사례를 보면, 심문하는 수사관들은 용의자의 동기에 대한 설명을 지어내고, 제안하고, 끌어내는 데 능숙하여, 실제로 용의자에게 동기를 기인시키는 방법으로 시나리오에 기초한 유도(scenario-based inducement)를 종종 이용한다고 한다. 그리고 경찰은 용의자가 자신의 자백 결정을 양심의 행동으로 기인시키고, 범행에 대한 후회를 표현하도록 권장하고 강요한다. 또한 그들은 용의자가 잘못되었음을 알고 죄책감을 느끼도록 확증하는 현장의 상세사항을 제공하고, 그래서 자신의 책임을 확인하게 한다. 또한 경찰은 용의자를 자기 자백의 주인공으로, 대신에 경찰을 단순히 수동적 수수자로 묘사하여 자백, 시인이 자발적인 것처럼 보이게 한다.[74]

수사관들은 용의자가 특정한 설명을 받아들이도록 압력을 가하고, 용의자에게 범죄의 사실들을 제안, 제시함으로써 용의자의 시인 후 묘사를 오염시켜서 허위자백을 꾸미는 데 일조를 한다. 무고한 용의자는 자신이 범하지 않은 범죄에 대한 자세한 내용을 전혀 알 수 없기 때문에 그들의 범

---

73 Leo and Ofshe, op cit.; Leo, op cit.

74 Leo, op cit.

행 시인 후 묘사는 의도적이건 무심코 또는 부주의이건 간에 용의자에게 넌지시 암시되고, 제시되고, 제안되고, 명확하게 제공되지 않는 한 불가능한 것이다.[75]

다. 허위자백의 서로 다른 유형

대체로 허위자백의 유형은 1985년 Saul Kassin과 Lawrence Wrightsman이 사례연구와 태도 변화에 대한 사회심리학적 이론을 기반으로 유도나 꾀어냄이 없이 일어나는 자발적(voluntary), 용의자가 자신이 개인적으로는 진실로 무고하다는 것을 알면서도 극단적인 방법의 심문에 대한 대응, 반응으로 공개적으로 유죄를 주장할 때 일어나는 강압적 순응(coerced-compliant) 그리고 용의자가 실제로 자신이 범행했다고 믿게 될 때 일어나는 강압적 내면화(coerced-internalized)라는 세 가지 형태로 분류하였다. 그 후, Ofshe와 Leo는 Kassin과 Wrightsman의 초기 유형화를 자발적, 스트레스적 순응(stress-compliant), 강압적 순응, 강압적 설득(coerced-persuaded) 그리고 비강압적 설득(noncoerced-persuaded)의 다섯 가지 유형으로 확장, 수정하였다. 당연히 유형을 확대할수록 허위자백과 심리적 논리를 가장 적절하게 끄집어내겠지만 다수 학자들은 단순화를 위하여 다양한 접두사들은 버리고 단순하게 자발적(voluntary), 순응적(compliant) 그리고 설득된(persuaded) 허위자백으로 유형화하고 있다.[76]

---

75 Leo and ofshe, op cit.; Leo, R., Drizin, S. and Neufeld, P., "Bringing reliability back: False confessions and legal safeguards in the twenty-first century," Wisconsin Law Review, 2006, 2: 479-539; Leo, op cit.

76 Ofshe and Leo, op cit.; Kassin, S. and Wrightsman, L., "Confession evidence," in Kassin, S. and Wrightsman, L.(eds.), The Psychology of Evidence and Trial Procedure, Beverly Hills, CA: Sage Publications, 1985, pp. 67-94.

가) 자발적 허위자백(Voluntary False Confessions)

허위자백의 유형을 처음 분류한 Kassin과 Wrightsman은 이 자발적 허위자백을 경찰 심문이 없을 때 이루어지는 자백으로 규정하였다. 그래서 이 자발적 허위자백은 자백하는 사람의 필요나 내적 심리상태 또는 경찰이 아닌 누군가에 의해서 자백하는 사람에게 가해지는 외적 압박, 압력으로 설명될 수 있다. 대부분의 자발적 허위자백은 저변의 심리적 혼란이나 정신의학적 장애로부터 초래되는 것으로 보인다. 그렇다면 사람들이 경찰의 심문이 없이도 허위자백을 자원하는 이유는 무엇일까? 그 이유야 다양하겠지만, 악명과 명성에 대한 욕망, 상상 또는 실제 행동에 대한 속죄의 필요성, 현실과 환상을 구별할 수 없음, 자기 – 징벌이나 수용에 대한 병리적 욕구가 주로 지적되고 있다. 물론 그렇다고 모든 자발적 허위자백이 심리적 병에 뿌리를 둘 필요는 없다. 예를 들어, 실제 범죄자를 돕고 보호하고, 다른 범죄나 규범 위반에 대한 알리바이를 만들고, 또 다른 사람에 대하여 보복하려는 욕망에서 자발적으로 허위자백을 하는 사람도 있기 때문이다.[77]

나) 순응적 허위자백(Compliant False Confession)

순응적 허위자백은 어떠한 도구적 이익(instrumental benefits)을 성취하기 위하여-전형적으로 혐오적인 심문 과정을 끝내서 그로부터 벗어나기 위하여, 관용에 대한 예상되는 약속이나 제안을 이용하기 위하여 또는 예견되는 가혹한 형벌을 피하기 위해서 - 경찰의 강요, 스트레스, 압력에 대한 반응, 대응에서 나온 것이다. 여기서 순응적 허위자백의 가장 중요한 것, 그

---

77 Kassin and Wrightsman, op cit.; McCann, J., "A conceptual framework for identifying various types of confessions," Behavioral Science & the Law, 1998, 16: 441-453; Leo, op cit.

래서 가장 독특한 관점은 용의자가 자신이 무고하며, 자신이 말하는 것이 허위라는 것을 알면서 죄를 시인한다는 점이다. 그런 이유로 대부분의 순응적 허위자백은 전형적으로 심문이 끝나기가 무섭게 철회, 번복된다. 얼핏 알아차렸겠지만, 왜 이들은 알면서도 허위로 자백을 할까? 가장 먼저 지적되는 것이 심문 과정의 억압, 강요, 강제이다. 과거에는 물리적 폭력이나 고문 등 가혹행위를 피하고, 벗어나기 위한 유일한 탈출구로서 허위자백을 했다면, 그러한 가혹행위가 더 이상 용납되지 않는 현재에는 소위 심리적 강요, 강제, 강압, 억압이 순응적 허위자백의 일차적 근원이라고 한다. 실제로 심리적으로 지향하는 심문기법도 물리적 심문기법에 못지않게 순응적 허위자백을 끌어낼 수 있다는 것이다.[78]

가장 보편적 형태의 허위자백인 이 강요된, 강제된, 억압된 순응적 허위자백(coerced-compliant false confession)은 수사관이 누군가 의심할 여지 없이 딱 걸렸고, 자신의 형벌을 경감시킬 수 있고, 그렇지 않으면 자신의 끔찍한 상황을 피할 수 있는 가장 실행 가능한 방법은 자백이라는 것을 설득할 용의자를 찾는 순차적으로 영향을 미치는 과정의 결과로서 일어난다는 것이다. 경찰이 한편으로는 용의자가 붙잡혔고, 범죄를 부인하는 것은 소용없는 것이라고 확신시키면서, 다른 한편으로는 자백이 가장 유익, 유리하다는 것을 인식시키기 위하여 고안된 심문기법을 이용하는 것이다. 당연히 가장 강한 심리적 유인책은 용의자가 자백을 하면 보다 더 가볍게 다루어질, 처벌될 것이고, 자백하지 않으면 더 형벌적으로 처리될 것이라는 제안일 것이다. 물론 이런 약속, 회유와 협박은 표준도 법률적이지도 않고, 심리나 법적으로 강압적인 것으로 간주된다. 회유와 협박이 반복된 비난, 용의

---

78 Ofshe and Leo, op cit.; Kassin & Wrightsman, op cit.

자의 부인에 대한 공격, 존재하지 않는 증거에 대한 거짓말, 압력이나 유인과 결합하여 용의자로 하여금 자신이 범하지 않은 범죄를 알면서도 고의로 자백하도록 만들 수 있다는 것이다. 간단하게 말하자면, 용의자가 구금으로부터 석방, 감경된 형벌과 같은 자백하는 것의 이익이 체포, 가중 처벌 등 범행을 부인하는 비용을 능가한다고 확신하게 만드는 것이다. 이 점은 자신이 무고하다는 진실이 결국에는 자신을 면죄시킬 것이라고 순진하게 믿는 사람에게 특히 더 그렇다고 한다.[79]

물론 심리적으로 강요, 강압된 위협과 회유가 순응적 허위자백의 일차적 근원일지라도, 스트레스와 경찰의 압박, 압력도 중요한 원인이 되고 있다. 구금된 상태에서의 심문은 태생적으로 스트레스를 많이 주고, 불안을 야기하고, 불유쾌한 것이다. 특히 조사관, 심문 경찰의 대인관계적 기술도 영향을 미치는데, 사기적이거나 적대적이거나 착취적이라면 용의자의 심리적 압박과 스트레스는 더 클 것이다. 심문 시간도 문제가 되는데, 시간이 길어질수록 용의자의 신체적, 정신적 저항력과 인내는 고갈되고 고통은 더 심해질 것이기 때문이다. 이런 복합적인 스트레스 요소들의 결합된 영향이 용의자의 인지능력을 압도하여 견디기 어려운 스트레스를 주는 이 심문을 단순히 그냥 끝내기 위하여, 그것도 허위로 자백한다는 것이다.[80]

79 Kassin, S., "The psychology of confession eveidence," American Psychologist, 1997, 52: 221-233; Davis, D, and O'Donahue, W., "The road to prediction: The extreme influence tactics in the interrogation room," in O'Donahue, WE.(ed.), Handbook of Forensic Psychology, San Diego: Academic Press, 2004, pp. 897-996; Kassin, S., "On the psychology of confessions: Does innocence put innocents at risk?" American Psychologist, 2005, 60: 215-228; Leo, op cit.

80 Leo, op cit.

다) 설득된 허위자백(Persuaded false confession)

설득된 허위자백은 경찰의 심문 전술이 용의자의 기억을 의심하도록 하고, 범행에 대한 기억이 없음에도 불구하고 아마도 자신이 범행했을 개연성이 더 높다고 일시적으로 설득될 때 일어난다고 한다. 설득된 허위자백은 전형적으로 세 가지 연쇄적인 단계로 펼쳐진다고 한다. 첫째, 심문관이 용의자로 하여금 자신의 무고함을 의심하도록 한다. 이는 심문관이 반복적으로 용의자에게 범행을 비난하고, 용의자의 부인에 대해서는 가차 없이 공격하고, 용의자에 대한 각색, 조작된 유죄 증거와 반복적으로 대면시키는 강도 높고, 장황하게 오래 걸리고, 기만적인 고발 심문의 부산물이라고 할 수 있다. 용의자가 처음 추궁을 당하면, 이 무고한 용의자는 진짜로 실수였을 것으로 생각하고, 자신의 무고함을 설득하려고 한다. 그러나 언제쯤인가 심문관이 자신의 주장을 믿지 않을 것이라 깨닫게 된다. 그리고는 자신이 무고하다는 것을 아는 것과 경찰이 자신의 유죄에 대한 틀림없는 증거를 정직하게, 솔직하게 보고하고 있다는 믿음 사이의 분명한 모순을 조화시킬 수 없기 때문에 일종의 부조화를 겪게 된다. 그쯤에서 용의자는 자신의 무고함에 대한 자신의 믿음의 근거를 한 단계 높이는데, 바로 범행한 기억이 없다고 하는 것이다.[81]

자신이 범행했다는 것이 그럴듯하고 그럴 공산이 크다고 용의자를 설득시키기 위해서는, 심문관이 용의자가 범행을 기억해내지 않고 어떻게 범행했는지를 만족스럽게 설명해주는 이유를 제공해야 한다. 이것이 두 번째 단계로서, 심문관이 이런저런 억압된 기억 이론, 예를 들어 용의자가 술이나 약물로 인한 기억상실이나, 다중인격장애, PTSD 등을 겪었다거나,

---

81 Leo, op cit.

가장 보편적으로 정신적 외상을 초래하여 단순히 범행에 대한 기억을 상실했다는 등의 설명을 제시해야 한다. 자신의 추정되는 기억상실에 대하여 심문관이 제시한 설명의 하나가 그럴 만하다고 용의자가 간주할 때만 용의자가 범행의 책임을 받아들이도록 설득될 수 있다는 것이다. 일단 용의자가 설득되면, 십중팔구 자신이 범행했을 것으로 믿게 된다. 그럼에도 용의자는 아직도 그때까지 범행의 기억이 없기 때문에 불확실한 믿음의 상태라고 한다. 기억이 부족함에도, 일단 선을 넘으면 시인 후 진술의 구성이라는 세 번째이자 마지막 단계를 준비한다는 것이다. 일단 용의자가 범죄에 대한 책임을 받아들이면, 심문관은 어떻게 그리고 왜 범행했는지 상세하게 진술하도록 더욱 밀어붙인다. 용의자는 이쯤에서 자신이 자백하고자 하지만 기억은 할 수 없는 행동을 범했다고 믿는 역설적 상황에 놓이게 된다. 용의자는 어떻게든 범행을 기억할 수 있게 되지만, 그러나 실제로는 그가 기억하는 것이 아니라 대신에 범행이 어떻게 일어났는지에 대해서 추측하거나 이야기를 만들어내고, 자신에게 경찰이 제시, 제안한 것을 반복하고, 알면서도 고의로 이야기를 꾸며내고, 심문관의 제안, 제시에서 따오기도 한다는 것이다.[82]

그러나 설득된 허위자백은 순응적 허위자백에 비해서 그 발생 빈도가 훨씬 낮고, 그것도 세인의 관심이 아주 높은 살인 사건에서 주로 발생하며, 비정상적으로 길고 심리적으로 격렬한 심문의 산물일 경향이 있다고 한다. 일단 용의자가 심문 환경과 심문관의 영향력과 압박에서 벗어나면 자신의 자백을 철회, 번복하는 것이 전형이다. 일부는 심지어 심문이 끝나기

---

82 Ofshe, R. and Leo, R., "The decision to confess falsely: Rational choice and irrational action," Denver University Law Review, 1997, 74: 979-1122; Leo, op cit.

도 전에 철회, 번복하기도 한다. 어쨌거나, 평범한 경찰 심문으로는 용의자의 신념을 영원히 바꾸기에는 충분하게 강력하지 않다고 한다.[83]

재미있는 것은, 인간은 우리가 깨닫고 있는 것보다 설득된 허위자백에 훨씬 더 민감하고 설득에 넘어가기 쉽다고 한다. 심리학자 Kassin의 대학생을 대상으로 한 실험에서, 학생들에게 사전에 컴퓨터 시스템이 문제가 생겨서 "Alt" 키를 치면 컴퓨터를 망가뜨리게 되니까 치지 말라고 일러두었다. 학생들이 몰랐던 것은 모든 컴퓨터가 "Alt" 키를 치지 않아도 망가지도록 프로그램되어 있었던 것이다. 모든 컴퓨터가 부서진 후, 학생들은 "Alt" 키를 눌렀다는 비난을 받았다. 처음에는 모든 학생들이 "Alt" 키를 누르지 않았다고 부인하였지만, Kassin이 실제 경찰 심문 전술에 기초한 몇 가지 변수를 도입하자 학생들은 (허위로) 자백하기 시작하였다. 예를 들어, 학생이 "Alt" 키를 치는 것을 본 목격자가 있다는 말을 들은 학생이 아무것도 목격하지 못했다고 말한 목격자와 쌍을 이룬 학생들보다 두 배 이상 더 높은 비율로 자백했다고 한다. 일부 학생들은 자신의 (허위) 유죄를 너무나 깊이 내재화하여 심지어 "Alt" 키를 두드린 데 대한 변명까지 했다는 것이다.[84]

라. 경찰-유도 허위자백의 결과와 영향

자백이 검찰을 비롯한 국가가 피의자에 대해서 제시할 수 있는 가장 설득력 있고 유죄를 입증할 수 있는 가장 강력한 증거라고 한다. 그만큼 허위자백도 무고한 피의자에 대한 가장 설득력 있고 유죄를 입증하는 강력하

---

83 Ofshe and Leo, 1997, op cit.

84 Johnson, R. L., "The psychology of false confessions: Why would any innocent person falsely confess to committing a crime?" Psychology Today, 2020, 9, 8, file://E:/The Psychology of False Confessions _ Psychology Today.html, 2023. 3. 13. 검색.

고 확실한 증거로 작용한다. 그래서 학자들은 어떤 부류의 증거도 자백만큼 그 해악이 심오한 것은 없다고들 말한다. 대부분의 사람들은 자백, 특히 자세한 자백은 바로 그 특성 자체만으로도 진실이라고 가정하기 때문에 형사사법 관료와 배심원들의 의사결정과 인식에 강한 편향적 영향을 행사하게 된다고 한다. 자신에게 불리한 것을 알면서도 자기 스스로 자신이 범행했다고 시인하는 것보다 더 강한 증거는 없기 때문이다. 그러므로 자백 증거가 통상적으로 무고함이나 무죄에 대한 어떤 반박 증거나 정보도 기각시켜서 피의자에 대한 사건을 결정하게 되는 경향이 있다. 모두가 거의 모든 자백이 진실이고, 그래서 자백하는 거의 모든 사람이 유죄라고 가정하는 것이다. 일단 경찰이 허위자백을 끌어내면, 수사는 끝나게 되고, 사건은 해결된 것이 되고, 심지어 증거나 내용이 일관되지 않고, 외부 증거로 반박되거나 강압적 심문의 결과라고 하여도 어떠한 무죄 입증 증거나 기타 가능한 단서를 찾으려는 어떠한 노력도 하지 않게 된다는 것이다. 심지어 용의자의 자백이 허위라는 것을 보여주는 다른 증거가 결과적으로 나타나도 경찰은 거의 언제나 용의자의 유죄와 자백의 정확성을 계속해서 믿고, 이어서 검찰은 경찰을, 법원은 검찰을 계속해서 믿게 된다는 것이다. 일단 허위자백이 이루어지면, 경찰, 검찰, 재판단계를 거치는 동안 자백이 허위임을 입증하기란 거의 불가능에 가까울 정도로 힘들고, 그래서 최근에야 비로소 DNA 검사라는 과학의 힘으로 그 어려움을 극복해 가고 있기에 면죄된 상당수가 허위자백이 원인인 오심이 DNA로 면죄되는 이유이다.[85]

사법제도에서 규문주의적(Inquisitorial) 관행보다 오히려 고발주의적

---

85 Leo and Ofshe, op cit.; Medwed, D., "The zeal deal: Prosecutorial resistance to post-conviction claims of innocence," Boston University Law Review, 2004, 84: 125-183.

(Accusatorial) 관행이 나은 것으로 연구자들은 말한다. 규문주의적 관행은 범죄 피의자에게서 자백을 끌어내는 데 의존하는 반면에, 고발주의적 관행은 유죄는 독립적이고 자유롭게 확보된 증거로 입증될 것을 요구한다. 이처럼 고발주의적 관행에 대한 선호는 자백에 의존하게 되는 형법 집행 제도는 결국 기술적인 수사를 통하여 독립적으로 확보된 외적 증거에 의존하는 제도보다 신뢰가 덜 가고 학대 개연성은 더 높다는 전제로부터 나온다. 규문주의적 제도는 그래서 더 높은 비율, 더 많은 수의 오심을 경험할 개연성이 있다는 것이다. 이러한 개연성에 대한 한 가지 가능한 설명은 자백을 받아들이는 것은 법정의 다른 관점들을 불필요하게 만들고, 그래서 실질적인 재판은 자백이 확보될 때 시작되고, 급기야 국가의 유죄 입증의 무거운 책임을 충족시킬 것을 요구하는 권리를 포기하게 하는 것이다. 당연히 이처럼 심문 - 유도 자백에 대한 심한 의존에는 비용이 따른다. 심문은 자백을 끌어내기 위해 고안된 것이고, 그 목표가 달성되면 수사를 지속할 의미가 거의 없게 된다. 자신의 입으로 범행을 자백하는 것처럼 확실한 증거와 유죄 입증 방법이 더 있을까? 누가 자신이 하지도 않은 범죄를, 심지어 사형까지도 당할 수 있는 형벌을 알면서도 자백할 리 만무하다고 생각하기 때문이다. 그래서 수사관들은 무죄를 입증하거나 유죄를 입증할 더 신뢰할 수 있는 다른 증거나 단서를 더 이상 거의 찾으려 하지 않는다. 자백은 종종 피의자에 대한 '움직일 수 없는 증거(smoking gun)'가 되어, 그로 하여금 유죄협상하거나 무죄 입증 증거를 추구하도록 강제한다. 일단 자백이 받아들여지면, 자백이 DNA도 이기고, 목격자의 증언도 바꾸고, 저항할 수 없을 정도로 설득력이 있고, 그 영향, 결과는 거

의 되돌릴 수 없게 된다.[86]

　비공개 사실의 누설이나 공개와 같은 경찰 심문의 오염 문제는 오심으로 이어지는 문서화된 허위자백에 만연하고 있다. 허위자백에 있어서 독특하고 상세한 범죄 사실의 존재가 오로지 진짜 범인만이 알 수 있었을 범죄 관련 내부정보를 스스로 자원했을 것이며, 따라서 허위자백을 진실로 확인, 입증해줄 수 있는 것으로 확증해준다는 일종의 환상을 만들어낸다. 그런데 이러한 허위자백의 오염은 1) 경찰 심문의 유죄 - 추정 심리가 2) 수사팀장이 무심결에 혐의를 제기하는 심문전략의 부분으로써 사건 정보를 제공하도록 유도하는 확정 편향을 촉발하고 영속화 시키지만, 3) 경찰의 확인, 확증적 심문 기술이나 수사관의 오분류 오류나 실수를 골라내거나 뒤집을 내부 수정 기제는 존재하지 않게 설계, 고안되었기 때문에 일어난다고 한다. 수사관들은 자신이 심문하는 용의자의 유죄뿐만 아니라 범죄 사실에 대하여 용의자들이 잘못되었음을 알고 책임감을 느끼면서도 묵인한다는 것까지도 추정하고 있다. 수사관들은 거의 변함없이 언제나 비난, 부정에 대한 공격, 증거 계략, 전능한 척하기, 유도와 각본과 같은 다양한 정보 - 전달 기술을 활용하여 유죄 추정 용의자에게 상세한 사건 정보를 드러낸다. 자백 전 단계에서는, 수사관들이 용의자들이 부정에서 자백으로 움직이도록 상세한 사건 정보를 누설하고 드러내는 반면에, 자백 후 단계에서는 용의자의 유죄에 대한 완전하고 설득력 있는 묘사, 서술을 끌어내기 위한 전술의 부분으로 활용한다. 심문의 오염은 진실 - 추구 과정을 부패시키고, 허위자백이 오심으로 이어지는 위험을 증대시킨다. 이를

86　Driain, S. A. and Leo, R. A., "The problem of false confessions in post-DNA world," North Carolina Law Review, 2004, 82: 891-1004; Alvarez-Toro and Lopez-Morales, op cit.

줄이기 위해서는 당연히 수사관들이 현재 진행되고 있는 심문의 저변에 깔린 유죄 추정을 하지 않아야 하고, 자기들의 오분류(misclassification) 오류, 실수의 다양한 근원, 원천을 더 잘 이해하도록 노력하고, 경찰 심문의 중심에 있는 좁은 동굴 시야, 시각이라 할 수 있는 tunnel vision을 지향하는 경향과 확정 편향을 스스로 파악하는 데 도움을 주는 내부 수정 기제를 만들어야 할 것이다.[87]

(4) 위증과 무고 그리고 정보원의 위법행위

경찰 수사에서 목격자가 피의자에 대한 악의, 금전적 욕망, 경찰이나 검찰로부터의 유리한 거래를 하려는 욕망, 자신이 가담한 범죄로부터 관심을 바꾸기 위한 노력을 포함한 다양한 이유로 거짓말을 할 수 있다고 한다. 한 사람 또는 그 이상의 목격자가 증언할 만한 보상이나 장려책이 있고, 그러한 보상이 배심원들이나 재판관에게 드러나지 않을 때 무고한 사람이 유죄가 확정되고 평결되고 선고될 개연성이 더 높아진다. 미국에서는 소위 전국면죄부(National Registry of Exoneration)에 의하면, 궁극적으로 면죄를 받게 되는 유죄 확정, 평결, 선고 사건의 57%가 무고와 위증을 수반하는 경우였다고 한다.[88]

경찰에서 정보원(informants)의 활용은 보편적인 관행이지만, 동시에 오심 사건에 있어서 일관적인 문제로 지적되고도 있다. 목격자·증인들은 대체로 형사 법정에서의 증언을 꺼려하기 마련인데, 그것은 자신의 안전이나

---

87 Reo, R. A., "Why interrogation contamination occurs," SSRN, https://papers.ssm.com/sol3/papers.cfm?abstract_id=2235152, 2023. 3. 7. 검색.

88 Western Michigan University, "Causes of wrongful conviction," https://wmich.edu/sociology/causes-wrongful-conviction; Innocence Project New Orleans, "Perjury," https://ip-no.org/what-we-do/advocate-for-change/shoddy-evidence/perjury.

보복이 두려워서 또는 그냥 단순하게 관련되고 싶지 않기 때문이라고 한다. 꺼려하는 이들을 끌어들이기 위해서 관계기관에서는 가끔 증언의 대가를 제안하기도 한다. 그 대가는 주로 혐의를 없애주거나 형량을 감해주거나, 비밀 정보원에 대한 금전을 제공하거나, 교도소에서 호의적으로 처우하거나, 또는 가족에게 이익을 제공하는 등이라고 한다. 물론 대다수 목격자·증인은 진실을 말하겠지만, 제시되는 당근이 때로는 일부 증인이나 목격자가 거짓 진술이나 증언을 하게 하는 분명한 인센티브가 될 수 있는 것이다. 문제를 더 심각하게 하는 것은, 변호인 측에서는 증인이 보상을 받았으며, 정보원으로서 증언한 경력이 있다는 것조차 알지 못한다는 것이다.[89]

이처럼 무고나 위증은 오심의 가장 보편적 특징의 하나이다. 가장 빈번하게는, 목격자가 피의자에 대한 증언을 하는 데 대해서 어떠한 이익을 제공받기 때문에 거짓말을 한다. 예를 들어, 구치소에 수감되어 형사 기소나 재판을 기다리는 사람이 동료 수감자에 대한 비난할 만한 증거를 제공함으로써 호의적인 유죄협상, 자신에 대한 혐의의 기각이나 재판에서의 형의 감경, 구치소에서의 특전 등이나 심지어 돈을 얻어낼 수 있다는 것이다. 당연히 이러한 이익이 거짓말을 하게 만드는 하나의 강력한 유인이 될 수 있다는 것이다. 많은 오심으로 인해 유죄가 확정되는 경우, 피의자들은 자기들에게 불리한 증언을 하는 증언자가 받은 정확한 이익, 다른 사건에서의 협조 이력 그리고 범죄 기록 등 보상을 받은 목격자, 증인의 신뢰성과 관련된 핵심 정보를 받지 못한다는 것이다. 위증을 한 사람이 증언을 번복하거나 철회하는 것은 곧 또 다른 처벌을 뜻하는 것이므로 스스로 자신의

---

89 http://www.innocenceproject.org/causes/eyewitness-misidentification, 2023. 1. 9. 검색.

위증을 자백하기를 기대하기란 어렵다. 당연히 위증으로 무고하게 처벌을 받은 사람이 위증을 증명하기도 그만큼 어려운 것이다. 이런 사례의 좋은 예로서, 2011년 성폭력 사건으로 억울하게 처벌을 받았던 DeShawn Jones가 있다. 한 여성이 두 명의 남자로부터 성폭력을 당했다고 신고했고, 그녀는 근처 병원으로 이송되어 곧장 법의학적 검사를 받았다. 검사에 쓰였던 면봉에 대한 DNA 검사가 DeShawn Jones를 확인하였고 그는 체포되었다. 그는 변호사에게 자신과 자신의 아저씨가 함께 마약을 주는 대가로 피해자로 알려진 여성과 합의된 성관계를 가졌다고 이야기했지만, 변호인은 핵심 증인이나 조사관을 인터뷰하지 않았다. 장기형에 처해질 상황에 직면하자 그는 유죄협상에 동의하고 보호관찰을 선고받는다. 그러나 성범죄자에 대한 강제 치료 동안 자신의 죄를 인정하는 것을 거부하자 교도소로 수감된다. 수감생활 2년째, 피해자로 알려진 여성이 성폭력에 대해서 자신이 거짓말을 했었다고 시인한다. Jones의 변호인과의 면담에서 Jones와 그의 아저씨와 합의된 성관계를 했었다고 시인했던 것이다. 그녀는 자신이 머물고 있던 쉼터의 통금을 어겼고, 그곳에서 쫓겨나고 싶지 않아서 성폭력을 꾸몄다는 것이다.[90]

(5) 검찰, 경찰 등 정부의 위법행위

믿고 싶지 않지만, 전체 오심 사건의 절반 이상인 54%가 경찰, 검찰, 기타 정부 기관이나 관료들의 위법이나 일탈행위 때문이라고 한다. 특히나

---

90 University of Colorado School of Law, Korey Wise Innocent Project, "Why do wrongful convictions happen?" https://www.colorado.edu/outreach/korey-wise-innocence-project/out-work/why-do-wrongful-convictions-happen, 2022. 9. 24. 검색.

사법절차는 서로 다른 여러 단계를 거치기 때문에 다양한 방식과 단계에서 이와 같은 공식적 위법행위가 일어날 수 있다는 것이다. 수사단계에서는 경찰이 용의자 식별 절차에서 의도적으로 유도할 수 있고, 목격자에게 특정 용의자를 연루시키도록 강요할 수 있고, 물적 증거를 각색하거나 자백을 얻기 위하여 부적절한 심문기법을 활용할 수도 있는 것이다. 재판단계에서는 검찰이 용의자에게 유리한 증거를 숨기거나 허위 증거를 제출할 수도 있는 것이다. 검찰의 위법행위는 무죄를 입증하는 증거의 인멸이나 훼손, 변호인단에게 무죄 입증 증거를 제시하지 않거나, 일부 목격자는 증언을 위해 금전을 제공받았다는 점을 밝히지 않거나, 잘못된 것처럼 보이게 하는 증거를 심는 등을 포함하여 다양한 방식으로 일어난다. 미국의 Innocence Project의 연구에 따르면, DNA 면죄의 25%가 경찰에 의해서 허위임이 알려진 증언을 수반하는 것이었으며, 나머지 11%는 강제된 목격자 증언이 활용되었음을 밝히지 않은 경우였다고 한다.[91]

쉬운 예를 들자면, 경찰이 살인 사건의 단서가 거의 없었음에도 특정인을 기소하여 유죄가 선고되었는데, 범법자를 봤다는 유일한 목격자는 범법자가 어깨 길이의 장발 머리를 했다고 말하였다. 그러나 범법자로 지목된 용의자는 그 범죄 발생 당시 단발머리였노라고 맹세하지만, 범법자로 지목된 용의자의 지문을 찍었던 증거 기술자는 재판에서 다른 소리를 한다. 경찰과 검찰은 범법자가 체포 당시 단발머리였음을 보여주는 체포 당일 촬영

---

91 Garrett, Bandon L., "Wrongful convictions," Annual Review of Criminology, 2020, 3: 245–259; University of Colorado School of Law, Korey Wise Innocent Project, "Why do wrongful convictions happen?" https://www.colorado.edu/outreach/korey-wise-innocence-project/out-work/why-do-wrongful-convictions-happen, 2022. 9. 24. 검색.

된 그의 사진을 제출하지 않는다. 그 사진은 그가 유죄가 확정된 한 참 후 그의 사건이 이미 다시 재판이 시작되기까지도 용의자에게 제공되지 않았던 것이다. 이처럼 변호에 크게 도움이 되었을 그와 같은 증거를 제시, 제출하지 않는 일은 오심 사건에 있어서 너무나 빈번한 경우라고 한다. 대부분의 형사사건에 있어서 변호인은 검찰로 대표되는 정부가 수사 과정에서 획득한 정보의 대부분에 대한 접근이 불가능하다. 정부가 어떤 정보를 밝힐 것인가를 결정하는 것이다. 불행하게도 오심 사건의 상당 부분에서 그러한 도움이 되는 정보가 밝혀지고 제출, 제공되지 않는다고 한다.[92]

경찰이나 검찰 또는 기타 정부 관료들의 비행이나 위법행위로 인한 오심 사례로는 Timothy Masters 사건이 있다. 그는 1999년 12년 전에 발생한 한 잔인한 살인 사건으로 재판을 받고 유죄가 확정된 사람이다. 재판에서 검찰의 기소는 Masters 어머니의 죽음이 있은 후, 10대였던 Masters가 그리고 쓴 그림과 글을 검사, 분석했던 심리학자 J. Reid Meloy의 증언에 거의 전적으로 기초, 의존하였다. 그 심리학자는 Masters의 그림과 글이 직접적으로 여성에 대한 전위된 분노를 반영하는 것이라고 주장하며, Masters를 범죄에 직접적으로 연루시켰다. 재판에서 Masters가 알지 못했던 것은 – 검찰이 증거를 숨겼기 때문에 – 경찰이 Meloy 박사의 결론에 동의하지 못하고 강력하게 이의를 제기했던 다른 두 명의 전문가에게 자문을 구했었다는 것이다. 검찰은 또한 범죄 현장에서 100미터 거리에 살았고, 다른 별도의 성범죄로 체포되자 자살을 했던 성적 일탈의 이력이 있는 다른 용의자에 관한 증거는 덮었다는 것이다. 이처럼 자신의 무고함을 입증할 수 있는 증거로

---

92 http://www.innocenceproject.org/causes/government-misconduct, 2023. 1. 9. 검색.

자신을 방어할 수 없었던 그는 유죄가 확정되어 종신형을 선고받고 9년의 수형생활 끝에 DNA 검사로 면죄가 된 인물이다.[93]

(6) 편견과 인지 왜곡

전문가들에 따르면, 확정 편향(confirmation bias)도 오심의 원인이 될 수 있다고 하는데, 여기서 확정 편향이란 사람들이 기존의 신념을 지지하는 방식으로 정보를 추구하고 해석하려고 하는 심리 현상이다. 여기에는 두 가지 상호 - 연계된 기제가 작동하는데, 먼저 이용 가능한 정보에 대한 편향된 해석으로 시작하여, 이 해석을 지지하는 정보를 선별적으로 추구하는 것으로 이어진다. 경찰 수사에서는 수사관이 수사 초기에 용의자를 파악하고, 그가 유죄임을 믿게 되고, 발생한 일에 대한 자신의 가설에 어울리지 않는, 맞지 않거나 다른 누군가를 지목하는 다른 증거들은 무시하거나 평가 절하할 때 확정 편향이 일어난다고 할 수 있다.[94]

이러한 확정 편향의 과정에는 몇 가지 요소들이 기여하고 있다. 첫째, 경찰관들은 종종 과중한 업무 부담을 안고 있고, 세간의 이목이 높은 사건의 경우에는 종종 범법자를 가능한 한 빨리 붙잡아야 하는 상당한 압박, 압력을 받게 된다. 이런 상황이 경찰관으로 하여금 혼란과 모호성을 피하는

---

93 University of Colorado School of Law, Korey Wise Innocent Project, "Why do wrongful convictions happen?" https://www.colorado.edu/outreach/korey-wise-innocence-project/out-work/why-do-wrongful-convictions-happen, 2022. 9. 24. 검색.

94 Karl Ask, "Motivational sources of confirmation bias in criminal investigations: The need for cognitive closure," Journal of Investigative Psychology and Offender Profiling, 2005, 2: 43-63; O'Brien, B., "Prime suspect: An examination of factors that aggravate and counteract confirmation bias in criminal investigations," Psychology, Public Policy, and Law, 2009, 15(4): 315-334.

분명하고 확실한 해결책, 판단을 서두르게 자극하고 권장하게 된다. 둘째, 특정한 용의자에 대한 유죄를 입증하는 논거를 구축하는 데 상당한 자원과 시간을 소비한 후에는 경찰이 자기들이 잘못된 경로를 밟고 있다고 시인하기란 너무나 어렵게 된다. 잘못된 의사결정을 시인함으로 인한 특권의 상실과 당황스러움이 수사관들로 하여금 그들이 선택한 경로를 계속 밟도록 하고, 다른 방향을 지시, 지목하는 증거들은 무시하도록 자극하고 동기를 부여한다는 것이다. 셋째, 범죄 수사는 일반적으로 이론에 근거한 활동들이다. 수사관들은 어떻게, 누구에 의해서 범죄가 범해졌는지에 관한 자신들의 예비적 가설이나 이론에 기초하여 증거를 평가하는 경향이 있다. 위에서 언급한 바와 같이, 세간의 관심이 집중된 사건과 같은 상당한 압력하에서 그러한 가설이 때로는 확고한 사실보다 오히려 수사관의 기대와 예상에 더 기초하게 된다고 한다. 실제 한 연구에서도, 근거 없는 또는 잘못된 가설을 확정, 확인하는 증거를 생산하는 목적의 범죄 수사는 무고한 시민의 안전과 법 집행 제도의 효과성 모두에 심각한 위협을 초래하는 것으로 밝혀지기도 하였다.[95]

(7) 대의를 명분으로 한 부패

경찰은 특정한 용의자가 유죄라고 확신하게 되지만 그것을 입증할 충분한 증거가 없을 때, 그들은 때로는 유죄 확정, 평결, 선고를 확보하기 위하여 증거를 만들 수도 있는데, 그것은 그들이 그렇게 하는 것이 공공의 이익이라거나, 특정한 사람을 유죄로 평결, 선고하는 것이 더 큰 선이라고 믿기 때문이다. 다시 말하자면, 그들은 결과(목적)가 수단을 정당화한다고

---

[95] Karl Ask, op cit.

믿는 것인데, 이를 대의를 명분으로 하는 부패(noble cause corruption)라고 일컫는다.[96]

(8) 유죄 협상(Plea bargaining)

경찰이 활용하는 또 다른 하나의 기법은 소위 '유죄 협상(plea bargaining)'이라고 하여, 검찰이 피의자가 유죄를 인정하는 대가로 1급 살인을 2급 살인으로 또는 사형을 종신형으로 형을 낮추어 주거나 죄명을 바꾸어주는 검사와 변호인 사이의 거래 협상이라고 할 수 있다. 이 거래 협상이 때로는 무고한 사람에게 유죄를 인정하도록 압박하는 수단으로 악용될 수 있다는 것이다.[97]

유죄협상은 종종 현행 형사사법제도가 시의적절하게 작동하게 하는 데 필요한 것으로 거론되고 있다. 물론 아직 우리나라에서는 공식적으로 활용되지 않고 있지만, 이러한 긍정적인 면도 없지 않은 반면 피해자의 소외나 감형으로 인한 결과적 정당성의 문제 등 비판의 대상이 되기도 한다. 사실, 미국에서는 대부분의 사건들이 유죄협상으로 끝난다고 하며, 그 결과 많게는 재판에 회부된 사건의 95% 정도가 유죄협상으로 끝난다는 추정치가 나올 정도로 광범위하게 활용되고 있다. 여기서 이 제도가 대부분의 범법자들에게 긍정적으로 작용하지만, 죄를 짓지 않은 무고한 사람이 유죄협상을 하게 되는지 이해하기 쉽지 않더라도 다양한 이유가 있다고 한다. 살인 혐의로 유죄가 확정되면 종신형이 선고될 상황에 처한 피의자는 감형된 형이나, 살인보다 낮은 치사로 혐의를 낮추는 것을 받아들이기로

---

96 https://en.wikipedia.org/w/index.php?title=Miscarriage_of_justice&oldid=1118648433, 2023. 1. 9. 검색.

97 ibid.

결정할 수 있다는 것이다.

(9) 무능한 변호인과 부적절한 변론

무능하다거나 크게 관심을 가지지 않고 노력을 다하지 않는 변호인의 문제는 피의자가 개인적으로 선임한 변호인일 경우도 있고, 국선변호인일 수도 있을 것이다. 그러나 대체로 국선변호인의 사례가 상대적으로 더 많은 것은 당연한 것일지 모른다. 물론 모든 사건에 국선변호인이 선임되지는 않는다. 실제로 오심으로 무고한 처벌을 받은 피의자의 변호사가 다 국선이지 않으며, 피의자가 선임한 변호인이 맡은 사례도 적지 않다. 그러나 불행하게도 미국에서는 오심 사건 4건 중 1건 가까이가 이런 부적절한 변호인과 잘못되거나 나태하거나 효과적이지 못한 변론이 원인인 것으로 알려지고 있을 정도로 빈번하다고 한다. 물론 모든 것이 다 변호인의 책임이라기보다는 변호인을 제약하는 제도적 결함이나 문제도 분명히 존재한다. 중요한 것은 모든 오심 사건이 얼마나 되고, 그 원인이 무엇인지 정확하게는 알 수 없을지도 모르지만, 그것이 목격자 증언의 잘못이건, 허위자백이건, 법의학적 증거의 문제이건, 공직자들의 비위와 비리가 그 원인이건 유능한 변호인의 적극적이고 격렬하고 효과적인 변론이 있었다면 예방되었을 수도 있었다는 점이다.[98]

무고한 사람의 구금이나 사형의 집행이 형사사법제도의 절대적이고 결정적인 실패라는 전제에는 아무런 이의가 없을 것이지만, 다른 방식으로도 실패하기 마련이라고 한다. 변호인의 오류나 실수와 검찰의 비리나

---

98 O'Brien, S. D., "Strange justice for victims of the Missouri public defender funding crisis: Punishing the innocent," Saint Louis University Law Journal, 2017, 61: 725-744.

비행도 불공정한 양형, 헌법적 권리의 침해, 사법제도에 대한 대중의 무례에 기여하는 심각한 문제이다. 문제는 어떤 이유에서건 무고하게 유죄가 확정되어 수용된 재소자들 대부분이 자신의 무고함을 입증하는 데 위압적 장애를 극복할 만한 적절한 자원을 가지고 있지 못하다는 사실이다. 물론 Innocence Project, National Registry of Exonerations 그리고 헌신적인 변호사와 법무법인과 법학 교수들이 엄청난 자원과 지원과 헌신을 베풀지만, 그야말로 한강에 돌멩이 하나 던지는 정도에 지나지 않는다는 것이다. 무고한 수형자의 개인적 능력의 결여나 한계와 이러한 거대한 사법제도라는 장애를 극복하려면 더더욱 국선변호인을 비롯한 모든 변호인의 관심과 열정이 요구되지만 현실은 그렇지 못하다고 한다.[99]

이처럼 비싼 수임료를 부담하면서까지 변호인을 두었음에도, 그 변호인의 무능, 게으름, 무성의 등 각양의 이유로 패소하게 되는 경우가 적지 않게 발생하고 있다. 개인적으로 사선변호인을 두지 못하는 사람들은 더욱 심각한 문제가 될 수도 있을 것이다. 거의 모든 국가에서는 아마도 범죄 피의자가 변호인의 조력을 받을 권리를 헌법으로 보호할 것이다. 사선이건 국선이건, 특히나 사선변호인의 경우 변호인의 무능함이 큰 문제로 등장하고 있고, 변호인의 무능함에서 초래되는 오심 사건도 적지 않다고 한다. 그런데 문제가 그리 간단하지 않은 것은 우선 변호인의 무능함에 대한 표준이 마련되지 않아서 논란의 여지가 많다는 것이다. 그러나 미국에서는 Strickland vs. Washington 재판에서의 획기적인 판결에서 그 표준이 어느 정도 마련되었다고 한다. 그런데 문제는 무능함을 입증하기 위해서 피의자에게 극단적으로 높은 부담을 가한다는 것이다. 법원은 무능함을 결정하

---

99 ibid.

기 위한 "두 갈래 검증(Two-prong test)"을 마련하였는데, 변호인이 합리적이라는 객관적 기준에 훨씬 미치지 못하게 피의자를 제대로 대리하지 못했고, 변호인의 전문가답지 않은 실수, 오류가 없었다면 결과가 달라졌을 것이라는 합리적 개연성이 있어야 한다는 것이다.[100]

변호인의 무능을 주장하는 경우, 그 이유는 다양하지만 몇 가지 추세는 있다고 한다. 가장 빈번한 주장으로는, 변호인이 종종 알리바이를 제시하거나 확인하기 위한 변호인 측 증인을 세우지 못거나, 피의자를 용의선상에서 배제할 수 있는 DNA 검사나 혈청 검사를 요구하지 않거나, 검찰의 주장이나 제시한 증거에 반론이나 반박을 하지 못거나, 재판을 위해서 또는 대질 심문을 위해서 증인을 인터뷰하지 않았거나 하는 경우이고, 이보다는 빈번하지 않지만 종종 제기되는 주장으로는 조사하지 않고, 전문가 증언을 제시하지 않는 등의 이유가 해당된다. 변호인의 무능으로 무고하게 유죄가 확정되었던 대표적인 사례로는 Jimmy Bromgard, Anthony Hicks, Willie Jackson, Ron Williamson, Ford Height Four Case, Jeffrey Pierce, Josiah Sutton, Earl Washington 등이 있다.

④ 오심의 영향과 결과

유죄 확정이 범죄자에게 미치는 제반 영향에 대한 연구는 풍부하지만, 오심으로 억울하게 유죄가 확정된 사람들에 대한 연구는 많지 않다고 한다. 그러나 사실은 자신이 저지른 범죄에 대한 처벌을 받은 사람보다 자신이 오심으로 억울한 처벌을 받고 있다고 인식하고 믿고 주장하고 있는 사

---

100 Strickland V. Washington, 466 U. S. 668(1984).

람들에게는 모든 수형자와 마찬가지로 신체적, 사회적, 경제적 손실과 손상이라는 직접적인 영향은 당연하지만, 이에 더하여 자신의 무고함과 억울함으로 인한 분함, 좌절, 혼란함, 분노 그리고 부조화 등 심리적 영향은 한층 더 있을 것으로 가정하는 것이 전혀 무리가 아닐 것이다. 당연히 전반적으로 오심으로 인한 유죄 확정이 그 피해자에게 미치는 영향은 자신이 저지른 범죄에 대하여 유죄가 확정된 사람에 비하여 훨씬 극단적이고 장기적인 것으로 알려지고 있다.[101]

오심은 처음에는 '정당한' 체포요 결과적으로 정당한 유죄평결과 선고로 보이며, 특정한 범죄가 발생하였고, 특정한 사람이나 사람들이 그 범죄를 저질렀다는 자료가 공개된다. 그러나 만약에 유죄평결이나 유죄 선고가 오심이라고 판명되면, 공문의 하나나 둘 다 궁극적으로 거짓, 허위가 되기 마련이다. 대규모 군중, 청중이 이 오심에 대하여 부지불식간에 목격자, 증인이 되는 경우라면, 그러한 뉴스를 소비하는 대중은 범죄 그 자체의 특성에 대한 거짓된 믿음을 가지게 될 수도 있다. 또한 특정한 유형의 범죄가 존재한다거나, 특정한 부류와 유형의 사람이 이들 범죄를 범한다거나, 특정 유형의 범죄가 실제보다 광범위하게 퍼져있다고 잘못 믿게 만들기도 한다. 결과적으로 오심이 궁극적으로는 범죄에 대한 사회의 특정한 신념, 믿음을 형성, 구축할 수 있다는 것이다.[102]

---

101 Brooks, S. K. and Greenberg, N., "Psychological impact of being wrongfully accused of criminal offences: A systematic literature review," Medicine, Science, and the Law, 2021, 61(1): 44-54.

102 Edmond, G., "Constructing miscarriage of justice: Misunderstanding scientific evidence in high profile criminal appeals," Oxford Journal of Legal Studies, 2002, 2291): 53-89; Rafter, N., "The social construction of crime and crime control," Journal of Research in Crime and Delinquency, 1990, 27(4): 376-389.

이처럼 오심은 사회에만 영향을 미치는 것이 아니라, 오심, 오판으로 억울하게 잘못된 형사제재, 처벌을 받게 되는 사람들에게는 당연하며, 심지어 대중들이 알지 못하는 경우라도 심각한 사회적 불이익은 물론이고 바람직하지 않은 심리적 영향도 받기 마련이다. 또한 오심은 형사사법제도와 절차에도 지대한 영향을 미치고, 그래서 큰 변화를 가져오기도 한다. 사형제도의 존폐논란이 좋은 예인데, 오심이 사형폐지 주장의 주요한 단골 주제라는 점에서 알 수 있다. 즉, 사형폐지를 주장하는 사람들이 오심, 오판의 가능성을 사형폐지의 중요한 이유의 하나로 주장하는 것이다. 그리고 만약에 흉악한 범죄가 발생하여 억울한 사람이 오판으로 유죄가 확정되고 형벌을 받게 되면, 실제 범법자는 오히려 아무런 처벌도 받지 않아 사법 정의가 실현되지 못함은 물론이고, 우리 사회 속으로 자유롭게 해방되고 세상을 활보하고 다녀서 또 다른 강력범죄를 비롯한 연쇄적인 범행을 계속할 수 있게 되어 우리 사회의 범죄 문제를 악화시킬 수 있게 된다. 모두가 우리 사회의 비용이고 부담이다.[103]

(1) 오심 당사자에게 미치는 영향

오심의 당사자에게 미치는 영향은 엄청나다. 수형생활로 잃어버린 시간과 자유, 이보다 더 극단적으로는 사형집행으로 인하여 잃어버린 생명

---

103 Grechenig, Nicklisch and Tehoni, "Punishment despite reasonable doubt – A public goods experiment with sanctions under uncertainty," Journal of Empirical Legal Studies, 2010, 7(4): 847-867; Acker, James R., "The flipside injustice of wrongful convictions: When the guilty go free," Albany Law Review, 2013, 76: 1629; Norris, Robert J., Weintraub, Jennifer N., Acker, James R., Redlich, Allison D., Bonventre, Catherine L., "The criminal costs of wrongful convictions: Can we reduce crime by protecting the innocent?" Criminology & Public Policy, 2020, 19(2): 367-388.

자체는 절대로 회복될 수 없다는 것이다. 설사 자신의 무고함과 오심이 판명되어 면죄되고 풀려난 지극히 행운아인 극소수에게도 잃어버린 세월과 인생은 되돌릴 수 없기에 그들의 삶은 여전히 혼란 그 자체일 것이다. 그 영향은 불행하게도 억울한 지난 세월에만 그치지 않고, 그들의 삶은 평생토록 가까스로 벗어난 오심의 영향에서 벗어나지 못한다. 그들은 가족, 명예, 직업, 자유를 다 잃었다. 그렇게 풀려난 사람의 대부분은 오심 이전의 자신과 같지 않고 전혀 다른 사람이 된다는 것이다. 그들의 인성, 인격도 변한다고 하는데, 이는 수형으로 인한 심리적 외상의 결과로서, 인성 변화는 대체로 세상에 대한 적대, 사회적 은둔 그리고 타인으로부터 소원해지는 등의 형태로 나타난다고 한다. 심리적으로도 크게 영향을 받아서, 출소 후 그들은 우울 장애, 불안 장애, 망상 편집 장애, 약물과 알코올 의존 등 다양한 심리적 변화를 겪는다고 한다.[104]

가. 석방, 면죄되기 전까지의 영향

미국에서는 2010년, Virginia "Ginny" LeFever라는 여성이 자살한 자신의 남편을 살해한 혐의로, 사실은 살해하지 않았음에도 종신형을 받고 수형 중 그녀의 유죄평결을 가져왔던 당시 독성학자의 검사와 판단, 진술이 잘못되었음이 밝혀져서 석방된 일이 있었다. 그녀는 자신이 구금된 동안에 자신이 없어도 세상은 아무 일도 없었던 듯이 잘 돌아갔음을 깨닫게 되는데 그리 오랜 시간이 걸리지 않았다. 석방은 되었지만, 그녀는 59살이라는 나이에 직업도 없고 가진 것도 거의 없고, 그 사이 부모님도 다 돌아가시고, 일부 자녀들은 대화조차 거부하는 상황이 되고 말았던 것이었다. 그녀는

---

104 Grounds, A., "Understanding the effects of wrongful imprisonment," Crime and Justice, 2005, 32: 1-58.

외상후 스트레스 장애로 고통을 받았으며, 다행히 학업을 마치고 일을 시작할 수 있었지만, 대인관계에 어려움이 있어서 교도소 밖에서의 관계 형성이 힘들었고, 자신이 과잉 각성 상태에 빠져있음을 발견하게 된다. 이러한 상황에도 그녀와 같은 오심 피해자들에게는 피의자에게 제공되는 치료나 처우나 지원조차도 받지 못하는 실정이다.[105]

구금 그 자체만으로도 유죄나 무고함에 상관없이 외상적인 것이다. Sykes가 말하는 자유의 박탈, 안전의 박탈, 재화와 용역의 박탈, 자율성의 박탈 등 구금의 모든 고통을 감내해야 한다. 사생활의 부재와 교도관의 엄격한 감시와 명령 등 구금의 고통이 심리적으로 그들을 쇠약하게 만들고, 폭력의 존재는 그들을 항상 두렵게 만든다. 수형자들은 정신적 피폐화와 무관심을 경험하고, 인성의 변화를 겪으며, 자기 정체성에 대하여 불확실하게 된다. 당연히 구금은 무기력, 의존성의 심화, 내향성으로도 이어진다고 한다. 일반 수형자들의 이러한 보편적, 공통적 경험 외에도 오심 피해 수형자들은 자신의 무고함으로 더욱 심화되고 악화되기 마련이다. 그들은 범죄적 사고나 욕망이나 동기가 없으며, 자신은 교도소에 있을 사람이 아님도 알고, 자신의 체포, 유죄 확정, 구금이 전적으로 불공정하고 부정의하다는 것도 알고 있기 때문이다. 강제와 강요로 허위자백을 한 오심 피해자들에게는 그 고통이 더하다고 한다. 학자들은 오심으로 유죄가 확정된 사람들을 상황에 의해서 형사사법제도 자체에 의하여 대단히 무시무시한 부정의한 제도와 체제로 결국 끝나게 된 평범한, 정상적인 사람이라고 정의한다. 그들은 체포와 동시에 자신의 체포에 이르게 된 것은 무언가 일종의

---

105 Lauren Legner, "The psychological consequences of a wrongful conviction and how compensation statutes can mitigate the harms," Michigan State Law Review, 2020.4.

실수, 오류인 것처럼 일정 기간의 불신에 들어간다. 곧이어 그 실수, 오류가 바로잡히지 않으면 그들은 부정의를 느끼게 되고, 이 부정의는 분노와 교도소에서 앞으로 벌어질 일에 대한 두려움으로 바뀐다. 당연히 교도소에서는 자유의 상실에 직면하고, 이는 불신과 취약함의 감정으로 나타난다. 곧이어 그들은 정체성의 상실을 겪게 되고, 이는 마치 옛날의 무고한 자신은 죽고 새롭게 구금된 자신이 자리를 대체하는 것 같은 느낌을 갖는다고 한다. 그들은 자신의 무고함에도 불구하고 마치 유죄인 것처럼 그려지고 처우되기 때문에 수치와 죄책감을 가지게 된다. 이들은 결국 자신의 무고함을 주장하는 데도 지치게 되어 이쯤에서 그들은 교도소 수형생활을 가능한 한 일상화, 구조화, 질서정연하게 만듦으로써 수형생활을 견디는 것을 배우게 된다. 이는 전문가들이 말하는 일종의 교도소화(prisonization)라고 할 수 있을 것이다.

사실, 자신이 범한 범죄로 교도소 수형생활을 하는 범죄자에게도 수형이 미치는 영향은 지대하지만, 자신이 범하지도 않은 범죄로 억울하게 수형생활을 한다면 그 고통은 훨씬 더 클 것이다. 학자들은 오심 수형자들을 어떠한 상황으로 인하여 형사사법제도 그 자체에 의한 매우 무서운 부정의의 제도, 체제에 처하게 된 정상적인 사람이라고 기술한다. 오심 수형자들은 그들이 체포되는 순간부터 시작하여 일련의 심리적 도전을 견뎌야 한다. 체포될 때는 무언가 실수 때문일 것이라고 자신의 처지를 믿지 않는 기간을 거치고, 곧이어 그 실수가 수정되지 않으면 부정의(injustice)를 경험하게 되고, 이 부정의함의 느낌과 인식은 곧 분노와 교도소에서는 무슨 일이 벌어질까 하는 두려움에 사로잡힌다. 교도소에서는 자유의 상실, 박탈을 견뎌야 하는데, 이는 불신과 취약성의 감정으로 전이될 수 있다. 다음으로는 자신의 정체성을 상실하게 되는데, 이는 마치 무고한 자신은 죽고 새롭게 '구금된' 자신이 그 자리를 대신하여 태어나는 것 같은 일종의 좌절감을 포함하는 것이다. 이에 그치지 않고, 이들은 마치 유죄인 것처럼 취급되고 비추어지기 때문에 자신의 무고함에도 불구하고 수치와 죄책감을 가지게 된다고 한다. 급기야 이들은 아무런 소용도 없이 헛되이 자신의 무고함을 주장하는 데 점점 지쳐가게 된다. 물론 이들의 고통은 석방된다고 끝나는 것도 아니다.[106]

가) 자기-정체성(self-identity)의 변화

연구에 따르면, 오심 피해자 대부분은 피해망상적이고 편집증적이고 과도하게 불안해하는 과잉 각성 그리고 자신감이 떨어지는 등과 같은 인성의 영구적인 변화를 겪는다고 한다. 심지어 오심 피해 당사자는 이런 재앙적 경험에 따르는 인성 변화를 견뎌야 하는 동시에, 그 가족들조차도 오심 피해자가 다른 사람 같아졌다고 기술할 정도로 변한다는 것이다. 그밖에, 오심 피해자들은 이타주의를 거부하고, 더 이상 사람들을 돕기를 원치 않으며, 적대적이고 신뢰하지 않게 된다고도 한다.[107]

그들의 인성 변화와 더불어, 오심 피해자들은 예를 들어 존엄성과 신뢰성의 상실, 맹목적인 부모로서의 자아상의 상실, 미래에 대한 목적과 희망의 상실과 같은 자신에 대한 생각과 관련된 다른 상실감도 다양하게 겪

---

106 Lauren Legner, "The psychological consequences of a wrongful conviction and how compensation statutes can mitigate the harms," Michigan State Law Review, 2020.4.

107 Grounds, A., "Psychological consequences of wrongful conviction and imprisonment," Canadian Journal of Criminology and Criminal Justice, 2004, 46: 165-182; Grounds, op cit.

게 된다는 것이다. 이러한 다양한 인성 변화와 상실감은 유죄 확정 이전 자아의 상실감으로 더 심해지는 것으로 보인다. 특히 이들에게 그들의 무고함을 효과적으로 공표하거나 공식적인 사과를 제대로 받지 못하면 이전의 자아감을 되찾거나 회복하기가 더욱 어려워진다고 한다. 물론 어떤 경우에는 인성의 긍정적인 변화도 있을 수 있다고 하는데, 자신의 경험을 반추하고 그로부터 성장하며, 어떤 것도 당연시하지 않고 보다 긍정적인 태도를 갖게 되는 등의 변화를 가져다주기도 한다는 것이다.[108]

나) 낙인

먼저, 너무나 당연한 결과로서, 유죄 확정은 모두에게 전과자, 범죄자라는 낙인으로 인한 자기 명성의 손상, 실추를 초래한다. 이들은 다른 사람들로부터의 그러한 낙인(stigma), 의심과 씨름하게 되고, 낙인으로 인하여 지역사회, 공동체 사회에서 자기들의 위치, 위상이 손상되는 등 부정적으로 영향을 받았다고 느끼게 된다는 것이다. 이들은 다른 사람들이 자신을 악담하고 비난하고 낙인을 찍는다고 느끼며, 심지어 자신이 무고함에도 불구하고 수사가 진행 중이거나 수사 이후에도 다른 사람들이 자기들을 유책, 유죄인 것으로 낙인을 찍었다고 느낀다는 것이다.[109]

---

108 Denov, M. S. and Cambell, K. M., "Criminal injustice: understanding the causes, effects, and reponses to wrongful conviction in Canada," Journal of Contemporay Criminal Justice, 2005, 21: 224-249; Zeman, L. D., "Etiology of loss among parents falsely accused or neglect," Journal of Loss and Trauma, 2004, 10: 19-31; Westervelt, S. D. and Cook, K. J., "Coping with innocence after death row," Contexts, 2008, 7: 32-37; Konvisser, Z. D., "What happened to me can happen to anybody - Women exonerees speak out," Texas A & M Law Review, 2015, 3: 303-366.

109 Burnett, R., Hoyle, C. and Speechley, N-E., "The context and impact of being rongfully accused of abuse in occupations of trust," Howard Journal of Criminal

다음은 자기 - 낙인(self-stigma)으로서, 낙인이란 다른 사람들로부터의 낙인은 물론 오심 피해자들은 자기 자신 안으로부터의 낙인이라고 할 수 있는 자기 - 낙인과도 싸움하게 된다는 것이다. 이는 자신들이 비난받고 혐의를 받고 있는 것에 대한 혐오와 자기 이름을 완전하게 지울 수 없는 무력함의 결합에 기인하는 것이라고 한다. 그들은 자신에 대한 혐의에 대하여 스스로를 비난하고, 그 혐의와 싸우고 싶어 하고 수치심으로 인하여 자신을 격리, 소외시키고자 하는 생각 사이에서 싸우게 된다는 것이다. 당연히 그들은 수치심, 비난 그리고 죄책감을 느끼고, 무고함, 무죄가 입증될 때까지 죄책, 유죄를 느끼기 때문에 죄책감을 겪게도 된다는 것이다.[110]

다) 심리적, 신체적 건강에 미치는 영향

유죄 확정과 구금시설의 수용은 모든 수형자에게 온갖 건강 문제, 특히 정신건강에 지대한 영향을 미치기 마련인데, 오심으로 인하여 무고하고 억울하게 유죄가 확정되어 시설에 수용된 사람이라면 이런 문제는 더욱 심각할 것이다. 그중에서도 이들이 겪게 되는 가장 큰 심리적 영향은 바로 우울함과 그로 인한 자살 생각이나 충동이라고 할 수 있을 것이다. 이들은 구금되어 있는 동안은 물론이고, 석방 후에도 우울 장애로 고통을 받게 된다고 한다. 뿐만 아니라, 이들은 불안과 공포 장애도 동시에 느낀다고 하며, 당연

Justice, 2017, 56: 176-197; Zeman, op cit.; Wesrervelt and Cook, op cit.; Konvisser, op cit.; Rees, P., and Manthorpe J., "Managers' and staff experiences of adult protectio allegations in mental health and learning disability residential services; A qualitative study," British Journal of Social Work, 2010, 40: 513-529; Chinn J. and Ratliff A., "'I was put out the door with nothing' - addressing the needs of the exonerated under a refuge model," California Western Law Review, 2009, 45: 405-444.

110 Burnett et al., 2017, op cit.; Zeman, 2004, op cit.

히 외상 후 스트레스 장애를 초래하게 된다고도 한다. 또한 이런 영향은 악몽, 불면 등을 비롯한 각종 수면 장애도 초래하기도 한다는 것이다. 그 밖에도, 통증, 고혈압, 식습관 문제와 같은 신체적 증상은 물론이고, 비정상적인 체중 증감, 메스꺼움, 변덕스러움, 신경질, 편집증, 스트레스, 음주/약물 의존 등의 신체적 건강 문제도 초래할 수 있다고 한다. 또한 이들은 응어리감, 해소되지 않은 상실감, 절망감, 공허감, 분노와 공격성, 무기력함, 대중 앞에 나설 때마다 느끼는 만성적인 공포와 위협도 느낀다고 한다.[111]

라) 다른 사람들과의 관계에 미치는 영향

구금시설에의 수용은 곧 지역사회와 사람들로부터의 격리를 의미한다. 격리는 그렇다고 결코 물리적인 격리만이 아니라, 종종 소외감으로 인하여 사회적으로 철수하게 되고 격리되거나 다른 사람들에게 짐, 부담이 되는 것에 대한 두려움으로 인한 의도적인 철수, 퇴각을 하게 된다고 한다. 실제로 그들은 다른 사람들로부터 퇴각, 철수하게 되고, 다른 사람들 주변에 있는 것에 적응하기 위해 싸움한다는 것이다. 그들은 심지어 출소 후에도 철퇴, 소외 그리고 소통하지 않으려고 하는 전략을 택한다고 한다. 그들은 사람들, 지역사회와 밀접한 관계를 유지하는 데 무관심하게 된다는 것이다.[112]

보편적으로, 사람들이 무고하게 비난을 받고 억울하게 처벌을 받게 되면, 사회관계망, 사회적 우정과 관계는 고장이 나기 마련이라고 한다. 망가

---

111 Grounds, op cit.; Burnett et al., op cit.; Pillai, M., "Allegations of abuse; The need for responsible practice," Medicine, Science, and the Law, 2002, 42: 149-160; Wildeman, J., Costelloe, M., and Schehr, R., "Experiencing wrongful and unlawful conviction," Journal of Offender Rehabilitation, 2011, 50: 411-432; Kovinsser, op cit.

112 Burnett et al., op cit.; Westervelt and Cook, op cit.; DeShay, R. A., "A lot of people go insane behind that: Coping with the trauma of being wrongfully convicted," Criminal Justice Studies, 2016, 29: 199-213.

진 사회관계망과 근친관계에 대한 긴장(strain) 그리고 우정 관계로부터 쫓겨나는 것 같은 느낌을 가지고, 가족에 대한 부정적 영향과 자녀에 대한 긴장, 배우자, 자녀, 부모나 친구와의 관계에 대한 긴장도 갖게 된다고 한다. 특히 자녀와의 관계에 긴장을 갖게 되어 자신이 아이들을 보호할 수 있다는 느낌의 상실과 정상적인 자녀를 양육하는 느낌의 상실을 겪게 되고, 심지어는 가족 스트레스, 관계 붕괴, 이혼이나 양육권의 상실, 자신의 무고함을 믿지 않는 가족의 상실, 우정의 상실, 가족 내의 분열과 소원 등을 겪게 된다고 한다.[113]

오심 피해자 당사자뿐 아니라 그들의 가족도 긴장과 낙인을 겪는다고 한다. 오심으로 유죄가 확정된 사람들의 근친 가족들도 소위 '이차적 트라우마(secondary trauma)'를 받는다고 한다. 그들의 배우자와 가족들도 불안과 우울을 경험하게 되고, 그들로 하여금 지역사회 다른 사람들에 의하여 사회적으로 거부되고, 비난받고, 낙인찍히고 정형화되게 만들고, 심지어 오심 피해자의 자녀들에게 있어서는 반사회적 또는 범죄적 행위로까지 이끌게 되는 수치심과 낙인도 극복해야 한다. 심지어 그들의 배우자는 자녀들의 필요와 욕구를 충족시킬 수 없다고 느끼게 되고, 자녀들의 삶이 방해를 받게 되었다고도 느낀다는 것이다.[114]

마) 사법제도에 대한 태도에 미치는 영향

자신이 무고하게 억울한 형벌을 받게 된다면 당연히 형사사법제도 전반은 물론이지만, 특히 경찰에 대한 믿음을 상실하게 될 것이다. 부정의에

---

113 Burnett at al., op cit.; Konvisser, op cit.; Rees, P. and Monthorpe, J., op cit.

114 Burnett et al., op cit.; Grounds, op cit.

대한 불관용, 석방에 따른 당국의 공정성과 정당성에 대한 불신과 냉소주의가 발전하게 된다. 당사자인 1차 피해자와 가족인 2차 피해자 모두 부정의를 인정하지 않고 사과하지 않는 정부, 곧 경찰과 검찰 그리고 법원에 대한 분개와 쓰라린 감정을 느끼게 된다고 한다. 그 결과는 당연히 제도에 대한 분노, 사법제도에 대한 신뢰의 상실, 제도로부터 배신당했다는 느낌에의 좌절, 정부 기관에 대한 긴장과 두려움이 따르게 된다고 한다.[115]

바) 재정적 영향

누구나 어떤 범죄이거나 기소되어 재판을 받고 유죄가 확정되는 사법절차와 과정을 거치게 되면 그에 따르는 상당한 재정적 비용이 수반된다. 크게 구속이나 수용으로 인한 근로와 직업의 상실로 인한 소득의 손실과 변호사 등 법률적 비용이 대표적이라고 할 수 있을 것이다. 그 밖에도 유죄가 확정되고 어느 수준이나 정도에 이르는 처벌을 받게 되면 연금을 잃게되거나 감액되는 문제도 발생하게 된다. 만약에 보석이라도 하려면 보석금도 큰 부담이 아닐 수 없을 것이다.[116]

나. 석방 후의 영향

가) 수용 생활의 트라우마와 사회 재진입과 적응의 어려움

오심으로 유죄가 확정되어 수형생활을 한 사람들은 자신의 수형 기간 동안 겪었던 트라우마의 경험이 석방 후 문제에도 영향을 미친다고 한

---

115 Chinn and Ratliff, op cit.; Zeman, op cit.

116 Burnett et al., op cit.; Chinn and Ratliff, op cit.; DeShay, op cit.; Page, J., "Financial training for exonerees awaiting compensation; A case study," Journal of Offender Rehabilitation, 2013, 52: 98-118.

다. 사실 구금의 여러 고통 중에는 안전의 박탈도 그중 하나인데, 오심 피해 수형자들은 대부분 구치소나 교도소에서 죽거나 폭력을 당하는 두려움을 겪었고, 자기방어, 보호의 한 형태로 공격적이고 위협적으로 되는 것을 학습하게 된다고 한다. 그들은 경찰의 비행, 일탈을 경험하고, 대질 심문 또한 너무나 전투적이고 적대적이어서 심한 트라우마가 되고, 심지어 물리적 학대도 겪기도 한다는 것이다. 이로 인하여 그들은 대부분이 자신의 수형생활 경험을 모멸적, 모욕적, 외상적이었던 것으로 기술하고, 외로움과 소외를 느꼈다는 것이다. 여기에 더하여, 그들은 동료 재소자들로부터 위협당하고 조롱당하는 폭력적이고 적대적인 환경은 물론이고, 자신의 무고함을 입증하려는 데 대한 집착을 교도관들은 오히려 교정환경에의 적응과 후회와 반성의 결여로 받아들이게 되어 가족 면회와 같은 혜택도 줄어들거나 금지되고 분류등급이나 보안 수준이 좋지 않아져서 처우나 수용상의 불이익도 당하고, 급기야는 보호관찰 심사에서도 불이익을 당할 수 있다는 것이다.[117]

오심이 아니라 자신의 범죄로 교도소에 수감되었던 재소자가 출소하거나 석방될 때도 전과자라는 낙인이나 범죄 학습 등 수형의 부정적 영향으로 건전한 준법 시민으로 사회로 되돌아가서 사회와 재통합되기란 쉽지 않지만, 오심으로 억울한 옥살이를 한 사람에게도 그 어려움과 고통은 마찬가지이거나 심지어는 더할 것이다. 위의 LeFever처럼, 다른 일반 출소자들과 마찬가지로 오랫동안의 수형 기간으로 직업 일선에서 멀어진지 오래

---

117 Grounds, op cit.; Chinn and Ratliff, op cit.; Page, op cit.; Konvisser, op cit.; Cambell, K. and Denov, M., "The burden of innocence: Coping with a wrongful imprisonment," Canadian Journal of Criminology and Criminal Justice, 2004, 46: 139-163.

이고, 당연히 기술적으로 부족하고, 고용주에게 왜 구금되었는지와 면죄를 설명하고 이해시켜야 하는 등은 취업을 어렵게 만드는 요인이 된다고 한다. 실제로 오심 피해자들은 면죄가 되어도 유사한 범죄로 실제 유죄인 범죄자들과 유사한 고용 차별을 경험한다는 것이다.

대부분의 경우, 오심 피해자들은 오랜 시간 법적 투쟁을 지속할 수밖에 없어서 그들의 인생을 거의 지배당하기 마련이다. 거의 모든 수형자들이 수용 생활에 익숙해지고, 그래서 출소 후 생활과 삶에 적응하기 위하여 씨름하게 된다. 석방과 함께 그들은 일상생활의 임무, 일들을 둘러싼 공포와 자의식을 경험하고, 다시 찾은 자유에 적응하는 데 어려움을 겪으며, 일상적인 일조차 하지 못하고 창피스러워지고 그렇다고 도움을 청하기도 수치스러워한다는 것이다. 그래서 다수가 안정되지 못하고, 정착하지 못하고, 방향감각을 찾지 못하고, 가족과 가정으로 다시 재통합하려고 애쓰지만 어렵게 되고, 수용 생활 동안 벌어진 문화적 변화를 극복하기도 어려움을 겪게 된다고 한다. 이런 적응의 어려움을 '시간상의 탈구, 혼란(dislocated in time)'이라고도 하는데, 이는 오심 피해자들은 자신이 교도소에 들어갈 때 나이 그대로 멈추어 있는 소위 '발달이 얼어붙은(developmentally frozen)' 상태인 반면에, 세상은 그들이 없이도 빠르게 발전하고 변했다는 것이다. 그들은 이런 시간의 냉각기, 냉동상태를 느끼지만, 세상과 다른 모든 사람들은 자기 삶과 인생을 지속한다는 것이다. 그들은 자신의 수형 기간 동안 일어난 문화적 변화를 이해하지 못하고, 기술과 지식에서 뒤떨어진 느낌을 가지게 되어 석방과 함께 이런 '문화적 충격(cultural shock)'을 겪게 되는 것이다.[118]

---

118 Brooks and Greeberg, op cit.; Grounds, op cit.; Chinn and Ratliff, op cit.

오심 피해자가 석방되어도 직면하게 되는 문제는 여전히 적지 않다고 한다. 무엇보다도 그들이 석방되었다고 해서 완전하게 범죄로부터 면죄되었다는 것을 의미하지는 않기 때문이다. 면죄(exoneration)된다는 것은 그 사람을 유죄 확정의 모든 결과를 없애주는 법률 행사이며, 오심 피해자가 면죄되기까지는 유죄 확정은 그대로 남는다. 설사 면죄가 되어도, 그들은 취업과 주거 공간 확보에 어려움을 겪게 되고, 심지어 취업이 되어도 실제 자신의 범죄로 유죄가 확정되었던 범죄자와 유사한 수준의 취업 차별을 당하기 일쑤라고 한다. 아무런 잘못도 없고 범행도 하지 않고 단지 오심으로 무고하고 억울한 피해를 당했음에도 이들은 여전히 낙인에 시달리기도 한다. 구금 그 자체만으로도 심리적으로 무척 도전적인 것이지만, 사회로의 재통합은 새로운 일련의 장애를 가져다준다. 그들이 즉각적으로 정상으로 되돌아가기란 쉽지 않은 것이다.

나) 석방 후의 심리적 도전들

(가) 정신건강 장애

오심 피해자들은 전형적으로 적어도 한 가지 또는 그 이상의 정신건강 장애를 겪는다고 하는데, 이들의 대부분은 오심 사건 이전에는 그러한 정신건강 장애나 증상을 가졌던 이력이 없었다고 한다. 바로 이런 점에서 그들의 정신건강 장애나 증상이 잘못된 체포, 유죄평결 또는 수형이라는 오심의 직접적인 결과일 개연성이 높다는 것이다. 이들이 겪는 정신건강 장애 중에서 우울, 불안 그리고 PTSD가 가장 보편적이라고 하며, 이런 정신건강 장애와도 관련되어 이들 중 다수는 자살을 생각한 경험들도 있다고 한다. 그러한 대표적인 정신건강 장애 외에도, 이들 오심 피해자들은 추가적인 심리적 증상을 겪기도 한다는데, 일부는 "지친" 느낌을 갖고, 자신의 무고함을 사람들이 믿지 않을까 봐 두려워하게 된다고 한다. 여기에 더하여 그들은 종종 '쓰라린 감정, 느낌' 상실감, 무력감, 공허감 그리고 분노와 공격성도 느끼고 갖고, 공공장소에 외출할 때는 만성적인 두려움과 위협도 느끼게 된다고 한다.[119]

(나) 낙인

대부분의 오심 피해자들이 공통적으로 마주하게 되는 장애물은 유죄 확정, 수형과 관련된 낙인이다. 이와 관련된 전형적인 모습과 결과는 오심 피해자들의 유죄 판결이 잘못된 오심으로 인한 것임에도 불구하고 다른 사람들이 그들을 위험한 사람으로 믿게 된다는 것이다. 이런 낙인과 관련된 문제와 어려움은 취업이나 인간관계의 어려움으로 이어진다는 사실이다. 실제로도 사람들은 범죄 이력이 없는 사람과 비교하여 오심 피해자들에 대한 경멸적인 편견을 가지는 것으로 알려지고 있다. 물론 사람들은 오심 피해자들을 동정하면서도 동시에 범죄 기록이 없는 사람들과 비교하여 더 큰 사회적 거리를 두는 것으로 알려졌다. 뿐만 아니라, 일반 대중들은 범죄 이력이 없는 사람들과 비교하여 인격 특성이라는 측면에서 오심 피해자들을 보다 더 부정적으로 인식한다는 것이다. 오심 피해자들에 대한 이런 낙인과 부정적 인식은 상당히 팽배하여 그들의 성공적인 사회 재통합을 방해한다는 것이다.[120]

---

119 Lauren Legner, "The psychological consequences of a wrongful conviction and how compensation statutes can mitigate the harms," Michigan State Law Review, 2020.4.

120 Legner, op cit.

(다) 오심의 관계적 비용(Relational Costs)
① 타인과의 관계

위에서도 잠깐 언급되었지만, 오심 피해자들은 대부분 인간관계, 사회관계에서도 어려움을 겪는다고 한다. 오심임에도 불구하고 부정적인 낙인과 편견에서 자유롭지 못하다는 사실도 오심 피해자들의 관계를 어렵게 만들지만, 동시에 그들 스스로도 억울하게 비난받고 혐의를 뒤집어쓴 후에 스스로를 소외시킨다는 것이다. 이런 현상은 아마도 오심 피해자들이 스스로 자신이 다른 사람들에게 부담이 될까 봐 두려워하거나 소외되었다고 느끼기 때문이라고 한다. 수형생활의 부정적 결과 중 하나라고도 할 수 있는 것으로, 비록 오심으로 수용되었지만 이들 오심 피해자들도 일반 수형자들과 마찬가지로 교도관들의 지시대로만 생활하는 데 조건화되어서 석방 후 사회와 가정에서의 독립적인 자율적인 비구조화된 환경에서 제대로 기능하기가 어렵게 된다고 한다. 수형생활은 당연히 오심 피해자들을 물리적으로 그리고 사회적이고 심리적으로도 멀리 격리, 소외시키기 때문에 자연스럽게 그들의 관계망도 악화되기 마련이라는 것이다.[121]

② 가족과 가족관계에 미치는 영향

모든 구금된 사람들의 가족과 마찬가지로, 오심으로 무고하게 유죄가 선고되어 구금된 사람들의 가족에게도 단순히 무고하게 유죄가 확정되었음에도 그들과의 친인척, 가족이라는 관계로 인하여 재정적 비용을 발생시키고, 낙인이 찍히고, 피해를 당하고, 외면당한다. 오심으로 유죄가 확정된 수형자의 가족 구성원들은 종종 그들의 사랑하는 가족에게 교도소로부터의 석방이 가정환경에서 자연스러운 정상으로의 복귀를 가져다줄 것

---

121 Legner, op cit.

으로 가정하지만, 가정으로의 재진입은 그 대신 오심으로 유죄가 확정되었던 가족이 그들의 자유형, 징역형에서 수반되는 트라우마로 인한 갈등과 관계의 소원으로 특징지어진다고 한다. 문제는 오심 피해자 당사자뿐만 아니라 그 가족에게도 적지 않은 영향을 미치게 되어, 사람들은 오심의 영향을 논할 때 오심에 의한 유죄 확정을 "일차적 피해자(오심으로 유죄가 확정된 당사자)"와 "이차적 피해자(오심으로 유죄가 확정된 사람의 가족)"를 구분하도록 한다. 예를 들자면, 오심으로 유죄가 확정된 사람의 자녀들은 전형적으로 부모의 구금으로 수반되는 긴장에 더하여 그들이 "부정의의 제 고통(pains of injustice)"에 직면함에 따라 우울 증상을 경험하게 된다고 한다.[122]

오심에 의한 유죄 확정으로 인한 초기 관계적 손실, 비용은 주로 오심 피해 당사자와 그 가족들이 함께 견뎌야 하는 트라우마로부터 나오는 반면에, 오심에 의한 유죄 확정의 관계적 비용, 특히 사회경제적으로 불리한 처지의 오심 피해자의 관계적 비용은 억울한 구금의 기간이 길어지는 과정에서 피해 당사자에 대한 가족 구성원들의 지지가 약화되거나 철회되면서 바뀌게 된다. 구금이 가족생활에 미치는 영향은 구금된 당사자와 그 가족들에 대한 해악을 악화시키거나 완화시키는 가족관계를 통하여 걸러진다. 가족이 오심으로 유죄가 확정되면 가족 구성원의 지지라는 힘이 있음

---

122 Jenkins, S., "Secondary victims and the trauma of wrongful conviction: Families and children's perspectives on imprisonment, release and adjustment," Australia and New Zealand Journal of Criminology, 2013, 46(1): 119-137; Burnett, R., Hoyle, C., and Speechley, N. E., "The context and impact of being wrongfully accused of abuse in occupation of trust," The Howard Journal of Crime and Justice, 2017, 56: 176-197; Naughton, M., "Criminologizing wrongful conviction," British Journal of Criminology, 2014, 54(6): 1148-1166; Haimson, C., "Redemption performance in Exoneration and Parole: Two pathways home," Qualitative Sociology, 2021, 21: 1-29.

에도 불구하고, 그가 가족들과 공유했던 연대 의식은 시간이 흐름에 따라 시들해진다고 한다.[123] 특히, 오심 피해자는 그들의 자녀들과의 관계가 "부정의의 제 고통(pains of injustice)"으로 인하여 더욱 악화되는 것을 경험하게 된다고 한다. 물론 이런 이유로 오심 피해자들이 자유를 위한 그들의 싸움을 계속하게 하는 동기가 되기도 하는 것으로 알려지기도 한다.[124] 특히, 가족이 자신의 무고함을 믿지 않는 경우에는 오심 피해자들은 무고한 옥살이 기간 동안 더욱 격리되고 소외된다고 한다.

일부 오심 피해자들은 자기들의 억울한 구금의 기간 동안 자기들에 대한 가족의 지지의 철회에 맞서기도 하는 반면에, 구금 기간 동안 가족의 지지를 유지하는 오심 피해자들은 그럼에도 불구하고 단순히 시간의 흐름에 따라 가족관계가 악화됨을 경험하게 된다고 한다. 이런 현상을, 오심 피해자들이 자신의 억울한 구금 기간 동안 사랑하는 사람들을 잃게 될 때 느끼는 "얼어붙은 슬픔(frozen grief)"이라고 부른다. 구금된 모든 사람이 이런 '얼어붙은 슬픔'에 직면할 개연성이 있지만, 무고하게 구금된 오심 피해자들의 슬픔은 그들이 자신이 범하지 않은 범죄로 교도소에 수용되어 있다는 현실과 맞섬에 따라 그들의 분노감을 더욱 증폭시킨다고 한다.[125]

당연히 석방되고 궁극적으로 면죄가 되면 분노나 격리 등의 소위 '얼

---

123 Condry, R. and Minson, S., "Conceptualizing the effects of imprisonment on families: Collateral consequences, secondary punishment, or symbiotic harms?" Theoretical Criminology, 2021, 25(4): 540-558.

124 Jenkins, S., "Secondary victims and the trauma of wrongful conviction: Families and chldren's perspectiveson imprisonment, release and adjustment," Australian and New Zealand Journal of Criminology, 2013, 46(1): 119-137.

125 Umamaheswar, J., "The relational costs of wrongful convictions," Critical Criminology, 2923, https://doi.org/10.1007/s10612-023-09684-x, 2023. 3. 2. 검색.

어붙은 슬픔'도 다소간 완화되겠지만, 이미 약화된 가족관계를 예전처럼 회복, 복원하기란 그리 쉽지 않다고 한다. 오심 피해자들은 석방 후 오래지 않아 바로 자신의 억울한 구금 기간 동안 누적되어 온 관계적 비용이 그들의 석방 후 삶(post prison life)을 규정한다는 것을 깨닫게 된다고 한다. 물론 대부분은 가족들로부터의 지지와 지원을 받지만, 가족의 지지와 지원은 아주 미약하고 깨지기 쉬운 것에 지나지 않는 경우가 많다고 한다. 가족관계를 복원하는 것이 어려운 이유는 그들의 가족에 대한 연계가 가족 구성의 변화나 역동성의 극적 변화의 결과로 더욱 약화되었기 때문이라고 한다.[126]

(라) 적응의 어려움

오심 피해자들은 자신의 무고함이 밝혀지고 면죄되어 석방되어도 다른 보통의 수형자들과 마찬가지로 장기간의 사회적 격리가 그들이 정상으로 되돌아가는 것을 어렵게 만든다는 것이다. 그들은 형사사법기관과 사법절차를 거치고 또 수형생활을 하는데 길게는 몇 년 이상의 오랜 시간을 소모하고, 특히 그렇게 오심으로 수형생활을 하게 되면 교도소의 엄격한 수형생활에 적응해야 하기 때문에 더욱 적응이 어렵다고 한다. 그들이 그렇게 오랜 기간을 보내고 석방되어도 급변하는 사회와 그 속의 생활 방식이나 새로운 문물 이용 등의 실질적, 현실적인 어려움으로 상당히 당혹스러워한다는 것이다. 그들은 이런 현실과 상황과 경험을 치욕적이고 수치스러운 것으로 간주한다. 그들의 대다수는 석방 후에도 방향감을 찾지 못하고, 가정으로 재통합하는 것이 어려워서 '불확실하고 불안'하게 느끼게

---

126 Haimson, C., "Redemption performance in exoneration and parole: Two Apthways home," Qualitative Sociology, 2021, 21: 1-29.

된다고 한다. 또한 오심 피해자들이 적응에 어려움을 겪게 되는 또 하나의 이유는 상당한 세월이 흘렀음에도 그들의 시간은 그들이 교도소에 들어갈 그 순간에 그들의 머릿속에 시간이 멈추어진 것처럼 심리적으로 나이를 느끼게 된다는데, 이런 적응 문제로 인하여 그들은 자신의 가족과 친지들은 오심 피해자가 없이 가정과 세상은 계속되었던 반면에 그들이 교도소에 들어갈 때 그때 그 나이로 느껴서 발전적으로 얼어붙은 상태가 된다고 한다. 그래서 그들은 교도소 밖의 세상은 자기들의 삶이 지속되지만 오심 피해자들은 시간에 갇혀있다고 느끼게 되고, 결과적으로 그들이 석방된 후에는 기술과 지식에 뒤진다고 느끼기 때문에 일종의 문화충격을 겪는다고 한다.[127]

(마) 고용, 취업에 미치는 영향

무고하게 피의자가 된 시기에 일을 하고 있던 대부분의 오심 피해자들은 직업을 잃게 되고, 그 후로도 어린이나 취약한 성인들이 관련된 직장과 일을 할 수 없게 되고 만다. 마치 미성년 성범죄자들에게 청소년, 아동 관련 기관, 시설, 직업에 종사하지 못하게 하는 것과 같다. 처음부터 취업이 제한되고, 애당초 자격요건조차 안 되는 것이다. 그야말로 전과자로서 온갖 법적, 사회적, 경제적 불이익을 당하게 된다. 당연히 누구나 형사 기소되면 이런저런 직업과 직장에서의 불이익과 처벌을 받게 된다. 그렇다고 새로운 직장도 그들의 유죄 확정과 그로 인한 전과기록과 낙인으로 구하기가 거의 불가능에 가깝다. 이에 더하여, 무고한 오심 피해자로서 나중에 면죄가 된 사람들까지도 자신의 고용주나 회사에 대해서도 분노를 느끼게 된다고 한다. 직장과 기업주로부터 직장동료와 직장에의 접근을 금지당하거나 제

---

127 Legner, op cit.

한당하기 일쑤이기 때문이다. 그들 대부분은 분노와 쓴맛을 느끼며, 전혀 지지나 지원을 받지 못하고 소외되었다고 느낀다고 한다.[128]

(2) 사회

범죄는 언제, 어디서나, 누구에게나 일어날 수 있다. 이는 다른 한편으로는 오심도 언제, 어디서나, 누구에게나 일어날 수 있음을 보여준다. 당연히 오심은 미시 수준, 중간 수준 그리고 거시 수준의 문제이기도 하다. 미시 수준의 쟁점은 특정한 상황에서의 개인이나 소집단의 상호작용에 초점을 맞춘다. 당연히 중간 수준은 지역사회에 미치는 영향일 것이고, 거시 수준은 대중 사회 전체를 아우르는 영향일 것이다.

(3) 형사사법

전체 형사사법제도가 오심으로부터 배울 수 있는 것이 없지 않다. 예를 들어 DNA 분석 기술의 발달이 형사사법제도 전반에 엄청난 변화를 가져오는 데 크게 기여하였다. 학술적 연구와 형사절차 개혁 입법 등으로 유죄 확정 선고 후 표준이나 기준, 정확성에 초점을 맞춘 새로운 경찰 관행, 새로운 기소 관행, 법률교육의 변화 모두가 무고한 오심 피해에 대한 관심에서 나온 변화들이다. 비록 과거 십여 년, 무고한 사람에게 유죄를 평결하고 선고하는 것이 불가능하지 않다면 지극히 희귀한 경우였지만, 다수의 면죄 사례로 인하여 선고 후 새로운 증거를 제기하는 것을 제한하였던 전통적 규율은 물론이고, 정확하게 수집하고 기록하지 않았던 수사절차에

---

128 Burnett et al., op cit.; Konvisser, op cit.; Pillai, op cit.; DeShay, op cit.; Rees and Manthorpe, op cit.; Brroks and Greenberg, op cit.

대한 전반적인 재검토를 조장하였다고도 한다.[129]

　목격자의 용의자 식별과 관련된 최근 논쟁의 대부분은 소위 말하는 'Lineup'이라고 하는 6~9명의 일련의 용의자들을 동시에 줄을 세우고 목격자로 하여금 용의자를 식별, 지목하도록 하거나, 그들의 사진을 늘어놓고 용의자를 식별, 지목하도록 하는 절차이다. 이런 전통적인 식별 방식으로 인한 오심 사건이 빈번해지자, 80년대 들어서는 용의자들을 한꺼번에 전부 다 줄을 세우고 지목하도록 하지 않고, 한 번에 한 명씩만 보여주는 '순차적 줄 세우기(Sequential Lineup)'를 시험하기 시작하였다. 실제 현장에서도 그리고 그에 대한 연구 결과에서도 동시에 한꺼번에 줄 세우기보다는 순차적으로 줄 세우기가 허위나 잘못된 식별의 비율을 낮추는 것으로 밝혀지면서 다수의 경찰기관이 이 식별 방식과 절차로 바꾼 것으로 알려지고 있다. 또한, 식별 오류의 원인 중 하나가 경찰관의 제시, 제안적, 유인적 태도와 언행이었다는 사실에 대응하기 위하여 사진이나 실제 줄 세우기에서 소위 '이중 은폐법(double-blinded technique)'을 사용할 것을 권고하기에 이른다. 이중 은폐법이란 이 절차를 진행하는 경찰관은 누구라도 진짜 용의자가 누구인지 알지 못하게 하라는 것이다.[130]

---

129 Brandon L. Garrett, "Actual innocence and wrongful convictions," pp. 193-210 in A Report on Scholarship and Criminal Justice Reform, Academy for Justice, Duke Law School, 2017.

130 Kristen Weir, "Mistaken identity: Is eyewitness identification more reliable than we think?" American Psychological Association, Monitor, Feb. 2016, Vol. 47, No.2, p. 40, https://www.apa.org/monitor/2016/02/mistaken-identity, 2023. 1. 9. 검색.

(4) 범죄 피해자

오심으로 인한 무고한 피의자가 면죄가 되면, 원래 그 범죄의 피해자도 죄책감, 두려움, 무력함, 우울함과 황당함 등을 느끼게 된다고 한다. 심지어 일부 피해자에게는 원래 범죄 피해에 견줄 만큼 - 때로는 더 심할 정도로 영향을 미치는 것으로 알려지고 있다. 그럼에도 아직까지는 이 부분에 대한 연구와 관심은 거의 없는 실정이다. 극단적으로는, 오심으로 무고한 형벌을 받았던 사람이 피해자가 되고, 반면에 범죄의 원래 피해자가 범법자가 되는 신분 역전에까지 이르기도 한다는 것이다. 문제는 이런 전환된 신분 또는 역할에 대해서 원래 피해자는 무엇을 어떻게 해야 할지를 모른다는 사실이다.[131]

---

131 Seri Irazola, Erin Williamson, Julie Stricker, and Emily Niedzwiecki, "Addressing the impact of wrongful convictions on crime victims," NIJ Journal, 2014, Issue No. 274: 34-38.

02

오심 사건의
대표적인 사례

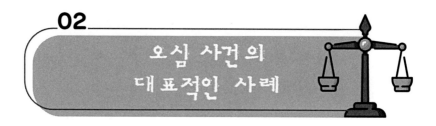

오심 사건의 대표적인 사례

Kevin Strickland
오식별로 인한 대표적 오심

　1978년, 미국 Kansas City에서는 전원 백인으로 구성된 배심원단에 의해서 한 흑인 남성이 3명을 살해한 혐의로 유죄평결을 받아 40년 이상을 교도소에서 수형생활을 하게 된다. 그 흑인 남성이 바로 Kevin Strickland이다. 교도소에서 40년 이상을 보내면서, 처음으로 그는 처음부터 오랫동안 자신이 범하지 않았노라고 주장해 온 3중 살인에 대해 자신이 무죄로 번복되어 면죄된다면 자신이 하고 싶은 모든 일의 목록을 만들고 싶었다. 50년 동안 보호관찰을 조건으로 하는 가석방 없는 종신형을 선고받아 62살이 된 그가 보고 싶은 곳은 딱 두 곳, 교도소에 수감되어 있는 동안 한 번도 가보지 못한 바다와 어머니 산소였다. 다행스럽게도, 그에게 그럴 수 있는 기회가 드디어 주어진 것이다. 무려 43년의 교도소 수형생활 후, 드디어 판사가 그를 면죄하였기 때문인데, 이로써 그의 사례가 미국 Missouri 주에서 무죄가 확정되기까지 가장 오랜 시간이 걸린 오심 사건이 되었고, 이는 미국 전체에

서도 오심으로 가장 오래 수형생활을 한 사례 중 하나가 되었다.[1]

    Strickland는 위에서도 소개한 것처럼, 1978년 Sherrie Black(22), Larry In-gram(21), John Walker(20) 세 사람을 살해한 혐의로, 심지어 그를 범죄 현장과 연결 짓는 아무런 물리적 증거도 없었고, 가족들도 그의 알리바이를 제공하였음에도 불구하고 유죄평결을 받고 종신형을 살게 된다. 그에 대한 유죄평결은 순전히 경찰의 압박을 받았다고 말하였기 때문에 자신의 증언을 철회하려고 수차례 시도하였음에도 불구하고, 당시 범행에서 살아남은 유일한 생존자이자 동시에 목격자였던 Cynthia Douglas의 증언에 바탕한 것이었었다. 이를 근거로 그에게 무죄를 확정한 James Welsh 판사는 Strickland를 범죄에 연루시키는 아무런 물적 증거도 없었고, 핵심 증인도 자신이 죽기 전에 자신의 과거 증언을 철회하였음을 상기시키고, 그와 같은 독특한 상황에서, Strickland의 유죄평결에 대한 법원의 신뢰를 크게 실추시키는 분명하고 확신할 만한 증거가 제출되었기에, 그에 대한 유죄평결의 판단은 무효가 되어야 한다고 판시하며, Missouri 주는 Kevin Strickland를 구금으로부터 즉시 석방하라고 명하였다. 그의 변호사이자 Midwest Innocence Project의 대표인 Tricia Rojo Bushnell은 그의 사례가 형사사법제도가 공정성보다는 종결성(finality)을 얼마나 더 신경쓰는지를 보여주는 엄청난 사례라는 입장을 밝혔다. 민주, 공화 양당의 선출된 정치인과 법률 전문가들은 그의 면죄를 지지하였으나, 차기 연방 상원의원에 출마하려는 당시 미주리주 검찰총장(Attorney General)인 공화당 소속의 Eric Schmitt는 Strickland가 살인을 범한 것

---

1 Timothy Bella, "Kevin Strickland exonerated after 43 years in one of the longest wrongful-conviction cases in U.S. history," Washington Post, November 23, 2021, https://www.washingtonpost.com/nation/2021/11/23/kevin-strickland-murder-exoneration, 2023. 1. 9. 검색.

으로 믿는다고 말하였다. 당시 검찰총장보(Assistant Attorney General)였던 Andrew Clarke는 Strickland가 1979년 공정한 재판을 받았을 뿐 아니라, 수십 년 동안 책임을 회피하려고 했다고 주장하였다. 이런 주장에 공화당 소속 주지사 Mike Parson도 동의하면서, Strickland가 법원에 의해서 면죄되기 전에 그를 사면하는 것은 우선순위가 아니라고 말하였다. 그러나 그런 그가 그로부터 얼마 지나지 않아 2020년 평화스럽게 합법적인 집회와 시위를 하던 군중을 향해 총기를 휘두르고 유죄협상을 하여 전국적인 악명을 얻었던 Mark와 Patricia McCloskey라는 백인 부부를 사면하는 이중성을 보였다.[2]

1978년 4월 25일, Vincent Bell(21)은 Kilm Atkins(19), Terry Abbott(21) 그리고 16세의 한 소년과 함께 자기들의 집으로 가던 중에 Strickland의 집 밖에서 그에게 이야기하려고 그의 집에 들렀다. Strickland가 자기 딸과 시간을 보내야 한다고 그들에게 말하기 전 그들은 Strickland와 몇 분 동안 이야기를 주고받았을 뿐이었다. 그렇게 짧은 만남과 대화가 끝났기에 Strickland는 그 일을 크게 생각하지도 않았다는 것이다. 그렇게 Strickland와 몇 분 이야기를 나눈 후, Atkins와 Abbott는 일종의 도박 같은 게임을 하여 Atkins에게서 300달러를 땄던 Ingram에게 어떻게 앙갚음, 복수를 할 것인가에 대해서 이야기를 하였다고 법원 기록은 밝히고 있다. 보복을 위하여, Ingram이 도박장을 개설했던 Ingram이 빌린 방갈로를 찾아갔다. 당시 Ingram과 사귀고 있던 Douglas가 코냑을 마시고 마리화나를 피우며 텔레비전 드라마를 시청하던 Black과 Walker와 합류해 있었고, 이때 Bell, Atkins와 다른 사람들이 들이닥쳐서는 그들 4명 모두를 묶었다고 한다. 방갈로를 약탈한 후, 그들은 Ingram, Black,

---

2 ibid.; Associated Press, "A man who was wrongfully convicted of 3 murders in 1979 s nowq free," https://www.npr.org/2021/11/24/1058811665/kevic-strickland-released-wrongful-conviction, 2023. 1. 9. 검색.

Walker를 마치 사형을 집행하는 것처럼 살해했다고 법원 기록이 밝히고 있다. Douglas는 허벅지에 총격을 당하였지만 치명상은 아니어서 범인들이 떠날 때까지 죽은 척하며 Black 옆에 누워있었다고 한다. 그녀는 스스로 절룩거리며 집 밖으로 나와 도움을 찾다가 결국 17살의 한 소녀를 찾게 된다. Douglas는 "범인들이 내가 죽은 것으로 생각하고, 내가 살아 있는 것을 모른다"고 말하였다. 한편 그 시간쯤, 밤 10시경, Strickland는 텔레비전을 시청하다가 3중 살인 사건에 대한 속보를 보고 깜짝 놀랐었으며, 당연히 그날 밤 자신은 집에서 가족들과 저녁을 먹고 전화를 받으며 게임을 하고 있었다고 진술하였다. 다수의 친인척들에 의하여, 그의 알리바이가 입증되었다. Strickland의 여자친구가 그의 7주 된 딸을 데려다주려고 이튿날 아침에 그의 집에 들었을 때 찾아온 Kansas City 경찰관 두 명에게 집 안으로 들어와도 좋다고 허락하였고, 그들은 Strickland에게 몇 가지 물어볼 것이 있으니 경찰서로 같이 가 줄 수 있겠냐고 물었다. Strickland는 경찰에게 자신에게 선택의 여지가 있느냐고 묻자, 경찰은 없다고 답하였다. 경찰서로 가는 경찰차 안에서 경찰은 그에게 무례하였고, 그도 그런 경찰에게 말대꾸를 공격적으로 하였지만 그런 대화가 경찰 수사 기록의 일부가 될 줄은 생각지도 못했으며, 자신이 용의자라는 것을 한순간도 생각지 않았다고 한다. 경찰서에 도착하자, 경찰관들 모두가 무언가 자신을 비난하기 시작하였고, 그때서야 누군가 자신의 지인인 생존자가 있음을 알게 되었다고 한다. 그는 경찰에 자신이 범하지 않았다고 경찰에 말하고는 범죄로부터 자신의 이름을 쉽게 지워줄 수 있을 것이라 생각하여 용의자 식별을 위한 Lineup을 요구하였다. 자신의 친구 세 명이 잔인하게 살해되고 채 24시간도 지나지 않았던 생존자 Douglas에게 Strickland를 포함한 흑인들을 줄을 세워 보여주었다. Douglas는 얼마 후에 경찰이 자신에게 Strickland의 별명인 "Nordy"라는 사람을 선택할 것을 제시, 암시하였었다고 인정하였다. 그녀는 경찰이 "그냥 용의자들 중에 Strickland를 뽑으면 우리는 다 끝난다. 모든 것이 끝난다. 당신은 다시 일상을 시작할 수 있고, 이들을 더 이상 걱정하지 않아도 된다"고 말했었다고 기억하였다. Douglas의 가족들은 당시 Lineup을 진행했던 수사관 Richard Zoulek이 그녀를 압박했던 장본인이었다고 진술하였으며, 검사실 수사관이었던 John O'Connor는 재판에서 수사관 Zoulek이 악명을 가졌던 "카우보이"로 잘 알려졌던 인물이었다고 기술하였고, 살인 사건이 일어나고 몇 달 후, 그는 자신의 아내를 잔인하게 살해하고 스스로 목숨을 끊었다고 한다. Strickland는 경찰이 자신에게 '미란다 경고(Miranda Warning)'를 읽어줄 때 "전혀 믿을 수 없었다"고 한다. 그는 Lineup으로 경찰이 수사 방향을 돌리게 되고, 자신은 범죄혐의에서 완전히 벗어나서 자신의 일을 계속하리라 생각하였다고 한다. 그러나 Lineup은 그의 생각과는 전혀 다르게 경찰이 그에게 다가와서는 '귀하를 체포한다'고 말하였다는 것이다. Bell과 Atkins는 결국 1978년 6월에 체포되어 살인 혐의로 기소되었다. Abbott는 용의자였으나 그와 다른 16살 소년은 기소되지 않았다고 한다. Bell의 법원 증언에 따르면 경찰이 잘못 짚었다, 경찰이 엉뚱한 사람을 찍었다'고 Atkins가 Bell에게 말했다고 한다.[3]

그렇게 기소된 Strickland의 재판에서, Douglas는 경찰에게 처음에는 확실히 모르겠다고 말했으나, 재판이 진행되면서 Strickland를 보았다고 점점

---

3 Timothy Bella, "Kevin Strickland exonerated after 43 years in one of the longest wrongful-conviction cases in U.S. history," Washington Post, November 23, 2021, https://www.washingtonpost.com/nation/2021/11/23/kevin-strickland-murder-exoneration, 2023. 1. 9. 검색.

더 확신하게 되었다고 한다. 지방 검사가, "기관단총을 가지고 있었던 친구가 Kevin Strickland라는데 마음속에 단 하나의 의문도 없는가"라고 물었을 때, 그녀는 "그건 사실(fact)이다"라고 답하였다. 재판은 전원 흑인으로 구성된 배심원단이 Strickland의 유죄평결을 거부하여 '불일치 배심(hung jury)'으로 끝나자마자 곧 전원 백인으로만 배심원단을 구성하여 재판을 다시 열었고, Strickland는 3중 살인으로 유죄평결을 받게 된다. 그렇게 재판이 끝나고, Strickland가 교도소에 수용된 4개월 후, Bell은 재판정에서 Douglas가 범죄 현장에서 자신과 함께 있었던 것으로 알려진, 추정되는 10대 소년과 Strickland를 혼동하는 엄청난 실수를 했다고 증언하였다. Atkins와 함께 유죄협상으로 각각 20년 형을 받았던 Bell은 재판부에 Strickland는 자신들과 같이 있지 않았고 그날 밤 그 집에 가지도 있지도 않았었다고 반복해서 거듭 강조하였다. Bell은 얼마 전 64세로 사망하였고, 3중 살인으로 기소나 처벌되지 않았지만 다른 강도 혐의로 Colorado에서 형을 살고 있는 Abbott도 Bell의 주장에 동조하여, 2019년 한 수사관에게 Strickland보다 더 무고한 사람은 없을 것이라고 말하였다고도 한다. Strickland가 범인이 아니라는 Bell의 증언이 있은 후, 처음으로 Douglas가 검사에게 접근하였으나, 검사는 그녀에게 나가달라고 말하며, 위증으로 기소할 수 있다고 협박했다고 한다. 그러자 Douglas의 한 친구가 오심으로 억울한 옥살이를 하는 사람들을 돕는 비영리 비정부기구, 예를 들어 Innocence Project 같은 곳에 전자우편을 보내볼 것을 제안하였고, 그는 "유일한 목격자로서 당시에는 분명치 않았지만, 지금은 더 많은 것을 알고 있고, 할 수 있다면 이 사람을 돕고 싶다"고 편지를 썼다. Strickland도 Innocence Project에 접근하여 도움을 청하였다. Douglas는 자신은 Strickland의 유죄평결 직후 의문을 가졌으나 바로 자신의 진술을 번복, 철회하지 못했던 것은 선서를 하고 했던 이전의 진술을 공개적으로 철회하거나 취소하면 위증으로 기소될 수도 있다고 두려워했기 때문에 망설였다고 진술하였다. 후에 그녀는 Strickland를 지목하라는 경찰의 압박을 받았고, 수년 동안 자신이 사람을 잘못 지목하였음을 입증할 수 있도록 도와달라고 정치, 법률 전문가들에게 경각심을 불러일으켰다고도 진술하였다. 그러나 Douglas가 57세인 2015년에 그녀 자신의 증언을 철회할 기회를 갖기도 전에 사망하자, Strickland는 자신이 면죄될 가능성도 끝났다고 느꼈다고 한다. Strickland의 이야기가 Kansas City Star 신문에서 그의 사건을 재조사해야 한다는 내용으로 기사화되기 전에는 그에 대한 면죄는 영원히 멈춰진 것으로 보였다. 몇 개월 후, 당시 Innocence Project Midwest의 Bushnell이 Jackson County 검사 Jean Peters Baker에게 수사 개시를 요청하였고, 이에 검사가 동의하였다. 재조사에서 살인에 사용되었던 총기에서 나온 지문을 비롯한 다수의 지문이 Strickland의 것이 아닌 것으로 밝혀졌다. 검찰에서 들여다본 모든 증거들이 Strickland를 지목하지 않았던 것이었다. 판사가 그에게 면죄로 방면 결정하기 며칠 전, 그의 어머니는 85세를 일기로 세상을 떠나, 그가 가졌던 단 두 가지 희망 사항(wish list) 중 하나인 어머니를 만나는 것은 불가능하게 되었지만, 나머지 하나 '대양(ocean)'은 볼 수 있게 되었다.[4]

---

4 Timothy Bella, "Kevin Strickland exonerated after 43 years in one of the longest wrongful-conviction cases in U.S. history," Washington Post, November 23, 2021, https://www.washingtonpost.com/nation/2021/11/23/kevin-strickland-murder-exoneration, 2023. 1. 9. 검색.

Antonio Mallet
경찰의 강압에 의한 허위 증언과 식별의 희생양

누군가 911(우리의 112와 같은 번호)에 전화를 할 때까지, Michael Ledeatte 는 뉴욕의 Bronx에 있는 식품 가게 뒤편의 어두운 하역장에 주차된 도난 차량 Lexus의 운전석에서 피를 흘리며 죽어가고 있었다. 새벽 2시 40분, Greg Walker가 '친구가 총을 맞았다'고 근처에 있는 공중전화로 911에 전화를 걸었다. 뉴욕 경찰국 베테랑 형사 Joseph Nieves가 1996년 9월 그날밤의 그 사건을 맡았다. 72시간 안에, 그는 재판에서 유죄가 확정되어 그 범행으로 교도소에서 20년을 보낸 26살의 Antonio Mallet을 체포함으로써 사건을 종결지었다. 그런데 Mallet의 유죄 확정은 Mallet이 총을 쏘는 것을 보았다는 Walker 의 진술에 기초한 것이었다. 그러나 그 후에 작성된 진술서에서, Walker는 자신의 증언은 거짓이었다고 주장하였다. Bronx의 뉴욕 경찰국 형사가 만약 그 살인 사건을 아무런 전과기록도 없던 중고차 판매원에게 돌리지 않으면 자신을 교도소로 보낼 것이라고 위협함으로써 자신을 그 살인 사건에 대하여 Mallet에게 누명을 씌우도록 강요, 강제했다고 말했던 것이다. 선서를 하고 작성한 자신의 진술서에서 Walker는 자신은 반복적으로 누가 친구에게 총격을 가했는지 보지 못했다고 경찰에게 말했으나, 받아들이지 않았다고 진술하였다. 경찰관들은 Mallet이 위험하다고 말하고, Mallet에 대한 또 다른 증거가 있다고도 말하였다는 것이다. 그리고 경찰은 만약에 자신이 자기들이 듣기를 원하는 것을 말하지 않으면 자신이 담장 뒤에 갇히게 될 사람이라고 말했다고 한다. Mallet은 New York 주 법원에 새로운 증거에 기초하여 자신의 유죄평결을 뒤집기 위한 노력의 일환으로 Walker의 설명, 진술을 제출하였다. 49살이 되던 해 초, 그는 보호관찰을 조건으로 하는 보호관찰 부 가석방(parole)으로 석방되었고, 새 삶을 구축하려고 노력하고 있으며, 새로운 진술이 법원이 살인 사건에서 자신의 이름을 지우고, 면죄하여 자신의 인생을 되돌려주도록 납득시킬 것이라고 말하였다. "진실이 내가 원하는 전부이다"라고 그는 덧붙였다. Walker의 입장에서는 그도 과거를 잊기 위하여 수년 동안 노력한 끝에 결국 올바른 일을 하고 싶었기 때문에 이제 나서게 되었노라고 말하였다. 이에 더하여 Mallet의 사례를 북돋우는 것은 살해된 피해자의 또 다른 친구인 Kelvin Rosado가 선서를 하고 Nieves 형사가 자신으로 하여금 사실이 아닌데도 Mallet과 피해자가 다투는 것을 보았다고 주장하도록 강요하려고 했다는 또 다른 진술도 있었다. 이에 그치지 않고, 기억과 인식 분야에서 미국 최고의 전문가인 Geoffrey Loftus가 Walker가 서 있었다고 말한 – 어둠 속에서 140 feet 떨어져서 – 곳에서 총격을 가한 사람을 긍정적으로 식별하기란 거의 불가능하다고 판단한 세 번째 진술도 있었다. 이런 주장에 대하여 New York 경찰이나 1999년 사건이 재판에 회부된 직후 경찰을 떠난 Nieves 형사 모두 이에 대한 언급이나 면담, 답변을 아예 회피하였다. 그러자 Mallet은 언론에 편지를 보내 자신의 유죄가 결정되기 전 자신에 대한 경찰의 수사가 철저하지 못하였으며, 자신의 사건을 다시 들여다 봐줄 것을 요청하였다.[5]

Ledeatte는 도난 차량 Lexus의 전달 과정에서 살해되었다. Walker에 따르면, 그는 도난 차량들을 취급했었고, 1996년 9월 24일에도 이른 아침 시간 외

---

5 Kendall Taggart, "A man was jailed for 20 years due to a single eyewitness - who now wants to recant," October 18, 2019, https://www.buzzfeednews.com/article/kendalltaggart/eyewitness-police-framed-nypd, 2023. 1. 9. 검색.

진 식품 가게 주차장에서 구매자를 만날 계획이었다. Walker는 거래가 완료되면 친구를 집으로 데려다주기로 되어 있었다. 그래서 그는 현장으로 Ledeatte를 따라갔으나, 빨간 교통신호에 걸렸다. Walker가 새벽 2시쯤 친구보다 몇 분 뒤에 주차장에 들어섰을 때, 그는 Ledeatte의 곁에 한 사람이 서 있었고 또 다른 사람이 근처에 주차된 자동차로부터 걸어오고 있는 것을 보았다. Walker는 약 150 feet 정도 뒤로 물러서서 친구가 일을 끝내기를 기다렸다. 그는 두 남자 중 후디를 입고 있던 한 사람이 Ledeatte가 앉아있던 차량 안으로 몸을 기울이는 것을 보았고, 갑자기 펑 하는 소리가 나고 두 사람은 흰색 차량을 타고 달아났다는 것이다. Walker는 Lexus 차량으로 차를 운전해가자 친구는 피를 흘리고 그의 몸이 실룩거리며 경련을 일으키고 있었다. 그는 다시 공중전화를 찾으려고 자동차를 건물 앞으로 운전하였고, 911에 전화를 걸었다. Walker는 친구가 "살아있는 것으로 보이지 않는다"고 교환원에게 말하였다. 몇 분 안에, 현장은 경찰관들로 가득하였다. 경찰 수사기록에 따르면, 경찰이 그에게 무슨 일이 있었냐고 물었을 때 Walker의 말이 바뀌었다고 한다. 살인 발생 3시간 후인 아침 5시 반, Walker는 경찰에게 자신은 살인범을 목격하지 못했다고 말하였다. 바로 잠시 후, 그는 Nieves 형사와 다른 경찰관들이 지켜보는 가운데 그런 취지의 진술서에 서명을 하였다. 그러나 경찰은 그를 석방하지 않았고, 하루 종일 그에게 질문을 계속하였다고 그의 진술서는 밝히고 있다. 저녁 8시 반, 그는 거의 탈진되었다. 수사관이 Walker에게 그가 용의자이며, 묵비권을 행사할 수 있다고 일러주었으나 Walker는 말을 계속하였다.[6]

---

6 Kendall Taggart, "A man was jailed for 20 years due to a single eyewitness – who now wants to recant," October 18, 2019, https://www.buzzfeednews.com/article/kendalltaggart/eyewitness-police-framed-nypd, 2023. 1. 9. 검색.

몇 시간의 심문 후에, 자신이 어떻게 Ledeatte의 도난 차량 거래 사업을 도왔는지 자세하게 말해주었고, 그 전에 Bronx의 폐차장에서 친구 Ledeatte 에게 이야기하는 것을 보았으며, 그가 훔친 Lexus 차량을 사는 것으로 생각 했다고 경찰에 말하였다. 그러나 심문 과정의 그 시점에서, Walker는 – 이제 야 말하지만 거짓말로 – 총격을 보지 못했다는 입장을 그때까지 고수하였 다. 수사관들이 그를 계속 압박하자, 결국 Wlalker는 다시 말을 바꾸었다. 결 국 그가 한 남자가 친구에게 총을 쏘는 것은 보았지만 누구인가는 알 수 없 었다고 말하자, 수사관들은 화를 내면서 아직도 그가 거짓말을 하고 있다 고 말했다고 Walker의 진술서에 기술되어 있다. 그러자 Walker에 의하면, 자 신을 심문, 조사, 면담한 두 명의 수사관이 폭력적으로 되었으나, 그는 자 신의 진술에서는 그들의 이름을 밝히지 않았다. 경찰 기록에는 그를 심문, 조사한 두 사람은 Nieves와 Gannon이었다. 경찰이 자신을 붙잡고는 앉아있 던 의자에서 끌어냈다고 한다. 그리고는 자신을 벽에 세차게 밀쳐서 굉장 히 아프고 무서웠다고 한다. 그 수사관들은 자신이 총을 쏜 사람이 누구인 지 말하지 않으면 자신이 구치소로 갈 것이라고 말했다고 그의 진술은 밝 히고 있다. 그는 반복적으로 계속해서 총을 쏜 사람이 누구인지 모른다고 말하였지만, 경찰은 몇 시간 동안이나 계속했다는 것이다. 경찰은 그에게 Mallet이 전과기록이 많다고도 말하였지만, 이는 사실이 아닌 것으로 법원 기록에 나와 있다. 그리고 경찰은 Walker에게 그의 진술은 단순히 자기들이 이미 확보한 다른 증거들을 보조하는 것에 불과하다고도 말하였으나, 이 또한 사실이 아니었다. Walker는 이제 그들이 듣기를 원하는 것을 말해주는 것 외에는 더 이상 다른 방법이 없다고 느꼈다. 살인 사건이 벌어지고 20시 간쯤 지난 밤 10시 반에, Walker는 자신의 말을 다시 한 번 바꾼다. 그는 자신이 총을 쏜 사람을 보았고, Mallet이라고 주장하였다. 그러자 수사관들이 갑자기 긴장을 풀고 안심시키며 더 친절해졌다고 한다. 그는 범죄를 Mallet에게 누명을 씌우는 진술에 서명을 하자 경찰은 그를 집으로 돌려보냈다. 얼마 지나지 않아, Mallet은 경찰들이 자신을 찾고 있다는 것을 듣고, 무슨 문제인지 알기 위하여 자발적으로 경찰서로 갔다. 그는 "이해가 안 된다. 당신이 범죄를 저지르면 경찰에게 가고 싶지 않지 않으냐"고 하였다. 그럼에도 그는 용의자 식별을 위한 Lineup에 서게 되었고, Walker는 총을 쏜 사람으로 그를 지목하였고, 결국 Mallet는 살인으로 기소되었다. 경찰이나 검찰 기록을 보면, Nieves 형사는 살해 동기가 있을 수 있는 다른 사람들을 수사하거나 Walker가 진술한 현장을 도망친 두 번째 사람을 찾으려는 시도도 하지 않았다. 그리고 형사들이 그와 접촉하였던 사람들이 누구인지 알아보기 위하여 Ledeatte의 Beeper도 조사하지 않았고, Mallette이 범죄에 연루될 수 있는지 결정할 수 있는 다른 물리적 증거도 조사하지 않았다. 재판에서, 검찰은 Walker의 증언 외에, Mallett이 불법 활동에 관련되었으며, 그가 Ledeatte를 심지어 알고 있었다는 어떠한 증거도 제시하지 않았다. Walker의 증언이 Mallet에 대한 유일한 증거였던 것이다. 그럼에도 불과 몇 시간의 논의로 배심원들은 그를 유죄로 평결하였고, 그에게는 단기 20년에서 종신형까지의 형이 선고되었다.[7]

Ledeatte의 살인과 Mallet의 체포는 New York 경찰의 수사관들이 심지어 복잡한 살인 사건이라도 재빠르게 종결하라는 엄청난 압박하에서 이루어졌다. 범죄통계에 기반한 철저한 성과분석을 중심으로 하는 새로운 경찰 활동 기법의 도입이 그 이유였다. 새로운 프로그램이 수사관들이 살인 사

---

7 Taggart, op cit.

건의 범인을 재빠르게 체포하여 종결짓도록 하는 데 초점이 맞추어져서, 통상적으로 3일 이내에 사건을 해결하라는 압박을 받고 있었던 것이다. 그와 같은 강력한 압박이 일부 수사관들로 하여금 절차를 무시하도록 유도하였다는 것이다. 그러한 일들, 즉 형사들이 Walker에게 범죄에 맞추기 위한 진술을 하도록 정보를 제공하는, 그런 일이 바로 이 사건에서 일어났던 것이라고 Mallet의 변호사들은 입을 모았다. Walker는 단지 총이 한 번 발사되는 소리를 들었을 뿐이지만, 피해자가 총을 두 번 맞았다는 것을 제시하는 병원으로부터 받은 최초 경찰 기록과 맞지 않았었다고 Walker의 진술과 재판 증언에서 밝히고 있다. Walker가 말하기를, 형사들이 자신의 진술에 집어넣기 위하여 다른 이야기를 자신에게 하였다는 것이다. 그가 경찰에게 한 발의 총성만 들었다고 말했으나, 경찰은 절대적으로 두 번의 총격이 있었다고 말하였고, 그래서 그렇게 말할 수밖에 없었다고 진술하였다. 그래서 자신의 진술에 그렇게 넣었다는 것이다. 이처럼 경찰만이 알 수 있는 정보가 목격자의 증언 속으로 기어들어가면, 그것은 엄청난 경고신호라는 것이다. 목격자의 이야기가 믿을 수 있기 위해서는 그 이야기가 사실에 부합되어야 한다는 것이다. 현재 트럭 기사로 일하는 Walker는 자신이 Mallet 사건을 담당하는 형사들을 처음 직면했을 당시에는 자신이 젊고 취약하였지만, 지금은 강하고 자신이 항상 진실로 알고 있던 것을 지지할 수 있다고 법원에 제출한 진정서에서 진술하면서, 법원이 자신은 단지 옳은 일을 하고 싶고, 다른 사람의 범죄에 억울하게 잘못 비난받도록 강제되는 입장에 다른 사람들이 처해지지 않도록 하는 데 좋은 본보기가 되고 싶기 때문이라는 점을 알아주기를 바란다고 밝혔다. 체포 후 Mallet은 구치소에서 두 달을 보내고 보석으로 풀려났지만, 재판까지는 무려 3년이 걸렸다고 한다. 교도소에서는 그는 바쁘게 움직였는데, 자신의 사건을 다시 검토하도록 하기 위한 진정서를 작성하여 무려 300통 이상의 편지를 언론인, 변호사, 심지어 관심이 있는 민간 조사원들에게까지 보냈으며, 그중 하나가 바로 이 사건을 심층취재, 보도한 BuzzFeed News였다. 결과적으로 Mallet은 석방되었고, 자신의 이름을 완전히 지우기 위하여 노력하고 있으며, 조만간 법원과 검찰에서 이와 관련된 모든 결정을 할 것이라고 한다.[8]

West Memphis Three
제도적 편견과 전문가집단의 위법과 위증 피해자

West Memphis Three는 1994년 미국 Arkansas 주 West Memphis에서 자기들의 악마 숭배의 일환으로서 의도적으로 일부러 3명의 어린 소년들을 살해한 혐의로 유죄가 확정되었던 Damien Echols, Jason Baldwin, Jessie Misskelley라는 3명의 10대 소년들이다. 의아스러운 증거는 물론 법정에서의 의문스러운 감정적 편견은 상당한 논란을 불러일으켰고, 그로 인하여 그들에 대한 유죄평결을 의문시했던 일련의 다큐멘터리와 서적들이 출간되었음은 물론이고, 다수 유명 인사들의 지지로 인하여 이들은 전국적인 관심을 불러일으켰었다. 2007년 7월, 새로운 DNA가 발견된 후, 주 정부와 변호인 측은 공동으로 현장에서 확보된 유전적 물질의 대부분은 범죄 피해자에 기인하는 것들이었을지라도, 일부는 피해자나 피의자 누구에게도 기인하지

---

8 Taggart, op cit.

않는 것이었다는 보고서를 내놓았다. 2010년, 새롭게 생산된 DNA 증거와 잠재적인 배심원단의 위법행위와 관련한 Arkansas 주 대법원의 결정으로, 이들 3명의 소년들은 2011년 소위 Alford 협상에 들어갔고, 지금까지의 수형 생활로 형을 마친 것으로 간주하여 석방되었다.[9]

3중 살인 사건의 전말은 이렇다. 1993년 5월 5일, 여덟 살짜리 동갑내기 동네 친구였던 Christoper Byers, Michael Moore, Stevie Branch는 함께 자전거 를 타러 나갔으나, 그날 밤 늦게까지도 그들이 돌아오지 않았다는 부모들 로부터의 실종 신고가 접수되었다. 다음 날, 법 집행관들이 Robin Hood Hills 로 알려진 수풀이 우거진 지역의 배수로에서, 나체로 손발이 묶인 소년들 의 시신을 발견하였다. 소년들은 두들겨 맞았고, 그중 Byers의 시신은 훼 손의 흔적도 보였다. 경찰은 살인이 사탄 숭배에 연관되었을 것으로 믿었 다. 경관 James Sudbury와 Steve Jones는 사건이 'cult(사탄 숭배)'가 함축되어 있 다고 느꼈고, 실제로 Damien Echols가 신비주의에 관심을 가졌었다는 점에 서 소년들이 사탄 숭배로서 아이들을 살해할 수 있다고 느꼈기 때문에 그 가 용의자일 수 있다고 생각하였다. 그 즉시 경찰은 문제아로 간주되었던 18세의 고교 중퇴자이자 스스로 마법, 사탄 숭배자라고 주장하였던 Damien Echols를 심문하였다. 사탄 숭배, 마법 숭배 외에도 그는 대표적으로 우울증 을 비롯한 정신적인 문제 이력을 가지고 있었다. Echols는 거짓말 탐지기 조 사에서, 자신은 살해된 소년들을 알지 못하고, 그들의 죽음에 관련되지 않 았다고 주장하였으나, 거짓말 탐지기 검사자는 Echols가 거짓말을 하고 있 다고 주장하였다. 따라서 경찰은 Echols에 계속 수사의 초점을 맞추었고, 5

9 West Memphis Three, https://en.wikipedia.org/West_Memphis_Three, 2023. 1. 16. 검색.

월 9일, Bryn Ridge 형사의 심문에서 Echols는 피해자 중 한 명이 성기에 상처가 있다고 언급하였고, 법 집행관들은 이것을 유죄를 입증할 수 있는 증거로 간주하였다. 그럼에도 불구하고, 경찰은 그를 직접적인 용의자로 간주하지 않고 있으며, 다만 하나의 정보 출처라고 주장하였다.[10]

경찰의 수사가 답보상태에 빠지는 듯하였던 그때, 곧바로 자신의 8살 먹은 자녀가 살해당한 소년들과 친구였으며, 소년들의 살인을 목격했지만 그 가해자들은 확인할 수 없었다고 주장한 Vicki Hutcheson이란 여성으로부터 도움을 받게 된다. 경찰에게, 그녀는 Echols가 조사를 받았음을 들었고, 자신이 그를 만나는 '형사 역할'을 하겠노라고 제안하였다. 법 집행관들의 격려로, 그녀는 Echols를 알고 있었던 17세의 이웃 소년 Misskelley의 힘을 빌렸다. 그녀에 따르면, 1993년 5월 19일, 그녀와 Misskelley 그리고 Echols가 근처에서 열렸던 마녀 모임에 참석하였는데, 모임이 난잡하게 흘렀고, 그쯤에서 그녀는 Echols에게 집으로 데려다줄 것을 요구하였고, Misskelley는 모임에 계속 남았다고 주장하였다. 바로 그 사탄, 마법 숭배자 모임에서 술에 취한 Echols가 공개적으로 세 소년을 살해한 것을 자랑하였다고 주장하였다. 후에 이 사건을 경찰에도 진술하였고, 거짓말 탐지기도 통과한 것으로 알려졌다. Hutcheson의 자백 하루 뒤, 이 정보를 가지고, 경찰은 IQ가 72에 불과한 것으로 알려진 Misskelley를 조사하였다. 처음에는 살인 사건에의 가

10 West Memphis, https://www.britanica.com/place/West-Memphis, 2023. 1. 16. 검색; American Military University, "Controversial ruling in West Memphis Three Case," https://amuedge.com/controversial-ruling-in-west-memphis-three-case, 2023. 1. 16. 검색; West Memphis Three still seek justice 11 years after their release from prison, https://neareport.com/2022/08/19/west-memphis-three-still-seek-justice-11=tears-after-their-release-from-prison, 2023. 1. 16. 검색.

담을 부정하였으나, 그는 결국 자신이 세 소년들을 붙드는 것을 도왔으나 절친이었던 Echols와 16살의 Jason Baldwin이 살인하기 전에 떠났노라고 자백하였다. 비록 그의 부모가 경찰과 동행하는 것에는 동의하였으나, 조사나 심문을 받는 것까지 허락하지는 않았음에도 그는 무려 12시간 정도나 심문을 받았지만, 전체 심문의 약 46분 정도만 녹음되었다고 한다. 그는 곧바로 강요, 피로, 위협 그리고 경찰의 은근한 협박을 이유로 자신의 자백을 철회하였다. 비록 그에게 미란다 권리가 경고되었지만, 이해하지 못했었다고 그 뒤에 주장하였다. 그러나 주 대법원에서는 그의 자백은 자발적이었고, 실제로 미란다 경고와 그 결과도 이해했다고 판시하였다. 비록 세 사람 모두 알리바이가 입증되었고, 아무런 물적 증거가 없었음에도 불구하고 체포되고 만다.[11]

Misskelley의 재판에서, 허위자백과 경찰의 강제, 강압 관련 전문가인 UC Berkeley 대학교 교수가 Misskelley에 대한 간단한 녹음이 경찰 강제의 '고전적 사례'라고 증언하였다. 비판가들도 Misskelley의 다양한 '자백'은 여러 관점에서 서로 일관되지 못하다고 진술하였는데, 예를 들자면 Misskelley가 Damien이 소년 중 한 명을 강간하는 것을 보았다고 하였는데, 사실은 처음에 경찰이 그들의 항문이 확장되어 있었기 때문에 피해자들이 강간당한 것으로 의심하였으나 살해된 소년들이 강간당했다는 것을 보여주는 어떠한 법의학적 증거도 발견되지 않았던 것이다. 3주 후, Echols와 Baldwin의 재판에서, 검찰은 세 명의 소년들이 사탄의 살인을 저질렀다고 고발하

---

11 West Memphis, https://www.britanica.com/place/West-Memphis, 2023, 1. 16 검색; American Military University, "Controversial ruling in West Memphis Three Case," https://amuedge.com/controversial-ruling-in-west-memphis-three-case, 2023. 1. 16. 검색.

고, 살인이 사탄의 의례였음을 입증하기 위한 전문가로서 비인가 Columbia Pacific 대학교 졸업생인 Dale W. Griffin을 불렀다. 법원은 Echols에게 사형을, Baldwin에게는 종신형을 선고하였다. 재판에서 변호인 측은 당시 신문 기사들이 Echols가 성기 훼손에 대해서 알게 된 원천이었다고 주장하였고, Echols도 자신이 알고 있는 것은 모두가 TV에 방송된 것에 국한된다고 말하였다. 이에 대해서 검찰은 그럼에도 불구하고 당시 피해자들이 물에 빠져 있었다거나 한 명의 피해자가 다른 두 명에 비해 더 많이 훼손되었다는 보도는 없었기 때문에, Echols가 아는 것은 사실에 너무 근접하다고 주장하였다. 이에 대해서 Echols는 녹음되지 않았지만 그 특정한 상세사항에 관련한 그와 Ridge 형사와의 대화에 대한 Ridge 형사와의 기술이 정확하지 않고 사실 Ridge 형사의 일부 다른 주장은 거짓말이었다고 증언하였다.[12]

당시 경찰의 범죄 현장 관리에 문제가 있었다는 다수의 비판이 제기되었다. Misskelley의 전 변호사 Dan Stidham은 범죄 현장에서 있었던 복수의 중대한 경찰 오류를 지적하면서, 글자 그대로 현장이 짓밟혔다고 주장하였다. 그는 사후경직 상태를 판단하고 현장을 검증하기 위해 검시관이 현장에 도착하기도 전에 시신을 물에서 끌어냈기 때문에 시신이 하구 둑에서 부패하고, 곤충과 햇볕에 노출되게 하였다고 비판하였다. 경찰은 시의적절하게 냇물을 퍼내고 막아서 물속에서 가능한 증거를 찾아야 했음에도 그러지 않았다고도 비판하였다. 시신을 물 밖으로 끌어 올리고 두 시간이 지나서야 경찰의 전화를 받고 현장에 늦게 도착한 검시관의 조사도 극단

---

12 West Memphis, https://www.britanica.com/place/West-Memphis, 2023. 1. 16. 검색; West Memphis Three still seek justice 11 years after their release from prison, https://neareport.com/2022/08/19/west-memphis-three-still-seek-justice-11=tears-after-their-release-from-prison, 2023. 1. 16. 검색.

적으로 기준미달이라고 평가하였다. 그럼에도 불구하고 검찰이 자신의 고객 Misskelley를 기소한 것은 사건 용의자를 신속하게 체포할 것을 요구하는 엄청난 압박과 첫날부터 있었던 수사관들에 대한 Damien Echols에 대한 터널 시각(tunnel vision) 때문이었다고 주장하였다. 그는 Jessie의 소위 자백은 수사관들이 그의 의지를 꺾고, 짐작도 하지 못할 정도로 그를 겁주었기 때문에 나왔다고 주장하였다.[13] 그리고 작은 양의 혈액이 현장에서 발견되었음에도 전혀 검사, 분석되지 않았으며, 이 사건에 관한 다큐멘터리에서는 범죄 현장에서 혈액이 발견되지 않았는데, 이는 시신이 발견된 곳이 실제 살인이 행해진 곳이 아닐 수 있음을 암시한다고 보도하였다. 사건을 심층 취재한 탐사보도 언론인 Mara Leveritt은 아마도 소규모 경찰서가 그동안 해왔던 다른 수사와는 다른 범죄에 압도당하였음에도 주 경찰국 폭력 범죄 전문가들의 지원과 자문 제안을 거절하였다고도 비판하였다. 실제로, 경찰은 중요한 물적 증거가 제대로 된 용기가 아니라 종이봉투에 보관하기도 했었다는 것이다. 뿐만 아니라, 경찰이 가해자들에 관한 추측을 내놓았을 때, 살인 현장을 지원하던 소년 보호관찰관은 "Damien Echols가 결국 누군가를 살해한 것 같군"이라고 말하며, Echols가 '살인을 저지를 수 있다'고 예측하였다는 것이다. 범죄 분석관(profiler)이자 법의과학자인 Brent Turvey는 사건을 다룬 영화 'Paradise Lost 2'에서 적어도 한 명의 피해자에게서는 사람의 교흔(깨문 잇자국)이 있었을 것이라고 진술하였으나, 이 잠재적 잇자국, 깨문 자국은 재판 수년 후에서야 사진에서 처음 알게 되었고, 살인 사건 4년 후까지도 공인 검시관에 의해서 검사되지 않았다. 변호인 측 전문가들

---

13 West Memphis Three still seek justice 11 years after their release from prison, https://neareport.com/2022/08/19/west-memphis-three-still-seek-justice-11=tears-after-their-release-from-prison, 2023. 1. 16. 검색.

은 잇자국이 성인의 것이 아니라고 주장하였던 반면에, 검찰 측 전문가들은 잇자국 자체가 전혀 없었다고 결론지었다. 사실, 변호인 측 전문가들은 잇자국을 찾기 위하여 상처에 대한 사진분석을 한 반면에, 검찰 측 전문가들은 실제 시신을 검사하였다. 추가 검사에서, 이 자국들이 잇자국이라면 그것들은 유죄평결된 세 명 중 누구와도 일치하지 않았다는 것이다.[14]

여기에다, 피해 소년 중 한 명인 Christopher Byers의 계부인 John Mark Byers의 등장도 사건에 대한 의문을 키우게 된다. 그는 사건을 영화화한 영화 감독에게 한 자루의 사냥용 칼을 주었고, 후에 그 칼에서 혈액을 발견하고 경찰에 넘겨주도록 하였다. Byers는 처음에 그 칼이 전혀 사용되지 않았다고 주장하였으나, 칼에서 혈액이 발견되고 나서는 사슴고기를 자르기 위하여 딱 한 번밖에는 사용하지 않았다고 말하였다. 칼에 묻은 혈액이 Christoper와 Mark 자신의 것이라고 알려주자 그는 그 피가 어떻게, 왜 그 칼에 묻었는지 알 수가 없다고 말하였다. 그를 심문하면서, 경찰은 아마도 Byers가 실수로 그 칼을 떨어뜨려 놓았을지 모른다고 Byers에게 제안하였고, 그는 그대로 동의하고 받아들였다. 후에 그는 아마도 자신의 엄지를 베였을 수 있다고도 하였다. 칼에 대한 추가 조사도 결정적인 결론은 내놓지 못하였는데, 아마도 이런 불확실성은 혈액의 양이 너무 적고, 두 사람이 동일한 유전자형을 가졌기 때문으로 추정되었다. Byers는 영화를 촬영하면서 거짓말 탐지기 조사를 받았고 통과하였는데, 그 기록 영화는 Byers가 검사 결과에 영향을 미칠 수 있었던 여러 가지 향정신성 처방 의약품의 영향 때문일 것으로 추정하였다. Echols, Misskelley, Baldwin은 그들의 유죄 확정

---

14 West Memphis, https://www.britanica.com/place/West-Memphis, 2023. 1. 16. 검색.

에 따라, 그들의 잇자국을 제출하였고, 최초 검시나 재판에서 언급되지 않았던 Steve Branch의 앞이마에 난 깨문 자국, 잇자국으로 알려진 것과 비교하였으나 어느 하나도 일치되지 않았다. John Mark Byers는 첫 재판 후이지만 잇자국이 채취되기 전인 1997년에 이를 뽑았다고 한다. 발치에 대해 그가 진술한 이유가 꽤나 논란의 여지가 있었다. 그는 자신이 복용하던 심장 발작 의약품이 치주 질환을 야기하였고, 수년 동안 그를 괴롭혔던 다른 종류의 치아 문제로 발치를 계획했었다고 주장하였다. 전문가들이 검시 사진을 검토하고는 Byers의 시신에 난 허리띠 자국일 수 있다고 진술한 후, John Mark Byers는 의붓아들이 사라지기 직전에 볼기를 때렸다고 경찰에 밝혔다.[15]

2003년 10월, 세 명의 소년들의 체포에 부분적인 역할을 한 중요한 증언을 했던 Vicki Hutcheson은 Arkansas Times 신문과의 인터뷰에서, 자신이 경찰에 한 모든 말은 조작, 날조된 것이라고 진술하였다. 이에 더하여 그녀는 자신이 경찰과 협조, 협력하지 않으면 자신의 아이를 데려갈 것 같이 암시하였다고도 주장하였다. 그녀가 경찰서를 찾았을 때, 직원들이 Echols, Misskelley, Baldwin을 벽에 세워놓고 사진을 찍었고, 그들의 사진을 Dart의 과녁으로 쓰고 있었다고도 말하였다. 또한 그녀는 경찰을 '이해할 수 없다'고 말했고, 결국에는 분실한 음성 테이프에 완전히 분명하고 유죄를 입증할 만한 아무런 진술도 없었다고도 하였다. 이와 함께, 2007년에는 범죄 현장에서 수집된 DNA를 검사하였는데, 어느 것도 Echols, Misskelley, Baldwin의 DNA와 일치되지 않았다. 그리고 피해자를 묶는 데 쓰였던 매듭에서 발

---

15 West Memphis, https://www.britanica.com/place/West-Memphis, 2023. 1. 16. 검색.

견된 머리카락이 Steve Brach의 계부인 Terry Hobbs의 것으로 밝혀지기도 하였다. 이에 더하여, 2013년 Billy Wayne과 Bennie Guy 두 사람의 서면 진술서가 법원에 제출되었는데, 그들은 둘 다 Terry Hobbs가 사건에 연루되었다는 정보를 가지고 있다는 것이었으나, 경찰이 처음에는 이를 무시하였다. 2008년 7월, Echols-Baldwin 재판의 배심원 대표인 Kent Arnold가 배심원 심의를 시작하기 전 검사와 사건에 대하여 논의하였다. 그는 West Memphis Three의 유죄를 지지, 옹호하고, Jessie Misskelley의 진술과 같은 채택될 수 없는 증거에 대한 지식, 정보를 다른 배심원들과 공유한 것으로 비난을 받았다. 당시 법률 전문가들은 이 쟁점으로 인하여 두 명의 피의자의 유죄평결이 뒤집어지는 결과를 초래할 수 있다는 데 의견을 같이하였다.[16]

그렇다면, Robin Hood Hills 숲속에서는 실제로 무슨 일이 일어났을까? 이 사건을 소재로 Perter Jackson이 감독하여 2012년에 방영되었던 다큐멘터리 영화 "West of Memphis"는 피살된 소년 중 한 명인 Steve Branch의 의붓아버지인 Terry Hobbs가 세 명의 소년의 살인에 가담, 참여했음을 강력하게 암시하였다. 제작자에 따르면, 범죄 현장에서 발견된 DNA 증거의 가장 중요한 조각, 소년들을 묶는데 사용된 운동화 끈의 하나에서 발견된 머리카락의 DNA가 1.5%의 인구와도 일치하지만, Hobbs의 DNA와 일치하였으며, 시신들이 발견된 근처의 나뭇등걸 위에서 발견된 두 번째 머리카락은 Hobbs의 친구인 David Jacoby의 DNA와 일치하였다. 또한 영화제작자들은 아내에 대한 폭행, 아동 학대에 대한 비난, 이웃에 대한 폭행 등을 시인하는 등 그가 학대의 오랜 이력이 있었다고도 보도하였다. 영화제작자들은

---

16 West Memphis, https://www.britanica.com/place/West-Memphis, 2023. 1. 16. 검색.

이런 일련의 상황적 증거에 기초하여 추정하건대, 숲속에서 소년들을 살해한 후에 옷에 묻은 진흙을 씻기 위하여 살인이 일어난 날 밤 Hobbs가 세탁을 하는 것을 보았다고 증언한 Steve Branch의 고모 Jo Lynn McAughey와의 인터뷰도 포함시켰다. 영화는 결정적으로 Terry Hobbs가 세 소년을 살해했다는 사실은 엄격하게 극비리에 숨겨온 '가족의 비밀'이었다는 Terry Hobbs의 조카의 주장도 담았다. 2013년, 이 사건의 진실에 가까운 것으로 보이는 사실이 Billy Wayne Stewart와 Bennie Guy가 각각 서명한 진술에서 나타난다. 그들에 의하면, 1993년 5월 5일, 자신의 집으로 찾아온 사람들에게 마리화나를 판매하는 동안에 길 건너 픽업 트럭에서 어린 소년과의 성관계를 선호하였던 양성애자로 알려진 Hobbs가 Jacoby와 키스하는 것을 보았다고 당시 마리화나를 사러 갔던 Buddy Lucas가 말했다는 것이다. 그런 성적 활동이 있을 것으로 보였던 바로 그 순간에 살해된 세 소년이 잘못된 시간과 잘못된 장소에 나타났고, Terry가 '제들 꼬맹이들을 잡아라'고 소리질렀고, 그들은 마리화나를 사러 갔던 소년들에게 Jacoby가 때리던 소년의 바지를 벗기도록 지시하고는 Hobbs가 그 소년에게 다가가 소년의 성기를 훼손하였고, 다른 두 명의 소년도 그 현장을 목격했기 때문에 살해되어야 한다고 말하고는 살해한 후 소년들의 옷을 벗기고 시신들을 묶어서 함께 냇물에 버렸다는 것이다.[17]

---

17 West Memphis Three still seek justice 11 years after their release from prison, https://neareport.com/2022/08/19/west-memphis-three-still-seek-justice-11=tears-after-their-release-from-prison, 2023. 1. 16. 검색.

Henry McCollum
....
허위자백, 검찰과 경찰의 위법과 위증에 의한 두 번의 오심 피해자

1983년 9월 25일, Ronnie Buie는 11살의 딸 Sabrina Buie의 실종을 경찰에 신고한다. 이튿날, 소녀는 가족 친지의 한 사람이 North Carolina의 가장 빈곤한 지역 중 하나인 Robeson County의 Red Springs의 콩밭에서 Sabrina Buie의 작은 시신을 발견한다. 소녀는 폭행을 당했고, 강간도 당했으며, 소녀의 목 주변까지 밀쳐진 브래지어 하나만 달랑 걸친 상태였다. 소녀의 사인은 자신의 속옷에 목이 졸린 질식사였다. 주변에서는 몇 개의 빈 맥주 캔, 소녀의 피 묻은 옷, 담배꽁초 하나, 피 묻은 막대기의 물적 증거가 확보되었다. 소녀의 옷가지는 콩밭에서 발견되었지만, 다른 증거물들은 Red Springs의 식료품 가게인 Hardin's 근방의 또 다른 밭에서 발견되었는데, 경찰은 그곳이 Sabrina가 강간당하고 살해당한 곳이며, 시신이 그곳에서 콩밭으로 끌려갔을 것으로 믿었다. 당시 Red Spring 경찰서의 Luther W. Haggins 서장은 자신이 수사해온 살인 사건 중 가장 잔인한 사건의 하나라고 설명하였다.[18]

처음 실종자 신고를 접수했던 Larry Floyd 경관은 실종신고자인 소녀의 어머니 Ronnie Buie에게 인구 4,000명도 안 되는 작은 읍인 Red Springs에 외지에서 온 사람이 있었는지 알아보라고 요청하였다. 이틀 후, 경찰은 New Jersey에서 자신의 어머니를 만나려 그곳을 방문한 정신 장애가 있는,

---

18 The National Registry of Exoneration, Henry McCollum, https://www.law.umich.edu/special/exoneration/Pages/casedetail.aspx?caseid=4492, 2023. 1. 16. 검색; Henry McCollum and Leon Brown, https://en.wikipedia.org/wiki/Henry_McColum_and_Leob_Brown, 2023. 1. 16. 검색.

뒤에 그의 지능지수 IQ가 51로 조사되었던 19살의 Henry McCollum을 조사하게 된다. 경찰이 그를 처음 조사했을 때, 그는 9월 24일 정오쯤, Sabrina가 Hardin's 식료품 가게로 걸어가는 것을 보았다고 말하였다. 당연히 자신의 범죄 관련을 부인하였다. 다음날, 한 고등학생이 McCollum이 이상하게 보이기 때문에 그가 관련이 있다는 소문이 학교에 돌고 있다고 말해주었다. 그로 인하여, McCollum은 경찰서로 불려갔고, 그로부터 4시간 이상 경찰은 그가 범행에 가담하였다고 자백할 때까지 그에게 범행 관련 정보를 제공하였다. 실제로, 조사를 받는 동안 경찰은 '니가 했다고 증언한 증인이 있어'라고 말하고, '사형에 처해질 수 있어'라고 소리치고, '니가 무슨 일이 벌어졌었는지 잘 알잖아, 집에 갈 수 있어'라고 몇 번이나 반복하였고, 결국 그는 더 견디지 못하고 무너지고 말았다는 것이다. McCollum은 9월 23일 자신과 다른 10대 소년 4명이 피해자를 밭으로 끌고 가서 다른 사람들이 소녀를 누르고 돌아가면서 소녀를 강간했으며, 소녀가 더 이상 숨을 쉬지 않을 때까지 그녀의 속옷으로 목을 졸랐다고 경찰에 허위로 자백하고 만다. 그가 경찰에 말한 4명의 다른 10대는 당시 전원 Red Springs 거주자였던 자신의 의붓동생인 15살의 Leon Brown, Darrel Suber, Chris Brown, Louis Moore였다. McCollum이 조사를 받고 있던 동안, 그 역시 IQ가 낮게는 49 정도로 검사되어 정신 장애가 있는 Leon Brown은 그의 어머니와 누이와 함께 경찰서로 오게 된다. McCollum이 자신의 자백에 서명하고 얼마 지나지 않아서 Leon Brwon도 자신과 McCollum, Chris Brown, Darrel Suber가 연루되었음을 시인하는 자백에 서명을 한다. 사실, Brown은 거의 문맹에 가까워서 이 허위자백 진술서에 서명을 남기기보다는 오히려 자신의 이름을 정자로 썼다고 한다. 1983년 9월 29일, McCollum과 Brown은 살인과 강간 혐의로 체포된다. 후에 McCollum은 자신은 그처럼 심한 압박과 압력을 받아 본 적이 없으며, 너무나도 무서워서 그냥 경찰서를 나와 집으로 가려고만 하였다고 진술하였을 정도로 그들은 경찰로부터 많은 압박과 강요를 받았던 것으로 알려졌다.[19]

이를 뒷받침하듯, McCollum의 자백과 Brown의 자백 사이에는 너무나 많은 모순점이 발견되었다. 둘의 진술이 범죄에 연관된 사람이 누구였는지, 어떻게 그들이 피해자를 만났는지, 어떻게 살해했는지 그리고 왜 두 사람이 공통적으로 사건에 연루되었다고 지목했던 다른 세 사람의 소년이 각자의 알리바이로 인하여 범죄에 연관될 수 없는지 등에 관련된 세부사항에 대해서 서로 충돌했던 것이다. 그런데 그들의 자백이 얼마나 사실과 동떨어진 허위였는지는 그들이 공통적으로 언급한 다른 관련자들에 대한 사실이 잘 보여준다. 두 사람이 공통적으로 자신들과 범죄에 연루되었다고 자백에서 진술했던 다른 세 명의 10대 누구에게도 혐의가 제기되지 않았다. 두 사람은 확실한 알리바이가 있었고, 나머지 한 명은 당시 다른 지역에 있어서 범죄와의 관련성을 아무것도 찾을 수 없었다고 한다. 두 사람의 변호인단은 후에 McCollum과 Brown의 자백은 그들의 IQ가 낮게는 McCollum이 51, Brown이 49밖에 되지 않은 지적 장애를 가진 그들을 경찰이 심하게 강압하였기 때문이라고 설명한다. 실제로, 재판에서 신경심리학자들은 McCollum이 미란다 경고나 그가 서명했던 진술서에 사용된 언어들을 이해할 수 있는 지적 능력을 갖지 못했다고 증언하였다. 두 사람의 지적 장

19 The National Registry of Exoneration, Henry McCollum, https://www.law.umich.edu/special/exoneration/Pages/casedetail.aspx?caseid=4492, 2023. 1. 16. 검색; Henry McCollum and Leon Brown, https://en.wikipedia.org/wiki/Henry_McColum_and_Leob_Brown, 2023. 1. 16. 검색.

애와 경찰의 조작된 증거로 인하여, McCollum과 Brown은 강요와 강제에 극단적으로 취약하였고, 그것이 곧 두 사람을 허위로 범행을 자백하도록 이끌었다는 것이다.[20]

그럼에도 불구하고, 결국 그들을 기소하고 사형을 선고하게 했던 것은 그들을 범죄와 연관시키는 어떠한 물적 증거도 없이 전적으로 그들의 자백에 근거하였을 뿐이었다. 그 결과, Brown은 당시 16살밖에 되지 않아서 North Carolina 주에서 사형이 선고된 가장 어린 사람이 되기도 하였다. 그러나 그 자백이 경찰의 강요에 의한 허위자백이었다는 것이 그들의 주장이다. 더구나 경찰과 검찰은 그들의 재판에서 그들에게 무죄를 선고할 수도 있었던 증거들을 덮었다. 이에 더하여 연방대법원의 Antonin Scalia 대법관은 McCollum 사건을 사형제도 존치의 대표적인 정당화로 인용하기도 하였다. 그렇게 그들은 체포되어 재판을 기다리던 1983년 10월 22일, 18살의 Joann Brockman이라는 소녀의 실종이 신고되었다. 같은 날 늦게, 실종 소녀가 강간당하고, 목이 졸려 살해된 시신으로 발견되었다. 목격자가 Brockman이 Buie의 시신이 발견된 곳으로부터 몇 발자국도 떨어지지 않고, Buie 가족과 가까이 살았던, 연쇄 강간범이자 연쇄 살인범 용의자, 상습 성범죄자였던 당시 43살의 Roscoe Artis와 같이 있는 것을 보았다고 주장하였다. Artis는 신속하게 Brockman의 살해를 자백하였다. 몇 번에 걸친 조사에서, 그는 McCollum과 Brown 모두 Buie의 살인에 아무런 책임이 없다고도 진

---

20 Henry McCollum and Leon Brown, https://en.wikipedia.org/wiki/Henry_McColum_and_Leob_Brown, 2023. 1. 16. 검색; Wilson Center for Science and Justice, "Event recap: Henry McCollum, Leon Brown attorneys talkwrongful convictions," https://wcsj.law.duke.edu/2021/10/event-recap-henry-mccollum-leon-brown-attornets-talk-wrongful-convictions, 2023. 1. 16. 검색.

술하였다. 그가 사형에서 종신형으로 감형되기 전에도 반복적으로 North Carolina 주의 사형집행을 기다리는 사형수에게 McCollum과 Brown은 Buie의 살인에 무고하다고 말하였다는 것이다.[21]

그럼에도 불구하고, 그들은 체포되었고, 그들에 대한 첫 재판이 1984년 10월에 열렸다. 당시 재판에 임했던 지방검사장 Joe Freeman Britt은 자신의 터무니없이 높은 사형 선고 건수를 자랑스러워했고, 1988년 기네스 세계기록에서도 그를 미국에서 가장 "치명적인 검사"로 기록할 정도였다. 그런 Britt 지방검사장도 자신이 그해 초에 발생했던 Buie사건과 아주 유사한 Brockman 사건에 대하여 Artis를 기소했음에도 불구하고, Buie의 살인에 연루된 것을 입증하는 유력한 증거를 못 본 체하였다. 그들의 기소에 가장 크게 기여했던 검찰의 증거는 두 사람의 강요된 허위자백뿐이었지만, 그 외에도 또 다른 중요한 증거의 하나는 17살의 Sinclair가 McCollum과 Brown이 범행 전에 Buie를 강간하고 싶다고 말하는 것과 McCollum이 살인 후에 범행을 자백했다는 것을 들었다고 주장한 것이다. 그러나 대질 심문에서 Sinclair는 McCollum과 Brown이 체포되기 전 세 차례나 경찰이 자신을 인터뷰하였고, 자신은 그 인터뷰에서 두 소년을 결코 연루시키지 않았다고 주장하였다. 더불어 현장에서 획득한 물적 증거 중 하나인 빈 맥주 캔에서 찾아낸 지문도 McCollum이나 Brown과 일치하지 않았고, 그들이 범죄와 연루되었음을 입증할 아무런 증거가 없었던 것이다. 그럼에도 두 사람은 1급 살

---

21 Henry McCollum and Leon Brown, https://en.wikipedia.org/wiki/Henry_McColum_and_Leob_Brown, 2023. 1. 16. 검색; The National Registry of Exoneration, Henry McCollum, https://www.law.umich.edu/special/exoneration/Pages/casedetail.aspx?caseid=4492, 2023. 1. 16. 검색.

인과 강간 혐의로 사형을 선고받았던 것이다.[22]

당연히 McCollum과 그의 의붓동생 Brown은 둘 다 수십 년에 걸쳐 자신들에 대한 유죄 선고에 도전하였다. 그 결과 두 명 모두 90년대 재심의 기회를 얻었지만, McCollum은 살인 혐의로 사형이 선고되었고, Brown은 강간 혐의에 대해서만 종신형이 선고되었다. 이를 받아들이지 않은 두 사람은 자신들에 대한 유죄 판결에 지속적으로 항변하였고, 급기야 North Carolina 주의 "무고조사위원회(Innocence Inquiry Commission)"가 이 사건에 개입하게 된다. 결국, 2014년과 2010년, 범죄 현장에서 수거된 DNA 증거에 대한 검사 결과, McCollum이나 Brown 누구와도 유전자가 일치하지 않았으며, 오히려 Roscoe Artis라고 하는 전혀 다른 사람의 유전자임이 밝혀졌다. 위원회에서는 그 밖에도 4년에 걸쳐서 Artis와 다른 재소자들을 면담, 조사하고, 증거를 분석하여 Red Spring 경찰서에서 그들의 무죄를 증명할 증거들을 전면적으로 그리고 의도적으로 변호인단에게 숨기고 제공하지 않았다는 결론에 도달하였다. 그 결과, 두 사람은 2014년에 면죄되었으나, 그때는 이미 두 사람 모두 무려 31년이란 수형생활을 한 후였다. 그들의 면죄에 따라, 두 사람에게 무려 7,500만 달러의 배상이 선고되었고, 이는 미국 역사상 억울한 옥살이, 오심에 대한 최고의 배상액으로 기록되었다.[23]

궁극적으로, 그들의 무고함이 최종 결정되어 면죄가 된 것은 대체로 행운에 가깝다. 심각하게 지적으로 장애가 있는 Leon Brown이 동료 재소자

---

22 Henry McCollum and Leon Brown, https://en.wikipedia.org/wiki/Henry_McColum_and_Leob_Brown, 2023. 1. 16. 검색.

23 Henry McCollum and Leon Brown, https://en.wikipedia.org/wiki/Henry_McColum_and_Leob_Brown, 2023. 1. 16. 검색; he National Registry of Exoneration, Henry McCollum, https://www.law.umich.edu/special/exoneration/Pages/casedetail.aspx?caseid=4492, 2023. 1. 16. 검색.

의 충고를 받아들이고, 주 '무고조사위원회'에 자신의 사건을 조사해 줄 것을 요청한 것이 행운이었다. 그는 거의 문맹이어서 글을 제대로 읽지도 쓰지도 못하여 다른 재소자가 서류를 대신 작성해 주었기 때문이다. 그리고 더 큰 행운은 위원회에 접수되는 수많은 사건 중에서 위원회가 그의 사건을 조사하기로 동의한 것이다. 그리고 범행 당일 실제 범인이 현장에 담배꽁초를 버린 것 그리고 그 담배꽁초가 다른 증거품과 함께 몇 년이 지났음에도 분실되거나 훼손되지 않았다는 것도 행운이었으며, 더 큰 행운은 30년 후 검사되었음에도 DNA가 살인범의 프로파일을 생산하기에 충분히 좋은 상태였다는 것이다. 바로 그 담배꽁초가 결국 누가 Sabrina Buie를 살해했는가라는 물음에 답하였지만, 다른 의문들은 아직도 남아있다. 어떻게 많은 재소자들이 자신이 범하지도 않은 범죄를 자백했으며, 얼마나 많은 사람들이 무고하지만 그것을 입증할 수 없는가 아직도 우리는 알지 못하고 있다.

Darryl Hunt
식별 오류, 위증, 검찰과 경찰의 위법행위와 차별의 희생양

Darryl Hunt는 미국 North Carolina 주에서 자신이 범하지도 않은 1984년의 살인 사건으로 두 번이나 유죄 선고를 받았던 흑인 남성이다. 1994년 DNA 검사로 그의 무고함이 입증된 후에도 자신을 면죄하는 데 10년의 법적 호소가 필요했다. 그가 억울하게 무고하게 유죄를 선고받았던 사정은 이렇다. 1984년 8월 10일의 이른 아침, 지역 신문사의 교열 기자였던 25살의 Deborah Sykes가 North Carolina의 Winston-Salem에서 강간당하고, 16번이나 난자당하여 살해되었다. 그녀는 출근길에 변을 당했는데, 그녀의 시신은 허리 아래로 옷이 벗겨진 반나체로 발견되었고, 그녀의 몸에서 정액이 발견되어 그녀가 강간당했음을 보여주었다. 전문가들은 피해 여성이 항문 성교도 당하고, 무려 16차례나 난자당한 범죄로서 이 사건은 비정상적으로 잔인한 강간 살인이라고 입을 모았다. 더구나 젊은 백인 여성의 피살은 지역사회의 공분을 사기에 이르렀고, 경찰은 신속하게 사건을 해결해야 하는 상당한 압박을 받게 되었다.[24]

Hunt의 사건은 세인들의 관심을 끄는 사회적 쟁점이 되어서, Winston-Salem의 인종 관계, 특히 형사사법제도에 있어서 인종 관계를 되돌아보게 하는 계기가 되었다. 그의 사건을 계기로 주 대법원은 검사, 판사, 변호사, 경찰 그리고 피해자로 구성된 실질적 무고 위원회(Actual Innocence Commission)를 임명하여, 무엇으로 인하여 오심이 발생하며, 그 개선방안은 어떤 것이 있는지 들여다보도록 하였다. 위원회에서는 특별히 목격자 증언 확보 절차의 개선을 권고하였고, 그 결과로 주 당국에서는 North Carolina Innocence Inquiry Commission, 무고 조사위원회를 설치하여 그들로 하여금 피의자와 변호인단이 오심으로 유죄가 선고되었다고 믿는 선고 후 사건들을 검토하도록 하였다.[25]

사건이 발생했던 그 날 아침, 자신을 Sammy Mitchell이라고 신분을 밝힌 한 남성이 911에 신고 전화를 하였다. 이튿날 경찰이 그와 이야기를 나

24 The National Registry of Exoneration, "Darryl Hunt," https://www.law.umich.edu/special/exoneration/Pages/casedetail.aspx?caseid=3314, 2023. 1. 16. 검색; Darryl Hunt, https://en.wikipedia.org/wiki/Darryl_Hunt, 2023. 1. 16. 검색; NC Coalition for Alternatives to Death Penalty, "Darryl Hunt," https://nccadp.org/stories/darryl-hunt, 2023. 1. 16. 검색.

25 Darryl Hunt, https://en.wikipedia.org/wiki/Darryl_Hunt, 2023. 1. 16. 검색.

누었을 때, Mitchell의 친구인 Hunt와도 이야기를 나누었다. 그러나 Mitchell 은 그날 밤, 자신은 911에 전화하지 않았다고 밝혔다. Johnny Gray라는 또 다른 사람이 결국에는 자신이 경찰에 전화를 했었다고 밝혔다. 그리고 또 다른 지역 주민이 나서서 자신이 범죄 발생 당일 아침에 Sykes가 어떤 흑인 남성과 있는 것을 보았다고 경찰에 밝혔다. 그 남자가 Darryl Hunt에 대한 설명과 일치하는 사람을 기술하자, 경찰은 바로 사진을 늘어놓고 용의자를 지목하게 하는 사진 식별 절차(photo lineup)를 시행하였다. 그 목격자는 망설이며 Hunt를 자신이 Sykes와 같이 있는 것을 보았다는 남자로 지목하였다. 반면에 경찰에 신고 전화를 걸었던 Johnny Gray는 첫 번째 사진 Lineup에서 범죄 발생 당일 구치소에 수감 중이었던 다른 사람을 지목하였으나, Hunt 가 용의자로 지목되고 나서는 Gray도 Hunt를 지목하였다. 그런데 전문가들은 Hunt가 용의자로 지목된 식별(Lineup)이 이루어진 방법을 비판하였는데, Lineup을 실행한 경찰관이 이미 Hunt를 용의자로 알고 있었고, 그래서 누군가 특정인, 여기서는 Hunt를 암시하는 언행을 하는 등 목격자에게 영향을 미칠 수 있었다는 것이다. 특히, 사진 Lineup에서 Hunt의 사진은 다른 사람들의 사진과 다른 배경이었다고 한다. 뿐만 아니라, 그 후 Hunt의 여자친구가 절도죄로 체포되었는데, 그녀는 처음에는 자신이 Hunt와 그날 밤 함께 있었기 때문에 Hunt가 범행을 할 수가 없었다고 경찰에 진술하였으나, 얼마 후 그녀가 체포된 상태에서는 Hunt가 자신이 범행했음을 자기에게 말했었다고 경찰에 진술하였다. 그러나 그녀가 재판 전에 자신의 진술을 철회하였고, 그가 범죄와 연루되었다는 아무런 물적 증거가 없었음에도 불구하고, 검찰은 그녀의 원래 진술을 그대로 배심원에게 제출하였다.[26]

---

26 The National Registry of Exoneration, "Darryl Hunt," https://www.law.umich.

그렇게 해서, Hunt의 재판은 시작되었다. 재판에서 검찰의 요청으로 재판에 출석한 증인, 목격자들은 범죄가 발생하기 전에 Hunt가 피해자와 함께 있는 것을 보았다거나 Hunt가 지역 호텔에 들어가서 피가 묻은 수건을 화장실에 두고 떠나는 것을 보았다고 증언하였다. Hunt는 자신을 대변하여 자신은 피해자를 전혀 모르며, 범죄와는 아무런 관련이 없다고 진술하였다. 범죄 발생 당시, Winston-Salem의 인구는 흑인이 무려 33%나 차지하였음에도, 전원 백인으로 구성된 배심원이 3일 동안의 심의를 거쳐 Hunt에게 유죄평결을 하였고, 종신형이 선고되었다. 이에 불복한 Hunt의 상소심에서, North Carolina 대법원은 검찰이 Hunt의 여자친구가 자신의 진술, 증언을 철회했음에도 불구하고 그녀의 진술을 배심에 그대로 제출했다는 이유로 그에 대한 유죄평결과 종신형 선고를 뒤집었고, Hunt는 1989년 보석으로 석방되었다. 재판에 회부될 Hunt에게 검찰은 유죄협상을 조건으로 지금까지의 수형 기간(5년)만큼만 형이 선고되고 자유인이 될 수 있는 유죄협상을 제안하였으나, Hunt는 자신의 무고함을 밝히고자 그 협상 제안을 거절하고 두 번째 재판에 임하게 된다. 도시 인구 비율을 전혀 고려하지 않고 11명의 백인과 단 한 명의 흑인만으로 구성된 배심 앞에서 재심 재판을 받게 되지만, 첫 재판의 주요 증인들이 다시 증언하였고, 두 명의 구치소 밀고자가 Hunt가 구치소에 수감되어 있던 동안에 자기들에게 유죄를 인정했다고 증언하였다. 배심원은 두 시간도 안 되는 짧은 심의 후에 그를 1급 살인으로 유죄평결하여 종신형이 선고되어 11개월의 자유를 마감하고 다

edu/special/exoneration/Pages/casedetail.aspx?caseid=3314, 2023. 1. 16. 검색; Darryl Hunt, https://en.wikipedia.org/wiki/Darryl_Hunt, 2023. 1. 16. 검색; Innocence Project, "Darryl Hunt - Time Served: 19 Years," https://innocenceproject.org/cases/darryl-hunt, 2023. 1. 16. 검색.

시 수감되었다.[27]

　이 사건을 주제로 제작된 영화 "대릴 헌트의 재판(The Trial of Darryl Hunt)"
은 너무나 자세하게 수사와 기소 팀에 의한 의도적이거나 의도적이지 않
거나 믿을 수 없을 정도로 다수의 오류를 보여주었다. 아무런 물적 증거도
없었고, 사진으로 진행된 용의자 식별, 지목(photo lineup)은 완전히 엉망이었
으며, 시각표는 일치하지 않았고, 증인들은 극도로 믿을 수 없었다. 증인 중
한 명은 위풍당당한 백인 우월주의자였고, 다른 한 명은 14살짜리 자칭 매
춘부이자 코카인 중독자이기에 현실과 환상을 구별하는 데 어려움이 있다
고 담당의사가 증언한 정신병원 입원환자였다. 그에 대한 두 번의 유죄평
결은 백인우월주의(KKK)의 전 단원이었던 Thomas Murphy의 범죄 발생 직전
범죄 현장 근처에서 한 사람의 백인 여성이 한 명의 흑인 남성과 함께 있는
것을 보았다는 증언에 상당히 의존하였다. 검찰은 그녀가 진술, 증언을 철회
했음에도 그녀를 법정의 증인석에 세웠고, 단 한 명의 흑인과 11명의 백인으
로 구성된 배심원단은 그녀가 철회한 진술, 증언이 아니라 허위로 진술한 증
언을 듣게 하였다. 그러함에도 '백인 주류의 언론'들은 이 세상을 놀라게 하는
선정적 사건에 열광하였고, 공공기관의 이야기를 확신하는 경향이 강하여,
콩을 팥이라 해도 믿을 분위기였다고 꼬집는다. 감정이 재판을 움직일 수 있
다는 것을 보여주었던 것이다. 1989년 DNA 법의과학 시대의 동이 튼 이래 전
국적으로 3,000건 이상의 오심 사건 중 수백 건이 그런 것처럼, Hunt의 경우도

---

27 The National Registry of Exoneration, "Darryl Hunt," https://www.law.umich.edu/
　special/exoneration/Pages/casedetail.aspx?caseid=3314, 2023. 1. 16. 검색; The
　tragic life and death of Darryl Hunt, https://www.ajc.com/life/arts-culture/the-
　tragic-life-and-death-of-darryl-hunt/NRVHRDS5VJHUZP4PWNXWDPCCTA,
　2023. 1. 16. 검색.

단순히 합리적 의심뿐 아니라 부적절함과 조작의 냄새가 시작부터 진하게 풍긴 것이다.[28]

Hunt와 그의 변호인단은 거의 20년 가까이 사건에 매달렸다. 이에 더하여, 현지 신문인 Winston-Salem Journal의 언론인 Phoebe Zerwick는 "살인, 인종, 정의 : 정부 대 Darryl Hunt"라는 8회에 걸친 심층 탐사보도를 게재하였다. 이러한 언론의 관심과 그로 인한 대중의 압력에 직면하여, 검찰은 뒤늦게 자신들이 오래도록 저항하였던 DNA 검사에 동의하였고, 궁극적으로 Hunt의 면죄와 석방으로 이끌었다고 한다. 이런 노력의 결과, 두 번째 재판 후에 변호인단에서는 DNA 검사를 요청하였고, 1984년 첫 재판 당시에는 할 수 없었으나 새로운 분석, 검사 기술의 진전으로 가능해진 새로운 검사, 분석을 하였고, 1994년 10월 그 결과가 회신 되었는데, Hunt의 DNA는 범죄 현장에서 피해자의 몸에서 확보되었던 정액과 일치하지 않았다. 이에 대해서, 검찰은 비록 Hunt가 강간과는 무관할 수 있을지 모르지만 살인에는 제3의 인물이 그와 다른 사람과 함께 범행에 가담했을 수 있다고 주장하였다. 결국, 검찰은 사건을 재수사하기보다는 새로운 DNA 증거에 맞도록 범죄 이론을 재구성, 변경했던 것이다. 이처럼 Hunt의 유전자와 시신에서 확보된 유전자가 일치하지 않는다는 검사 결과에도 불구하고, 재판부는 새로운 증거가 Hunt의 무고함을 증명하는 데 충분하지 않으며, 강간과는 무관하지만 살인에는 관련될 수도 있다고 그의 상소를 기각하였다. 그러나 2003년 변호인단의 요청으로 결국 범죄 현장에서 확보되었던 DNA 프로파일이 주 정부의 데이터베이스에 올려졌고, 그 결과는 이미 다른 살인 사건

---

28 PopMatters, "The trials of Darryl Hunt," https://www.popmatters.com/the-trials-of-darryl-hunt-2496208924.html, 2023. 1. 16. 검색.

으로 수감되어 있던 재소자와 일치하였다. 2004년 4월 6일, Hunt의 혐의는 기각되었고, 두 달이 지나지 않아서 주지사는 그를 사면하였다. 2004년 12월, 범죄 현장에서 확보되었던 DNA 프로파일과 DNA가 일치되었던 Willard E. Brown이라는 사람이 Deborah Sykes의 살해를 시인하였고, 그에게는 종신형이 선고되었다.[29]

Hunt의 사례는 어떻게 하나의 비극적 죽음 - 폭력적 성폭행의 첫 번째 피해자의 죽음 - 이 또 다른 비극 - 모든 사법절차와 단계에서 극도로 무책임한 경찰, 검찰, 법원에 의한 두 번째 피해자 - 으로 이어지는가를 보여주는 이야기이다. 그러한 극단적 비극에도 책임 수사관만 계급이 강등되었을 뿐, 검사도 판사도 공중의 신뢰를 파괴했음은 물론 무고한 시민의 인권을 심각하게 침해했음에도 누구 한 사람 기소되거나 책임지지 않았다. 이 사태의 나쁜 행위자 중에서도 가장 나쁜 사람은 오심으로 기소된 흑인 피의자에 대한 두 번째 재판에서 전원 백인 배심원단을 무력하게 편견을 갖게 했던 충격적인 최종변론을 했던 검사이다. 그가 Hunt에게 행한 것을 생각한다면, 그도 그에 상응한 대가를 치러야 마땅하다는 것이 일부 언론

---

29 The National Registry of Exoneration, "Darryl Hunt," https://www.law.umich.edu/special/exoneration/Pages/casedetail.aspx?caseid=3314, 2023. 1. 16. 검색; Darryl Hunt, https://en.wikipedia.org/wiki/Darryl_Hunt, 2023. 1. 16. 검색; NC Coalition for Alternatives to Death Penalty, "Darryl Hunt," https://nccadp.org/stories/darryl-hunt, 2023. 1. 16. 검색; Innocence Project, "Darryl Hunt - Time Served: 19 Years," https://innocenceproject.org/cases/darryl-hunt, 2023. 1. 16. 검색; The tragic life and death of Darryl Hunt, https://www.ajc.com/life/arts-culture/the-tragic-life-and-death-of-darryl-hunt/NRVHRDS5VJHUZP4PWNXWDPCCTA, 2023. 1. 16. 검색; The National Book Review, "The life and death of Darryl Hunt, imprisoned for years for a crime he didn't commit," https://www.thenationalbookreview.com/features/2022/4/1/review-rhw-life-and-death-of-darryl-hunt-imprisoned-for-years-for-a-crime-he-didnt-commit, 2023. 1. 16. 검색.

과 전문가들의 이야기다.[30]

Derrick Hamilton
최악 경찰관의 위법과 위증 그리고 무책임 한 변호

1991년 1월 4일 자정이 갓 넘어서, New York 소재 자신의 아파트에서 26살의 청년 Nathaniel Cash가 치명적인 총상을 입고 사망한다. 피해자 Cash의 여자친구 Jewel Smith가 Frank DeLouisa 형사에게 자신이 그 전날 남자 친구 Cash를 보석으로 석방시켜서 집에 같이 있었고, 가게에 잠시 들렀다 되돌아왔을 때는 남자 친구가 총을 맞고 바닥에 쓰러져 있었다고 진술하였다. 그러나 Smith는 25살의 Derrick Hamilton이 총격을 가한 사람이라고 자신의 진술을 바꾼다. 그 후 그녀는 Louis Scarcella 형사가 만약에 자신이 Hamilton을 피의자로 고발하지 않으면 자신에게 범죄혐의가 씌워질 것이라고 말했다고 진술하였다. 당시 Hamilton은 과실 치사, 불법 총기 소유 그리고 강도 혐의로 유죄가 확정되어 7년의 자유형을 보낸 후, Cash가 살해되기 약 4개월 전 1990년 8월에 보호관찰로 석방되었었다. 1991년 3월, 경찰은 Connecticut 주 New Haven에서 자신이 Alphonso White와 공동으로 소유하고 있던 미장원에서 Hamilton을 체포하여, 그를 2급 살인 혐의로 기소하였다.[31]

---

30 The National Book Review, "The life and death of Darryl Hunt, imprisoned for years for a crime he didn't commit," https://www.thenationalbookreview.com/features/2022/4/1/review-rhw-life-and-death-of-darryl-hunt-imprisoned-for-years-for-a-crime-he-didnt-commit, 2023. 1. 16. 검색.

31 The National Registry of Exoneration, "Derrick Hamilton," https://www.Law.

Hamilton이 자신이 범하지도 않은 범죄로 유죄가 확정되었던 것은 결국 무엇보다도 '경찰관이 증인으로 하여금 그가 총을 쏘는 것을 보았다고 증언하도록 회유, 협박하여 그에게 올가미, 덫을 씌웠기' 때문인 것으로 밝혀진 것이다. 이에 더하여 유일한 목격자로 증언하였던 Cash의 여자친구인 Jewel Smith의 첫 진술도 Hamilton의 기소에 결정적 역할을 했지만, 그녀마저도 후에 자신의 진술을 철회, 번복하였다.[32] 이런 사실들을 뒷받침하듯, Hamilton은 자신이 가장 분명하게 기억하는 것은 Scarcella 형사가 말하기를 Hamilton이 과거 사건으로 충분히 형을 살지 않았고, 그래서 감옥으로 다시 가야 할 것이기 때문에 자신은 Hamilton이 범행했건 안 했건 신경 쓰지 않는다고 말했다고 회상하였다.[33]

Hamilton은 1992년 7월 재판에 회부되었지만, 자신이 총격이 일어났던 시간에 Apollo 극장에서의 연기자들을 뽑기 위한 오디션을 돕기 위하여 New Haven에 있는 의붓형제의 기획회사에서 두 여성과 만나고 있었기 때문에 자신의 무고가 쉽게 입증되리라 생각했다. 그러나 결과는 전혀 반대로 전개되었다. 당시 유일한 목격자였던 피해자의 여자친구 Jewel Smith가 Hamilton을 총격범으로 지목하였다. 당시 22살의 두 아이의 어머니로서 가게 도둑 등의 혐의로 여러 번 체포되었고, 그때도 보호관찰을 받고 있었던 그녀는 Hamilton이 Cash에게 총격을 가하였고, Cash는 쓰러지기 전 Hamilton

umich.edu/special/exoneration/Pages/casedetail.aspx?caseid=4601, 2023. 1. 16. 검색.

32 https://www.dailymail.co.uk/news/article-2904338/Man-exonerated-spending-21-years-prison-murder-did-not-commit-policeman-FRAMED-convincing-woman-testify-she-saw-him-shoot-victim, 2023. 1. 16. 검색.

33 The New Yorker, "Derrick Hamilton, Jailhouse Lawyer," https://www.newyorker.com/magazine/2016/06/20/derrick-hamilton-jailhouse-lawyer, 2023. 1. 16. 검색.

을 뒤쫓았다고 실제 일어났던 것과 상반된 진술을 하였다. 변호인 측에서는 두 명의 증인을 요청하였으나, 한 사람도 출석하지 못하였다. 변호인 측 증인 중 한 사람이었던 Mattie Dixon은 Hamilton과 동업자였던 Alphonso White의 아내였는데, 후에 자신과 자신의 남편이 증언하지 못한 것은 과거 남편 White가 경찰 정보원으로 활동했던 New Haven 경찰이 Brooklyn에서 열리고 있는 Hamilton의 재판에서 증인으로 증언하면 남편 Alphonso White를 체포할 것이라고 협박했기 때문이었다고 설명하였다. 실제로, 그 후 White의 아내 Dixon은 선서하에 쓰인 서면 진술에서, Hamilton이 범죄 발생 시간에 New Haven의 호텔에 있었다는 것을 보여주는 호텔 숙박 기록을 확보하였었다고 진술하였다. 그럼에도 불구하고, Hamilton은 1992년 7월 17일 배심원에 의하여 2급 살인으로 유죄가 평결되었다. 양형 선고 전, Smith는 자신의 증언을 철회하였고, 변호인단은 Cash가 총격을 당했을 때, 그녀는 현장에 있지 않았다고 진술한 "Karen Smith"라는 이름으로 경찰에 제출된 진술서에 관해서 처음 알게 되었다. 유죄평결을 무효로 하기 위한 증거 심리에서 Smith는 Scarcella 형사가 자신에게 만약 진술을 바꾸지 않으면 자신이 살인 혐의로 기소될 것이라고 말한 후에서야 Hamilton을 용의자로 지목했다고 증언하였다. 그런데도 이런 요청은 거부되고, 1993년 Hamilton은 25년에서 종신형에 이르는 자유형을 선고받게 된다.[34]

자유형이 선고된 후 지난 20여 년 동안 Hamilton은 자신의 유죄를 뒤집

---

34 The National Registry of Exoneration, "Derrick Hamilton," https://www.Law. umich.edu/special/exoneration/Pages/casedetail.aspx?caseid=4601, 2023. 1. 16. 검색; The New Yorker, "Derrick Hamilton, Jailhouse Lawyer," https://www. newyorker.com/magazine/2016/06/20/derrick-hamilton-jailhouse-lawyer, 2023. 1. 16. 검색.

기 위한 일련의 청원, 탄원, 소청을 계속하지만 모두 거부된다. 1994년, 그는 Armir Johnson과 Money Will이라는 다른 두 사람이 Cash에게 총을 쏘았다고 말한 증인의 진술서를 기초로 자신의 유죄를 무효화하려고 시도하였다. 1995년, 또 다른 두 명의 증인이 나타나서, New Haven의 호텔에서 곧 교도소에 수감될 만한 사람을 위한 송별 파티에 있었다고 진술하였다. 증인 중 한 사람으로 범행 당시에는 Talent Agent로 일하고 있었으나, 그 후 New Haven의 훈장을 받은 유능한 경찰관이 된 Kelly Turner는 Brooklyn의 총기 살인이 발생했던 한참 후인 새벽 1~2시까지 Hamilton과 그 파티에 함께 있었다는 선서를 하고 쓴 진술서를 제공하였다. 또 다른 증인인 Davette Mahan은 자신은 Turner의 조수였으며, 자신도 Turner와 Hamilton이 함께 파티에서 사업을 논의하고 있는 것을 보았다고 진술하였다. 당연히 Hamilton은 자신의 유죄를 뒤집고 무효화하기 위하여 다시 청원하기로 하고, 여기에 Turner와 Mahan의 진술과 진술서를 포함시키지만 그들이 재판 전 Hamilton의 알리바이 증인 명부에 있지 않다는 이유로 판사가 거부하였다. 그러나 Amir Johnson과 Money Will이 Cash에게 총을 쏘았다는 주장에 대한 증거 심리가 열렸지만, 판사는 그들이 믿을 만하지 않다고 기각하였다. 1998년, Money Will이 Cash에게 총을 쏘았다는 증언에 대한 또 다른 심리가 열렸지만, 그 증언 역시 신뢰할 수 없다는 결론이었다. 2009년, 과거 증인의 증언이 허용되지 않았다면 실질적 무고에 대한 증언을 허용할 수 있다는 연방대법원의 결정을 앞세워 Turner와 Mahan의 증언을 허용해 줄 것을 요청하였다. 물론 검찰은 그러한 심리가 절차적으로 금지되어 있다고 반대하였고, 심리는 아직도 계류 중이지만, Turner와 Mahan의 진술을 뒷받침하기 위하여 또 다른 두 명의 증인이 나타났다. 두 증인 중 한 사람은 Alphonso White의 아내인 Mattie Dixon이었는데, 그녀는 그녀와 그녀의 남편이 파티가 열렸던 날 밤 Hamilton을 위하여 호텔 방을 빌렸으며, 연회장이 그날 밤 파티를 위하여 예약되었음을 보여주는 호텔 기록을 제공하였다. 선서를 하고 쓴 진술서에서, 그녀는 자신의 남편이 정보원으로 일해주었던 형사가 "Derrick의 알리바이"가 되어준 것에 무척 화가 나서는 "Derrick Hamilton은 잊어라" 아니면 감방에 간다고 말했다고 진술하였다. 2011년 8월, 증인의 증언을 허용해달라는 증거 심리의 청원도 거부되었고, 그해 12월 Hamilton은 자신이 살인을 범했노라고 시인하지 않았다는 이유로 이전 가석방 심사에서 거절되었던 보호관찰부 가석방 심사에 통과되어 교도소로부터 석방되었다.[35]

2011년 초, Kings County 지방검사장 Charles Hynes는 "유죄평결 진실성 부서(Conviction Integrity Unit)"를 설치하여, 변호사들로 하여금 무고한 피의자들에게 유죄가 선고될 수 있었던 사례들을 발표하도록 하였다. 그중 하나가 Louis Scarcella 형사의 수사에 근거하여 살인 혐의로 기소된 David Ranta 사례였다. 유죄 진실성 부서에서는 조사에 들어갔고, Lineup에서 증인으로 Ranta를 지목하라는 요청을 받았고, 모두 유죄가 확정된 강력범죄자였던 두 명의 검찰 증인들은 Ranta의 유죄를 입증하는 증언을 대가로 구치소를 떠나 마약 흡연과 매춘이 허락되었다는 것을 발견하였다. 이로 인하여 2013년 3월 Ranta의 유죄평결은 무효화되고 혐의는 기각되었으며 교도소에서 석방되었다. 몇 개월 후, New York Times는 증거를 조작하고, 증인을 강압하고, 피의자의 무고를 숨기는 등 Scarcella 형사를 비난하는 기사를 실었다. 기사로 인하여, Brooklyn 유죄 진실성 부서에서는 Scaecella 형사가 관

---

35 The National Registry of Exoneration, "Derrick Hamilton," https://www.Law. umich.edu/special/exoneration/Pages/casedetail.aspx?caseid=4601, 2023. 1. 16. 검색.

여하였던 57건에 대한 재수사를 시작하였다. 새로 지방검사장으로 선출된 Kenneth Thompson은 Hamilton 사건을 유죄 진실성 부서에 배당하였고, 결과적으로 2015년 1월 사건의 재수사에 기초하여 Hamilton이 무고한 것으로 결론을 내렸다. 재수사 결과, 의학적 증거는 Cash가 가슴에 총을 맞았고, 총격을 당한 뒤 자신을 총격한 범인을 쫓았다는 Smith의 증언과는 모순되었다는 것이다. 사실, 검시관실에서는 Cash는 등 뒤에서 총격을 당하였고, 총상의 특성이 총격 직후 즉사하였을 것이며, 따라서 총상 후 총격범을 쫓아갈 수 없었을 것이라고 진술하였다. 이에 더하여, 탄도학적으로 보아, 한 가지 이상의 총기가 총격에 사용된 것으로 보였다는 것이다. 그 결과, 지방검사장 Thompson과 Hamilton의 변호사 양측은 공동으로 Hamilton의 유죄를 무효화시킬 것을 요구하였고, 그것이 받아들여져서 그에 대한 혐의가 기각되었다. 이를 계기로, 유죄 진실성 부서에서는 60건 정도의 Scarcella 형사 담당 사건을 포함하여 100건의 살인 사건으로 확대하였다. 결과적으로, 2018년까지 Scarcella 형사가 수사하여 유죄가 확정되었던 피의자 14명이나 면죄되었다고 한다. 이런 사실을 근거로 일부 언론에서는 Scarcella 형사를 New York 최악의 형사라고도 하였고, 그는 오늘날도 끊이지 않는 '깨진, 무너진 제도의 징후(Symptom of a broken system)'이자 무고한, 억울한, 잘못된 유죄 선고의 상징으로 간주되고 있다.[36]

---

36 The National Registry of Exoneration, "Derrick Hamilton," https://www.Law.umich.edu/special/exoneration/Pages/casedetail.aspx?caseid=4601, 2023. 1. 16. 검색; https://www.dailymail.co.uk/news/article-2904338/Man-exonerated-spending-21-years-prison-murder-did-not-commit-policeman-FRAMED-convincing-woman-testify-she-saw-him-shoot-victim, 2023. 1. 16. 검색; https://www.ajc.com/news/how-innocent-man-who-spent-years-prison-became-activist-worth-million/CfufQt1u4h2K0xj0EwR0EM, 2023. 1. 16. 검색; https://falseconfessions.org/tag/detective-louis-scarcella, 2023. 1. 16. 검색; https://www.gq.com/story/

The Central Park Five
제도적 인종차별과 검찰과 경찰의 부당행위가 빚은 비극

한편으로는 Central Park jogger 사건이라고도 불리는 The Central Park Five 사건은 미국 New York 시 Manhattan의 허파로 불리는 Central Park에서 서로 관련되지 않은 여러 일련의 폭력이 발생했던 1989년 4월 19일 밤에 일어났던 백인 여성에 대한 강간 폭행에 관한 형사사건이다. 이 사건으로 5명의 흑인과 라틴 청소년들(그래서 이들이 'the Central Park Five' 그리고 그들이 면죄된 이후에는 '면죄된 다섯, Exonerated Five'로 불리게 됨)에게 여성을 폭행한 혐의로 유죄가 확정되어 6년에서 12년에 이르는 자유형이 선고되었다. 물론 당시 이미 다른 범죄로 수감 중이던 어느 한 명의 수형자가 그 범죄에 대하여 자신의 범행임을 자백한 후, 다섯 명 모두에 대한 혐의가 벗겨졌다. 이 사건은 처음부터 국가적, 국민적 관심의 대상이었으며, 그 결과 처음에는 당시 New York 시가 무법천지와 같다는 인식, 청소년들의 범죄행위 그리고 여성에 대한 폭력에 관한 대중적 담론에 불을 지폈다. 다섯 명의 청소년들의 혐의가 벗겨지고 면죄된 이후에는 언론과 사법제도의 인종적 프로파일링(racial profiling), 차별 그리고 불평등의 대표적인 사례가 되었다.[37]

조깅을 하다가 폭행당하고 나중에는 강간도 당한 것으로 밝혀진 백

brooklyns-baddest, 2023. 1. 16. 검색; New York Times, "Falsely imprisoned for 23 years : Now he's received $7 million," https://www.nytimes.com/2019/11/19/nyregion/derrick-hamilton-louis-scarcella-exoneration.html, 2023. 1. 16. 검색.

37 Wikipedia, "Central Park jogger case," https://en.wikipedia.org/wiki/Central_Park_jogger_case, 2023. 1. 16. 검색.

인 여성 피해자가 새벽 1시 반이 지나서야 발견된 후, 경찰은 용의자를 파악하기 위한 노력을 집중하였고, 다수의 10대들의 신병을 확보하였다. 첫 재판이 열렸던 1990년 6월 The New York Times 신문은 그날 밤 조깅을 하던 백인 여성에 대한 공격을 "80년대 가장 널리 알려진 범죄의 하나"로 규정 짓기도 하였다. 범죄의 전말은 이렇다. Trisha Meili라고 하는 백인 여성 은행원이 밤 9시가 조금 지나서 늘 하던 대로 공원에서 달리기를 시작하였다. 조깅 중 그녀는 공격을 당하고 길에서 91미터 정도나 끌려가서 폭행을 당하고 강간도 당하여 거의 죽음에 이를 정도였다. 그로부터 약 4시간 후, 그녀는 공원의 숲이 우거진 곳에서 나체로 입에는 재갈이 물리고, 손발이 묶인 채로 진흙과 피로 덮힌 채로 발견되었다. 피해 정도가 얼마나 심각했던지는 당시 처음 현장에 도착하여 그녀를 목격했던 경찰관이 자신이 본 폭행 피해자 중 그 누구보다도 심하여 마치 고문을 당한 것처럼 보였다고 설명할 정도였다고 한다. 이를 증명이라도 하듯, 그녀는 수일 동안이나 의식을 잃고 깨어나지 못했으며, 사건을 기억하지도 못했다고 한다. 당시 New York 시는 폭력, 강간, 살인 등의 범죄 발생률이 매우 높아, 특히 조깅을 하는 여성에 대한 잔인한 강간 폭행과 같은 범죄는 대중을 분개시키기에 충분하였고, 이는 곧 경찰로 하여금 어디에서건 비난할 누군가를 신속하게 찾아야만 되게 만들었다.[38]

그날 밤 공원에서 발생한 다수의 사건, 사고로 경찰은 20여 명의 10대들을 검거한다. 그들 중에는 14살의 Raymond Santana, Kevin Richardson, Steven

---

38 Wikipedia, "Central Park jogger case," https://en.wikipedia.org/wiki/Central_Park_jogger_case, 2023. 1. 16. 검색; History, "Central Park Five : Crime, coverage & settlement," https://www.history.com/topics/1980s/central-park-five, 2023. 1. 16. 검색.

Lopez도 있었다. 심각하게 폭행을 당한 Meili가 발견되고 나서는 용의자들을 검거하기 위한 경찰의 긴급성도 증대되었다. 15살의 Antron McCray, Yusef Salaam 그리고 16살의 Korey Wise가 대규모 청소년 집단의 다른 청소년들에 의하여 다른 피해자들에 대한 폭력에 가담하거나 현장에 있었다고 확인되어 조사를 위하여 그날 늦게 경찰서로 잡혀갔다. 이들 여섯 명이 나중에 Meili로 파악된 조깅하는 여성에 대한 공격의 용의자들이었다. 경찰은 그 후 며칠에 걸쳐서 14명 이상의 다른 청소년들의 인신을 확보하고, 궁극적으로 후에 재판을 받게 되는 10명을 전부 체포한다. 그들은 4명의 흑인과 두 명의 히스패닉 청소년들로서, 5월 10일 폭행, 강도, 폭동, 성 학대 그리고 살인 미수로 기소된다. 사건 발생 후 48시간에 걸쳐 경찰은 추가로 몇 명을 더 체포하고, 다수를 조사하였다. 그들 중에는 조깅하는 여성의 강간과 관련된 혐의로 14살의 Clarence Thomas도 체포되었으나 전혀 기소되지 않고 그에 대한 모든 혐의는 기각되었다. 형사들이 적어도 7시간 이상 감금된 동안 기록, 녹음, 녹화되지 않은 심문을 마친 뒤, 4월 21일 녹화된 자백이 시작하였다. Santana, McCray, Richardson은 부모들이 있는 데서 녹화를 하였으나, Wise는 부모, 보호자 또는 변호인 누구도 동반하지 않은 채 몇 개의 진술서를 작성하였다. Lopez는 부모가 있는 데서 조사를 받았는데, 그때 다른 폭행 사건과 관련된 몇 사람을 거명하였으나 조깅하는 여성에 관해서는 전혀 알지 못한다고 부정하였다. 여섯 명 중 누구도 녹화나 심문 과정에 변호인이 입회하지 않았다. Lopez는 당시 16살로 부모의 허락이나 동반의 의무가 없었으나, 그의 어머니는 변호사를 요구하였고, 경찰은 조사를 중단하였으며, 그는 이전에 작성한 진술서에 사인이나 녹화를 전혀 하지 않았으나 법원은 증거로 받아들였다. Salaam은 경찰에 구두로 범행을 인정했는데, 지문이 피해자의 옷에서 발견되었고, 그것이 그의 지문과 일치하면 강간 혐의로 기소될 것이라고 경찰이 그에게 거짓으로 말한 뒤에서야 자백한 것이다. 훗날 그는 옆방에서 Korey Wise가 구타당하는 소리를 들었고, 경찰이 다가와서는 "나를 보고 말해, 그렇지 않으면 다음은 네 차례야"라고 말했다고 진술하여, 그 두려움이 여기서 살아나가지 못할 것 같다고 느끼게 하였다는 것이다. 종합하자면, Kevin Richardson, Antron McCray, Raymond Santana, Koery Wise 그리고 Yusef Salaam 다섯 명의 기소는 주로 그들이 장시간의 경찰 심문 다음에 작성된 자백에 의존한 것이었다. 조사과정에 어느 누구도 변호인과 함께하지 못하였다. 많은 전문가들이 경찰의 심문기법들이 강압적, 강제적이었던 것으로 판단하였으며, 광범위한 비판의 대상이 되었다. 그리 오래되지 않아서 다섯 명의 피의자 청소년들은 각자 자신의 자백을 철회하고, 무죄를 주장하였으며, 강간 폭행에 대한 자신들의 무고함이 밝혀지리라 믿고 유죄협상을 거부하였다. 더구나 범죄 현장에서 수거된 DNA는 다섯 명의 피의자 누구의 DNA와도 일치하지 않았으며, 사실 현장에서 수거된 DNA는 확인되지 않은 남자의 것으로 판명되었다. 이처럼 어떠한 물적 증거도 다섯 명의 피의자 누구도 강간 현장과 연루시키지 못하였음에도 다섯 명 모두 유죄가 확정되었다. 그래서 이들을 이름하여 Central park Five라고 불리게 되었으며, 나중에 그들의 무고함, 무죄가 밝혀진 후에는 Exonerated Five, 면죄된 다섯으로 불리기 시작하였다. 이 사건을 두고 이들 다섯 명을 지원하였던 Calvin O. Butts 목사는 백인 여성이 강간당하면 미국에서 우리가 가장 먼저 하는 것은 다수의 흑인 청년들을 잡아 모으는 것이며, 이 사건이 바로 그런 것이라고 비판하였다.[39]

---

39 Wikipedia, "Central Park jogger case," https://en.wikipedia.org/wiki/Central_

이미 밝혔듯이 다섯 명에 대한 기소는 거의 전적으로 용의자들의 자백에 근거하였던 것인데, 문제는 다섯 명이 각자 자신의 자백에서 범행 장소와 시간에 대해서 서로 다른 오류를 범하였는데, 그중에서도 범행 장소로 공원의 호수 근방이라고 진술한 것이다. 다섯 명 전원이 강간에 대해서 부정하였지만, 모두가 강간의 공범이었다고 자백하였다. 그들은 모두가 다른 사람들이 강간하는 동안 피해자를 제압하는 것만 도왔거나 만지기만 하였을 뿐이었다고 진술하였다. 또한 그들의 자백은 강간에 가담한 사람에 대해서도 상당한 차이를 보였다. 녹화되지 않은 자신의 자백에서, Salaam은 사건이 처음 시작될 때 피해자를 파이프로 때렸다고 주장하였다. Salaam을 제외한 나머지 네 명은 모두 부모나 보호자와 함께 영상녹화로 자백을 하였으나, 모두가 얼마 지나지 않아서 진술을 철회하였다. 그들은 다 함께 자신들이 협박을 당했고, 거짓말을 들었으며, 경찰로부터 허위자백을 강요당했다고 주장하였다. 그들의 자백은 녹화되었으나, 자백에 이르기 전의 심문은 전혀 녹화되지 않았다. 물론 DNA 감식과 분석에서도 현장에서 피해자에게서 채취된 DNA가 피의자 누구와도 일치하지 않았음에도 경찰은 보고서가 결정적이지 않다고 보고하였다. 재판에서 증거를 제출했던 FBI 전문가에 따르면, 다섯 피의자 모두 피해자의 양말 위와 몸속에 정액 샘플을 남겼던 사람에서 배제될 수 있다고 진술하였다. 그 DNA는 신원이 확인되지 않았던 다른 남자의 것이었으며, 몇 년 후보다 발전된 DNA 검사에서도 Richardson의 옷에서 수거한 머리카락도 피해자의 것과 일치하지 않는 것으

Park_jogger_case, 2023. 1. 16. 검색; Esquire, "Central park 5 Timelines & True Story Behind Neflix's When They See Us," https://www.esquire.com/entertainment/movies/a27652254/netflix-when-they-see-us-central-park-five-true-story, 2023. 1. 16. 검색.

로 밝혀졌다.[40]

2001년 New York의 Auburn 교도소에서 강간 살인으로 종신형을 살고 있던 재소자 Mitias Reyes가 교도관에게 자신이 Meili를 강간했다고 알렸고, 2002년에도 교도관들에게 자신이 1989년 4월 19일 조깅을 하던 여성을 강간 폭행했다고 말하였다. 범행 시 그는 17살이었으며, 단독범행이었다고 말하였다. 2002년 지방검사장 Robert Morgenthau는 그 자백을 통지받고는 Reyes의 자백과 증거의 검토를 기초로 사건을 수사하도록 지방검사장 보 Nancy Ryan과 Peter Casolaro를 중심으로 하는 팀을 임명하였다. Reyes는 범행의 자세한 내용, 경찰이 가지고 있던 다른 증거들로 입증이 되는 상세사항들을 제공하였다. 이에 더하여, 그의 DNA가 현장에서 채취된 DNA와 일치하여, 그가 피해자 의복과 몸속에서 발견된 정액의 유일한 근원임을 확인해주었다. 그 밖에도 그는 다른 확증적 증거도 제출하였다. 그와의 면담 조사와 다른 증거에 기반하여, 조사팀은 Reyes가 단독으로 범행했다고 확신하였다. 범행 시간의 재구성을 통해서도 다른 어떤 피의자가 합류한 것으로 보이지 않았다고도 밝혔다. 조사가 끝나고, 지방검사장과 시 당국은 다섯 명에 대한 모든 혐의를 철회하였고, 피의자에 대한 유죄 확정은 취소되었다. 당연히 다섯 사람은 시를 상대로 악의적인 기소, 인종적 차별 그리고 감정적 고통에 대하여 소송을 제기하였고, 2013년 시 당국과 4,100만 달러에 합의에 도달하였고, 2016년 추가로 주 정부로부터 390만 달러의 금전적 배상도 받았다.[41]

---

40 Wikipedia, "Central Park jogger case," https://en.wikipedia.org/wiki/Central_Park_jogger_case, 2023. 1. 16. 검색; History, "Central Park Five : Crime, coverage & settlement," https://www.history.com/topics/1980s/central-park-five, 2023. 1. 16. 검색.

41 Wikipedia, "Central Park jogger case," https://en.wikipedia.org/wiki/Central_Park_

지방검찰과 시 당국이 다섯 명의 유죄를 취소하게 된 데는 지방검사장이 임명한 조사팀의 조사 결과가 큰 역할을 했다고 하는데, 조사 결과에서 지방검찰청에서는 피의자들의 자백이 각각 달라서 일관성이 없고, 확인된 사실에 대한 그들의 답변이 부족한 등 그들 자백의 진실성을 의심하였기 때문이다. 구체적으로, 보고서는 '진술서를 비교하면 심각한 차이를 보이는데, 다섯 피의자가 제공한 설명이—누가 범행을 시작하였으며, 누가 피해자를 눕혔는지, 누가 피해자 옷을 벗겼는지, 누가 피해자를 때렸는지, 누가 그녀를 붙잡고 누가 강간을 했는지, 폭행 시 어떤 흉기가 사용되었는지, 어떤 순서로 공격이 가해졌는지—범죄의 거의 모든 중요한 부분에 대한 상세 사항에 대해 서로가 다른 진술을 하였다. 그 외의 다른 많은 관점에서, 피의자들의 진술은 객관적이고 독립적인 증거를 설명하지도, 증거와 일관적이지도, 증거로 확증되지도 않는다. 그들이 진술한 일부는 확인된 사실에도 반하였다고 보고하였다.[42]

이 사건은 1989년 소년들의 체포를 시작으로, 2002년 궁극적인 면죄에 이르는 동안, Central Park Five 청소년들은 다양한 정부 기관으로부터 독재적인, 횡포한 처우를 겪어야 했다. 결과적으로 이 사건은 인종과 계층의 역동성에 의하여 틀이 짜여진(framed), 정해진 사건이었다. 처음부터, 이들 다섯 명의 청소년들은 모두가 법의 눈(the eyes of law)에서 추정된 범죄자(presumed criminal)였다. 청소년들의 강요된, 강제적인 자백은 4명은 소년사법으로, 나

jogger_case, 2023. 1. 16. 검색; History, "Central Park Five : Crime, coverage & settlement," https://www.history.com/topics/1980s/central-park-five, 2023. 1. 16. 검색.

42 Wikipedia, "Central Park jogger case," https://en.wikipedia.org/wiki/Central_Park_jogger_case, 2023. 1. 16. 검색.

머지 한 명은 형사사법의 대상으로 처하는 데 충분하였다. 이들 소년은 10년 이상을 험난한 지형을 항해해야 했다. 그렇다면 왜 이런 사건들이 민주국가의 사법제도의 보편적 특징이 되었을까? 그 주요 원동력은 - 특히 백인 여성에 대한 폭력 사건의 경우 - 흑인과 라틴 청소년에게 붙여진 범죄성, 범인성의 낙인과 인종적 히스테리라고 할 수 있다. 최고조의 인종차별주의 두려움과 책임감이 지역사회에 구축될 때면, 그 결과는 언제나 열광적으로 '도둑이야'를 외치고, 잔혹할 정도로 빨리 다수를 체포하고 검거하고, 그러는 사법제도와 사람들이 너무나 괴물 같아서 공포에 떨게 하고 확신적인 대중들의 지지를 전적으로 받는 전체 국가기관에 의한 복수의 흑인 피의자에 대한 히스테리한 재판이 그들에 대한 정면 공격이 될 수 있게 되는 것이다. 이러한 현실을 그대로 보여주는 사건이 하나 발생하는데, 바로 트럼프 전 대통령이 대통령이 되기 전 New York Times를 비롯한 주요 신문사에 "사형제도를 전면 재도입하라! 우리의 경찰을 되살려라"라는 전면 광고를 게재한 것이다. 이런 광고가 히스테리를 부채질하였고, 광란과 최악의 판단으로 내몰았다. 그는 심지어 무고한 소년들의 사형집행을 요구하기도 하였다. 그와 같은 광란이 이 사건의 핵심 요소였다. 이런 공기를 잠재우는 대신, 정치인이나 언론은 자신들의 미사여구 수사법과 범죄에 대한 강경 대응 정책으로 그와 같은 판단의 졸렬한 모방, 희화화를 가능하게 하였다. 언론은 이들을 폭력의 상징으로 묘사하고, 짐승이나 피에 굶주렸다거나, 인간 돌연변이라 부르기도 하였다. 심지어 이들 다섯 명의 유죄 확정의 소용돌이 속에서, New York Times는 범죄와의 전쟁과 이를 위한 경찰력의 증강을 요구하였다. 불행하게도 이런 종류의 사건은 지금도 일어나고 있다. 흑인과 라틴 피의자에 대한 허위 기소가 미국의 법률제도에 흠집을 내었다. 실제로 Innocence Project에 의하면, 미성년자로 체포되어 DNA로 면죄가 된 사람의 88%가 흑인이었고, 전체 면죄자의 62%가 흑인이고 33%가 라틴계였다는 것이다.[43]

Perry Cobb
목격자의 자기 처벌을 피하기 위한 경찰과의 거래 위장 증언

작가이자 singer-songwriter인 Perry Cobb은 자신이 범하지도 않은 범죄 혐의로 재판을 다섯 번이나 받고, 10년을 넘게 교도소에서 그리고 9년 가까이 사형수로 보낸 무고한 오심 피해자였다. 이런 사실로 그와 그의 공범이 한때는 단일 범죄로 가장 여러 번 재판을 받은 기록을 보유하기도 하였다. 1977년, Perry는 Melvin Kanter와 Charles Guccion을 살해하고 두 건의 무장강도를 한 혐의로 Darby Tillis와 함께 기소되어 사형 선고를 받는다. 사실 두 사람 모두 그 범죄에 대해서 아무것도 알지 못하였다. 두 사람 중 어느 한 사람도 그 범죄와 연루시키는 어떠한 물리적 증거도 없었고, 그들은 서로 알지도 못하였다. 그들을 기소하고 유죄가 선고되도록 한 검찰은 경찰에 찾아가서 Perry와 Darby가 연루되었다고 허위진술을 한 Phyllis Santini의 증언에만 의존한 것이었다. 당연히 두 사람 모두 자신의 무고함을 주장하였

43 The Washington Post, "How the Central park Five expose the fundamental injustice in our legal system," https://www.washingtonpost.com/outlook/2019/06/12/how-central-park-five-expose-fundamental-injustice-our-legal-system, 2023. 1. 16. 검색; History, "Central Park Five : Crime, coverage & settlement," https://www.history.com/topics/1980s/central-park-five, 2023. 1. 16. 검색.

다. 경찰이 피해자의 한 사람이 차던 시계와 유사한 시계를 Perry의 방에서 발견하였으나, Perry는 그 시계는 Santini의 남자 친구인 Johnny Brown에게서 10달러를 주고 산 것이었다고 주장하였다.[44]

두 사람에 대한 처음 두 번의 재판은 모두 배심원단의 의견이 엇갈려서 판단을 내리지 못하였다. 세 번째 재판에서 전원 백인으로 구성된 배심원단은 두 사람 모두에게 사형을 평결하였다. 세 번째 재판의 결과로, 두 사람은 교도소에서 10년 이상 수형생활을 하게 된다. 그러나 Illinois 주 대법원은 1983년 사법상의 오류와 흑인을 배심원단에서 공격적으로 배제했던 노골적인 인종적 편견을 이류로 세 번째 재판의 판결을 파기하였다. 재판 결과가 파기된 후, Rob Warden 검사는 Chicago Lawyer라는 잡지에 증거를 상술하는 글을 게재하였다. 그런데 나중에 아주 중요한 우연의 일치라고 할 수 있는 일이 벌어지는데, 바로 이 기고문을 당시 DePaul 대학교 법학대학원을 갓 졸업한 Michael Falconer가 읽게 되었기 때문이다. 그것이 중요한 우연의 일치가 되었던 것은, Falconer가 유일한 목격자이자 증인인 Phyllis Santini의 과거 직장동료였다는 점이다. 직장동료로서 같이 일하는 동안, Santini가 Falconer에게 한 때 자신이 남자 친구 Johnny Brown과 함께 식당을 강도하고, 누군가에게 총격을 가하였으며, 자신의 기소를 피하려고 Perry와 Darby

---

44 Witness To Innocence, "Perry Cobb", https://www.witnesstoinnocence. org/single-post/perry-cobb, 2023. 1. 16. 검색; Bluhm Legal Clinic, Center for Wrongful Convictions, Northwestern Pritzker Law School, "Perry Cobb," https://www.northwestern.edu/legalclinic/wrongfulconvictions/exonerations/ il/perry-cobb.html, 2023. 1. 16. 검색; The national Registry of Exonerations, "Perry Cobb," https://www.law.umich.edu/special/exoneration/Pages/ casedetailpre1989.aspx?caseid=60, 2023. 1. 16. 검색.

를 범죄에 연루시키는 거래를 경찰과 하였었다고 고백했던 것이다.[45]

처음 세 번의 재판에서 검찰의 주장은 그때까지 유일한 물적 증거였던 시계, Santini의 증언 그리고 사건 현장 길 건너편의 술집 바텐더였던 Arthur Shield의 사건 시간쯤 술집 문안에 서 있는 두 명의 흑인을 보았다는 증언을 중심으로 이루어졌다. 변호인 측은 Santini가 Brown과 함께 살인을 저질렀다고 시인했으며, 그녀는 Cob과 Tillis에게 불리한 증언을 하는 대가로 보상을 받았다는 증언을 했던 Patricia Usmani와 Carol Griffin의 증언을 허락하지 않아서 법원에 모든 증거를 제출할 수 없었다. Thomas J. Maloney 판사가 변호인 측 증인의 증언을 거절하였기 때문이다. Thomas 판사는 후에 뇌물혐의로 연방법원의 재판을 받았고, Tills와 Cobb과 같이 뇌물을 제공하지 않는 피의자에게는 지나치게 강경 처벌하는 것으로 비난도 받았다고 한다. 그는 이 사건에서도 어쩌면 공범일 수도 있는 Santini의 증언에 대해서 자세히 검토하도록 지시하지도 않았다고 한다.[46]

기고를 읽은 Falcorner는 즉시 Cobb과 Tillis 두 사람의 변호인 측과 접촉하여 이 사실을 전하였다. 이를 토대로, 변호인 측은 다시 재판을 요구하여 네 번째 재판이 열리게 된다. 그래서 네 번째 재판이 명령되었으나, 다시 배

45 Witness To Innocence, "Perry Cobb", https://www.witnesstoinnocence.org/single-post/perry-cobb, 2023. 1. 26. 검색; Bluhm Legal Clinic, Center for Wrongful Convictions, Northwestern Pritzker Law School, "Perry Cobb," https://www.northwestern.edu/legalclinic/wrongfulconvictions/exonerations/il/perry-cobb.html, 2023. 1. 26. 검색; Innocents Database of Exoneration, "Perry Cobb," forejustice.org/db/Cobb-Perry.html, 2023. 1. 26. 검색; The national Registry of Exonerations, "Perry Cobb," https://www.law.umich.edu/special/exoneration/Pages/casedetailpre1989.aspx?caseid=60, 2023. 1. 26. 검색; https://law.justia.com/cases/illinois/supreme-court/1983/52944-5.html, 2023. 1. 26. 검색.

46 The Justice Project - Profile of Injustice, "Darby Tillis and Perry Cobb," vots.altyervista.org/news/Tillis.html, 2023. 1. 26. 검색.

심원단의 의견 불일치로 평결을 하지 못하고 끝나고 말았다. 결국 1987년 다섯 번째 재판은 배심재판이 아니라 판사에 의한 재판(Bench trial)으로 열리게 된다. 이 다섯 번째 판사에 의한 재판에서, 해당 지방검찰의 검사는 재판 당시 다른 지방의 검사로 활동을 하던 Falcorner의 증언을 막아달라고 재판부에 요구하였으나 거부당하고, 결국 Falcorner는 그 재판에서 유일한 목격자이자 나중에 진범으로 밝혀진 그녀의 남자 친구에 대해서 Santini가 자신에게 말했던 내용들을 증언한다. Phyllis Santini가 Perry의 유죄평결에 이용되었던 시계를 Perry에게 팔았던 자신의 남자 친구 Johnny Brown과 자신을 보호하기 위하여 Perry와 Darby에게 죄를 뒤집어씌운 것이었다. 이에 더하여, Phyllis는 이들 두 사람의 공동 피의자에게 불리한 증언을 해주는 대가로 현금까지 받았던 것이다. Falcorner의 핵심적인 증언에 기초하여, 결국 Cobb과 Tillis는 Thomas Hett 판사에 의하여 무죄판결을 선고받게 된다. Hett 판사는 언론에 "나는 그를 믿을 수밖에 없다. Falcorner는 자신이 본대로 정의를 실현하려는, 검사의 진정한 직무의 수행을 보여주었다"고 말하기도 하였다.[47]

Santini는 검찰의 가장 중요한 증인이었으며, 만약 배심원단이 믿는다면 그녀의 증언 하나만으로도 피의자들을 유죄평결하는 데 충분하였다, 그날 밤의 일에 대한 모든 세부 사항을 열거한 것은 바로 그녀의 증언이었기 때문이다. 그녀의 증언이 없다면, 검찰은 일부 상황적 증거와 식당 바텐

---

47 Witness To Innocence, "Perry Cobb", https://www.witnesstoinnocence.org/single-post/perry-cobb, 2023. 1. 26. 검색; Innocents Database of Exoneration, "Perry Cobb," forejustice.org/db/Cobb-Perry.html, 2023. 1. 26. 검색; The national Registry of Exonerations, "Perry Cobb," https://www.law.umich.edu/special/exoneration/Pages/casedetailpre1989.aspx?caseid=60, 2023. 1. 26. 검색.

더인 Usmani의 애매모호한 증언만 남았었기 때문이다. 결국, 허위 증언과 부패한 판사의 불공정한 재판으로 Tillis와 Cobb은 유죄가 확정되었고, 지역 변호사가 누군가 다른 사람이 그 범죄에 연루되었다는 오래전의 대화를 우연히 기억한 뒤에서야 그들의 무고함을 확정받을 수 있었다. 그들은 사형수로서 8년 이상을 견디며, 미국 역사상 다른 어떤 피의자들보다 훨씬 더 많은 여러 번의 재판에 회부되었었다. 이 사건의 쟁점 사항을 종합하자면, 사법 오류뿐만 아니라 목격자 증언을 비롯한 복수의 문제가 Cobb과 Tillis의 유죄평결의 타당성에 의문이 제기된 것이다. 다섯 차례의 재판 모두에 증인으로 출석하였던 Phyllis Santini는 경찰과의 거래로 자신의 혐의도 없애주고, 자신의 증언을 대가로 현금 보상을 받았다. 당시 Santini와 그녀의 남자친구 Brown이 살인 사건에 잠재적으로 책임이 있으며, 경찰 수사를 자신들로부터 다른 데로 돌리기 위하여 Cobb과 Tillis에게 뒤집어씌웠다는 것을 보여주는 충분한 증거도 있었다. 또한 주요 증인의 한 사람인 Arthur Shield도 사진으로 본 모든 흑인들이 다 똑같아 보였다고 시인하여 정확한 목격자 증언을 할 수 있는 그의 능력이 의문시되기도 하였다.[48]

---

48 Pyzer Criminal Lawyer, "Darby Tillis and Perry Cobb," https://www.torontodefenselawyers.com/wrongfullyconvictedwednesdays-tillis-cobb, 2023. 1. 26. 검색.

Frank Lee Smith
목격자 오인, 위증, 사법기관의 위법부당, 허위자백

오심 사건 중에서도 어쩌면 가장 가슴 아픈 사례의 하나라고도 할 수 있을 것이다. Frank Lee Smith는 자신이 범하지도 않은 범죄로 Florida의 교도소에서 14년이나 사형수로서 사형집행을 기다리다 자신의 무고함이 밝혀지기도 전에 암으로 사망하였기 때문이다. 무슨 일로 그는 그토록 억울한 죽음을 맞이해야 했을까? 1985년 4월 15일, 8살의 어린 피해자가 주거 침입강도의 공격으로 당한 심각한 부상으로 사망하였다. 목을 졸라 살해하려던 시도 외에도, 나중에서야 밝혀졌지만 수차례에 걸친 둔기에 의한 가격이 그녀를 죽음에 이르게 했다는 것이다. 그녀의 부검 결과는 그녀가 강간을 당했고, 항문 성교도 당했음을 보여주었다. 피해 소녀의 어머니를 비롯하여, 이웃인 Chiquita Lowe와 Gerald Davis의 불확실한 진술을 통하여, 수사는 팔 윗부분, 상박과 가슴과 어깨가 발달하였고, 안색이 검고, 약 30세 정도이며, 오렌지 T-셔츠와 청바지를 입고 있었던 신장이 약 183cm 정도 되는 흑인 남성에 초점이 맞추어졌다. Lowe는 자신이 집으로 돌아오던 길에 덥수룩한 수염이 가득하고, 머리가 헝클어지고, 눈이 처진 신원 미상의 흑인이 자신을 불러세웠었다고 증언하였다. 경찰이 Davis와 Lowe의 진술을 바탕으로 작성한 합성 스케치, 몽타주로부터 1985년 4월 29일 Frank Lee Smith를 체포하였다.[49]

49 Innocence Project, "Frank Lee Smith," https://innocenceproject.org/cases/ frank-lee-smith, 2023. 1. 26. 검색; The National Registory of Exonerations, "Frank Lee Smith," https://www.law.umich.edu/special/exoneration/Pages/

검찰은 피해 어린이의 어머니가 Smith를 식별에서 지목하였고, Smith가 범죄 이력이 있다는 점에 근거하였다. 피해 어린이의 어머니는 Smith를 살인이 발생했던 날 밤, 그녀의 거실 창문을 넘어 나가는 것을 보았던 바로 그 남자로 식별, 지목하였다. 재판에서, 변호인 측의 정신이상 참작 탄원이 실패로 돌아가고, 배심원단은 만장일치로 사형을 권고하였다. 1989년 전 주지사 Bob Martinez가 사형집행 영장에 서명하였으나, 1990년 1월, 형 집행 정지를 받아낼 수 있었다. 1998년, 주 대법원은 DNA 증거와는 아무런 관련이 없는 Smith의 새로운 증거에 기초하여 증거심문을 열도록 예심 판사에게 명령하였다. 이 증거 심문 동안에, 피해 어린이의 어머니를 포함하여 세 사람의 증인이 Smith에게 불리한 증언을 하였지만, 검찰이 주로 의존했던 핵심 증인인 Lowe는 변호인 측이 제시한 또 다른 용의자의 사진을 보고는 자신의 진술을 바꾸었으며, 변호인 측에서는 DNA 검사를 요구하기 시작하였다. 그러나 Smith가 사망한 후에서야, Smith의 혈액 샘플이 주 검찰로부터 확보되었고, 그제서야 피해자의 질에서 확보된 정액 샘플과 대조되었다. 그 샘플들은 FBI 실험실로 보내졌고, 검사 결과는 Frank Lee Smith와 일치하지 않았고, 그 결과 그는 정액 샘플의 대상자 명단에서 제외되었다고 보고하였다. 2000년 12월 15일, 그가 죽은 지 15개월 후 그리고 1986년 유죄가 확정되고 14년이 지나서야 무죄를 증명하는 DNA 검사 결과에 근거하여 그는 면죄가 될 수 있었다. 이 DNA 검사로 Smith의 무죄가 확인되었을 뿐 아니라, 현재 정신 장애 피의자 수용 교도소에서 살인과 강간 혐의로 수형 중인 Eddie Lee Mosley를 진범으로 확인하였다.[50]

---

casedetail.aspx?caseid=3644, 2023. 1. 26. 검색.

50 Innocence Project, "Frank Lee Smith," https://innocenceproject.org/cases/frank-

사건은 검찰의 기소가 전적으로 아무런 물적 증거도, 그렇다고 직접적인 목격자도 없이 오로지 사건 날 밤 사건이 발생한 피해자의 집을 빠져나가는 사람의 어깨를 어렴풋이 보았다는 피해자 어머니의 진술과 두 이웃 주민의 불완전하고 불확실한 증언에만 의존한 데서 비롯되었다. 핵심 증인인 Lowe가 재판정에 들어서자, 자신의 증언에 거의 전적으로 근거하여 체포되었던 Smith는 너무나 야위었고, 검은 안색도 아니어서 자신이 보았다고 증언했던 상체 근육이 발달하고 검은 안색을 했었다고 증언했던 남자와는 너무나 달랐다. 그렇게 자신의 증언과 피의자가 달랐음에도 그녀는 재판에서 Smith를 다시 한 번 지목하여 재확인하였다. 그러나 그 후의 인터뷰 등에서 그녀는 자신이 가족, 이웃의 다른 주민들 그리고 경찰로부터 그날 밤 그 남성을 본 유일한 목격자라고 압박을 받았다고 토로하였다. 그런 Lowe의 증언에만 의존하여 검찰은 그를 기소하였고, 배심과 재판부에서도 받아들여져서 그는 사형이 확정되었던 것이다. 그러나 그에 대한 사형집행이 결정된 직후, 변호인 측의 민간 조사원 Jeff Walsh는 피해 어린이 Shandra Whitehead의 동네에서 발생했던 어리고 젊은 흑인 여성들에 대한 일련의 강간, 살인 용의자 Eddie Lee Mosley에 대해서 알게 된다. Mosley가 구금되었던 기간에는 주변 동네에서 해결되지 않은 강간, 살인 사건이 전혀 없었으나, 그가 석방되자마자 또는 채 한 달도 안 되어서 그가 다시 수감 되기까지 한 달에 한 명꼴로 흑인 여성이 살해되었다는 것이다. Whitehead가 살해되었던 시기에 Mosley가 석방되어 있었으며, 그가 피해자 어머니의 사

lee-smith, 2023. 1. 26. 검색; The National Registory of Exonerations, "Frank Lee Smith," https://www.law.umich.edu/special/exoneration/Pages/casedetail. aspx?caseid=3644, 2023. 1. 26. 검색; Murderpedia, "Frank Lee Smith," https://murderpedia.org/male.S/s/smith-frank-lee.htm, 2023. 1. 26. 검색.

촌으로서 피해자를 잘 알고 있었다는 것이다. 더 놀라운 것은 Mosley의 머그샷(Mug shot) 사진으로, 그가 검은 안색이나 발달한 상체 근육 등 모든 점이 그에 대한 몽타주 합성 스케치와 놀라울 정도로 닮았다는 것이다. Mosley의 사진을 핵심 증인인 Lowe에게 보여주자마자, 그녀는 자신이 그날 밤에 보았던 남성임을 알아차리게 되었다. 그녀는 Smith를 연루시킨 데 대한 후회에 시달렸고, 이 사람은 무고하며, 자신이 너무 나쁘고, 죄책감이 들고 부끄럽게 느낀다고 말했다는 것이다. 이처럼 자신의 잘못된 식별, 지목을 담고 있는 Lowe의 서명 진술로 무장한 변호인 측에서는 증거심문에 낙관적이었으나 결과는 그렇지 못하였고, 그는 또 다른 증거심문을 갖기까지 또다시 7년을 더 기다려야 했다.[51]

Smith가 무고하게 오심으로 유죄가 확정되고 사형이 선고되어 그 집행을 기다리며 그토록 오랜 기간 수형생활을 한 결정적인 이유가 목격자의 용의자 인식과 식별의 잘못이었지만, 이런 목격자 진술의 오류를 가능하게 한 데는 경찰의 유도, 유인 내지는 제안적, 제시적(suggestive) 식별 절차가 있었기 때문이기도 하다. 예를 들어, 한 목격자는 경찰이 범인을 붙잡았으며, Smith의 사진을 여러 배열로 반복적으로 보여주었다고 말하였다는 것이다. 한 증인은 경찰이 자신에게 '이 사진들을 보세요, 만약 그날 밤 보았던 사람이 보이면 손가락으로 가리키세요'라고 말하여, 그를 가리켰다는 것이다. 사실, 경찰이 자기들이 그를 붙잡았음을 목격자가 알 수 있도록 하기 위하여 사진을 보여주었을 때, 경찰은 증인에게 '그 사람이 맞지요'라고 물었고, 자신은 그렇다고 대답했다는 것이다. 결과적으로 당연히 흉터,

---

51 Murderpedia, "Frank Lee Smith," https://murderpedia.org/male.S/s/smith-frank-lee.htm, 2023. 1. 26. 검색.

안경 착용 여부, 머리카락과 수염, 체형 등과 관련된 증인들 간의 차이 등 상당한 차이가 있었던 것이다. 결국 이런 결과는 아마도 목격자들이 처음부터 확실하지 않았기 때문일 것으로 추정된다. 이는 그럴 만한 이유가 있다고 하는데, 두 번째 목격자는 심지어 분명하게 목격하지도 못했으며, 그래서 자신은 그 사람의 얼굴을 인식할 수 없다고 경찰에 수차례 말했다고 한다. 그리고 자신의 식별은 그 사람의 어깨에 기초하였었다고도 시인하였다. 세 번째 목격자는 나열된 사전을 보고는 '그 사람이 그 사람같아요'라고만 말했다는 것이다. 또한 그는 용의자의 신장에 대해서도 판단을 잘하지 못하자 경찰이 신경쓰지 말라고 사진의 모든 사람들이 다 183cm에서 186cm라고 말해주었다는 것이다. 뿐만 아니라, 경찰이 자신에게 그 사람이 흉터가 있을지 모른다고 말해주었다고도 증언하였다. 그는 자신은 흉터를 기억하지 못했지만 일종의 흉터를 보았을 수 있다고 기억하였다. 목격자들은 미식축구선수같이 건강하고 섹시한 남자로 기술하였다. 목격자 누구도 그 사람이 안경을 쓰고 있다고 증언하지 않았고, 수염에 대한 기술도 덥수룩한 수염에서 약간의 콧수염에 이르기까지 다양하였다.[52]

　결과적으로 Smith는 허위자백을 하게 되었는데, 이를 뒷받침하듯 Smith 사건의 핵심 수사관들은 재판에서 Smith를 조사, 심문하면서 그에게 거짓말을 하였고, 범인으로 그를 지목, 확인, 식별해줄 증인이 있다고 말하였었다고 증언하였다. 수사관들은 이런 심문 전술은 경찰이 종종 사용하는 것인데, 이 사건의 경우 그러한 방식이 제대로 먹혔던 것이며, 그래서 Smith가 원치 않지만 어쩔 수 없이 자신에게 죄가 있다고 했을 것이라고 증언하

---

52 Murderpedia, "Frank Lee Smith," https://murderpedia.org/male.S/s/smith-frank-lee.htm, 2023. 1. 26. 검색.

였다. 그러나 안타깝게도 심문 조사에 대한 기록도 테이프도 없었다. Smith 의 유죄가 선고되고 4년이 지나서, 핵심 증인이었던 Lowe는 자신의 증언을 철회하게 된다. 변호인 측 민간 조사자 Jeff Walsh가 Eddie Lee Mosley의 사진 을 보여 준 후, 그녀는 그날 밤 자신이 보았던 남자는 Smith가 아니었으며, 그는 Mosley였다고 말하면서, 검찰이 자신에게 그가 Smith라고 증언하도록 압박을 받았다고 말하였지만, 검찰은 이를 부정하였다. 이뿐만 아니라, 경 찰은 동네에서 다수의 강간/살인 사건에서 수년 동안 용의자였던 동네 주 민 한 사람, 특히 Mosley를 포함한 다른 용의자들을 살피지도 않았다고 한 다. Lowe와 살인 사건이 발생한 날 밤, 그 지역에서 남자를 보았다는 다른 한 사람의 목격자 진술로 만들어진 범법자에 대한 합성 스케치, 몽타주는 Smith보다는 Mosley에 훨씬 더 일치하였다. Mosley는 이웃한 지역에서 다른 범죄와 관련되어 용의선상에 올라있었지만, 경찰은 그를 가능한 용의자로 전혀 수사하지 않았다. 심지어 핵심 증인인 Lowe가 자신이 보았던 사람은 Smith가 아니라 Mosley였다고 자신의 처음 진술을 철회하고 바꾼 뒤에도 Mosley를 수사하지 않았다.[53] 더불어 사법당국도 이 사건으로부터 자유롭 지 못한데, 검찰은 초기 변호인 측의 DNA 검사 요구를 받아들이지 않았고, 법원도 상당한 진술이나 근거에도 불구하고 Smith의 주장을 듣지 않고 기 각하는 등 부주의하고, 일탈적인 수사와 그에 기초한 잘못된 유죄평결과 사형 선고로 이어졌던 것이라고 할 수 있을 것이다.

---

53 PBS, Front Line, "A closer look - Eight things to know about this case - Requiem for Frank Lee Smith," https://www. pbs.org/wgbh/pages/frontline/ shows/smith/eight, 2023. 1. 26. 검색.

Anthony Porter와 Alstory Simon
이중 오심, 일리노이 주 사형폐지의 단초가 되다

Anthony Porter는 1982년 Chicago에서 두 명의 10대를 살해한 혐의로 기소되어 사형을 선고받았으나, 1999년 무죄로 면죄가 확정된 사람이다. 그는 1983년에 유죄가 확정되어 사형을 선고받고 17년을 사형집행을 기다리며 수형생활을 하였다. 오랜 수형생활 끝에 Chicago의 Northwestern 대학교 Medill 언론학부의 Innocence Project를 위한 조사의 일부로서 학부 소속 교수와 학생들이 밝혀낸 새로운 증거가 나타남에 따라 그의 무고함이 밝혀지고 면죄가 되었던 것이다. 물론 그동안 Porter는 자신의 무고함과 억울함을 여러 차례 호소하고 탄원하였지만 거듭해서 기각당하고 거부되었으며, 심지어 연방대법원조차도 그의 말을 믿어주지 않아서 한때는 그의 사형이 집행되기 50시간만을 남겨두기도 하였었다. 그가 면죄가 되었던 것은 Northwestern 대학교의 교수와 학생들의 조사 결과 새로운 증거가 나타났기 때문이었는데, 그것은 다름이 아니라 새로운 용의자가 확인되었고, 그 후로도 매우 논란이 많았던 자백을 했기 때문이다. 살인이 일어났던 80년대 당시에는 Chicago에 거주하였으나 범행을 자백했던 당시에는 과거에 살던 Wisconsin 주의 Milwaukee로 되돌아가 살고 있던 Alstory Simon이 1999년 Northwestern 대학교 언론학부의 Innocence Project 팀에 의해서 살인의 가해자로 확인되었던 것이다. Simon은 이들과의 녹화 영상에서 살인에 대하여 자백했다는 것이다. 그 후 그는 유죄를 인정하였고, 1999년 유죄가 확정되었고, 37년 6개월의 자유형을 선고받았다. 그러나 Simon도 Porter와 마찬가지로 자신의 자백을 뒤집어 철회하였다. 이유는 자신은 당시 Innocence Project와 일하던 민간조사원이었지만 Chicago 경찰인 체 신분을 속였던 David Portess에 의하여 강요당하고 속아서 허위자백을 했다는 것이다. 2011년, 이 일로 관련된 두 명의 교수는 학교로부터 정직이 되었고, 이들에게 증언을 했던 두 명의 증인도 자신들의 진술을 뒤집고 철회하였다. 이를 계기로, 1년여에 걸친 수사 끝에, Simon에 대한 기소는 지방검찰청에 의하여 취소되었고, 그는 교도소에서 15년의 수형생활 끝에 2014년 자유의 몸이 되었다. 그러나 이 두 사람의 오심을 더욱 흥미롭게 하는 것은, 아직도 진범은 확인되지도 잡히지도 않았다는 것이며, 어느 한 사건에 대한 오심은 한 사람 또는 소집단이 한꺼번에 만들어지기 마련인 데 비하여, 이 사건에서는 먼저 Porter가 오심의 희생자가 되었다가 면죄가 되고, 그가 면죄가 될 수 있게 했던 Simon도 동일한 범죄로 다시 한번 오심의 또 다른 피해자가 된, 일종의 이중 또는 반복 오심 사건이라고 할 수 있기 때문이다.[54]

이렇게 두 사람에게 오심으로 인한 수형생활의 고통을 안겨주었던 범죄는 어떻게 일어났던 것일까? 1982년 8월 15일, Marilyn Green과 그녀의 약혼자 Jerry Hillard 두 10대가 Chicago의 Washington Park에 있는 수영장에서 총격을 당하고 살해되었다. 신고를 받고 처음 현장에 출동했던 Anthony Liance 경관은 수영장에 접근하자 Marilyn Green이 목을 붙잡고 야외 관람석의 남쪽 끝을 향하여 달려가는 것을 목격하였다. 그가 계속 야외 관람석으로 다

---

54 Wikipedia, "Anthony Porter," https://en.wikipedia.org/wiki/Anthony_Porter, 2023. 1. 26. 검색; Capital Punishment in Context, "The case of Anthony Porter," https://capitalpunishmentincontext.org/cases/porter, 2023. 1. 26. 검색; National Registry of Exonerations, "Anthony Porter," https://www.law.umich.edu/special/exoneration/Pages/casedetail.aspx?caseid=3544, 2023. 1. 26. 검색.

가가자 뒤에 Anthony Porter로 확인된 사람이 야외 관람석 바로 옆에서 뛰는 것을 보았다. 그는 Porter를 검문하였으나 그에게서 아무런 흉기도 발견할 수 없어서 그를 보내준다. 그러나 27세의 갱 단원 Anthony Porter가 몇 명의 목격자에 의해서 범죄와 관련되었거나 적어도 근방에 있었던 것으로 확인되었다. 경찰은 총격 당시 수영장에서 수영을 하고 있던 William Taylor를 의심하였다. 그는 처음에는 자신은 총격을 보지 못했다고 진술했으나, 그 후 경찰서에서는 총격 직후 Porter가 빠르게 뛰어가는 것을 보았다고 말하였다. 그랬던 그가 그 후 Porter가 총을 쏘는 것을 보았다고도 진술하였다. 진술뿐만 아니라, 그는 사진첩에서도 Porter를 지목하면서 자신은 지난 1~3년 동안 Porter를 주기적으로 만났다고 말하기도 하였다. Taylor 말고 다른 사람들도 Porter가 총격이 일어난 곳에 있었다고 확인하였는데, 그중 한 사람은 공원에서 바로 직전에 Porter에게 권총 강도를 당했었다고 말하였다. 물론, 경찰은 다른 용의자들에 대한 제보도 받았다. 피해 어린이 Marilyn Green의 어머니 Ofra Green은 경찰에 Alstory Simon이 살인과 관련이 있을 수 있었다고 진술하였는데, Simon이 마약 관련 돈 문제로 Jerry Hilliard와 분쟁 중이었다는 것이다. 또한 그녀는 자신이 Simon과 그의 아내 Inez Jackson이 두 피해자와 함께 있는 것을 보았다고도 하였다. 경찰이 Simon과 Jackson을 조사할 때, 두 사람에게 Porter의 사진만 보여주고는 그들에게 범죄에 관한 아무것이나 아는 것이 있는지 물었고, 그들은 범죄 발생 당일 저녁 자기들은 그 공원에 있지 않았었다고 대답하였다. 그 후 그들은 경찰로부터 더 이상의 조사를 받지 않았고, 그들은 그 며칠 후 Milwaukee로 돌아갔다는 것이다. 그럼에도 경찰은 오로지 Porter만을 쫓는 것으로 보였다. Porter는 자신이 용의선상에 올라 의심받고 있다는 소문을 듣고, 스스로 경찰을 찾아갔다. 아마도 나중에 이 점이 중요시될 수도 있을 것인바, 이유는 진범이라면 스스로 경찰을 제발로 찾아가기란 상식적으로 맞지 않기 때문이다. 그럼에도 경찰은 그가 자신의 무고함을 주장하고 그를 범죄와 연루시키는 물적 증거가 없었음에도 그를 즉시 체포하고, 두 건의 살인, 한 건의 무장 강도, 한 건의 불법 감금 그리고 두 건의 불법 무기 사용 혐의로 기소하였다. 재판에서 변호인 측은 3명의 증인을 신청하였는데, 첫 증인은 사진작가인 Eric Ermer로 그는 현장 상황상 목격자들이 용의자를 식별하기 힘들다고 현장 사진을 찍어서 증언하였다. 두 번째 증인 Kenneth Doyle은 자신은 1982년 8월 14일 밤 Porter 어머니 집에서 그와 이튿날 아침 9시까지 술을 마셨음에도 체포될까 두려워서 사건 후 경찰조사에서는 저녁 10시 30분까지만 술을 마셨다고 거짓말을 했다고 진술하였다. 마지막 증인인 Porter 형의 사실혼 아내인 Georgia Moody는 1982년 8월 14일 저녁 Porter가 그의 어머니 집에 아이들과 함께 카드놀이를 하다가 Porter는 Doyle을 포함한 친구들과 새벽 2시 30분쯤 떠났다고 증언하였다. 짧은 재판이 있은 후, 그의 살인 혐의가 유죄로 확정되고, 그에게 사형을 선고하면서 담당 판사는 그를 '삐뚤어진 상어(a perverse shark)'라고 일갈하였다. Porter는 자신의 무고와 억울함을 1986년 Illinois 주 대법원에 탄원하였지만 기각당하였다. 그리고 그 이듬해에는 미국 연방대법원에 청원하였으나 모두 기각되었지만, 그는 거기서 멈추지 않고 1988년에는 자신에 대한 사형집행의 연기를 요구하는 항소를 제기하였다. 1995년 그는 자신의 변호인이었던 Akim Gursel이 다른 용의자들에 대해서 증언할 증인을 신청하지 않아서 자신이 효과적인 변호를 받지 못했다고 주장하며 유죄 확정 후 석방 청원을 하였다. 신청하지 않았던 증인 Joyce Haywood는 피해자들이 Alstory Simon과 Inez Jackson과 함께 공원으로 갔다고 증언했을 것이고, 이 증언은 피해자 Green의 어머니 Marilyn Green과 동생 Christina Green이 뒷받침해주었다고 주장하였다. 또 다른 증인 Ricky Young은 Jerry Hilliard가 Simon을 위해 마약을 판매하고 있었는데, 돈 문제로 분쟁을 하고 있었다고 증언했을 것이라고도 주장하였다. 그러나 일리노이 주 대법원은 이런 증거는 Porter의 항소심 변호인이 효과적인 변론을 받지 못했다는 쟁점을 제기하지 않았기 때문에 고려될 수 없다고 판시하며, 그의 항소를 기각하였다. 1997년에도 연방 항소법원에 같은 문제로 항소하였으나, 자기 변호사의 변론과 관련한 Porter의 주장은 다른 재판 결과의 합리적 가능성을 초래하지 못한다고 판시하였다. 이쯤에서, Daniel Sander를 비롯하여 무료 변론을 하겠다는 변호사들이 함께 Porter에 대한 즉각적인 사형집행을 중지시켜달라고 청원하였다. 변호사들은 그의 정신 능력, 뇌력 검사를 요청한 바, 그의 IQ는 51에 지나지 않아 그를 지적 장애로 규정하였다. 이를 근거로 변호인은 Porter가 자신에게 내려진 사형이라는 형벌을 이해할 수 없다고 새로운 항소를 제기하였다. 1998년 후반, 그의 사형이 집행되기 불과 48시간 전 법원은 그에 대한 사형집행을 연기할 것을 명한다.[55]

바로 그때쯤, Chicago의 명문 Northwestern 대학교의 언론학부 David Protess교수의 강의를 수강하던 학생들이 언론학부의 Innocence Project에 대한 과제의 일부로서 Anthony Porter를 조사하기 시작하였다. Porter 사건에 배당된 학생들은 기소에서 심각한 오류를 노출했던 것들을 조사하여 증거

55 Wikipedia, "Anthony Porter," https://en.wikipedia.org/wiki/Anthony_Porter, 2023. 1. 26. 검색; Capital Punishment in Context, "The case of Anthony Porter," https://capitalpunishmentincontext.org/cases/porter, 2023. 1. 26. 검색; National Registry of Exonerations, "Anthony Porter," https://www.law.umich.edu/special/exoneration/Pages/casedetail.aspx?caseid=3544, 2023. 1. 26. 검색.

를 수집하였다. 학생들은 경찰 기록, 법원 서류, 증언 등 사건 관련 기록들을 열람한 후, 사건 현장에서 사건을 재현해보기로 하였다. 결과는 핵심 증인의 증언에 관한 다수의 의문을 갖게 되었다. 미식 축구장 길이만큼 떨어진 곳에서 있었다고 한 증인 Taylor가 용의자로 지목한 Porter를 기껏해야 어렴풋하게 볼 수밖에 없었으며, 수영장과 야외 좌석을 분리한 철제 담장이 재현이 대낮에 이루어져서, 사건이 일어난 야간의 희미한 불빛 아래보다 훨씬 더 밝았음에도 Taylor를 방해하였음을 알게 된다. 이에 따라 Portess 교수는 학생들의 재현에서 갖게 된 의문들을 확인하기 위하여, 당시 학생 중 한 명이었던 Tom McCann과 민간조사원 Paul J. Ciolino가 1998년 12월에 자신의 원래 진술, 증언을 철회하였던 William Taylor를 면담하였다. 면담에서, Taylor는 경찰이 Porter를 범인으로 지목하도록 자신을 위협하고, 괴롭히고, 겁을 주어 허위 증언을 했으며, 실제로 자신은 그날 밤 수영장에서 Porter가 누군가에게 총격을 가하는 것을 결코 본 적이 없다고 진술하고 서명하였다. 그러나 당시 Porter를 지목했던 증언자가 6명이었음에도 McCann과 Ciolino는 나머지 다른 목격자나 사건을 담당하였던 수사관들을 면담하지 않았다. 그러던 중 학생들이 교도소로 Porter를 찾아갔을 때, 그는 살인을 범한 사람은 아마도 자신의 남편 Alstory Simon이었다고 말해줄 것으로 생각했던 Inez Jackson이란 여성을 찾아보라고 조언하였다. 학생들은 당시 교도소에 수감 중이던 Inez의 조카 Walter Jackson을 찾아갔고, 그는 가출하여 Inez jackson과 Alstory Simon과 함께 살고 있었는데, Jerry Hilliard와 Marilyn Green을 만나는 것에 관해서 이야기하는 것을 들었다는 것이다. Hilliard가 마약대금을 Simon에게 빚지고 있었으며, 그날 밤 Simon이 집을 나갈 때 행동하는 것을 볼 때 Hilliard와 Green에게 무언가를 할 것 같은 의심을 가졌었다고

하였다. 늦은 밤에 집으로 돌아온 Simon이 자신에게 Hilliard와 Green을 38구경으로 해치웠다고 말했다는 것이다. Simon이 자신에게 이야기한 이유는 Hilliard의 노상 갱들이 아파트로 와서 보복할까 봐 두려웠기 때문이라는 것이다. 그래서 그다음 날 Simon은 자신에게 Chicago를 떠나서 열기가 식을 때까지 돌아오지 않을 것이라고 말해주었다는 것이다. Inez Jackson을 추적하기가 무척 어려웠으나, 1999년 1월 29일, 사건 당시는 Chicago에 거주하다가 자신의 고향인 Milwaukee 주 Wisconsin으로 돌아가 살고 있던 Inez Jackson의 별거 중인 남편에 대한 진술을 확보하게 되었다. 그녀는 별거 중인 Alstory Simon이 마약 거래로부터 돈을 뜯어내려는 데 대한 보복으로 Hilliard를 살해했을 때 Simon과 같이 있었다고 주장하였다. 또한 그녀는 자신은 Porter를 본 적도, 만난 적도 없다고 하였다. Simon이 총격 후 도주하였던 아파트에 살던 그녀의 조카 Walter Jackson도 그녀의 이야기를 뒷받침하였다. 그러자 민간조사원 Ciolino를 비롯한 Innocence Project와 관계된 사람들이 Milwaukee에 있는 Simon의 집에서 그를 접촉한다. Simon은 그들에게 Hilliard가 총을 꺼내려고 할 때 자기방어로서 두 사람에게 총격을 가했다고 자백하였다. 그리고 4일 후 1999년 2월 3일, Simon은 경찰을 찾아가서 녹화로 자백을 하고, Portess 교수와 학생들은 자신들의 조사 결과를 발표한다. 이 녹화 테이프를 본 Cook County 검찰이 Porter 사건에 대하여 새로운 수사를 시작하였다. 그 이틀 후, Porter는 사형집행을 기다리며 무려 17년을 보낸 후 보석으로 풀려나게 된다. 그리고 주 검찰은 그다음 달 그에 대한 기소를 취하한다. 그리고 대신에 1999년 Alstory Simon이 두 건의 살인에 대하여 공식적으로 기소된다. 1999년 9월, 그는 두 건의 2급 살인 혐의에 대하여 유죄를 인정하

고, 37년 6개월의 자유형을 선고받게 된다.[56]

　이 사건은 그렇게 마무리되는 것처럼 보였으나 또 다른 반전이 전개된다. 2005년, 처음 Simon에 대하여 진술하였고, 이를 뒷받침했던 Inez Jackson과 그녀의 조카 Walter Jackson은 둘 다 Simon을 범죄와 연루시켰던 자신들의 진술을 철회한다. 그들은 Portess 교수로부터 돈과 자신의 아들인 Sonny Jackson과 이 사건에 처음 연결되었을 당시 1급 살인으로 교도소에 수감 중이던 조카 Walter Jackson을 교도소로부터 석방시키는 데 도움을 얻기 위하여 자기들의 진술을 각색하였었다고 시인했던 것이다. 앞에서도 언급했듯이, Alstory Simon도 자신의 자백을 철회하였다. 그는 Ciolino 민간조사원과 다른 사람으로부터 허위진술을 하도록 압박을 받았었다는 것이다. 그에 따르면, Ciolino와 학생들이 경찰관 행세를 하였으며, 자신을 범죄와 연루시키는 목격자인 듯하는 연기자의 비디오테이프도 보여주었으며, 자신에게 만약 자백하면 단기형과 영화제작을 제안하였다는 것이다. 물론 이런 주장들에 대해서 당사자들인 Protess 교수와 Ciolino 민간조사원은 적극적으로 자기들은 어떤 부정이나 잘못이 없다고 강력하게 부인하면서, Simon의 주장은 거짓이며, 자기들은 그를 살인의 범인으로 믿는다고 주장하였다. 2011년, Protess 교수는 다른 오심 사건과 관련하여 당국이 발부한 소환장과 관련된 증거를 의도적으로 위조한 것이 발각되어 학교로부터 정직을 당하였다. Cook County 검사 Anita Alvarez는 Simon 사건에 대하여 1년간

56 Wikipedia, "Anthony Porter," https://en.wikipedia.org/wiki/Ant"hony_Porter, 2023. 1. 26. 검색; Capital Punishment in Context, "The case of Anthony Porter," https://capitalpunishmentincontext.org/cases/porter, 2023. 1. 26. 검색; National Registry of Exonerations, "Anthony Porter," https://www.law.umich.edu/special/exoneration/Pages/casedetail.aspx?caseid=3544, 2023. 1. 26. 검색.

의 수사를 벌였고, 그녀는 Simon에 대한 혐의를 기각하고 그를 석방하도록 명령하여, 그는 2014년 10월 무려 37년의 형기 중 15년의 수형생활을 끝내게 된다. 그녀는 언론과의 기자회견에서, 사건에 대한 수사가 너무나 부식되고 부패하여 더 이상 이 사건의 유죄평결과 선고의 정당성을 유지할 수 없으며, Simon에 대한 사건도 Portess 교수가 활용한 의문스러운 조사방식으로 오염되고 부식되었다고 설명하였다. 이런 우여곡절, 이중 또는 재 오심에도 불구하고, 이중 살인은 아직도 해결되지 않고 미제사건으로 남아 있다. Alvarez 검사는 Innocence Project의 조사는 강압적이었을 뿐 아니라, 법집행기준으로 절대적으로 받아들여질 수 없는 경각심을 갖게 하는 일련의 전술이 내포되어 있어서, 헌법적으로 보호되는 Simon의 권리를 잠재적으로 침해, 위반하였다고 설명하였다. 이 사건을 더욱 혼란스럽게 하는 것은 그 후 두 사람의 손해배상 민사소송의 결과였다. Anthony Porter는 2003년 석방 후 Chicago 시를 상대로 2,400만 달러 손해배상을 청구하였으나 시 당국이 합의를 거부하여 이듬해 재판으로 이어진다. 시 변호사들은 추가적인 조사를 한 뒤, Porter가 사실 살인을 범하였다고 주장하였다. 배심에서도 시의 손을 들어주었고, 시에는 아무런 손상의 책임이 없다고 평결하여 Porter는 결국 어떤 합의도 받지 못하였다. Porter에 대한 새로운 자료를 얻기 위한 Innocence Project의 작업들을 상세하기 기술한 Porter의 소송에서 밝혀진 정보를 기초로, Simon은 유죄 확정 후 석방 소송을 제기하였다. 소송에서 그는 Ciolino와 다른 사람들이 자신을 접촉했을 때, 사건에서 자신에게 불리한 증언을 하는 척하는 연기자를 이용하는 등 그들이 자신을 속였으며, 이에 더하여 Ciolino는 자신과 동종 직업에 종사하는 동료 민간조사원들을 변호인단에 추천하여 이해관계의 충돌이 있었기 때문에 자신은 적법절차를 거부당하였고, 적정한 변호를 받을 수 없었다고 주장하였다. 그렇게 하여 그가 석방되고, 2014년 그는 대학의 Innocence Project와 관련된 사람들이 Hilliard와 Green의 살인에 대하여 허위자백을 하도록 자신을 속이고 강요하였고, 그로 인하여 살인 혐의로 기소되고 유죄가 확정되어 15년의 수형생활을 했다고 Northwestern 대학교를 상대로 민사소송을 제기하였고, 2018년 액수가 알려지지 않은 합의금을 받았다고 한다.[57]

이 사건은 사법제도, 특히 사형제도에 대한 정책적 변화에 크게 기여했다고 한다. 이 사건 외에도 오심으로 사형이 선고된 다수의 사형수들이 진범이 밝혀지는 등 다수의 무고한 사람들이 오심으로 유죄가 선고되었음이 밝혀지게 되자, 무언가 변화가 필요하다는 언론과 대중의 압력이 거세졌다. 이를 계기로 Ryan 주지사는 Illinois 주의 사건, 사례들에 대한 검토를 명령한 다음, Illinois 주에서의 모든 사형집행에 대한 일시 중지를 선포하였다. 그는 언론과의 인터뷰에서 Porter는 사형이 집행되기 이틀도 남기지 않고서야 겨우 그가 절대적으로 무고하다는 진실이 대학생들에 의해서야 밝혀진다는 것은 제대로 된 정신이 있는 사람이라면 누구도 무시하기 어려운 그 무언가였다고 회고하였다. 이를 시작으로 대중의 공분이 들끓었는데, 사람들은 우리가 사형시키려고 하는 무고한 사람이 있다는 것을 결정, 판단할 수 있는 대학생들이 필요했다는 것은 무엇을 의미하는지 묻지 않

57 Wikipedia, "Anthony Porter," https://en.wikipedia.org/wiki/Anthony_Porter, 2023. 1. 26. 검색; Capital Punishment in Context, "The case of Anthony Porter," https://capitalpunishmentincontext.org/cases/porter, 2023. 1. 26. 검색; Newsweek, "Anthony Porter, who's case fueled Illinois' abolition of death penalty, dies at 66," https://www.newsweek.com/anthony-porter-case-fueled-illinois-abolition-death-penalty-dies-66-chicago-murder-1607791, 2023. 1. 26. 검색.

을 수 없었다는 것이다. 그는 온갖 오류로 점철되었고, 국가가 무고한 생명을 앗아가는, 궁극적인 악몽에 너무나 가까이 갔던 것이 입증된 제도를 더 이상 지지할 수 없다고 주장하면서 Illinois 주의 사형집행을 전면 중단시켰던 것인데, Illinois 주가 미국 전역에서 처음이었다고 한다. 이런 우여곡절 끝에, 2011년 주의회는 사형제도를 폐지하는 법률을 통과시켰고, 주지사 Pat Quinn이 서명함으로 효력을 발하게 되었다고 한다.[58]

다양한 이유로 억울하게 자신이 범하지 않은 범죄로 유죄가 확정되었다가 궁극적으로 무죄가 확정되고 면죄되는 사람들 다수는 그들의 무고함을 폄하하려는 경찰과 검찰의 노력의 표적이었고, Porter와 Simon은 그러한 현상의 가장 악성의 사례였다고 할 수 있다. 2014년, Simon이 학생들과 함께 사건을 조사하던 민간조사원 Paul Ciolino와 학생들의 교수였던 David Protess 교수가 살인을 범했다고 시인하도록 강요했다고 주장하며, 자신의 자백을 철회하였다. Protess 교수가 유죄임을 더 이상 주장할 필요도 없이, 당시 담당 주 검사 Alvarez는 누가 살해했는지에 대한 불확실성을 이유로 법원에 Simon을 석방할 것을 요구하였던 것이다.

---

58 Capital Punishment in Context, "The case of Anthony Porter," https://capitalpunishmentincontext.org/cases/porter, 2023. 1. 26. 검색; Mariah Rush, "Anthony Porter, ex-death row inmate whose case was 'Exhibit A' in prompting Illinois to halt executions, dies at 66," Chicago Tribune, 2021. 7. 9, https://www.chicagotribune.com/news/breaking/ct-anthony-porter-death-penalty-dead-20210708-ddpxahk6itgv5k5ob2ycl57nz4-story.html, 2023. 1. 26. 검색; Newsweek, "Anthony Porter, who's case fueled Illinois' abolition of death penalty, dies at 66," https://www.newsweek.com/anthony-porter-case-fueled-illinois-abolition-death-penalty-dies-66-chicago-murder-1607791, 2023. 1. 26. 검색.

Rubin 'Hurricane' Carter
인종차별과 위증으로 얼룩진 미스테리

　　Rubin "Hurricane" Carter는 미들급 프로권투 선수로 자신이 범하지 않은 범죄에 대하여 오심으로 유죄가 확정되어 거의 20여 년의 수감 생활 끝에 석방되었던 캐나다 출신 미국인이다. 그는 John Artis와 함께 새벽 시간에 어느 한 술집에서 일어난 3중 살인 사건으로 체포되었다. 사건 발생 직후, 근처 다른 나이트클럽에 있다가 집으로 돌아가기 위하여 그들이 또 다른 남성 한 명과 함께 타고 가던 차량이 술집 밖에 있던 경찰에게 검문을 당하지만 곧바로 보내준다. 45분쯤 지난 후, 동승자 한 명을 내려준 다음 두 번째 그 술집 앞을 지나는 동안 다시 검문을 받게 되고 이번에는 통과하지 못하고 체포된다. 그들은 17시간에 걸쳐서 조사를 받고서야 풀려났으나, 몇 주가 지난 후 다시 체포되어 1967년 3명의 살인 혐의에 대하여 유죄가 확정되고 종신형을 선고받는다. 1976년 그들에 대한 재심에서 원래 형이 유지되지만, 1985년 다시 뒤집어진다. 그러자 검찰은 이에 불복하여 연방대법원에 상고하지만 실패하자 그를 더 이상 재판에 회부하지 않았다.[59]

　　Carter가 Artis와 함께 억울하게 무고한 형을 오심으로 선고받게 되었던 사건의 전말은 이렇다. 1966년 6월 17일 새벽 2시 30분쯤, 두 명의 남성이 미국 New Jersey 주 Paterson의 술집 Lafayette Grill로 들어서자마자, Shotgun과 권

59 The National Registry of Exonerations, "Rubin Carter," https://www.law.umich.edu/special/exoneration/Pages/casedetailpre1989.aspx?caseid=408, 2023. 1. 26. 검색; Wikipedia, "Rubin Carter," https://en.wikipedia.org/wiki/Rubin_Carter, 2023. 1. 26. 검색.

총을 난사하여 바텐더 James Oliver와 손님 Fred Nauyoks가 살해되고, 손님 Hazel Tanis와 William Marins에게 총상을 입혔는데, 그중 Tanis는 4주 후 사망하고 만다. 그러나 범행 후 수사 과정에서 Tanis와 Marins 두 사람 모두 Carter와 Artis 누구도 인식하지 못하고, 용의자로 식별하여, 지목하지 않았다. 그런데 사건을 더 흥미롭게 한 것은 이들 피해자가 모두 백인이었던 데 반해, 나중에 생존자의 목격담, 증언에 따르면 총격범은 모두 흑인이었다는 점이었다. 바로 이 점이 이 사건을 인종적 갈등의 표출로 이해하게 만들기도 했던 것이다. 여기에 더하여, 이 사건이 오심이었음이 다수의 다른 사례와는 달리 DNA 검사도 물적 증거도 새롭게 나타나지 않았으며, 다른 새로운 증거도 그렇다고 확보되지 않았을 뿐만 아니라, 궁극적으로 진범이 확인되지도 않았음에도 이들의 무고함이 인정되어 면죄되었다는 점에서 아직도 그들의 유무죄에 대한 논란이 남아있다는 점이다.[60]

3중 살인 사건이 발생한 직후, 술집의 2층에 거주하는 Patricia Graham Valentine이라는 목격자가 후에 총성과 여성의 비명 소리를 듣고 창문 밖을 내다보았는데, 두 명의 흑인 남성이 당시 술집 소재지인 New Jersey 주 번호판이 아닌 다른 주의 자동차 번호판을 달고 나비 모양의 후미등을 한 흰색 자동차로 뛰어드는 것을 목격했다고 증언하였다. 그녀는 자신이 아래층 술집으로 내려갔을 때, 피해자들은 물론이고 계산대에서 돈을 훔치던 22살의 Alfred P. Bello를 발견했었다고 진술하였다. Bello는 재빠르게 건물을 떠

---

60 The National Registry of Exonerations, "Rubin Carter," https://www.law.umich.edu/special/exoneration/Pages/casedetailpre1989.aspx?caseid=408, 2023. 1. 26. 검색; Flypaper, "The story of Rubin "Hurricane" Carter, Wrongly convicted boxer and Dylan's muse," https://flypaper.soundfly.com/discover/the-story-of-rubin-hurricane-carter-wrongly-convucted-boxer-and-dylans-muse, 2023. 1. 26. 검색.

났고, Valentine은 경찰에 전화를 걸어, 자동차로 뛰어든 사람을 어두운 옷을 잘 차려입었고, 한 사람은 모자를 쓰고 있었다고 기술하였다. 한편, Bello도 그 후 자신은 절도의 공범 Arthur Bradley가 근처 창고에 무단으로 침입하여 절도를 하는 동안 망을 보기 위하여 그 지역에 있었다고 시인하였다. 당시 그는 담배를 사려고 그 술집에 들어갔으며, 술집 안에서 두 구의 시체를 발견하였으며, 이때를 틈타서 금전등록기를 털어 급히 뛰쳐나오다가 경찰과 마주쳤었다고 진술하였다. 경찰이 총격 후 몇 분 만에 곧장 술집에 도착하였고, 동시에 다른 경찰관들이 도주차량을 찾기 위하여 배치되었다. 총격이 있은지 약 10분 후, Theodore Capter 경사가 19세의 John Artis가 운전하던 29살의 Rubin "Hurricane" Carter의 흰색 Dodge Polara를 정지시키고 검문하였다. 차에는 술고래이자 그 술집의 단골손님인 John "Bucks" Royster가 조수석에 동승하고 있었다. 경찰은 당시 잘 알려진 유명 권투선수이자 논란이 되는 인물이었던 Carter를 알아보았으며, 이들은 몇 가지 질문에 답하자 곧바로 보내주었으나, 나비 모양의 후미등과 New Jersey 주가 아닌 다른 주 번호판을 달고 있는 등 자동차에 대한 보다 자세한 Valentine의 기술을 듣고는 Carter의 자동차가 이 두 가지 특징을 다 가지고 있다는 것을 알고 30분 후 경찰은 Carter의 차량을 다시 추적하여 세운다. 당시 Royster는 이미 하차한 후였고, 두 사람은 다시 경찰의 조사를 받게 된다.[61]

그러나 차에서는 아무런 무기도 발견되지 않았으며, Carter와 Artis 두 사람 모두 무장하지도 않았었다. 술집을 거쳐서 경찰서로 데려간 두 사람

---

61 The National Registry of Exonerations, "Rubin Carter," https://www.law.umich.edu/special/exoneration/Pages/casedetailpre1989.aspx?caseid=408, 2023. 1. 26. 검색; Wikipedia, "Rubin Carter," https://en.wikipedia.org/wiki/Rubin_Carter, 2023. 1. 26. 검색.

에게 새벽 4시경 차량 수색에서 사용되지 않은 32구경 카트리지와 12구경 산탄 총탄이 자동차 트렁크에서 나왔다고 말해주었다. 그러나 경찰은 이 증거를 5일 동안 기록하지 않았고, 총격에 사용된 것들과 일치하지도 않은 것으로 밝혀졌다. 두 사람은 Vincent DeSimone 경위로부터 몇 시간에 걸쳐서 조사를 받았으나, 두 사람 모두 범죄 관련성을 부인하고 범죄에 대해서 알지 못한다고 주장하였다. 훗날 Artis는 Carter를 범죄에 연루시키면 자유의 몸으로 걸어서 나갈 수 있을 것이란 약속과 함께 Carter를 범죄에 연루시키도록 경찰로부터 압력과 유인을 받았었다고 말하였다. 그날 아침 늦게 식별을 위하여 두 사람을 생존자이자 목격자인 Marins의 병원 입원실로 데려갔으나, Marins는 두 사람 모두 총격범으로 식별, 지목하지 않았다. 뿐만 아니라, Marins와 Tanis 생존자 두 사람이 진술한 총격범의 안면 헤어스타일, 안색, 의상 그리고 신장 등이 실제 Carter와 Artis와 일치하지 않았다. 자신들의 무고함을 보이기 위해서 두 사람은 즉시 자발적으로 거짓말 탐지기 조사를 받았고, 범죄에 관련되지 않았다는 그들의 진술이 거짓이 아닌 것으로 반응하였다고 한다.[62]

당시 경찰은 Lafayette Grill 살인 사건은 같은 날 밤 먼저 발생했던 백인에 의한 흑인 술집 주인 Leroy Holloway의 살해에 대한 인종적 동기에서의 보복 범죄라고 추측하였다. 즉, 백인이 흑인을 살해한 데 대한 보복으로 흑인이 백인 술집 주인을 살해했을 것으로 추정하였다. 이런 분위기에서 흑인인 Carter와 Artis에 초점을 맞춘 계기가 되기도 하였을 것이다. 그런 관점에서, Carter의 친구이자 살해된 흑인 술집 주인 Holloway의 의붓아들 Eddie

---

62 The National Registry of Exonerations, "Rubin Carter," https://www.law.umich. edu/special/exoneration/Pages/casedetailpre1989.aspx?caseid=408, 2023. 1. 26. 검색.

Rawls도 같은 날 경찰서로 불려와서 거짓말 탐지기 조사를 받았다. Rawls 는 친구들과 함께 의붓아버지가 살해된 몇 시간 후 경찰서로 찾아가 의붓 아버지 살해사건에 대해서 경찰에서 무엇을 어떻게 하고 있는지 알려달라 고 요구하면서, 경찰이 제대로 사건을 처리, 해결하지 않으면 스스로 처리 하겠노라고 반복적으로 경찰을 위협, 협박했다고 한다. 거짓말 탐지기 검 사 결과는 Rawls가 범행했거나 적어도 범행에 관해서 알고 있을 것이라는 보고서를 내놓았다. 그러나 당시 Rawls가 지나치게 피곤한 상태여서 검사 결과가 완전하게 결론적이지는 않을 수 있다고 주의를 상기시키기도 하였 다. 그래서 5일 후, 경찰이 Rawls에게 거짓말 탐지기 검사를 다시 할 것을 요 청하였으나 그는 거절하였고, 만약에 자신이 증언하도록 요청을 받는다면 불리한 진술을 하지 않을 권리를 발동하겠다고 검찰에 말하면서 그날 밤 의 총격에 관한 증언을 거부하였다.[63]

　　살인 사건이 있은 4개월 후쯤인 1966년 10월 15일, Carter와 Artis는 3중 살인 혐의로 체포된다. Bello와 공범 Arthur Dexter Bradley는 Carter와 Artis가 범죄에 연루되었다는 진술을 하고, 현재 다른 범죄혐의를 받고 있던 두 사 람은 산탄총을 가지고 있던 사람으로 Carter를, 권총을 소지했던 사람으로 Artis를 지목하였다. 그들이 더 일찍 두 사람을 지목하지 않았던 것은 자신 들의 범죄행위가 밝혀지고 보복이 두려워서였다고 말하였다. Carter와 Artis 를 범죄에 연루시키는 아무런 물적 증거도 없었고, 두 사람이 그날 밤 입 고 있었던 밝은 색깔의 옷에서도, 그들의 차량에서도 어떠한 혈액의 증거

---

63 The National Registry of Exonerations, "Rubin Carter," https://www.law.umich. edu/special/exoneration/Pages/casedetailpre1989.aspx?caseid=408, 2023. 1. 26. 검색; Judith L. Ritter, "After the Hurricane : The legacy of the Rubin Carter Case," Hastings Race and Poverty Journal, 2915, 12(1): 5-10.

도 보이지 않았다. 검찰 측 증언을 한 생존 피해자 Marins도 Carter나 Artis 누구도 지목하지 않았다. 그는 총격이 너무나 순식간에 일어나서 더 이상의 자세한 내용을 제공할 수 없었다고 설명하였다. 결국, 검찰은 Carter와 Artis를 용의자로 지목하기 위하여 Bello와 Bradley에 의존하였다. 그런데 Bello와 Bradley 두 사람 모두 전과기록이 많았고, 그날 밤에도 침입 절도를 위하여 총격이 일어난 술집 주변에 있었다고 증언한 바 있다. Carter와 Artis는 둘 다 범죄에의 가담을 전적으로 부인하고, 둘 다 총격이 일어난 날 밤 Nite Spot에 있었다고 증언하였다. Carter는 자신이 두 명의 여성을 태워다주고 2시 반쯤 Nite Spot으로 돌아왔으나 술을 더 마시는 데 필요한 돈을 가져오기 위하여 Royster와 함께 Nite Spot을 금방 나왔으며, 그때 경찰의 제지를 받았다고 진술하였다. Royster도 이 이야기를 입증하는 증언을 하였으며, Carter와 Artis가 Nite Spot에 있었다는 두 명의 목격자 증언도 있었지만, 사실 그들이 총격 시간에 매우 가까운 시각에 떠났기 때문에 총격이 일어난 시각까지도 Carter와 Artis가 현장에 있었는지 증명하기가 어려웠다. 물론 carter가 집에 태워다주었다고 진술했던 Anna Mapes와 그녀의 딸 Catherine McGuire는 Carter의 진술을 입증해주었다. 그러나 검찰은 Carter가 집으로 데려다 준 날이 총격 전날이 아니었냐는 의문을 제기하였다. 결과적으로, 평결에 참여하지 않은 예비 배심원 한 사람만 흑인이었고, 배심원 전원이 백인으로 구성된 배심원단은 1967년 5월 26일 Carter에게는 30년에서 종신형, Artis에게는 15년에서 종신형을 선고하였다.[64]

교도소에서 자신의 무고함을 청원하고 법률 서적을 탐독하는 데 몰두

---

64 The National Registry of Exonerations, "Rubin Carter," https://www.law.umich.edu/special/exoneration/Pages/casedetailpre1989.aspx?caseid=408, 2023. 1. 26. 검색.

하던 Carter는 국선 변호인 사무실의 수석 조사관 Fred W. Hogan을 알게 되고, 자신의 억울함을 하소연하자 그의 무고함을 확신한 Hogan은 유죄평결의 가장 큰 증거가 되었던 증언을 했던 Bello와 Bradley를 찾아가서 그들의 증언에 관한 이야기를 나누었다. 그와 이야기를 나눈 뒤, Bradley는 1974년 5월 자신의 과거 증언을 철회하는 진술서를 써주었고, Bello도 같은 해 9월 예전 과거 증언을 철회하는 진술서를 작성해 주었다. 그들은 Hogan 말고도 증언 철회, 번복 진술서를 New York Times와 지방 텔레비전 방송국 기자에게도 보냈다. 증언을 번복하는 진술서와 유리한 유죄협상으로 압박하고, 그러한 협상을 제의받지 않았다고 허위로 증언하도록 했다는 주장을 근거로, Carter와 Artis는 새로운 재판을 청원하였다. 새로운 재판 청문에서, Bello는 자신은 두 명의 흑인 남성이 술집을 떠나는 것은 보았지만 그들의 얼굴은 보지 못했으며, Carter와 Artis를 지목했을 때는 거짓말을 했었다고 증언하였다. Bradley는 자신은 골목길에 있어서 Bello가 금전등록기 현금을 가지고 나올 때까지 Bello를 보지 못했으며, 총소리를 듣거나 도주하는 사람을 보지도 못했으며, 이전의 증언에서는 거짓말을 했다고 증언하였다. 두 사람 모두 경찰과 검찰, 특히 Bello는 DeSimone 경위를 지목하며, 그로부터 Carter와 Artis를 지목하도록 압력을 받았다고 증언하였다. 또한 Bello는 총격범의 유죄평결에 대하여 제시된 10,500달러의 포상금도 받을 것으로 희망하였다고도 증언하였다. 그럼에도 불구하고, 담당 판사는 증인의 증언 번복, 철회가 믿을 수 없고, 명백히 사실이 아님을 발견하였다고 청원을 기각하였다.[65]

---

65 Flypaper, "The story of Rubin "Hurricane" Carter, Wrongly convicted boxer and Dylan's muse" https://flypaper.soundfly.com/discover/the-story-of-rubin-hurricane-carter-wrongly-convucted-boxer-and-dylans-muse, 2023. 1. 26. 검

결국, Carter의 사건은 세인은 물론이고 많은 유명 인사들의 관심을 불러일으키기도 하여 더욱 유명해진 오심 사건이 되기도 하였다. 1974년 그가 교도소에서 수형생활 중에 펴낸 자서전 "제16 라운드(The Sixteenth Round)"[66]에 영감을 받아 유명 가수인 Bob Dylan이 "Hurricane"이란 곡명으로 노래하였고, 1999년에는 Denzel Washington이 Carter 역할을 연기한 "The Hurricane"이 영화로 제작되었으며, 전설의 권투선수 모하메드 알리를 비롯한 수많은 유명 인사들이 Carter를 지지하고 응원하는 데 동참하였다. 여기서 끝나지 않고, 그의 이야기는 생존자들과의 면담, 최초 수사 기간의 기록들, 40시간에 걸친 Carter와의 녹음된 인터뷰에 기초한 BBC의 13부 작 팟캐스트 "The Hurricane Tapes"의 초점이기도 하였다.[67]

1976년 1월, Bello는 자신이 번복, 철회했던 진술을 다시 번복, 철회하는 서명된 진술서를 제출하면서, 자신의 처음 진술을 번복, 철회하도록 1974년 두 명의 기자와 한 명의 조사관으로부터 뇌물을 제의받았다고 주장하였으나, 세 사람 모두 강력하게 부인하였고, Bradley는 자신이 처음 진술을 번복, 철회한 것을 유지하였다. 주 대법원은 1976년 3월 17일 원심을 뒤집고 사건을 파기 환송하였다. 재심에서, Bello는 자신의 원래 증언을 그대로 증언하였고, 검찰은 Carter의 알리바이를 허위로 증언해 달라고 요청, 부탁을

색; North Jersey, "Rubin "Hurricane" Carter: What really happened that night?" https://www.northjersey.com/story/news/columnists/mike-kelly/2019/06/17/rubin-carter-john-artis-what-really-happened-night/1419996001, 2023. 1. 26. 검색.

66 당시 프로권투 경기, 특히 세계 타이틀 경기는 15라운드로 이루어졌기 때문에 그의 권투선수생활이 15라운드로 끝나고, 수형생활이 16라운드라는 뜻이다.

67 Wikipedia, "Rubin Carter," https://en.wikipedia.org/wiki/Rubin_Carter, 2023. 1. 26. 검색.

받았다는 여러 증인의 증언을 소개하였고, Carter에게 알리바이를 제공했던 Mapes와 딸 McGuire는 자기들의 이전 알리바이 증언을 번복하면서, 범행 당일 자기들은 Carter와 함께 있지 않았었다고 증언하였다. 물론 변호인 측에서는 DeSimone 경위가 뒤집어씌웠다는 점에 초점을 맞추었고, 차량 트렁크에서 발견되었다는 권총 탄과 산탄총 카트리지는 경찰이 조작한 것이라고 주장하였다. 그러나 배심원단은 3건의 1급 살인에 대해서 유죄평결을 결정하였다. 1982년 8월 17일, 주 대법원에서 유죄 선고가 유지되고 난 후, 1985년 처음으로 연방법원에서 심리되었다. 첫 심리에서 판사는 1976년의 유죄평결을 뒤집었다. 판사는 검찰의 근거 없는 인종적 보복 이론은 위헌적이고, Bello의 핵심적인 재판 증언에 심각한 의문을 제기했을 녹음된 거짓말 탐지기 검사가 검찰에 의해서 제출되지 않았음을 발견했다고 판시하였다. 또한 판사는 유죄평결이 이성보다는 인종차별주의에, 사실의 공표보다는 숨기려는 호소에 근거, 기초한 것이었다고도 판시하였다. 이로써 Carter는 석방되었고, 검찰은 Carter가 위험하고 폭력적이라고 주장하여 그를 교도소로 다시 수감하려고 여러 차례 청원하였으나 모두 실패하였다.[68]

Valentine과 Bello가 진술, 기술한 내용이 서로 다르거나 상충하고, 두 명의 생존 피해자가 제공한 공격자의 신체적 특성, 법의과학적 증거의 결여 그리고 경찰이 제시한 시각표가 1985년 유죄가 뒤집어지게 하는 데 핵심적인 요소들이었다고 할 수 있다. 예를 들자면, 법의과학 전문가들이 피해자들은 32구경 권총과 12구경 산탄총에 맞았다고 분석, 판단하였으나, 그러

---

68 The National Registry of Exonerations, "Rubin Carter," https://www.law.umich.edu/special/exoneration/Pages/casedetailpre1989.aspx?caseid=408, 2023. 1. 26. 검색; Wikipedia, "Rubin Carter," https://en.wikipedia.org/wiki/Rubin_Carter, 2023. 1. 26. 검색.

한 무기는 발견되지 않았었다. Carter와 Artis를 범죄에 연루시키는 아무런 법의과학적 증거도 없었었는데, 실제로 총기에 대한 다양한 시험과 검사가 이루어지는 것이 보편적임에도 이 사건에서는 전혀 이루어지지 않았는데, DeSimone 경위는 이에 대해서 그러한 실험을 수행할 전문가를 소환할 시간적 여유가 없었다고 주장하였다. 그러나 그는 거짓말 탐지기 검사를 할 전문가는 요청하였으며, 검사 결과 두 사람 다 통과하였으나, 두 번째 보고서에서는 실패했다고 보고하였다. 총체적으로, 검찰의 기소는 놀라울 것도 없이 매우 근거가 약하였다. 수사기관에서는 살인 흉기를 전혀 찾지 못하였고, 용의자들이 최근에 총을 발사했는지 여부를 알아볼 수 있는 용의자 두 사람에 대한 화약 반응 검사도 실시하지 않았다. 심지어 경찰은 현장에서 지문이나 족적도 전혀 확보하지도, 지문을 채취하지도 않았고, 목격자들이 용의차량이 급하게 도주했다고 증언했음에도 자동차 바퀴의 스키드마크도 촬영하지 않았고, 술집 바닥에서 발견된 산탄총 탄환에서 지문도 채취하지 않았다. 보편적으로 다중살인의 경우 용의자에게는 그들의 옷에 핏자국이나 피가 튄 자국이 남아있기 마련인데, Carter와 Artis의 옷에서는 아무런 혈흔도 나오지 않았으며, 경찰이 용의자의 자동차 트렁크에서 발견했다는 탄환도 살인에 이용된 탄환과 같은 형태가 아니었다. 검찰은 일관성이나 신뢰성을 의심받는 목격자의 증언에만 의존했던 것이다. 그럼에도 지방 검사는 기소하였고, 전원 백인으로 구성된 배심원에서 기소를 받아들여서 유죄를 평결하였던 것이다.[69]

---

69 Wikipedia, "Rubin Carter," https://en.wikipedia.org/wiki/Rubin_Carter, 2023. 1. 26. 검색; Flypaper, "The story of Rubin "Hurricane" Carter, Wrongly convicted boxer and Dylan's muse," https://flypaper.soundfly.com/discover/the-story-of-rubin-hurricane-carter-wrongly-convucted-boxer-and-dylans-

Kirk Bloodsworth
....
경찰 비행과 위법이 초래한 무고한 옥살이, DNA 검사로
최종 면죄된 첫 번째 미국 오심 피해자

1984년 6월 25일, 9살의 Dawn Helmick은 친구들과 미국 Maryland 주 Baltimore에 있는 집 근처의 숲속에서 놀고 있었다. 얼마 지나지 않아 아이들이 Dawn의 엄마 Elinor에게 Dawn이 숲속으로 들어가서는 나오지 않았다고 일러준다. 놀란 Elinor가 Dawn을 찾아 나서지만 소용이 없자 경찰에 신고하게 되고, 수백 명의 경찰이 Dawn의 시신이 발견될 때까지 여러 시간 동안 수색하였다. 안타깝게도 어린 소녀는 살해당했으며, 성적으로도 난도질을 당한 채로 발견되었다. 때마침 근처 연못에서 낚시를 하던 두 명의 어린 소년들이 Dawn이 6척 장신의 키가 크고, 금발 머리를 하고, 콧수염을 기르고, 얼굴이 검게 그을린 백인 남자와 같이 숲속으로 들어가는 것을 보았다고 증언하였다. 소년들의 이런 진술을 이용하여 경찰은 단서를 따라 잠재적 용의자를 추적하기 시작하였다.[70]

모든 다른 세간의 이목을 끄는 범죄 사건과 마찬가지로, 제보 전화가

muse, 2023. 1. 26. 검색; North Jersey, "Rubin "Hurricane" Carter: What really happened that night?" https://www.northjersey.com/story/news/columnists/mike-kelly/2019/06/17/rubin-carter-john-artis-what-really-happened-night/1419996001, 2023. 1. 26. 검색.

70 Word Press, "Bloodsworth : Death Row & DNA," https://bloodsworthgovschool.wordpress.com, 2023. 2. 6. 검색; The Chestnut Hill Local, "Sentenced to death, Ambler man now works to free wrongfully convicted, abolish death penalty," 2019, 8, 29, https://www.chestnuthilllocal.com/stories/sentenced-to-death-ambler-man-now-works-to-free-wrongfully-convicted-abolish-death-penalty, 2023. 2. 6. 검색; Wikipedia, "Kirk Bloodsworth," https://en.wikipedia.org/wiki/Kirk_Bloodsworth, 2023. 2. 6. 검색.

개설되고, 수백 명이 용의선상에 올라 조사를 받는다. 대부분은 용의선상에서 제외되지만, 불행하게도 Bloodsworth는 그러지 못하였다. 경찰의 용의자 수색이 계속되고 있을 당시, 그의 아내 Wanda가 부부싸움을 하고 집을 나간 Bloodsworth를 찾는 실종신고를 한다. 비록 Bloodsworth가 아이들이 기술했던 용의자의 일부 신체적 특징과는 일치하지 않는 것으로 보였지만, 경찰은 특히 그가 출근하지 않고 Baltimore 지역을 떠났기 때문에 그가 범죄의 가해자라는 생각을 더 갖게 되었다. 이에 더하여, Bloodsworth는 그의 아내 Wanda와 같은 여성이 지배하고, Dawn에게 자신의 분노를 표출했다는 용의자에 대한 심리적 프로파일링과도 일치하였다. 아동 성학대범과 살인범으로서 Bloodsworth의 이러한 특징들에도 불구하고, 사실 그는 예비역 해병대원으로서 명예롭게 전역도 한 사람이었고, 심지어 해병대 복무 중에는 원반던지기 챔피언이기도 했다고 한다. 그러나 그의 엉뚱한 행위와 엄청난 짓을 했다고 친구에게 한 말이 경찰이 그를 용의자로 겨냥하게 하였다. 이와 함께, Bloodsworth는 악명높을 정도로 신뢰하기 어려운 아동 목격자를 포함한 복수의 목격자들이 경찰의 암시적, 제안적 전술로 인하여 그를 범죄의 용의자로 그릇되게 잘못 지목하였다. 그는 심지어 목격자들이 용의자 식별을 위한 Lineup도 보기 전부터 신문, 방송 등 모든 언론이 그의 신원과 사진으로 도배를 하였다. 더구나 경찰의 용의자 몽타주는 목격자들이 경찰에 용의자를 기술했던 어떤 목격자에게도 만족스럽지 못했음에도 불구하고 공개되었다. 심지어 어떤 경찰관은 범법자에 대한 또 다른 목격자의 기술과 일치하지 않는다는 이유로 어느 목격자의 기술에 따른 몽타주는 던져버리기까지 하였다. 여기에다, Bloodsworth는 그의 알리바이를 입증해 줄 다섯 명의 증인이 있었음에도 Dawn Hamilton의 강간, 살인 용의자로 기소되었던 것이다. 당연히 검찰은 시각적으로 몸서리쳐지게 하는 범죄 현장 사진 등을 배심원에게 보여주며 호소하였고, Bloodsworth 의 인성 유형에 맞아떨어지는 것처럼 보이는 범인에 대한 FBI의 심리적 프로파일링(psychological profiling)에 주로 의존하였다. 이처럼 검찰이 제시한 증거들은 대부분이 상황적인 것이었음에도 불구하고, 검찰의 설명은 전문적이었고 배심원들의 의사결정에 몹시 크게 영향을 미쳤다. 반면에 변호인은 Bloodsworth와 그의 알리바이를 증언해줄 증인을 제대로 준비시키지 못하였고, 결과적으로 다수가 검찰의 대질심문에 허를 찔려서 많은 배심원들이 변호인 측 증인들의 알리바이 진술이 너무 연습한 것 같고, 따라서 거짓말을 하고 있다고 믿게 되었다. 그런데 변호인은 범죄 현장에서 발견된 신발이 Bloodsworth에게 맞지 않는다는 것을 입증할 수 있었고, 검찰에게 용의자를 식별, 지목한 목격자보다 더 많은 알리바이 목격자를 제시할 수도 있었다. 그럼에도 단 45분간의 논의 끝에 배심은 Bloodsworth에게 강간과 1급 살인 모두에 유죄평결을 내렸으며, 이에 판사는 그에게 그 당시 Maryland 주 사형집행 방식이었던 가스 챔버(Gas Chamber)에 의한 사형을 선고하였다.[71]

이처럼 재판에서 검찰이 제시한 증거들은 대부분은 정황증거이거나 목격자 진술에 의존했음을 알 수 있다. 구체적으로, 범죄가 발생한 그 날 일찍이 Bloodsworth가 한 소녀와 함께 있는 것을 보았다는 어느 익명 제보자의

---

71 Word Press, "Bloodsworth : Deat Row & DNA," https://bloodsworthgovschool. wordpress.com, 2023. 2. 6. 검색; Kirk Bloodsworth, https://www.witnesstoinnocence. org/single-post/kirk-bloodsworth, 2023. 2. 6. 검색; Bloodsworth v. State, https:// law.justia.com/cases/maryland/court-of-special-appeals/1988/1376-september-term-1987-0.html, 2023. 2. 6. 검색.

제보, 다섯 명의 목격자 진술에 의한 경찰의 몽타주에서 Bloodsworth를 식별, 지목한 목격자, 다섯 명의 목격자가 Bloodsworth가 어린 소녀와 함께 있는 것을 보았다는 증언, Bloodsworth가 자기 지인에게 그날 자신의 결혼에 영향을 미칠 무언가 엄청난 일을 저질렀다고 말했다는 증언, 자신의 첫 경찰 심문에서 그 당시 아무런 흉기가 알려지지 않았음에도 피범벅의 돌을 언급했다는 점, 피해자 주변에서 발견된 구두 자국이 Bloodsworth의 신발 크기와 일치하는 구두 자국이었다는 증언에 기초하고 있다. 이런 검찰의 증거에 기초한 유죄평결과 선고가 있은 후, 1986년에 Bloodsworth의 변호사는 항소를 제기한다. 먼저 Bloodsworth가 피범벅이 된 돌을 언급했던 것은 경찰이 그를 처음 심문할 때 그의 바로 옆 책상 위에 피범벅이 된 돌이 놓여있었기 때문이었으며, 그가 친구에게 언급했다는 엄청난 짓이란 자신이 아내에게 약속했던 타코 샐러드(Taco salad)를 사지 못했다는 것이었으며, 또 다른 용의자의 가능성과 관련된 정보를 변호사에게 제공하지 않았다는 근거를 제시하였다. 항소법원은 1986년 7월, 정보를 숨겼다는 이유로 그에 대한 선고를 뒤집었고, 재심이 열렸으나 배심원은 그에게 다시 유죄를 평결하였고, 재판부에서는 이번에는 두 개의 종신형을 선고하였다. 교도소에 수감된 그는 교도소 도서관에서 일하게 되었고, 그곳에서 영국에서 DNA 검사로 두 명의 소녀를 강간, 살해한 범인의 유죄를 입증할 수 있었다는 책을 읽고, 만약에 유전자 검사로 유죄를 입증할 수 있다면, 무고함을 입증하는 데도 이용될 수 있지 않을까 생각하게 된다. 그는 누군가가 무고한데도 다른 사람들이 그를 비난하면 그는 교도소로 보내지고 때로는 형장의 이슬로 사라지기도 한다는 것이 얼마나 무서운 일인가 묻는다. 결국 그는 변호사를 접촉하게 되고, 그의 변호사는 이번에는 재판 당시에 가능했던 것보다 더 정교해진 검사를 요구하게 되고, 검찰도 이에 응하게 되어, 1992년 4월에 피해자의 팬티와 반바지, 살인 현장 근처에서 발견된 막대기, 피해자와 Bloodsworth의 혈액 샘플 그리고 부검 사진이 검사, 의뢰되었다. 1993년 5월 17일에 보고된 DNA 검사 결과는 Bloodsworth의 DNA는 검사 의뢰받은 어떤 증거와도 일치하지 않았다고 결론을 내렸지만, 그러면서 재검사를 위하여 Bloodsworth의 신선한 혈액 샘플을 요청하였고, 1993년 6월 3일 처음 검사 결과와 동일하였다는 결론을 내리고, 피해자의 팬티에서 남아있던 정액의 주인이 될 수 없다고 보고하였다. 이에 FBI에서도 1993년 6월 25일 자체 검사를 시행하였고, 전과 동일한 결과를 발견하였다. 이에 검찰도 변호인과 함께 Bloodsworth의 사면을 청원하였고, 법원도 1993년 6월 28일 그의 석방을 명하였다.[72]

9년의 수형생활 후, DNA 증거는 Bloodsworth가 진실로 무고하다는 것을 보여주었다. 그렇다면 왜, 어떻게 사법제도, 경찰의 수사, 검찰의 기소, 법원의 재판에 이르기까지 모두 이를 걸러내지 못하고 실패하여 무고한 사람에게는 사형을 선고하고 반면에 위험한 강간, 살인범은 자유롭게 내버려 두게 되었을까? 많은 사람들이 경찰의 잘못이 가장 많고 가장 크다고

---

72 ipt, "Kirk Bloodsworth," https://www.ipt-forensics.com/journal/violume10/j10_3_6_2.htm, 2023. 2. 6. 검색; The Chestnut Hill Local, "Sentenced to death, Ambler man now works to free wrongfully convicted, abolish death penalty," 2019, 8, 29, https://www.chestnuthilllocal.com/stories/sentenced-to-death-ambler-man-now-works-to-free-wrongfully-convicted-abolish-death-penalty, 2023. 2. 6. 검색; Mary Wood, "Bloodsworth recalls trauma of wrongful conviction, urges support for DNA testing," University of Virginia School of Law, https://www.law.virginia.edu/news/2004_fall/bloodsworth.htm, 2023. 2. 6. 검색; National Registory of Exoneration, "Kirk Bloodsworth," https://www.law.umich.edu/special/exoneration/Pages/casedetail.aspx?caseid=3031, 2023. 2. 6. 검색; Wikipedia, "Kirk Bloodsworth," https://en.wikipedia.org/wiki/Kirk_Bloodsworth, 2023. 2. 6. 검색.

입을 모은다. 먼저, 목격자 증언과 합성 스케치, 몽타주와 관련된 문제이다. 몽타주가 범인과 별로 닮지 않았었다고 하는데, 이는 몽타주 작성자가 미리 만들어진 얼굴 부분의 선택지가 별로 없었고, 더 정확한 몽타주 작성 기법, 기술이 있었음에도 활용하지 않았다는 사실 등이 경찰의 편견과 부주의나 과실에 기인할 수 있다는 것이다. 목격자에 의한 용의자 식별도 문제였는데, 우선 각각의 목격자가 따로 식별을 진행하는 것이 보편적 절차임에도 소년들을 다 함께 모아서 식별을 진행하여 객관성을 잃게 하였고, 목격자 한 사람은 Bloodsworth가 무서워서 그리고 다른 한 사람은 식별 자체를 하지 않았으며, 식별에 참가했던 사람은 2주 후에 경찰에 전화를 걸어 그날 밤에서야 Bloodsworth를 알아보았다고 진술하여, 왜 즉시 경찰에 알리지 않았는지 의문의 여지가 많았음에도 그의 평결은 이 목격자의 의문스러운 식별에 거의 전적으로 의존했다는 것이다. 이는 아마도 경찰이 핵심적인 물적 증거였다고 할 수 있는 피해자의 시신에 남아있었던 정액을 부주의로 잘못 다루었으며, 이로 인하여 경찰이 아이들의 기억과 회상에만 의존할 수밖에 없었을 것으로 추정되고 있다. 이처럼 그의 유죄평결은 지나치게 몽타주와 심리적 프로파일링에 의존하였다. 정확하지 않은 몽타주는 무고한 사람을 용의자로 식별하는 반면에 진범을 용의선상에서 배제하는 결과를 초래할 위험이 크다. 심리적 프로파일링은 하나의 부수적인 자료이지 절대적이어서는 안 됨에도 유죄평결에 핵심적 역할을 했다고 비판한다. 이런 상황은 합리적 의심(reasonable doubts)이라는 원리에 벗어나는 것이다. 또한 경찰은 Bloodsworth의 유죄를 추정하고 목격자들에게 암시하였다는 것이다. 용의선상에서 그에게 초점을 맞추어서 다른 용의자들이 배제되는 결과를 초래하였는데, 이를 흔히 Bloodsworth를 향한 편협한 시각,

터널 시각(tunnel vision)이라고 하는 우를 범한 것이다. 구체적으로, 진범으로 밝혀진 Ruffner는 살인이 발생한 근처에 사는 이미 알려진 성범죄자였음에도 경찰은 처음부터 이 용의자에게 관심조차 두지 않았다는 점이 이 사건에서 경찰이 한 다수의 실수 중 가장 큰 것이었다고 할 수 있다. 그래서 그에 대한 유죄평결은 대체로 합리적 의심 이상의 유책 증거가 아니라 오히려 우연한 상황과 불운에 기인했다고 말한다. 아내와의 불화와 같은 사생활, 그의 직업 그리고 그의 경제 상태 등이 이 사건에 대한 심리적 프로파일링과 일치한다는 불운이 그의 유죄평결을 이끌어 냈다고 하는 것이다. 여기서 또 한번 합리적 의심 이상(Beyond reasonable doubts)의 증거의 기념비적 중요성을 강조하지 않을 수 없다. 이렇게 경찰이 군데군데 오류를 범하게 된데에는 당시 악화된 범죄 문제로 언론의 관심이 너무 많았고, 당연히 범인을 빨리 검거하라는 대중의 압박도 커졌기 때문에 경찰이 수사를 서두르지 않을 수 없게 만들었고, 수사를 서두르다가 수사 자체가 제대로 진행되지 못하였다는 것이다.[73]

결국 Bloodsworth는 DNA 검사로 살인, 강간 혐의로 받게 된 형벌로부터 완전히 면죄가 된 자유인임을 많은 사람들이 다 알고 있으나, 적지 않은 사람들은 아직도 그의 무고함을 받아들이기를 고집스럽게 거부하고 있다는

---

73 Word Press, "What went wrong," https://kirkbloodsworthwasinnocent.wordpress.com/what-went-wrong, 2023. 2. 6. 검색; Anne Marble, "Kirk Bloodsworth: Why isn't exoneration enough for some?" Medium, 2021, 12, 1, https://critteranne.medium.com/kirk-bloodsworth-why-isnt-exoneration-enough-for-some-1b3267a3f46b, 2023. 2. 6. 검색; WBLA TV, "DNA evidence clears one man, points another," https://www.wbaltv.com/article/dna-evidence-clears-one-man-points-toward-another/7043323, 2023. 2. 6. 검색; Mary Wood, "Bloodsworth recalls trauma of wrongful conviction, urges support for DNA testing," University of Virginia School of Law, https://www.law.virginia.edu/news/2004_fall/bloodsworth.htm, 2023. 2. 6. 검색.

사실이 이 사건을 더 흥미롭게 만들기도 하였다. 실제로 진범도 결국 신원이 확인되었다. 과학이 추호의 의심도 없이 그의 무고함을 입증, 확인했던 것이다. 이 정도라면 당연히 그의 무고함을 받아들여야 하는 것이 아닐지도 모른다. 사실 Bloodsworth는 DNA 검사로 면죄가 된 첫 번째 미국인 사형수였기에 사람들은 DNA 검사라는 당시 최첨단 과학 수사 기법에 대해서 알지 못한 이유도 있었을 것이다. 심지어 검찰도 완전히 확신하지 못하여, 좋아하지 않지만 결과를 받아들여야 했고, 결과적으로 "나는 Bloodsworth가 유죄가 아니라고 믿는다. 그러나 나는 그가 무고하다고 말할 준비가 되어 있지 않다"고 어느 라디오 방송 인터뷰에서 심정을 토로하였다고도 한다. 여기서 이 사건이 주는 생각의 하나는 누군가는 이 사건이 사법제도가 자신의 실수를 고칠 수 있고 오심으로 유죄가 확정된 사람은 면죄를 받아 자유를 되찾을 수 있음을 보여주었다고 생각하게 하였지만, 반면에 다른 일부에게는 비록 정정은 되었지만, 그 과정이 너무 오래 걸리고, 오류에 취약하다는 것을 보여준 것이라고 생각하게 만들었다.[74]

---

74 Anne Marble, "Kirk Bloodsworth: Why isn't exoneration enough for some?" Medium, 2021, 12, 1, https://critteranne.medium.com/kirk-bloodsworth-why-isnt-exoneration-enough-for-some-1b3267a3f46b, 2023. 2. 6. 검색; National Registry of Exoneration, "Kirk Bloodsworth," https://www.law.umich.edu/special/exoneration/Pages/casedetail.aspx?caseid=3031, 2023. 2. 6. 검색.

Steven Avery
만들어진 살인자, 두 번의 오심 피해자

Steven Avery는 미국 Wisconsin 주에서, 1985년의 성폭력과 살인미수 사건에 오심으로 유죄가 확정, 선고된 사람이다. 그에게 선고된 32년 형의 18년을 수형한 후에서야 비로소 DNA 검사로 그의 무고함이 확인되어, 그에 대한 형이 면죄되고, 2003년에 석방된 오심 피해자이다. 살인미수 범죄의 피해자가 사진 식별에서 그를 범인으로 지목한 다음 구속되었다. 무려 16명이 범행 시각에 Avery가 다른 곳에 있었다고 증언하였지만, 법의학 관련 관료들이 Avery의 셔츠에서 찾은 머리카락이 피해자의 것과 일치한다고 주장하여 그는 32년 형을 선고받게 된다. 그러나 일부에서 Avery와 아주 많이 닮았고 다른 성범죄로 의심을 받고 있던 Gregory A. Allen이 범인일 수 있다고 믿고 Avery의 유죄에 의문을 가졌다. 그러나 법 집행 관료들은 결코 Allen을 수사하지 않았다. 당연히 Avery는 끝까지 자신의 무고함을 유지하였다. 2003년 그는 면죄가 되었고, 그에 대한 면죄는 Wisconsin 주의 형사사법제도에 대한 광범위한 논의를 불러일으켰다. 형사사법 개혁법이 제정되고, 미래 오심을 예방하기 위한 개혁들이 실행되었다. 그의 오심 사건은 형사사법제도의 개혁에만 그치지 않고 Netflix의 다큐멘터리 시리즈인 "살인범 만들기(Making a murderer)"의 초점이 되기도 하였다. 이 일로 Wisconsin 주의회에서는 초당적 Task Force를 설치하여 미래 오심 가능성을 줄이는 것을 목표로 하는 형사사법제도를 개선할 것을 제안하였다. 그 권고안에는 목격자 신원확인과 식별 프로토콜 개편, 목격자와 용의자 심문의 새로운 지침 마련 그리고 물적 증거의 수집과 보관 등이 들어 있었다. 이 권고는 2005년 10월, Avery 법으로 알려졌고, 지금은 형사사법개혁법으로 개명된 법률로 제정되었다.[75]

　Avery를 이처럼 '살인범 만들기'의 희생양이 되게 했던 사건의 개요와 전개는 이렇다. 1981년 3월, 18살의 Avery는 친구와 함께 술집을 강도질한 혐의로 유죄가 선고된다. 그는 10개월의 수형생활을 하고 석방되었지만, 1982년 말 두 명의 남성이 Avery의 제안으로 Avery가 가스와 기름을 퍼부은 후 불 속으로 고양이를 집어 던져서 고양이가 타 죽을 때까지 구경했다고 진술하였고, 그로 인하여 Avery는 동물 학대 혐의로 기소되어 1983년 8월까지 다시 구금되었다. 자신의 이런 두 건의 구금에 대해서 그는 후에 자신이 나쁜 사람들과 어울려 다녔던 어리고 어리석었던 시절이었다고 후회하였다. 1985년 1월, Avery는 당시 부 보안관의 아내였던 사촌 동생의 자동차를 길가로 불러 세우고, 총구를 겨누었다. 이유는 조카가 거짓말로 자신이 앞마당에서 자위행위를 했다고 헛소문을 내고 다녀서 화가 났었다는 것이다. 그는 총은 탄환이 장전되어 있지 않았으며, 죽이겠다고 위협하여 자신에 대한 헛소문을 더 이상 퍼뜨리지 않도록 하려는 의도였을 뿐, 실제로 살인을 계획하지 않았었다고 주장하였다. 그러나 그는 총기를 소지하

---

75 Wikipedia, "Steven Avery," https://en.wikipedia.org/wiki/Steven_Avery, 2023. 2. 6. 검색; Amy Tikkanen, "Steven Avery," Britannica, https://www.britannica.com/biography/Steven_Avery, 2023. 2. 6. 검색; Lesley Messer, "5 things to know about Steven Avery from "Making a Murderer,"" ABC News, 2016, 1, 6, https://abcnews.go.com/Entertainment/things-steven-avery-making-murderer/story?id=36090236, 2023. 2. 6. 검색; Jill Sederstorm, "New witness comes forard in Steven Avery Case, says he saw nephew pushing Teresa Halbach's SUV into juncyard," Yahoo, 2021, 4, 13, https://www.yahoo.com/entertainment/witness-comes-forward-steven-avery-134500510.html?guccounter=1&guce_referrer=aHR0cHm6Ly93d3cu, 2023. 2. 6. 검색.

고, 타락한 정신과 마음을 가지고 안전을 위태롭게 하였다고 6년 형을 선고 받는다. 1985년 7월, Michigan 호숫가를 조깅하던 한 여성이 잔인하게 공격을 당하고, 성적으로 폭행을 당하는 사건이 일어난다. 피해 여성은 경찰이 나열한 용의자 사진과 나중에 있은 용의자 지목을 위한 대면 Lineup에서도 Avery를 범인으로 지목하자, 그는 바로 체포된다. 범죄 발생 직후, 그는 현장에서 60마일이나 떨어진 Green Bay라는 도시에 있었으며, 이는 16명의 목격자의 증언과 시간이 찍힌 가게 영수증으로 그의 알리바이가 증명되었음에도 불구하고, 그는 강간과 살인미수 혐의로 기소되어 32년 형을 선고받게 되었던 것이다. 1987년과 1996년 두 번에 걸친 그의 항소는 모두 상급 법원에 의하여 기각된다. 부 보안관의 친구이던 자신의 사촌 동생과의 갈등으로 Avery와 보안관실 사이에는 반목이 깊어졌었다. 이런 갈등, 증오 관계와 Avery 자신의 과거 범죄 이력으로 인한 법 집행관들 사이에 나돌던 그에 대한 나쁜 평판이 그를 의심스러운 요주의 인물로 만들었던 것이다. 여기서부터 그를 살인범으로 만들기는 시작되었던 것이다. 실제로 나중에 Wisconsin 주 법무부 사건 검토 보고서가 보여주었듯이, 사건은 의문과 비일관성으로 점철되었었다. 처음부터, 피해자가 Avery가 총기로 위협해서 갈등을 겪었던 사촌 동생의 친구인 부 보안관에 의해서 병원으로 이송되고 면담, 조사되었다. 피해자 Beerntsen에게 Avery의 머그 사진(Mug shot)이 포함된 일련의 용의자 사진을 보여주었고, 그녀는 이 사진을 보고도 또다시 대면 식별에서도 Avery를 지목하였다. 그러나 변호인들은 Avery가 아니라 당시 그 지역 사람으로서 경찰과의 접촉 이력이 많고, 다수 성범죄로 경찰의 감시를 받고 있던 Gregory Allen이 범인일 개연성이 더 높으며, 당연히 보안관실과 지방 검사실은 Allen이 합리적 용의자일 수 있다는 데 관심을 가져어야 한다고 주장하였다. 그러나 양 기관 모두 Allen은 용의선상에서 배제한 채 오직 Avery에게만 집중했다는 것이다.[76]

1995년쯤, 이웃한 지역의 경찰서 수사관이 Avery가 구금되어 있는 구치소로 연락을 하여, 어느 재소자가 Avery 사건의 범죄가 발생했던 지역에서 수년 전 폭력 범죄를 범했으며, 그 범죄로 다른 누군가가 구치소에 구금되어 있다고 시인했음을 전하였다. 구치소 교도관은 그 전화를 경찰서 수사국으로 돌려주었지만, 부 보안관들은 당시 보안관 Thomas Kocourek이 자신들에게 "우리는 이미 범인을 잡았으니 그 일에 신경 쓰지 말라"고 말했다고 회상하였다. 당연히 Avery는 그때까지도 계속해서 자신의 무고함을 주장하였다. 2002년, 18년의 수형생활 후, Wisconsin Innocence Project는 사실 이웃한 구치소에 수감되어 있으면서 자신의 범행을 시인한 전혀 다른 용의자 Gregory Allen이 진범임을 입증하고, Avery를 면죄시키기 위하여 Avery의 1심 재판 당시에는 할 수 없었던 보다 진전된 새로운 기법의 DNA 검사를 실시하였다. Avery와 외모가 놀라울 정도로 닮았던 Allen이 Beerntsen에게 공격을 가하고, 그 후 1985년의 폭력이 발생했던 같은 호수가에서 1983년의 폭행도 범하였던 것이다. Beerntsen이 공격을 당한 시기는 Allen이 여성들에 대한 일련의 범행 이력으로 경찰의 감시를 받고 있을 때였기도 하였다. 그럼에도 Allen은 Beerntsen의 공격에 대한 용의선상에 전혀 오르지 않았으며, 사진이나 대면 용의자 식별에도 포함되지 않아서 당연히 Beertsen에게 그

---

76 Wikipedia, "Steven Avery," https://en.wikipedia.org/wiki/Steven_Avery, 2023. 2. 6. 검색; Brenda Ingersol, "Rape victim criticizes officials in Avery case," Wisconsin State Journal, 2004, 2, 18, https://lacrossetribune.com/news/state-and-regional/rape-victim-criticizes-officials-in-avery-case/article_d90474d3-2bd7-53ad-b3fd-6a21444a9e64, 2023. 1. 16. 검색.

의 실물이나 사진을 보여주지 않았던 것이다.[77]

2005년 10월 31일, 사진작가 Teresa Halbach가 실종되는데, 그녀의 마지막 약속이 중고 자동차 매매 사이트에 올릴 Avery의 여동생의 미니밴의 사진을 찍기 위하여 Avery의 폐차장 근처에 있는 Avery의 집에서 Avery를 만나기로 한 것으로 알려졌었다. Halbach의 자동차는 폐차장에 일부가 숨겨진 채 발견되었고, 자동차 내부에서 확보된 핏자국이 Avery의 DNA와 일치하였다. 그 뒤 수사관들은 Avery의 집 근처 소각장에서 발견된 새까맣게 탄 뼛조각들을 확인하였다. 그 결과 Avery는 체포되었고, Halbach를 납치, 폭행, 살해 그리고 그의 시신을 훼손한 혐의로 2005년 11월 11일 기소되었다. 이어진 반복된 수색을 통하여 경찰은 Halbach의 자동차 열쇠를 Avery의 침실에서 발견한다. 그러나 변호인은 Avery가 제소한 이웃한 카운티의 보안관실이 Halbach 사건 수사에 참여하는 것은 이해관계의 충돌이며, 따라서 증거가 조작될 수도 있다는 개연성을 지적하였다. 또한 변호인들은 1996년 Beerntsen 사건에 대한 항소 때 수집되었던 Avery의 혈액을 담아둔 병을 보관하는 증거 상자가 봉인되지 않았고, 병뚜껑에 그들이 생각하기에 눈에 보이는 새로운 구멍도 발견하였다. 그래서 변호인들은 Avery를 범인으로 간주하기 위하여 Halbach의 자동차에서 발견된 혈액이 보관된 병에서 가져다 놓았다고 주장하였다. 이런 변호인단의 주장에 대항하기 위하여 검찰은 Avery 재판을 위하여 개발된 새로운 검사를 활용하여 인간 혈액에는 존재하지 않고 혈액 병에만 사용되는 방부제 에틸렌 미디아민 삼초산(EDTA)

---

77 Wikipedia, "Steven Avery," https://en.wikipedia.org/wiki/Steven_Avery, 2023. 2. 6. 검색; Kurt Chandler, "Blood simple: Our original 2006 Steven Avery Feature," Milwaukee, 2006, 5, 1, https://www.milwaukeemag.com/blood-simple, 2023. 1. 16. 검색.

검사를 위하여 Halbach의 자동차에서 획득된 혈액을 검사하여 아무것도 발견하지 못했다는 FBI 기술자의 증언을 제출하였다. 그러나 이에 대하여 Avery의 변호인단은 FBI 검사의 부정적 결과가 EDTA가 존재하지 않는다는 것을 의미하는지 또는 새롭게 개발된 검사 자체가 결론적이지 않은지 구분할 수 없다고 진술하였다. 그러던 중, 2006년 3월, Avery의 조카 Brendan Dassey가 심문에서 Avery가 Halbach를 살해하여 시신을 훼손하여 버리는 것을 도와주었다고 자백한 후 종범으로 기소되었다. 그러나 그는 지능이 IQ 73에 불과하였고, 그럼에도 수차례에 걸친 조사에 부모나 법률대리인도 없이 진행되었다고 한다. 그 후 그는 자신은 경찰로부터 강요를 당하였고, Avery의 재판에 참여하여 증언하는 것을 거부당했다고 주장하며 자신의 자백을 철회하였다. 그리고부터 그는 자신의 재판에서는 증언을 하였지만 결코 강요, 강압을 언급하지 않았고, 별도의 재판에서 살인, 강간, 시신 훼손으로 유죄가 확정되었다. 이와 함께 Avery도 살인 혐의에 대해서 가석방이 없는 종신형을 선고받았다.[78]

2016년 1월, "살인범 만들기(Making a Murderer)"가 개봉되고, People 잡지가 Avery 재판 배심원의 한 사람이 Avery로부터 소송을 당한 County 부 보안관의 아버지였으며, 또 다른 배심원의 부인이 그 County의 사무원이었다고 보

78 Wikipedia, "Steven Avery," https://en.wikipedia.org/wiki/Steven_Avery, 2023. 2. 6. 검색; Amy Tikkanen, "Steven Avery," Britannica, https://www.britannica. com/biography/Steven_Avery, 2023. 2. 6. 검색; Doug Schneider, "Steven Avery's 'alternate suspect' appeal in Teresa Halbach murder case rejected by state prosecutors as fiction," Green Bay Press-Gazette, 2022, 1, 28, https://www. greenbaypressgazette.com/story/news/crime/2022/11/28/prosecutors-reject-steven-averys-latest-appeal-as-work-of-fiction/69683314, 2023. 2. 6. 검색; Daniel Victor, "'Making a Murderer' left out crutial facts, prosecutor says," The New York Times, 2016, 1, 5, https://www.nytimes.com/2016/01/05/arts/television/ken-katz-making-a-murderer.html, 2023. 2. 6. 검색.

도하였다. 가족의 긴급한 일로 배심원 평결이 시작되고 배심원단에서 사퇴한 배심원 Richard Mahler는 초기에 배심원 7명이 무죄 투표를 했었는데 어떻게 배심원단이 결국엔 유죄평결에 도달했는지 의아스럽다고 주장하였다. 이런 주장에 대해서 다른 배심원들은 Avery의 무죄에 투표한 적이 없으며, 비공식적 투표에서 단 3명만 그가 무죄라고 투표했다고 반박하였다. 또 다른 배심원은 영화 '살인범 만들기' 제작자에게 유죄평결로 되돌아가도록 위협을 받았고, 안전의 공포를 느꼈다고 말한 것으로 알려졌으나 물론 이 주장도 논쟁이 되었다. 2011년 8월, 주 항소법원은 새로운 재판을 요구하는 Avery의 항소를 기각하였고, 2013년 주 대법원은 이런 항소심 결정을 검토해달라는 상고도 기각하였다. 2016년 1월, Chicago 변호사 Kathleen Zellner는 Midwest Innocence Project와 공동으로 Avery의 적법절차의 권리가 침해되었음을 인용하고, 관계자들이 수색영장의 범위를 넘어서 증거를 수집하였다고 비난하며 새로운 청원을 넣었다. 2015년 12월에는 Dassey의 변호인단이 강요된 자백과 변호사의 무성의한 변론으로 야기된 헌법적 권리 침해를 이유로 재심이나 석방을 요구하는 소송을 지역 연방법원에 제기하였다. 2016년 8월, 연방법원 판사 William E. Duffin은 Dassey의 자백이 자발적이지 않았다며 그에 대한 유죄를 뒤집고, 11월 17일 그의 석방을 위한 변론청원을 허락하였으나, 연방 항고법원은 그 판결을 뒤집고 인신보호청원이 결정될 때까지 수감을 명령하였다. 그러나 항소법원은 치안판사가 Dassey의 자백이 강요되었고, 그의 헌법적 권리가 침해했다고 판단한 것을 뒤집어서 그의 헌법적 권리가 침해되지 않았다고 판시하였고, 이에 변호인단은 대법원에 상소하였으나 그마저도 거부당하였다. 이와 함께, 2015년 12월 25일, "Wisconsin 주에서는 Avery 일행을 조사하여 사면하고, 이들 무고한 사람들에게 부당하게 유죄를 확정한 공직자들을 처벌하라"는 제목의 청원이 백악관 청원 사이트에 만들어졌고, 2016년 1월 그 청원에 대한 대답으로 백악관 대변인은 Avery와 Dassey는 둘 다 Wisconsin 주의 수형자이기 때문에 대통령이 사면할 수 없다고 답하였다. 그러나 Wisconsin 주지사의 대변인은 주지사가 그들을 사면하지 않을 것이라고 설명하였다. 두 번째 청원은 최소 서명 요건을 채우지 못하여 기록으로 보관되고 말았다. 그러자 2015년 Netflix가 "살인범 만들기"라는 다큐멘터리로 Avery와 Massey의 수사와 재판을 탐사하였고, 경찰과 검찰의 위법, 비행, 증거 조작, 목격자 강요와 강압 등의 혐의를 조사, 검토하였다.[79]

Avery의 변호사인 Zellner는 자신의 의뢰인의 무죄임을 주장하는 주요 근거는 Avery의 재판 변호인들이 Dassey와 누군가가 그날 늦게 경찰관들이 Avery의 폐차장으로 Halbach의 자동차를 밀고 있는 것을 보았다고 말했던 신문배달원 Thomas Sowinski가 보안관실로 한 전화의 통화기록을 받지 못했다는 것이었다. 자동차 발견 후, 수사관들이 소각장에서 확인된 Halbach의 DNA와 일치하는 뼛조각, 자동차에서의 Avery와 Halbach와 일치하는 혈액 그리고 Avery의 차고에서 찾은 Halbach의 DNA를 찾은 탄피 등을 발견했다는 점을 의심하였다. Avery는 화장실 욕조에 다친 자신의 손가락에서 나온 피가 떨어졌던 것을 범죄 현장에 경찰이 심은 것이라고 주장하였다. 신

79 Wikipedia, "Steven Avery," https://en.wikipedia.org/wiki/Steven_Avery, 2023. 2. 6. 검색; Kurt Chandler, "Blood simple: Our original 2006 Steven Avery Feature," Milwaukee, 2006, 5, 1, https://www.milwaukeemag.com/blood-simple, 2023. 1. 16. 검색; Molly Ruffing, "Steven Avery's attorney blames 'state's star withness' for Halbach murder," FOX 11 News, 2023, 1, 27, https://fox11online.com/news/crime/steven-acery-attorney-claims-alternate-suspect-committed-sexual-homicide-murder-making-murderer-brenda-beerntsen-case, 2023. 2. 6. 검색.

문배달원 Sowinski가 2020년 12월 Avery의 현재 변호인 측에 찾아와서 자신이 Halbach의 자동차가 Avery의 폐차장에서 발견되었다는 것을 안 다음에 보안관 사무실을 접촉했었다고 말한 진술서에 서명했다고 변호인 측은 주장하고 있다. 이 새로운 증거는 만약에 배심원단이 이 새로운 증거를 들었다면 피의자의 유죄에 관하여 합리적 의심을 가졌을지도 모르는 합리적 개연성, 가능성을 보여주기 때문에 당연히 Avery에게 새로운 재판의 기회가 주어져야 한다는 것이다. 또한 청원은 또 다른 목격자 Kevin Rahmlow가 2005년 11월 4~5일 다른 장소에 주차되어 있는 Halbach의 자동차를 보았다는 진술을 변호인에게 구두로 그리고 서명한 진술서로 반복해서 증언하였는데, 이는 12월 5일 발견되기 전에 Abery의 폐차장으로 옮겨지고, 심어졌음이 틀림없다고 주장하였다. 그의 재판에서 이런 새로운 증거들이 Avery와 그의 변호인단에 제공되지 않은 결과로, 새로운 재판이나 증거 청문회를 열어줄 것을 법원에 요구한 것이었다.[80]

80 Ronn Blitzer, "Steven Avery attorney claims 'new and compelling evidence' has emerged in 'Making a Murderer' case," Fox news, 2022, 8, 18, https://www.foxnews.com/us/steven-avery-attorney-claims-new-compelling-evidence-emerged-making-murderer-case, 2023. 1. 16. 검색; Doug Schneider, "Steven Avery files another appeal of his murder conviction in Manitowoc County killing of Teresa Halbach," Appleton Post-Crescent, 2022, 8, 17, https://www.postcrescent.com/story/news/local/steven-avery/2022/08/17/steven-avery-again-appeals-conviction-killing-teresa-halbach/103494390, 2023. 1. 16. 검색; Doug Schneider, "Steven Avery's 'alternate suspect' appeal in Teresa Halbach murder case rejected by state prosecutors as fiction," Green Bay Press-Gazette, 2022, 11, 28, https://www.greenbatpressgazette.com/story/news/crime/2022/11/28/prosecutors-reject-steven-averys-latest-appeal-as-work-of-fiction/69683314, 2023. 1. 16. 검색; Aaron Keller, "Steven Avery's attorneys file third request for new trial in case mode famous by 'Making a murderer'," https://lawandcrime.com/high-profile/steven-averys-attorneys-file-third-request-for-new-trial-in-case-made famous-by-making-a-murderer, 2023. 2. 6. 검색.

Ricky Jackson
....
'쓰레기 과학(junk science)'과
사법관료의 '인간 오류(human error)'

1975년 5월 19일, 59세의 우편환 판매원 Harold Franks가 Ohio의 한 식료품 가게를 나서자마자 그가 들고 있던 서류 가방을 내놓을 것을 요구하는 두 사람과 마주친다. 그가 두 사람의 요구를 거절하고 저항하자 두 사람은 파이프로 그의 머리를 가격하고 얼굴에 산을 뿌렸다. 그리고는 두 명의 강도 중 한 사람이 그의 가슴에 두 발의 총을 쏘고, 가게 창문을 관통하여 가게 여주인에게도 한 발을 쏜다. 이 총격으로 Franks는 그 자리에서 사망하고, 가게 여주인 Ann Robinson은 목에 총을 맞았으나 살아남는다. 두 명의 강도는 425달러가 든 서류 가방을 들고 달아나서, 길가에 주차되어 있었던 차량을 타고 도주한다. 사건이 발생하고 얼마 지나지 않은 어느 날, 경찰은 18세의 Ricky Jackson을 총격범으로 지목한 12세의 Eddie Vernon이라는 소년의 진술을 확보한다. Vernon은 17세의 Ronnie Bridgeman과 도주 차량을 운전했던 그의 형인 20세의 Wiley Bridgeman이 Jackson과 함께 있었다고 경찰에 진술하였다. 소년의 이 진술로 그때까지 어떤 전과나 범죄 기록도 없던 Jackson과 Bridgeman 형제는 1975년 5월 25일 체포되어 특수 살인, 특수 강도 그리고 특수 살인미수 혐의로 기소된다.[81]

---

81 National Registry of Exoneration, "Ricky Jackson," https://www.law.umich.edu/special/exoneration/Pages/casedetail.aspx?caseid-4553, 2023. 2. 6. 검색; Innocents Database of Exoneration, "Ricky Jackson," https://www.fprejustice.org/db/Jackson-Ricky-html, 2023. 2. 6. 검색; John Bach, "Blind Justice," Magazine, University of Cincinnati, https://magazine.uc.edu/issues/0317/blind-injustice.html, 2023. 2. 6. 검색; Wikipedia, "Ricky Jackson, Ronnie Bridgeman, and Wiley

세 사람 모두 지방법원에서 서로 분리되어 개별 재판에 회부되었지만, 그들을 범죄와 연루시키는 아무런 물적 증거나 법의학적 증거도 없었다. 검찰이 그들을 기소한 근거는 이제 막 13살이 된 Vernon이라는 소년의 증언이 거의 유일하였다. 문제는 이 유일한 목격자가 범행 당시 고작 12살이었고, 증언을 했을 때 막 13살이 된 어린 소년이었다는 점과 더구나 그러한 그의 증언이 매우 일관적이지도 못했다는 것이다. Vernon은 처음에는 Franks가 차에서 내려 가게로 걸어가자, 두 사람이 그를 공격하는 것을 학교에서 집으로 가던 차 안에서 보았다고 경찰에 진술하였으나, 재판에서는 자신이 범행을 목격했을 때는 이미 차에서 내렸었고, 범행은 Frnaks가 가게에서 나오자 벌어졌다고 증언하였다. 강도의 총격을 당한 가게 여주인 Robinson은 가게 창문을 관통한 총알에 자신의 목이 맞았다고 증언했으나, 강도범들을 식별할 수는 없었다. 이에 더하여 변호인 측의 증인이었던 16세의 동네 소녀는 자신이 강도가 발생하기 직전에 가게로 들어갔으며, 가게 밖에서 두 사람을 보았는데, 두 사람은 Jackson도 Bridgeman 형제도 아니었다고 말하였다. Vernon의 학급 친구 여러 명도 자신들이 총소리를 들었을 때는 Vernon이 자기들과 함께 차 안에 있었으며, 자기들 중 누구도 강도를 볼 수 없었다고 증언하였다. 그럼에도 1975년 8월 12일, 배심원들은 Wiley Bridgeman에게, 8월 13일에는 Jackson에게, 9월 27일에는 Ronnie Bridgeman에게 유죄평결을 하였다. 물론 세 사람 모두 범행 가담을 전적으로 부인하였

Bridgeman," https://en.wikipedia.org/wiki/Ricky_Jackson_Ronnie_Bridgeman_and_Wiley_Bridgeman, 2023. 1. 16. 검색; Smithsonian Magazine, "After 39 years of wrongful imprisonment, Ricky Jackson is finally free," https://www.smithsonianmag.com/history/years-wronful-imprisonment-ricky-jackson-finally-free-180961434, 2023. 1. 16. 검색; Hawaii Innocence Project, "Ricky Jackson," https://www.hawaiiinnocenceproject.org/ricky-jackson, 2023. 1. 16. 검색.

다. 세 사람 모두 비록 자기들이 강도가 발생한 식료품 가게 가까이 살고 있고, 총격 이후에 그곳으로 걸어갔으며, 당시 현장에 모인 100여 명의 군중의 일부였지만, 강도가 발생했을 때 다른 곳에 있었다는 알리바이를 입증하는 증인들을 제시하였다. 그럼에도 세 사람 모두 그들이 체포되고 고작 몇 달 후 사형이 선고되고 말았다.[82]

2011년, Cleveland Scene이라는 잡지가 이 사건에 대한 상세한 검증 기사를 게재하고, 이들을 기소하는 데 거의 전적인 근거였던 13살 소년 Vernon의 증언에 다수의 비일관성이 있었던 반면에 그들을 범행에 연루시킬 수 있는 다른 아무런 증거도 없었음을 강조하였다. 잡지 기사에서는 Vernon이 재판에서 증언해주기로 하고 피해자의 한 사람인 가게 여주인 Robinson의 남편으로부터 50달러를 받았음에도 자신의 진술에서 그 사실을 언급하지 않았다는 점을 지적하였다. 기사를 작성했던 Kyle Swenson 기자가 Vernon을 인터뷰하고자 시도했지만, Vernon이 사건에 관해서 이야기하기를 거절하자, Vernon의 목사인 Arthur Singleton에게 도움을 청하고, 목사가 Vernon에게 기자가 인터뷰를 원한다고 말하자 Vernon은 목사에게 기자를 싹 무시하라고 말한다. 그러나 두어 달 후, Swenson 기자는 Singleton 목사에게 기사를 보내자, 목사는 Vernon에게 그에 대해서 물었다. 물론 이때도 Vernon은 그것에

---

82 National Registry of Exoneration, "Ricky Jackson," https://www.law.umich.edu/special/exoneration/Pages/casedetail.aspx?caseid-4553, 2023. 2. 6. 검색; Innocents Database of Exoneration, "Ricky Jackson," https://www.fprejustice.org/db/Jackson-Ricky-html, 2023. 2. 6. 검색; Smithsonian Magazine, "After 39 years of wrongful imprisonment, Ricky Jackson is finally free," https://www.smithsonianmag.com/history/years-wronful-imprisonment-ricky-jackson-finally-free-180961434, 2023. 1. 16. 검색; Hawaii Innocence Project, "Ricky Jackson," htps://www.hawaiiinnocenceproject.org/ricky-jackson, 2023. 1. 16. 검색.

대해서 말하기를 거부하였다. 2013년 Singleton 목사는 Vernon이 고혈압으로 입원하고 있던 병원을 방문한다. Singleton 목사는 이후 자신의 서명 진술에서 자신이 Vernon에게 잡지 기사에 관해서 다시 한번 더 물었고, Vernon은 자신이 1975년 강도를 목격했다고 증언했을 때 경찰에 거짓말을 하였고, 결과적으로 무고한 세 사람을 살인 혐의로 교도소에 보내게 되었다고 말했다고 진술하였다. 또 진술서에는 Vernon이 말하기를 용의자 식별을 위한 Lineup에서 거짓말을 털어놓으려고 했으나 당시 자신이 너무 어린아이였고, 경찰이 자신에게 진술을 바꾸기엔 너무 늦었다고 말했다는 사실도 털어놓았다. Sngleton은 Vernon이 무너져 내렸고, 무거운 짐이 그의 어깨에서 내려지는 것을 볼 수 있었다고 진술하였다.[83]

Vernon의 진술, 증언 철회에 자극을 받은 Ohio Innocence Project의 변호사 Brian Howe와 Mark Godsey는 Jackson을 대리하여 재심을 청구한다. 그 후, Bridgeman 형제도 유사한 청구를 한다. Ohio Innocence Project의 재조사 결과, Vernon이 세 사람에 대한 자신의 신원확인, 식별을 철회하려고 하자 경찰이 그에게 거짓으로 증언하도록 위협했다는 증거를 찾았다. 경찰은 Vernon이 재판 이전에 자신의 진술을 철회하려고 시도했었다는 것을 세 사람의 피의자들 변호인단에게 일절 제출하지 않았다. Ohio Innocence Project가 확

---

83 National Registry of Exoneration, "Ricky Jackson," https://www.law.umich. edu/special/exoneration/Pages/casedetail.aspx?caseid-4553, 2023. 2. 6. 검색; Innocents Database of Exoneration, "Ricky Jackson," https://www.fprejustice. org/db/Jackson-Ricky-html, 2023. 2. 6. 검색; John Bach, "Blind Justice," Magazine, University of Cincinnati, https://magazine.uc.edu/issues/0317/blind-injustice.html, 2023. 2. 6. 검색; Wikipedia,"Ricky Jackson, Ronnie Bridgeman, and Wiley Bridgeman," https://en.wikipedia.org/wiki/Ricky_Jackson_Ronnie_ Bridgeman_and_Wiley_Bridgeman, 2023. 1. 16. 검색; Hawaii Innocence Project, "Ricky Jackson," htps://www.hawaiiinnocenceproject.org/ricky-jackson, 2023. 1. 16. 검색.

보한 경찰 보고서는 경찰이 다른 두 사람, Paul Gardenshire와 Ishmael Hixon 도 범죄 용의자로 고려했었으나, 그 두 사람에 대한 경찰의 수사는 Vernon 이 Jackson과 Bridgeman 형제를 지목하자 중단했다는 것도 보여준다. 범죄 현장에서 과속으로 빠져나가던 녹색 자동차의 번호판은 1년 전 총격과 강 도를 포함한 경찰 기록이 있던 Hixon이 소유하고 있던 자동차와 일치하였 다. 1976년, Franks가 살해당하고 1년이 지난 후, Hixon은 12건 이상의 특수 강도 혐의에 대한 유죄를 인정하였다. 2014년 11월, 재심을 청구한 Jackson 에 대한 청문이 열렸다. 거기서 Vernon은 경찰이 자신에게 자세한 범죄 정 보를 제공하였으며, 자신은 범죄 현장에서 무슨 일이 벌어졌었는지 아는 게 없으며, 모든 것은 거짓이라고 증언하였다. Vernon은 마치 불꽃놀이 소 리와 같았던 두 발의 총성을 들었을 때는 자신은 버스 안에 있었지만, 발생 했던 아무 것도 볼 수 있을 정도로 충분히 가까이 있지 않았었다고 판사에 게 증언하였다. 다만 자신은 길거리 소문을 듣고 현장으로 가서 경찰에게 Jackson과 Bridgeman 형제가 범행했다고 말했을 뿐이었다는 것이다. Vernon 은 자신이 당시 옳은 일을 하고 있다고 생각하고, 경찰에게 누가 범행했는 지 안다고 말했다는 것이다. 자신이 진술을 철회하려고 시도했지만, 형사 가 자신을 방으로 데리고 가서 "너는 감옥에 가기는 너무 어리지만, 진술을 번복하려고 하기 때문에 너 대신 부모를 위증으로 체포할 수 있다"고 말해 서 재판에서 증언하기로 동의했다는 것이다. 청문 결과로 재심이 허락되 고, 그들 세 사람의 혐의를 무효화하여 Jackson은 39년의 수형생활 끝에 석 방되었다.[84]

---

84 National Registry of Exoneration, "Ricky Jackson," https://www.law.umich. edu/special/exoneration/Pages/casedetail.aspx?caseid-4553, 2023. 2. 6. 검색; Innocents Database of Exoneration, "Ricky Jackson," https://www.fprejustice.

여기서 한 가지 분명치 않은 것은 왜 Vernon이 스스로 목격자가 되었는 지에 대한 그 동기나 이유이다. 불우한 환경의 지역사회에 사는 어린 소년 의 관심 받고 싶어 하는 마음이었는지, 과도한 상상의 충동이었는지, 그냥 가볍게 한 말이 눈덩이처럼 커졌는지 알 수 없다. 그 이유가 무엇이건, 형 사들이 다음 날 그의 집으로 찾아갔고, 자기 집에서 Vernon을 만났기 때문 에 이웃 주민들은 그가 경찰에 협조한다는 것을 알 수 없었다. 여기에다 피 해자의 남편도 범인을 찾는 데 혈안이 되어 Vernon에게 지금 가치로는 200 달러도 더 되는 50달러를 주기도 하였다. 수사팀장 Eugene Terpay는 주민들 이 밀고자를 매우 싫어한다는 것을 알고, Vernon과의 관계를 증진시키려고 일반 차량으로 그를 태우고 햄버거도 사주고 고속도로에서 사이렌을 울리 며 고속주행도 시켜주곤 했다. 어린 Vernon에게는 아마도 신나는 일이었을 것이다. Vernon은 살인을 목격하지 않았고, Terpay 형사가 의식, 무의식적으 로 Vernon이 사건을 진술할 수 있을 때까지 사건의 상세한 진상을 제공했다 는 것을 알게 되었다. 뿐만 아니라, 경찰은 Vernon이 지목한 세 사람의 용의 자들을 무너뜨리기 위해 각자 분리해서 심문하면서 다른 두 사람은 자백을 했다고 일러주는 것이었다. Jackson이 자백에 서명하기를 거부하자 Terpay 형사가 그의 목을 조르고 발로 차고 그를 바보 새끼라고 불렀다는 것이다.[85]

org/db/Jackson-Ricky-html, 2023. 2. 6. 검색; Wikipedia, "Ricky Jackson, Ronnie Bridgeman, and Wiley Bridgeman," https://en.wikipedia.org/wiki/Ricky_ Jackson_Ronnie_Bridgeman_and_Wiley_Bridgeman, 2023. 1. 16. 검색; Hawaii Innocence Project, "Ricky Jackson," https://www.hawaiiinnocenceproject. org/ricky-jackson, 2023. 1. 16. 검색; Christian Science Monitor, "Two Ohio men freed 39 years after wrongful conviction. What changed?" https://www. csmonitor.com/USA/USA-Update/2014/1121/Two-Ohio-men-freed-39- years-after-wrongful-conviction-What-changed, 2023. 2. 6. 검색.

85 Christian Science Monitor, "Two Ohio men freed 39 years after wrongful

Ricky Jackson과 Bridgeman 형제가 무고하게 유죄를 선고받고 수형생활을 하게 되었던 데는 12살 어린 소년의 위증과 자신의 위증을 철회하지 못하도록 강압한 경찰 그리고 아무런 물적, 법의학적 증거도 없이 이렇게 경찰비위와 일탈행위로 인한 어린 소년의 위증에만 의존한 검찰이 있었기 때문이었다. 이들 세 명의 무고한 사람들에 대한 유죄가 뒤집어지고, 면죄된 것은 검찰이 그들을 기소하는 데 전적으로 의존했던 핵심 증인이 자신의 증언을 번복, 철회한 새로운 증거에 근거하였다. 이들 세 사람의 유죄평결에 결정적 역할을 했던 주요인은 바로 위증이었고, 위증은 대부분 경찰의 강압 등 비위가 그 원인이기도 하였다. Jackson이 39년의 수형생활 끝에 면죄가 됨으로써, 그는 미국 역사상 무고하게 유죄가 선고되어 가장 오래도록 수형생활을 한 면죄자로 기록되었다. 이 기록적인 사건을 이끌었던 변호사 Godsey는 그가 말하기로 '쓰레기 과학(junk science)' 수사에서 단순한 인간 편견에 이르는 인간의 오류로 가득한 형사사법제도에 의문을 제기한다. 그는 경찰과 검찰은 이 잔인한 범죄들을 해결하라는 엄청난 압박을 받고, 정치와 정치인은 모두가 너무나 빈번하게도 형사사법 과정에 먹구름을 씌우고 실수나 과잉이나 도를 넘도록 한다고 비판하였다. 심지어 자신들이 오심을 들추어내도 사법 관료들은 오류를 수정하는 것을 일부러 방해하고 부정한다고 질타한다. 경찰, 검찰, 심지어 판사들의 정의롭지 못한 행위와 이런 그들의 행위가 수많은 무고한 사람들이 사법제도의 손에 의해서 고통을 받고 있는 말하지 못한 고통을 초래하는 것을 목격했다고 말한다. 이 사건은 허위 증거를 각색하고, 무고함의 증거를 밝히지 않고, 목격

conviction. What changed?" https://www.csmonitor.com/USA/USA-Update/2014/1121/Two-Ohio-men-freed-39-years-after-wrongful-conviction-What-changed, 2023. 2. 6. 검색.

자를 재판에서 거짓 증언을 하도록 강요, 강압한 경찰의 말로 형용할 수도 없이 심각한 비리, 비행, 위법을 그대로 보여주었을 뿐만 아니라, 시 당국의 일선 경찰관에 대한 훈련과 감시의 실패와 소홀함을 드러내 보였으며, 아직도 만연한 인종차별적 경찰 활동의 부문화와 면책을 악용한 비행이 만연함을 반영하고 있다.[86]

Malcolm Alexander

잘못된 Lineup과 변호인의 태만이 초래한 오심

1979년 11월 8일 오전 11시 반쯤, 누군가가 최근 새로 개업한 미국 남부 Louisiana의 한 골동품 가게로 들어선다. 가게주인인 39세의 백인 여성은 그를 의심하게 되어, 가게 밖의 가구로 안내하려고 시도하였지만, 그녀가 출입문으로 걸어가자 그 흑인 남성은 뒤에서 그녀를 붙잡고 그녀의 머리를 권총으로 때렸다. 그리고는 그녀를 가게 뒤쪽에 있는 화장실로 데려가서는 총으로 위협하며 그녀를 성폭행했다. 그녀를 성폭행한 뒤, 그는 자신이 성폭행을 저지르는 내내 울리고 있던 전화기로 그녀를 데리고 가서, 목을

---

86 John Bach, "Blind Justice," Magazine, University of Cincinnati, https://magazine.uc.edu/issues/0317/blind-injustice.html, 2023. 2. 6. 검색; Christian Science Monitor, "Two Ohio men freed 39 years after wrongful conviction. What changed?" https://www.csmonitor.com/USA/USA-Update/2014/1121/Two-Ohio-men-freed-39-years-after-wrongful-conviction-What-changed, 2023. 2. 6. 검색; News 5 Cleveland, "3 Cleveland men wrongfully convicted reach settlement with city," https://www.news5cleveland.com/news/local-news/cleveland-metro/3-cleveland-men-wrongfully-convicted-for-a-1975-murder-reach-18-million-settlement-with-city, 2023. 2. 6. 검색.

팔로 감싸고는 전화를 받게 하지만 딴소리를 하면 총을 쏘겠다고 위협한다. 그녀는 전화를 건 사람에게 자신이 위험을 당하고 있다는 경고나 주의를 환기시키지 못한 채 전화를 마친다. 그러자 범인은 다시 그녀를 화장실로 끌고 가서 한 번 더 성폭행하고는 그녀에게 움직이지 말 것을 명령하고 도주한다. 피해 여성은 수건으로 자신의 몸을 닦고 곧바로 경찰에 신고하였다.[87]

현장에 도착한 경찰은 세면실 바닥에서 누구 것인지 알 수 없는 머리카락 세 개를 찾아내고, 피해 여성이 자신의 몸을 닦았던 수건도 증거로 확보하였다. 피해 여성은 범인이 185cm 약간 넘는 신장에 80~85kg 정도의 몸무게를 가진 20대 초반의 중간 정도의 안색을 가진 흑인 남성이었다고 진술하였다. 또한 범인이 청바지에 어두운 색깔의 바람막이를 입고 있었고, 테가 없는 모자를 쓰고 있었다고도 진술하였다. 그리고 범인이 어두운 오렌지 색깔의 10단 기어의 영국제 경주용 자전거를 타고 가게로 올라왔다고도 진술하였다. 경찰은 이를 토대로 범인에 대한 인상착의를 전파하였고, 10분 후 경찰은 청바지의 지프를 잠그지 않은 채 10단 기어의 자전거를 타던 한 흑인 남성을 검문하였다. 경찰이 그를 골동품 가게로 데려가서 가게 밖에 세워놓고는 피해 여성으로 하여금 서서 현관 창문을 통하여 그를 관찰하도록 하였는데, 피해 여성은 그 남자가 자신을 강간한 범인이 아니라고 말하였다. 1980년 2월, 경찰은 한 여성이 자신에게 성폭력을 가했다

87 The National Registry of Exonerations, "Malcolm Alexander," https://www.law.umichi.edu/special/exoneration/Pages/casedetail.aspx?caseid=5274, 2023. 2. 15. 검색; Brendan's Blog, "The wrongful conviction of Malcolm Alexander," 2020, 9, 24, https://sites.psu.edu/rowercl/2020/09/24/the-wrongful-conviction-of-malcolm-alexander, 2023. 2. 15. 검색.

고 신고한 20살의 Malcolm Alexander를 체포하였다. Alexander는 경찰에 자신은 여성에게 돈을 주었고, 그래서 성폭력이 아니라 합의된 것이었다고 주장하여 기소되지 않았지만, 경찰은 그가 비록 신장이 180cm에 지나지 않았지만 골동품 가게 여주인 강간 사건 피해 여성이 진술했던 범인의 인상착의에 맞는다고 믿었다. 1980년 3월 24일, 보안관실의 O'Neil De Noux Jr. 형사는 피해 여성에게 Alexander의 사진이 포함된 사진 Lineup을 다시 한번 요청하였고, 그 결과에 대한 De Noux 형사의 보고서는 피해 여성이 Alexander를 지목하였지만 그것은 '잠정적'이었다고 적고 있다. 얼마 후, 재판에 출석했던 담당 형사 De Noux가 개인적, 사적으로 피해 여성을 인터뷰하였고, 인터뷰가 끝나고 나와서 피해 여성이 지금 막 Alexander가 자신을 공격한 범인이었다고 98% 확신한다고 말했다고 전하였다. 사실, 연구에 따르면, 특정한 한 사람을 반복적으로 Lineup 절차에 반복적으로 포함시키면 목격자의 기억을 "오염"시키고, 심지어 무고함에도 한 사람을 범행한 사람으로 지목할 가능성을 높인다는 것이다. 이렇게 목격자에게 여러 번에 걸쳐 반복적으로 사진이나 대면으로 식별, 지목하게 하면, 자신이 사건으로부터 그 사람 또는 이전 식별에 대해 자신이 알아볼 수 있는지 혼란스러워지게 하는 반면에 목격자로 하여금 자신의 식별을 더 확신하게 만든다는 것이다. 이런 주장은 DNA 검사로 면죄된 사람의 60% 이상이 목격자 증언의 잘못으로 무고하게 오심으로 확정된다는 사실적 통계로도 알 수 있다. 더구나 사진 식별 후, 대면식별에서는 이전 사진 식별에서 보여주었던 사람 중에서 Alexander만 대면식별에 다시 세웠다는 점도 문제가 있을 수 있다. Alexander는 그렇게 해서 특수 강간 혐의로 체포되고 기소되었다. 사실 물리적 증거도 법의학적 증거도 없이 피해 여성과 12살 소년의 믿기 어려운 증언에만 의존하여 기소된 피의자에 대한 재판이 배심원 구성에서 배심원의 평결을 발표하기까지 전체 재판이 단 하루밖에 걸리지 않았다는 것이다. 그에 맞게 전체 재판 기록도 단 87페이지에 불과했으며, 변호인은 자신의 의뢰인을 위해서 거의 아무것도 하지 않았다고 한다. 여기에 더하여, 피해 여성을 병원으로 데려가서 각종 성폭력 관련 검사를 한 결과를 담은 강간 키트(rape kit)와 피해자가 자신의 몸을 닦은 수건에 정액이 묻어있었고, 피해 여성이 강간당한 욕실 바닥에서 발견된 머리카락도 세 가닥 있었지만 아무런 법의학적 검사도 이루어지지 않았다고 한다. 검찰도 변호인도 누구도 증거에 대한 어떤 검사도 요구하지 않았다는 것이다. 그리고 자신이 실시한 피해 여성에 의한 사진 식별에 대한 자신의 보고서에도 피해 여성이 Alexander를 식별, 지목한 것이 '잠정적'이라고 기록했으면서도 De Noux 형사는 배심원단에게 피해 여성이 전혀 망설임도 없이 Malcolm Alexander를 자신을 강간했던 남성으로 확인, 지목했다고 말했던 것이다. De Noux 형사를 대신하여 실시간 피의자 식별 Lineup을 실시하고 그 결과를 '가능한', 그러나 '잠정적'이라고 보고하였던 Nuzzollilo 형사도 그냥 피해 여성이 Alexander를 지목하였다고 단순하게 증언하였다. 그럼에도 검찰은 경찰의 증언이나 식별이 '잠정적'이라고 판단한 보고서와 관련된 어떠한 증언도 끌어내지 않았다. 더구나 Alexander의 변호인도 그러한 서술, 진술, 증언에 관한 반대, 대질심문에 관한 어떠한 문제도 제기하지 않았다. 심지어 변호인은 모두 진술도 하지 않았고, 최후 진술은 겨우 4페이지에 불과하였고, 피고의 증인을 전혀 요청하지 않았고, 당시 일정한 직업을 가지고 있었던 피의자의 알리바이가 있는지조차 조사하지도 않았다. 결국 피해자의 용의자 식별이 궁극적으로 재판에서 제시된 Alexander에 대한 유일한 증거였던 셈이

지만 Alexander에게는 가석방이 없는 종신형이 선고되었던 것이다.[88]

1996년, DNA 검사에 관한 뉴스 기사를 보고, Alexander는 New York의 Innocence Project에 도움을 요청하였다. 그러나 법원이 1984년의 종결된 사건의 증거물 상자 수백 개를 파쇄할 때 부주의로 Alexander 관련 증거들도 파손되어 물적 증거를 찾는 것은 실패하였다. 이에 대해 법원 측에서는 단연코 일어나서는 안 될 단순한 '사람의 실수'였다고 해명하였다. 이로 인하여 Innocence Project에서는 사건을 끝냈지만 Alexander는 중단하지 않았다. 2004년, Louisiana 주에서 유죄평결 후 DNA 검사법을 제정하자 그는 더 이상의 증거 찾기에 다시 불을 붙이리란 희망을 가지고 청원을 하였다. 2013년, 그 지역 보안관실의 과학수사연구소가 피해 여성이 강간당했던 욕실 바닥에서 발견되었던 머리카락을 다시 찾음으로써 그의 청원 노력이 보상을 받게 된다. 2015년 Innocence Project와 검찰이 발견된 머리카락에 대한 DNA 검사를 시행하기로 합의하고, 2016년에 검사가 이루어졌다. 검사 결과는 세 개의 머리카락 모두 동일인의 것이며, Alexander의 것은 아님을 보여주었다. 이 결과를 바탕으로, Innocence Project는 DNA 검사 결과는 물론이고 자신의 직무에 최선을 다하지 않은 변호인이 재판에서 제대로 변호하지 않았다는 점을 들어 가장 합리적인 결론은 머리카락의 주인이 피해 여

---

88 The National Registry of Exonerations, "Malcolm Alexander," https://www.law.umichi.edu/special/exoneration/Pages/casedetail.aspx?caseid=5274, 2023. 2. 15. 검색; Brendan's Blog, "The wrongful conviction of Malcolm Alexander," 2020, 9, 24, https://sites.psu.edu/rowercl/2020/09/24/the-wrongful-conviction-of-malcolm-alexander, 2023. 2. 15. 검색; Daniele Selby, "A mistaken identification sent him to prison for 38 years, but he never gave up fighting for freedom," Innocence Project, 2021, 9, 17, https://innocenceproject.org/malcolm-alexander-wrongful-conviction-angola, 2023. 2. 1. 검색; Innocence Project, "Malcolm Alexander: Time Served : 38 Years," https://innocenceproject.org/case/malcolm-alexander, 2023. 2. 16. 검색.

성을 강간했다는 것이라며 Alexander의 유죄 선고는 지워져야 한다고 청원하였다. 결과적으로 청원이 받아들여져서 2018년 1월 30일, Alexander는 무려 거의 38년의 옥살이 끝에 석방되었다. Alexander는 그의 석방과 면죄를 도운 Innocence Project가 기술하기를 "큰 결함이 있고, 믿을 수 없는 식별 절차(Lineup)"의 피해자였던 것이다.[89]

Alexander의 재판은 단 하루밖에 걸리지 않았고, 그가 범행했다는 어떠한 증거도 없었다. 그에 대한 이런 재판은 한마디로 미국 형사사법제도에 대한 창피 그 자체였던 것이다. Alexander는 당연히 변호사비를 지불하였음에도 그의 변호사 Hans Tosh는 자기 의뢰인을 위하여 아무것도 하지 않았다. 심지어 증거가 현장에 남겨져 있었지만 아무런 검사도 하지도 요구하지도 않았는데, 만약 제대로 검사했더라면 쉽게 Alexander가 면죄될 수 있었을 것이다. 또한 그는 피해자의 최초 식별에 대한 확신의 결여도 언급하지 않았다. 그런 변호사는 사법제도에 대한 부끄러움이었다. 실제로 자신의 변호인이 효과적인 변론을 제공하지 못하거나 제공하지 않거나, 적절한 변호인을 가질 자원이 없기 때문에 필요한 법률적 도움과 변론을 받지

89 The National Registry of Exonerations, "Malcolm Alexander," https://www.law. umichi.edu/special/exoneration/Pages/casedetail.aspx?caseid=5274, 2023. 2. 15. 검색; Brendan's Blog, "The wrongful conviction of Malcolm Alexander," 2020, 9, 24, https://sites.psu.edu/rowercl/2020/09/24/the-wrongful-conviction-of-malcolm-alexander, 2023. 2. 15. 검색; Daniele Selby, "A mistaken identification sent him to prison for 38 years, but he never gave up fighting for freedom," Innocence Project, 2021, 9, 17, https://innocenceproject.org/malcolm-alexander-wrongful-conviction-angola, 2023. 2. 1. 검색; Innocence Project, "Malcolm Alexander: Time Served : 38 Years," https://innocenceproject.org/case/malcolm-alexander, 2023. 2. 16. 검색; Michael Ollove, "Police are changing lineups to avoid false IDs," Stateline, 2018, 7, 3, https://www.pewtrusts.org/en/research-and-analysis/blogs/stateline/2018/0713, 2023. 2. 16. 검색.

못하여 수형생활을 하게 되는 무고한 사람들이 상당하다는 것이고, 효과적인 변호와 변론이 없다면 우리 사법제도는 유죄를 선고하는 공장 그 이상도 이하도 아닐 것이다. 당연히 Alexander를 제대로 변호, 변론하지 않은 그 변호사는 1999년 변호사 자격이 정지되었다고 하지만, 이미 너무나 큰 상처가 Alexander에게 가해진 뒤였다. 이 사건은 형사사법제도가 실패했고, 관련된 경찰도 직무를 제대로 다하지 못하여 Alexander에게 증거가 결여되었음에도 억지로 혐의를 두었다는 점에서 실패하였다. 이 사건에서 가장 역겹고 실망스러운 부분은 아마도 그의 변호사일 것이다. 만약 그 변호사와 함께 그 사건에 관련된 모든 사람들, 경찰과 검찰과 판사를 포함하여, 자기 직무를 제대로 수행했었다면 Alexander의 38년은 되돌릴 수 있었을 것이다. 이 사건은 모든 형사사법제도가 안고 있는 문제가 무엇이며, 왜 향상이 필요한지를 여실하게 보여주는 좋은 사례라 할 수 있을 것이다.[90]

이 사건을 계기로 Adam Benforado 기자는 New York Times에 기고한 기사에서, 현재 법률제도의 한 가지 결정적인 오류가 있음을 깨달았다면서, 그것은 바로 완벽하게 표준화된 인간 행위에 대한 기대라고 지적하였다. 그 결과 우리는 진정한 사법 정의의 실현이 어렵고, 진정한 사법 정의의 실현을 위해서 필요한 것은 지금까지 보편적으로 지적해온 인종차별과 개인적 편견이 해소되더라도 진정한 사법 정의는 실현하기 어렵다고 주장하면서, 그 이유는 바로 우리의 법률제도가 인간 행위에 대한 부정확한 모형에 기초하기 때문이라고 지적하였다. 이런 점에서, 만약 목격자가 경찰관이 용의자가 누군지 모른다는 것을 이해한다면 경찰관의 행동, 태도나 말

---

90 Brendan's Blog, "The wrongful conviction of Malcolm Alexander," 2020, 9, 24, https://sites.psu.edu/rowercl/2020/09/24/the-wrongful-conviction-of-malcolm-alexander, 2023. 2. 15. 검색.

에서 단서를 읽으려고 시도하지 않게 할 수 있는 이중 은폐(double-blind) 절차로부터 목격자에게 식별에 동원된 용의자들 중에 범법자가 포함되지 않을 수도 있다고 알려줌으로써 목격자가 식별, 지목해야 한다는 압박감을 느끼지 않도록 해주는 것에서부터 과학적으로 타당성이 검증된 법의학적, 법과학적이고 심리학적인 기법의 실행까지 활용함으로써, 불완전, 부정확한 인간 행위의 특성을 보다 정확하고 적절하게 반영하는 사법제도를 만들어낼 수 있을 것이라고 주장하였다. 보다 완전한 제도로 가는 길은 그리 완전하지 못한 우리 자신에 대한 모형을 받아들이는 것이 필요하다는 것이다. 인간의 기억은 테이프 녹화나 녹음이 아니고 고정된 것이 아니다. 목격자도 사건을 그때 그대로 기억하지 못하고, 그 기억조차도 식별 동안의 경찰의 신체언어와 제시언어와 같은 경찰과의 상호작용 등 사건 뒤의 자극에 영향을 받는다. 목격자 식별은 식별이 진행되는 방식, 목격자에게 주어지는 지시나 지침, 목격자 앞에 서있는 경찰관의 행동과 말과 같은 요소들의 영향을 받는다고 한다. 따라서 사법제도는 인간이 결함이 있는, 완벽하지 않은 존재이고, 진정한 합리성, 이성과 공명정대함, 불편부당함, 공평무사함이 있을 수 없음을 인정하고, 우리의 이러한 불완전함이 타인의 생명을 앗아가지 못하도록 사전주의 제도가 있어야만 한다는 것이다. 우리가 목격자 식별을 활용하는 목적은 누군가를 고르기 위함이 아니라 바로 그 사람, 올바른 사람을 고르기 위함이다. 목격자 신원 식별, 확인의 현실, 실상은 그것이 가장 신뢰할 수 없는 증거임에도 아직도 우리는 그것에 지나친 무게를 두고 있다는 것이다. 그것은 우리가 사람들이 부정확한 식별을 하도록 권장하는 제도를 고안하였기 때문이다.[91]

---

91 Helen Nugyen, "Law & disorder ; The fight for equality persists, even in law,"

Kenny Waters
허위 법의학적 증거, 경찰 비위와 위증으로 무고한 처벌받은 오빠를 구하려고 변호사가 되어 무죄를 입증한 여동생

자신의 친오빠가 무고하게 살인 혐의로 종신형을 선고받자, 오빠의 무고함을 알고 그 억울함을 풀어주려고 생계를 위하여 일하던 술집 웨이트리스를 그만두고 법학전문대학원(Law School)에 입학하여 변호사 시험에 합격하고, 변호사가 되어 결국엔 재심을 통해서 오빠를 무죄로 면죄받게 해준 그야말로 영화 같은 이야기지만 실화가 있다. 물론 이 이야기는 정말로 Hollywood의 영화, "Conviction"으로 제작되기도 하였다. 이 영화 같은 실제 이야기의 줄거리는 이렇다. 카리스마가 있지만 휘발성을 가진, 지역의 문제아였던 한 청년이 자신의 이웃 여성을 잔인하게 살해한 혐의로 기소된다. 물론 청년의 가족들은 믿을 수 없었고 믿고 싶지도 않았지만, 청년은 유죄가 확정되고 가석방이 없는 종신형을 받게 된다. 고교 중퇴생으로 술집 웨이트리스로 일하던 여동생은 오빠를 구하겠다는 절박함에 변호사가 되어 오빠의 무고함을 스스로 다투겠노라 다짐하고 법학전문대학원으로 진학한다. 모든 악조건에도 불구하고, 그녀는 DNA 증거를 찾아내어 무고함과 무죄를 입증하고 오빠를 석방시켜서 오빠의 결백을 증명하고 오명을 씻게 한다. 물론 "쇼쌩크 탈출(The Shawshank Redemption)"이나 "Green Mile"과 같은 비슷한 주제의 영화와 마찬가지로, Kenny Waters를 모태로 한 영화

Daily Trojan, 2022, 2, 3, https://dailytrojan.com/2022/02/03/law-disorder-the-fight-for-equality-persists-even-in-law, 2023. 2. 16. 검색; Michael Ollove, "Police are changing lineups to avoid false IDs," Stateline, 2018, 7, 3, https://www.pewtrusts.org/en/research-and-analysis/blogs/stateline/2018/0713, 2023. 2. 16. 검색.

"Conviction"도 미국 교정제도의 절망으로부터 인류애를 소환하려고 하였다. 그러나 다른 두 영화와는 달리, 이 영화는 완전하게 사실이라는 차이가 있다. Betty Anne Waters는 Kenny Waters의 실제 여동생으로서, 술집의 시간제 웨이트리스였다가 이 일을 위하여 자신의 결혼생활과 한때는 두 아들과의 생활까지 희생시켜가며 법학전문대학원에 진학하여 혼자의 힘으로 오빠의 무고함을 증명했던 것이다.[92]

　　Waters가 무고한 형벌을 받게 되었던 사건의 전말은 이렇다. 1980년 5월 21일, 48세의 여성 Katharina Reitz Brow가 Massachusetts의 Ayer 소재 자신의 집에서 칼에 찔려 사망한다. 그녀는 30차례 이상 칼에 찔렸고, 린넨 옷장은 털렸다. 집안 전체에 핏자국이 있었고, 부엌의 수도꼭지엔 물이 흐르고 있었다. 그녀의 지갑, 몇 가지 보석 그리고 그녀가 현금을 넣어두었던 봉투가 모두 사라졌다. 10시 45분경, 현장을 처음 목격한 피해자 며느리의 신고를 받고 현장에 맨 먼저 도착한 경찰은 증거 확보를 위해 혈액을 채취하는 동시에 범죄 현장에서 토스터에서 하나 그리고 맥주 캔에서도 하나를 포함한 몇 개의 유용한 지문을 발견할 수 있었다. 또한 경찰은 피해자의 주먹에서 몇 올의 머리카락도 발견하였는데, 이는 피해자가 범인의 머리채를 잡아당기는 등 범인과의 잠재적인 저항, 투쟁이 있었음을 암시하는 것이다. 부

---

92 Decca Aitkinhead, "Betty Anne Waters: 'we thought Kenny was coming home'," Film, The Guardian, 2010, 12, 11, https://www.theguardian.com/film/2010/dec/11/betty-anne-waters-interview, 2023. 2. 6. 검색; Innocence Project, "Kenny Waters," https://innocenceproject.org/cases/kenny-waters, 2023. 2. 6. 검색; Prison Legal News, "Massahuetts man's estate resolves wrongful conviction suit for $14.12 million," https://www.prisonlegalnews.org/news/2009/dec/15/massachusetts-mans-estate-resolves-wrongful-conviction-suit-for-14.12-million, 2023. 2. 6. 검색; Innocents Database of Exonerations, "Kenneth Waters," forejustice.org/db/Waters-kenneth.html, 2023. 2. 6. 검색.

엌의 쓰레기통에서는 경찰이 "Murphy Company"가 양각되어 있는 한 쌍의 칼도 발견하였다. 칼은 피로 뒤덮여 있었고, 따라서 범행에 사용된 범행도구, 흉기로 판단되었다. 그러나 칼의 주인은 Murphy 회사에 다니는 피해 여성의 남편의 것임이 후에 밝혀졌다.[93]

수사 초기, 경찰은 당시 자신의 여자친구 Brenda Marsh와 딸과 함께 Brow 집 근처에 살고 있던 25세의 Kenneth Waters를 인터뷰하였다. Brow는 Waters가 요리사로 근무하던 Park Street Diner의 단골손님이었다. Waters는 Brow와 거의 평생을 아는 사람이었지만 친한 사이는 아니었다고 한다. 부분적인 이유는 Waters가 소년 시절 Brow의 집을 침입한 적이 있었을 때 Waters를 소년원에 보내는 데 Brow가 일조했기 때문이라고 한다. 아마도 이런 두 사람의 관계를 유추하여 경찰이 원한에 의한 살인으로 추정했었기 때문일 것이다. 그러나 Waters는 Brow의 사망시점에 자신이 어디에 있었는지를 증명해주는 강력한 알리바이가 있었다. 즉, 그는 8시 30분까지 일을 하고 동료가 자신의 차로 집에 내려주었다는 것이다. 집에 돌아온 후, 그는 옷을 갈아입고 당시 자신이 개입된 경찰관에 대한 폭력 혐의와 관련하여 자신의 변호사를 만났다는 것이다. 그는 11시에 법원을 떠나 식당으로 돌아와서 오후 12시 30분까지 머물렀다고 한다. 수사의 일환으로, 경찰은 Waters의 옷과 몸에 상처나 핏자국이 있는지 찾아보면서 조심스럽게 그를 조사하였으나 아무것도 발견하지 못하였다. 그러자 경찰은 그가 일하는

---

93 The National Registry of Exonerations, "Kenneth Waters," https://www.law.umich.edu/special/exoneration/Pages/casedetail.aspx?caseid=3722, 2023. 2. 6. 검색; Innocence Project, "Kenny Waters," https://innocenceproject.org/cases/kenny-waters, 2023. 2. 6. 검색; Fantastic facts, "What happened to Kenny Waters after his release?" https://fantasticfacts.net/2872, 2023. 2. 6. 검색.

식당으로 가서 동료 직원들과 이야기를 나누었지만, 직원들은 Waters가 아침까지 일하고 2부 교대를 마쳤다고 확인하였다. 또한 경찰은 Waters의 지문도 채취하여 훈련된 지문전문가에게 감식과 검증을 맡겼다. 물론 경찰은 다른 용의자는 물론이고 Brow의 가족들의 지문도 함께 보냈다고 한다. 지문감식전문가는 맥주 캔에서 채취한 지문은 피해자 Brow의 것이라고 보고하면서, 다른 확인되지 않은 지문의 잠재적 주인공은 Waters와 다른 용의자와 Brow의 가족들이 아니라고 그들을 아예 배제시켰다.[94]

그로부터 2년 이상이나 수사는 더 이상의 진척이 없이 답답하게 흘러갔다. 그러던 중 1982년 9월 30일, Robert Osborne이라는 사람이 금전적 보상을 바라고 경찰에 전화를 걸어, Nancy Taylor 경관에게 자신이 Brow 살인 사건에 대한 정보가 있다고 주장하였는데, 그 후 그 스스로 자신이 금전적 이유에서 제보 전화를 걸었었다고 시인하였다. Taylor 경관은 가능성을 들여다보겠노라고 말하고는 검사들과 형사를 만났는데, 그들은 Osborne이 "정보원"으로서 보상받을 수 있다는 데 의견을 같이하였다. 당시 Taylor 경관의 소속 경찰서에서의 위치는 애매하였는데, 그것은 서장의 비서이면서 동시에 지령실 근무자였지만, 1983년까지도 경찰 학교를 다니지 않고 정식 경찰관이 되었기 때문이다. 따라서 그는 경찰관으로서 훈련도 경험도

---

94 The National Registry of Exonerations, "Kenneth Waters," https://www.law.umich.edu/special/exoneration/Pages/casedetail.aspx?caseid=3722, 2023. 2. 6. 검색; Innocence Project, "Kenny Waters," https://innocenceproject.org/cases/kenny-waters, 2023. 2. 6. 검색; Fantastic facts, "What happened to Kenny Waters after his releae?" https://fantasticfacts.net/2872, 2023. 2. 6. 검색; Prison Legal News, "Massahusetts man's estate resolves wrongful conviction suit for $14.12 million," https://www.prisonlegalnews.org/news/2009/dec/15/massachusetts-mans-estate-resolves-wrongful-conviction-suit-for-14.12-million, 2023. 2. 6. 검색.

부족하거나 없었음에도 불구하고 사건의 책임자가 되었던 것이다. 보상이 실제로 주어졌는지 여부는 알려지지 않았지만, 이튿날 Osborne은 Taylor 경관에게 전화를 걸어, Marsh가 현재 자신의 여자친구인데 그녀가 Waters의 여자친구였을 때 자기에게 범죄를 고백했었다고 말했다는 것이다. 심지어 자신이 Waters의 옷에서 핏자국을 씻어버렸다고도 말했다는 것이다. 당연히 Taylor 경관은 Marsh를 인터뷰하였고, 그 자리에서 Taylor 경관이 만약 경찰에 협조하지 않으면 그녀를 공범으로 기소하겠다고 위협했다는 것이다. 그런 압력을 받고, Marsh는 Waters가 자신에게 Brow를 살해했다고 말했다는 진술에 서명하였다. 먼저 그녀는 Waters가 범행 당일 얼굴에 '깊고 붉게 긁힌 자국'이 있었으며, 둘째 Waters가 술에 취한 채 아침 10시에서 10시 반 사이에 돌아왔다고 말했다는 것이다. 그런데 두 가지 주장 모두 사실이 아니었다. 경찰이 당일 그의 얼굴을 자세히 살폈으나 얼굴에 아무런 긁힌 자국이 없었으며, Marsh가 말하기를 Waters가 집에 돌아왔었다고 한 시간에는 Waters는 변호사와 함께 법원에 있었기 때문이다. 경찰서의 두 번째 높은 위치에 있던 Arthur Boisseau 경감은 후에 자신은 Marsh의 최초 진술을 결코 보지 못했었고, 만약 자신이 보았었다면 여러 가지 오류가 있었기 때문에 경고가 나갔을 것이라고 말하였다. 그럼에도 Marsh의 진술에 근거하여 Waters는 체포되었다.[95]

---

95 The National Registry of Exonerations, "Kenneth Waters," https://www.law. umich.edu/special/exoneration/Pages/casedetail.aspx?caseid=3722, 2023. 2. 6. 검색; The Guardian, "Betty Anne Waters: 'We thought Kenny was coming home,'", 2010, 12, 11, https://www.theguardian.com/film/2010/dec/11/betty-anne-waters-interview, 2023. 2. 6. 검색; Fantastic facts, "What happened to Kenny Waters after his releae?" https://fantasticfacts.net/2872, 2023. 2. 6. 검색; Prison Legal News, "Massahusetts man's estate resolves wrongful conviction suit for $14.12 million," https://www.prisonlegalnews.org/news/2009/dec/15/

Taylor 경관의 증언에서, 한 대배심원이 어떤 지문이라도 채취했는지 법의과학적 증거의 존재에 대해서 물었고, 그녀는 지문을 뜨기는 했지만 일치하는 것은 아무것도 없었다고 답하였고, 지방 부검사 Elizabeth Fahey는 수사에 활용할 수 있는 어떤 지문도 채취하지 못했다고 부연 설명하였다. 그럼에도 Waters는 그에 대한 재판에서 Taylor의 배심원단 앞에서의 증언에 기초하여 무장 강도와 1급 살인 혐의로 기소되었다. 검찰과 Waters의 변호인 모두 지문의 존재에 대해서 알지 못하였다. 지문전문가인 Balunas도 증인으로 부르지 않았다. 여러 증인들이 Brow가 많은 현금을 가지고 다닌다는 것은 식당에서 다 알려진 사실이었다고 증언하였다. 자신에게 Waters 가 자백했다고 진술한 것과 함께, Marsh는 Brow가 살해되기 1주일쯤 전에 Waters가 트레일러에 돈을 많이 가지고 있다는 독일 여성에 관해서 자신에게 이야기했었다고도 말하였다. 경찰은 또 한 사람의 증인을 불렀는데, 그는 바로 Waters의 전 여자친구 Roseanna Perry였으며, 그녀는 Waters가 '늙은 독일 여자'를 칼로 찌르고 돈과 패물을 가져왔다고 말했다는 증언을 하였다. 재판 당시에는 DNA 검사가 불가능하여, 수사관들은 범죄 현장에서 O형과 B형의 혈액을 발견하였는데, Brow는 B형이어서 살인범은 O형이고 범행 중 피해자의 저항으로 상처를 입었을 것이라는 가설로 이어지게 되었다. 경찰이 Waters를 조사했던 범행 당일에는 그의 신체에서 아무런 상처를 찾지 못하였다. 우연하게도 Waters와 Brow의 남편과 아들이 모두 O형이었는데, 법의학자들은 전체 인구의 약 48% 정도가 O형이라고 증언하였다. 이와 더불어, 범죄분석가들은 현장에서 피해자의 손과 살인 흉기에서 수

---

massachusetts-mans-estate-resolves-wrongful-conviction-suit-for-14.12-million, 2023. 2. 6. 검색.

거된 머리카락이 Brow와 Waters 누구의 것도 아니었다고도 증언하였다. 또 다른 우연으로 Waters가 지금의 식당으로 이직하기 전에 일했던 Global Van Lines라는 회사의 동료들이 살인 흉기로 쓰인 것으로 추정되는 칼과 동일한 칼이 Waters가 떠난 뒤 없어졌다고도 증언하였다. 물론 경찰은 이미 살인 도구로 쓰인 칼은 피해자 남편의 것이라는 사실을 알고 있었음에도 들었던 증언이다. 또 다른 한 사람의 증인인 술집의 단골손님 Adi Ogden은 사건이 지난 몇 주 후, Waters가 자신에게 몇 가지 패물을 팔려고 했었는데, 그 중 반지가 몇 년 전에 자신이 Brow에게 선물했던 것이었다고 증언하였다. Ogden이 산 반지를 Taylor 경관이 검사하였으나 반지가 Brow에게는 너무 작았고, 반지에 표식이 새겨져 있었기 때문에 반지가 Brow의 것이 아니라고 결론을 내렸다. 그러나 이 반지에 대한 Taylor 경관의 보고서가 배심원단에 알려지지 않았지만, Fahey 검사는 반지가 배심원 여러분의 고려에 중요한 증거라고 말하였다. Waters는 직접 증언하지는 않았지만 아침 8시 반까지 일을 하고 법원으로 갔다는 자신의 알리바이를 지지하는 증언을 제시하였다. 그러나 그의 출퇴근 시간을 체크하는 타임 카드가 사라져서 자신의 주장을 입증할 만한 명백한 증거는 없었다. 경찰이 그 뒤에 Waters의 알리바이를 확인하였지만, 이 증거를 변호인에게 제출하지 않았음이 밝혀졌다. 또한 경찰이 그의 타임 카드를 가져가서 분실했을 수 있다는 의문도 있었다. Brow의 사망 시간도 매우 중요하였는데, 살해 당일 오전 11시 43분에 시신을 조사했던 Dr. Bertrand Hopkins는 시신이 사후경직이 고착되지 않았고, 시신 내부 온도가 그때까지도 화씨 97.8도였음에 비추어 시신이 발견되기 바로 전, 그러니까 Waters가 확실히 법원에 있었던 시간에 살해되었다고 통지하였다. Hopkins 박사는 증언하지 않았지만, 부검을 한 George Katsas 박사는 증언에서 처음 시신을 검사했던 Hopkins 박사가 발견하지 못했던 사후경직을 발견했었다고 주장하는 Fahey 검사의 허위진술로 인하여 사망 시간이 Waters의 타임 카드가 존재하지 않아서 그의 알리바이에 공백이 생기게 되는 시간대인 아침 7시쯤 사망했을 것으로 증언하였다. 이로써 Waters는 유죄가 평결되고 종신형을 선고받게 되었다.[96]

도입부에서 이미 밝힌 것처럼, Waters의 여동생 Betty Anne Waters는 언제나 오빠의 무고함을 믿었고, 그의 유죄 확정 후, 오로지 오빠의 무고함을 입증하여 면죄 처분을 받아야 한다는 일념으로 그녀는 가정과 일을 포기하고 법학전문대학원에 진학하여 변호사가 된다. 1999년 그녀는 범죄 현장에서 확보되었던 O형 혈액 증거를 찾아내서 법원으로부터 가능한 DNA 검사를 위한 보존 명령을 받아낸다. 2000년부터 그녀는 Innocence Project와 힘을 합하여 지방검찰청과 증거물에 대한 DNA 검사를 민간 실험실에서 수행하는 것을 허가하는 합의에 도달한다. 검사 결과는 Waters와 피해자 남편을 배제하여 Waters가 범인이 아님을 증명하게 된다. 이어서 2001년 3월 13일, Massachusetts 주 경찰국 과학수사연구소에서도 같은 검사 결과를 입증하여 이틀 후 Waters의 유죄평결, 확정은 지워지게 되고, 자신이 범하지도 않은 범죄혐의로 18년이란 긴 수형생활 끝에 자유의 몸이 된다. 지방 검사실에서는 사건의 재수사를 시작하고, 재수사는 경찰 보고서가 완전하지 않다는 것을 발견했던 주 경찰국 경찰관이 이끌게 되었고, 당시 사건에 관

---

96 The National Registry of Exonerations, "Kenneth Waters," https://www.law. umich.edu/special/exoneration/Pages/casedetail.aspx?caseid=3722, 2023. 2. 6. 검색; The Guardian, "Betty Anne Waters: 'We tjhought Kenny was coming home,'", 2010, 12, 11, https://www.theguardian.com/film/2010/dec/11/betty-anne-waters-interview, 2023. 2. 6. 검색; Innocence Project, "Kenny Waters," https://innocenceproject.org/cases/kenny-waters, 2023. 2. 6 검색.

계되었던 일선 경찰관들을 접촉하여, 처음으로 경찰로부터 완전한 보고서를 넘겨받게 된다. 그 보고서는 Waters의 작업일지와 시간을 확인해주는 경찰 보고서와 재판 전에 수집되었던 지문 증거에 관한 광범위한 문서 등이 포함되어 있었다. 무죄를 입증하는 더 많은 지문 증거가 자신이 퇴직 시 함께 가지고 갔던 Baliunas의 사물함에서도 발견되었다. Marsh도 Waters의 재심 여부를 고려하는 배심원단 앞에서 증언하도록 소환되었다. Waters가 석방되고 난 후, 그녀는 자신의 증언을 철회하였는데, 배심원 앞에서의 증언에서 그녀는 Waters가 자신의 유죄를 시인하는 진술을 했다는 것을 전면 부인하면서, 단지 자신에게는 당시 그렇게 말하는 것 외에는 다른 선택의 여지가 없어서 그렇게 말했을 뿐이라고 증언하였다. 당시 자신은 두 아이의 엄마였고, 아이들을 빼앗아갈 수 있으며, 살인의 공범으로 10년은 교도소에 갈 수 있다고 협박을 받았다는 것이다. 검사가 Robert Oeborne이 그랬냐고 묻자, 그가 아니라 Nancy Taylor 경관이라고 답하였다. Perry도 공개적으로 자신의 증언을 철회하였는데, 1983년 이미 민간조사원과 Betty Waters에게 당시 술에 너무 취해서 Waters가 Brow의 죽음에 대해서 무슨 말을 했는지 실제로 전혀 기억하지 못한다고 진술했다는 것이다. 그러나 1985년의 증거 청문에서는 Perry가 자신의 재판 증언을 반복하는데, 그 뒤 그녀는 Taylor가 만약 자신이 증언을 철회하면 위증과 살인 공범으로 기소하겠다고 협박했기 때문이라고 말하였다. 뿐만 아니라, 경찰은 스스로도 몇 가지 경찰과의 접촉 기록이 있는 Perry를 경찰서로 여러 번 호출하여 이런 기록들도 잘하면 없어질 수 있다고 꼬드기고, 잔인한 범죄 현장 사진을 보여주며 남자 친구 Waters가 한 짓이라고 말하곤 하였으며, 우리는 이미 모든 증거를 다 가지고 있어서 오직 필요한 것은 당신이 진실을 말해주는 것뿐이며, 우리는 당신이 무언가 알고 있다는 것도 알고 있다고 유인하였으나, Perry는 사진을 보기 전까지는 끝까지 모른다고 답하였으나 결국 허위 증언을 할 수밖에 없었다고 실토하였다. 그녀는 Waters에게 Kenny의 유죄가 확정되게 한 것이 자신의 증언인 줄은 알지 못했었다고 말하면서, 자기가 거짓말을 했었다는 진술서에 서명하였던 것이다. 결국, 2001년 6월 19일, 지방 검사실은 Waters에 대한 모든 혐의를 철회하고 그의 면죄가 공식화된다.[97]

그러나 Waters는 이에 만족하지 못하였다. DNA 검사가 Waters를 면죄시켜주었지만, 그렇다고 경찰관과 경찰서가 Kenny에게 일부러 한 짓까지 증명하지는 않았다는 것이다. Waters가 석방된 뒤에도 지방 검사실의 Martha Coakley는 Waters를 공범으로 유죄평결하는 데 충분한 증거들이 있다고 주장하며, 그의 유죄 판결을 무효로 하는 것을 거부하였다. Kenny는 무슨 일이 있어도 당국자들은 자기들의 실수나 오류를 피하기 위하여 자신을 교도소에 가두어두는 방법을 찾을 것이라 확신하였다. 그러나 그와 누이동생은 포기하지 않았다. Waters는 자신의 유죄 확정 다음에야, 다른 용의자를 경찰의 탐문, 조사, 수사에서 제외시켰던 지문 증거에 관한 경찰 보고서를 볼 수 있었다. 그러나 어떤 지문 증거도 재판에서 활용되지 않았으며, 경찰은 살인 현장에서는 아무런 유용한 지문도 발견되지 않았다고 계속 주장했었다. 지문 증거가 다른 사람을 배제, 제외시키기에 충분했다면 모든

97 The National Registry of Exonerations, "Kenneth Waters," https://www.law.umich.edu/special/exoneration/Pages/casedetail.aspx?caseid=3722, 2023. 2. 6. 검색; The Guardian, "Betty Anne Waters: 'We tjhought Kenny was coming home,'" 2010, 12, 11, https://www.theguardian.com/film/2010/dec/11/betty-anne-waters-interview, 2023. 2. 6. 검색; Innocence Project, "Kenny Waters," https://innocenceproject.org/cases/kenny-waters, 2023. 2. 6. 검색.

사람을 배제, 제외시키는 데도 충분해야 한다고 생각했기 때문에 그는 그 지문 증거를 요구하였다. 현장에서 지문을 채취했던 경찰관이 일주일 후 퇴직하면서 그 지문 증거를 가지고 갔으며, 한참 후에서야 저장장치에서 찾아냈다는 것이다. 마닐라 봉투 안에는 Waters의 이름이 있고 그를 조사에서 제외시키는 서류가 들어있었다. 경찰은 두 번이나 Waters의 지문을 채취하였고, 그래서 그들은 그가 유죄가 아니며, 무고하다는 것을 첫날부터 알았다는 것이다. Betty에 따르면, 사법제도가 원래 작동되어야 하는 방식으로 작동되지 않았다는 것이다. 지금 바라보면 분명한 너무나 많은 오류가 있었다. 그런 오류들이 Waters 남매에게는 분명하였지만, 지금은 그것을 보는 모든 사람에게도 분명해졌다. 이 사건은 재판으로 가지 않았어야 한다는 것이다. 이 사건은 마치 사법당국이 Kenny를 찍어놓고, 그를 주변으로 증거를 수집한 것 같다는 것이다. 당연히 사법제도는 개조되어야 하고, 견제와 균형을 필요로 한다는 것이다. 자격이 없는 너무나 많은사람들이 너무나 많은 권한을 가지고 있다는 것이다. 경찰과 검찰이 가진 권한은 엄청나다는 것이다. 경찰과 검찰은 과연 우리들 편인가, 지금은 그렇지 않다는 것이고, 그러나 경찰과 검찰 모두가 정의를 위해야 함에도 지금은 꼭 그렇지 않다는 것이다. 그들은 전혀 다른 편에 서 있고, 전혀 다른 일련의 사고를 가진 것 같다는 것이다.[98]

---

98 The Guardian, "Betty Anne Waters: 'We thought Kenny was coming home,'", 2010, 12, 11, https://www.theguardian.com/film/2010/dec/11/betty-anne-waters-interview, 2023. 2. 6. 검색; Wikipedia, "Conviction," https://en.wikipedia.org/wiki/Conviction_(2010_film), 2023. 2. 6. 검색; Sarah Buscher, "Sister Act," Irish America,, https://www.irishamerica.com/2001/08/sister-act, 2023. 2. 6. 검색.

Bennie Starks
법의학 증거가 만능은 아니다 - 허위 법의학 증거의 피해자

사람들은 드라마가 제작되고 방영되는 나라인 미국은 물론이고, 우리 나라에서도 많은 대중들이 시청을 즐기는 CSI와 같은 범죄 또는 과학 수사 극을 보면 그야말로 과학수사가 만병통치의 약이고 해결되지 않는 범죄란 있을 수 없는 것처럼 보이는데, 그 토대는 다름 아닌 법의학, 법과학적 지식 과 기술임을 알 수 있다. 시민들, 특히 시청자들의 눈에는 과학수사의 핵심 인 법의학이나 법과학이 전지전능한 것으로 오해할 수도 있을 것이다. 그 러나 CSI는 실제 과학수사의 현실과는 상당한 차이가 있다. Bennie Starks가 바로 그런 과학수사, 잘못된 법의과학적 증언과 증거가 빚은 피해자라고 할 수 있다.

1986년 1월 19일, 69세의 히스패닉 여성이 Illinois 주의 Waukegan 경찰 서를 찾아와서 전날 밤 자신이 도로를 따라 걷는 도중에 공격을 받았다고 신고하였다. 그 여성은 경찰에게 어떤 한 남성이 자신을 계곡으로 끌고 가 서, 얼굴을 반복적으로 때리고, 속옷을 벗긴 다음, 강간했다고 설명하였다. 공격이 진행되는 동안, 자신은 저항하였고, 범인이 자신의 어깨를 깨물었 다는 것이다. 경찰관이 공격이 발생했다는 현장으로 가서, 그곳에서 두 쪽 의 속옷, 검은 트렌치코트 하나, 장갑, 스카프 하나, 시계와 시계 줄을 발견 하였다. 트렌치코트 소매 안쪽에서 그 지역 세탁소의 세탁물 표식(laundry tag)을 발견하였다. 경찰은 그 세탁 표가 붙은 세탁소를 찾아가서 트렌치코 트의 주인에 대해서 물었고, 세탁소 주인은 코트를 입었던 사람을 Bennie

Starks라고 확인하였다. 그런 다음, 경찰은 피해자를 위한 photo lineup(사진을 펼쳐놓고 용의자를 식별, 지목하도록 하는 것)을 준비하였는데, 아프리카계 미국인인 Starks의 사진도 포함시켰다. 그러자 피해 여성은 그를 자신을 공격했던 사람으로 지목하였다. 뿐만 아니라, 법 치의학자(치과의사) Russell Schneider 박사는 Starks의 치아가 피해자에게 생긴 교흔(깨문 잇자국)과 일치한다고 결론을 내렸고, 주 법의과학자 Sahron Thomas-Boyd는 DNA의 법의학적 검사가 도입되기 전의 혈청 검사가 피해자의 속옷과 질에서 검출된 정액의 가능한 원천에 그를 포함시켰다고 증언하였다. 이처럼 처음에는 Starks에 대한 증거는 차고 넘치는 것처럼 보였고, 그렇게 Starks는 특수 강간을 비롯한 다수 범죄혐의로 체포되고 기소되었다.[99]

재판에서 피해자는 배심원들에게 자신이 원래 진술했던 그대로 자신에 대한 공격을 기술하였다. 법 혈청학자인 Sharon Thomas-Boyd는 자신의 검사에서 속옷에 정액이 묻어있었고, 질을 닦아낸 면봉에도 있었다고 밝혔다. 그녀는 Starks를 그 정액의 주인에서 배제할 수 없었다고 말하였다. 또한 그녀는 강간 키트의 머리카락은 Starks에게서 확보한 것과 "유사"하였으며, "Starks로부터 나왔을 수 있다"고 진술하였다. 법 치의학자인 Russell Schneider는 피해자 어깨에 난 교흔(깨문 잇자국)을 검사하여 Starks의 치아와

---

99 The National Registry of Exonerations, "Bennie Starks," https://www.law.umich. edu/special/exoneration/Pages/casedetail.aspx?caseid=3903, 2023. 2. 19. 검색; Bluhm Legal Clinic Center for Wrongful Convictions, Northwestern Pritzker School of Law, "Bennie Starks," https://www.law.northwestern.edu/legalclinic/ wrongfulconvictions/exonerations/il/bennie-starks.html, 2023. 2. 6. 검색; Wordpress, "Odontology : Bitemark Evidence - Sound Science or Delusion of Justice?" Northwestern School of Law, Bluhm Legal Clinic, Center on Wrongful Convictions, 2013, 5, 31, https://forensicdental.wordpress.som/tag/starks, 2023. 2. 6. 검색.

비교한 뒤, Starks가 피해 여성을 물었다고 결론내렸다. 과학수사연구소의 법치의학자의 이 잘못된 잇자국 증언이 Starks의 유죄 확정에 상당한 역할을 했던 것이다. 잇자국에 대한 법치의학적 증언과 법 혈청학자의 혈액형 검사와 같은 재판 당시 가능했던 최고의 과학적 검사가 Starks가 피해자와 그녀의 옷에서 채취된 유전물질의 원천일 수 있음을 보여주었던 것이다. 여기에다, 한 경찰관은 Starks가 조사를 위하여 경찰서로 불려온 뒤, 범죄가 발생한 날 밤, 자신은 Genesee Inn에서 집으로 돌아가던 중 강도를 당하였는데, 두 사람의 남성이 자신의 코트, 장갑, 손목시계와 80$를 가져갔다고 말한 것으로 증언하였다. Starks는 범죄 현장에서 발견된 코트가 자신의 것이라고 확인하였으며, 강도를 경찰에 신고하지 않았다고 말하였다. 수사관들은 피해자가 재판 증언에서는 원래 자신을 공격한 사람으로 18~9세의 말끔하게 면도를 한 남자로 기술했을지라도 사진 식별에서 수염이 긴 26세의 사진을 지목하였다고 보고하였다. Starks는 피해자가 자신을 용의자로 거짓 진술을 한 것이라고 믿으며, 경찰이 그녀에게 허위진술을 강요하거나 적어도 권장했기 때문일 것으로 생각하였다. 배심원들은 또한 범죄 발생 후 피해자와 이야기했다는 Illinois 주 공공지원국 직원으로부터 이야기를 들었는데, 그 직원이 말하기를 피해 여성이 자신이 다른 남자와의 관계를 질투한 한 남자로부터 공격을 받았기 때문에 Starks가 강간했다고 거짓으로 그를 고발했다고 말했다는 것이다. 그럼에도 결과적으로는, Starks에 대한 모든 혐의에 대해서 유죄가 확정되었다.[100]

---

100 The National Registry of Exonerations, "Bennie Starks," https://www.law.umich.edu/special/exoneration/Pages/casedetail.aspx?caseid=3903, 2023. 2. 19. 검색; Eric Zorn, "Change of subject: In defiance of science, the beat goes on in Lake County," Chicago Tribune, 2012. 8. 16, https://blog.chicagotribune.

당연히 Starks는 재심을 청원하였으나 기각당하고 나서, New York의 Innocence Project와 접촉하였고, 속옷의 정액에 대한 DNA 검사가 실시되었다. 2002년, DNA 검사가 Starks가 아닌 다른 남성의 프로파일을 분리해낸 후, 이를 근거로 새로운 재판을 청구하였으나 지방 검사 Michael Mermel이 신원을 알 수 없는 남성 DNA는 이전에 피해 여성이 동의한 성관계로 인한 것일 수 있다고 주장한 뒤 다시 거부당하였다. 면봉에 대한 검사는 이루어지지 않았는데, 그 이유가 질에서 정액을 확보했던 면봉이 없어졌기 때문이라고 지방 검사는 설명하였다. 그러다가 2004년 면봉이 Northern Illinois 범죄 수사 연구소에 보관되어있음을 알게 되었으나, 면봉에 대한 검사 요청은 지방 검사가 거부하였다. 이런 법률논쟁이 계속되는 동안, 변호인 측은 Starks의 재판에서 증언했던 혈청학자 Thomas-Boyd가 작성한 실험보고서를 발견하게 된다. 보고서는 Starks가 혈청 검사에 의해서 제외되었음을 보여주었다. 연구소 보고서는 피해 여성이 O형 혈액을 가졌고 비분비자였다는 것을 보여주었는데, 이는 그녀의 혈액형은 오로지 그녀 자신의 혈액형으로부터만 결정될 수 있는 것이지 질 분비물로부터는 결정될 수 없다는 것을 의미한다. 연구소 보고서는 Starks가 혈액형이 B였고, 분비자(secretor)임을 보여주었는데, 이는 그의 혈액형은 정액을 포함한 모든 체액에 드러난다는 것을 의미한다. 보고서는 O형 혈액의 증거는 오로지 면봉과 속옷에서

com/news_columnists_ezorn/2012/08/in-defiance-of-science-the-beat-goes-on-in-lake-county.html, 2023. 2. 6. 검색; Innocents Database of Exonerations, "Bennie Starks," forejustice.org/db/Starks-Bennie-.html, 2023. 2. 6. 검색; Dan Moran, "Man wrongfully convicted of Waukegan rape gets $990,000 settlement," Chicago Tribune, 2015, 12, 9, https://www.chicagotribune.com/suburbs/lake-county-news-sun/ct-lns-waukegan-starks-settlement-st-1209-20151208-story.html, 2023. 2. 26. 검색.

만 발견되었음을 기술하고 있었다. 피해자는 O형 물질의 원천이 될 수 없는데, 그것은 그녀가 비 분비자였기 때문이며, 그렇다고 그것이 Starks의 것도 될 수가 없는데, 그것은 그가 B형이기 때문이다. 여기에 더하여, 면봉에 대한 DNA 검사도 실시되었는데, 여기서도 다시 Starks는 제외되었다. 2005년 12월, 이런 새로운 증거를 근거로, 다시 청원을 신청하고, 2006년 3월 23일 항소법원은 DNA 검사 결과, 공공지원 근무자에 의한 피해자의 탄핵, 배심원에게 자신의 혈청 검사에서 Starks를 제외시켰음에도 그를 강간범으로 배제, 제외할 수 없다고 말했던 과학수사연구소 법 혈청학자 Thomas-Boyd의 허위 증언을 근거로 Starks의 유죄를 파기하였다.[101]

Innocence Project의 노력으로 DNA 검사를 다시 실시하기로 하였으나, 범죄 직후 피해자의 질에서 정액을 채취했던 면봉은 찾을 수 없었지만 피해자의 속옷에 묻었던 정액에 대한 검사는 Starks를 제외시켜서 그가 무고하다는 것을 분명하게 보여주었는데, 특히 피해자가 강간 사건 전 2주 동안 누구와도 합의된 성관계를 가지지 않았다는 진술을 고려하면 더욱 분명해진다. 또한 검사는 Thomas-Boyd의 증언과는 반대로 혈청 검사 결과도 정액의 주인공으로서 Starks는 제외되었던 것이다. 언론의 요청에, 당시 일리노이주 검찰청 차장으로서 강력범 기소를 책임지고 있던 Michael Mermel은 속옷에 묻었던 정액에 대한 DNA 검사 결과가 Starks가 무고하다는 것을 입증하지는 않는다는 입장을 유지하였다. Mermel 검사의 주장은 정액의 흔적은 피해자의 이전 성관계 남성에서 나온 것이며, 피해자의 위생 상태가 나빠서, 즉 씻지 않아서 남아있었음이 틀림없다는 것이었다. 그러나 이 새로운

---

101 The National Registry of Exonerations, "Bennie Starks," https://www.law. umich.edu/special/exoneration/Pages/casedetail.aspx?caseid=3903, 2023. 2. 19. 검색.

이론, 주장의 문제는 검사 표본이 전문가 증언에 따르면 채 30시간도 지나지 않은 신선한 것이었으며, 피해자는 사건 이전 최소 3일 동안은 누구와도 성관계를 가지지 않은 것으로 기록되어 있다는 점이다. 그는 Starks에게 도움이 되는 유일한 것은 피해자 몸속에서 나온 정액의 당사자로서 제외되는 것이라고 말하였다. 그러한 일은 당시에는 불가능한 것으로 보였는데, 그것은 범행 직후 피해자의 질에서 정액을 채취했던 면봉이 없어지거나 파기되었기 때문이었다. 그러나 몇 주가 지나고, 위에서 설명한 것처럼 면봉을 연구소에서 발견하게 되고 DNA 검사를 시행한 결과는 면봉의 정액의 주인이 아님이 밝혀졌는데, 이는 Mermel 검사가 주장했던 몸에서 나온 정액의 원천으로서 Starks는 배제되는 것이었다. 그러자 Mermel 검사는 피해 여성이 멕시코로 이주하였고, 그곳에서 사망하여 그녀가 강간 전 2주 동안 누구와도 합의된 성관계를 갖지 않았다고 말했을 때 그녀가 진실을 말하지 않았다고 주장하였지만, 재심이 결정되었다.[102]

이 사건이 피해자의 잘못된 용의자 식별과 법의과학의 허위 또는 잘못된 검사와 전문가 증언이 오심의 주요 원인이었음을 다시 한번 확인해주는 것은 바로 면죄된 오심 피해자 Starks가 경찰서와 잇자국을 검증한 두 명의 법치의학자를 상대로 제기한 손해배상 청구 민사소송이다. 이에 더하

---

102 Bluhm Legal Clinic Center for Wrongful Convictions, Northwestern Pritzker School of Law, "Bennie Starks," https://www.law.northwestern.edu/legalclinic/wrongfulconvictions/exonerations/il/bennie-starks.html, 2023. 2. 6. 검색; Eric Zorn, "Change of subject: In defiance of science, the beat goes on in Lake County," Chicago Tribune, 2012, 8, 16, https://blog.chicagotribune.com/news_columnists_ezorn/2012/08/in-defiance-of-science-the-beat-goes-on-in-lake-county.html, 2023. 2. 6. 검색; Wordpress, "Odontology : Bitemark Evidence - Sound Science or Delusion of Justice?" Northwestern School of Law, Bluhm Legal Clinic, Center on Wrongful Convictions, 2013, 5, 31, https://forensicdental.wordpress.som/tag/starks, 2023. 2. 6. 검색.

여 현지 신문에서는 전직 지방검찰청장도 손해배상 청구 소송으로부터 면제되거나 자유로워서는 안 된다고 주장하여, 경찰과 검찰의 비위와 전문가의 허위 또는 잘못이 Starks의 오심에 크게 기여했음을 알 수 있다. 그래서 Starks는 자신이 결코 잊을 수 없는 것은 피해자 속옷에서 나온 정액이 자신의 것이라고 허위로 증언한 주 정부의 법 의과학 기술자인 법 혈청학자 Thomas-Boyd는 물론이고 자신의 치아를 피해자 몸에 난 잇자국과 일치시켰던 두 명의 법 치의학자들에 의한 허위 증언이라고 하였을 정도다. 이 점에 대해서는 지방 연방법원의 판사 Gary Feinerman도 법의과학 전문가들이 Starks를 범인으로 몰기 위한 일종의 음모에 가담했다는 Starks의 이론을 지지하였다. 여기서 이 사건이 주는 한 가지 교훈으로 삼아야 할 것은 과연 법의학, 특히 법치의학이란 정말 '과학(science)'인가 하는 것이다. 잇자국 형태 증거는 확실히 모사할 수 있는 "과학"으로서의 통념을 예로 들어보자. 신뢰성, 타당성 그리고 법원 결정에서의 법의학적 증언에 있어서 법치의학자 사이의 부동의, 의견의 불일치는 이 법의학적 방법의 뚜렷한 징후였다. Starks의 재판에서도 검찰 측과 변호인 측 전문가 증인으로 출석한 법치의학자들은 서로 상반된 전문가 증언을 한 것처럼 말이다. 그렇다면 법의과학은 과연 '온전한, 정상적인 과학(sound science)'인가 아니면 '정의에 대한 환상(illusion of justice)'인가 이 사건은 의문을 던진다.[103]

---

103 Mike Bowers, "Illinois police department and experts' defense theory attempts to thwart legally innocent man's compensation suit," CSIDDS, 2014, 12, 16, https://csidds.com/2014/12/26/illinois-police-dept-and experts-defense-theory-attempts-to-thwart-legally-innocent-mans-commpensation-suit, 2023. 2. 6. 검색; "Innocent man, jailed for 20 years, suing forensic experts," RT USA New, 2013, 5, 23, https://www.rt.com/usa/starks-innocent-jail-suing-711, 2023. 2. 6. 검색.

과학수사(forensic science)는 TV 드라마의 주류가 되었고, 현실 세계의 형사재판에서도 그만큼 중요해졌다. 생물학, 화학, 유전학, 의학, 심리학 등 다양한 학문 분야에 기대어, 과학수사, 법의과학은 우리의 법률제도의 의문에 답하는 데 도움을 주고 있다. 종종 법의과학은 범법자를 범죄와 연루시키는 움직일 수 없는 증거(smoking gun)를 제공하고 궁극적으로 나쁜 사람을 구금시키게 한다. CSI, NCSI와 같은 TV 드라마가 시청자들이 법의과학적 증거를 더 쉽게 더 잘 더 많이 받아들이도록 한다. 법의과학이 어디서나 쉽게 볼 수 있는 유명인의 지위에까지 오르게 됨에 따라 대중의 상상 속에서 법의과학은 확실성(certainty)과 무오류성(infallibility)의 구실 아래 가려지게 되었다. 마치 법의과학이 결정적인 해답을 제공하는 것으로 보이고, 합리적 의심 이상의 증거를 찾는 법원이 피의자의 가능한 유책을 저울질함에 따라 법의과학은 과학적이고 불편부당한 것처럼 느끼게 된다. 대중과 형사사법제도가 이런 법의과학에 보내는 믿음은 법의과학이 마땅히 받아야 할 신뢰, 믿음의 정도를 능가한다. 법의과학적 방법이 그 타당성이 검증되지 않았지만 그럼에도 불구하고 믿을 만한, 믿을 수 있는 것으로 인식되고 받아들여지면 잘못된, 오심으로 인한 무고한 유죄의 확정은 언제나 얼마든지 일어날 수 있다. 예를 들어, 법 치의학 분야는 모든 사람은 독특한 교흔(깨문 잇자국)을 가지는 것으로 가정하지만, 그러한 가정에 대한 과학적 기초, 근거, 기반은 없다. 피부 변형이 잇자국의 형태를 너무나 심하게 왜곡시킬 수 있어서 기존의 분석방법 – 대체로 육안 – 으로 자신이 남긴 교흔(깨문 잇자국)에 기초하여 그 사람을 정확하게 용의선상에서 배제하거나 포함시킬 수 없다는 것이다. 1986년, Bennie Starks가 법 치의학 전문가가 그를 피해자에게서 발견된 잇자국의 근원이라고 증언함에 따라 저지르지 않은 강간 등의 혐의로 유죄가 확정되었다가 후에 더 과학적인, 더 진전된 DNA 검사로 면죄가 되었던 경우가 좋은 사례라고 할 수 있다.[104]

Eric Clemmons
변호인의 태만과 무능이 빚은 오심

1985년 8월 7일, 미국 Missouri 주의 Jefferson 시 소재 Missouri 주립교도소에서 복역 중이던 재소자 Henry Johnson이 다른 재소자에게 맞아서 사망하게 된다. 1983년 당시 이제 겨우 20살이던 Eric Clemmons는 형이 두 사람으로부터 강도를 당한다고 믿고 형을 도우려다가 싸움이 벌어지고, 그 싸움으로 21살의 남성이 사망하게 되어 가석방 가능성이 없는 50년 형을 선고받고 복역 중이었다. 당시 한 사람이 사망했다는 것을 알게 된 Clemmons는 경찰에 자수하였고, 그때까지도 그는 전과도 전혀 없었다고 한다. 이 사건 담당 판사는 증거들이 Clemmons가 자신의 행동에 어떤 정당성을 가지고 행동했다는 것을 보여주고 있고, 그가 주먹을 날려서 피해자를 사망케 했는지 여부에도 의문을 제기할 수 있는 증거도 있었다. 그에게 적용된 살인에 대한 유죄평결과 결과적인 종신형은 엄청난 부당함이 상당하다고도 토로하였다. 이것도 모자라서, Clemmons는 수형 중이던 교도소에서조차 동료 재소자를 살해했다는 무고한 혐의를 받게 된 것이다. 상황은 이렇게

---

104 Jessica Gabel Cino, "Forensic evidence largely not supported by sound science - now what?" AP News, 2016, 12, 7, https://apnews.com/article/13cb4d6f9a9d45788742750d62af29ea, 2023. 2. 6. 검색.

벌어졌다. Johnson이 사망하게 된 범죄 발생 당시, 현장 근처에 있던 교도관 Thomas Steigerwald가 재소자 Eric Clemmons와 Fred Bagby가 현장으로부터 달리는 것을 보았다. 교도관은 Clemmons를 쫓았고, Clemmons의 셔츠에 피가 묻은 것을 발견하게 된다. 그것으로 Clemmons는 1급 살인 혐의로 기소된다.[105]

재판에서 두 명의 교도관의 증언이 특히 Clemmons를 지목하였다. Steigerwald 교도관은 Johnson을 때렸던 사람으로 지목하였고, 또 다른 교도관 A. M. Gross 교감은 Clemmons가 "그들이 나를 잡았나 봐"라고 말하였다고 주장하였다. 그러나 Clemmons는 자신이 아니라 동료 재소자 Bagby가 Johnson을 살해하고 나서는 자신에게로 달려와서 자신의 셔츠에 피가 묻게 되었다는 입장을 고수하였다. 몇몇 다른 재소자들도 Bagby가 살인범이라고 증언하였다. 그러나 Bagby가 살인 범죄가 발생한 날과 재판이 진행되던 기간 사이에 사망하고, 검찰에서는 Bagby를 살인범이라고 증언한 재소자들이 단순히 Bagby가 사망하여 더 이상 자기를 방어할 수 없는 그를 비난함으로써 Clemmons를 도와주려고 했을 뿐이라고 일축하였다. 이렇게 해서 Clemmons는 1987년에 1급 살인 혐의로 기소되고 유죄가 확정되었다. 양형 단계에서는 몇 가지 가중처벌 상황도 제기되었는데, 무엇보다도 특히 당시 Clemmons가 Johnson이 살해되었을 때 이미 다른 살인 혐의로 가석방이 없는 종신형을 선고받고 수형 중인 재소자였다는 점이었다. 뿐만 아니라, 교도관들에게 구체적으로는 알려지지 않았지만, Clemmons와 Johnson 사이

---

105 The National Registry of Exonerations, "Eric Clemons," https://www.law. umich.edu/special/exoneration/Pages/casedetail.aspx?caseid=3110, 2023. 1. 26. 검색; Change, "Executive Clemency for Eric Clemmons," https://www. change.org/p/mike-parson-clemency-for-eric-clemmons, 2023. 1. 26. 검색.

에 문제가 있었고, 그로 인하여 Clemmons가 다른 방으로 옮겨졌었다는 사실도 두 재소자 사이의 문제를 더욱 심화시킨 것으로 보였다는 진술도 범행의 동기나 원인이라는 측면에서 영향을 미친 것으로 보인다. 그렇게 해서 결국 Clemmons는 동료 재소자 Johnson을 살해한 혐의로 사형을 선고받게 된다.[106]

사형이 선고되고 1년 정도 지난 1988년의 재심 청원이 거부되고 나서, Clemmons는 자신의 무죄를 입증할 수 있는 증거가 재판 전에 자신에게 제공되지 않았다는 것은 법률위반이라고 주장하였다. Clemmons는 한 조각의 중요한 증거를 발견하였던 것이다. Johnson이 살해된 바로 그날, 또 다른 재소자가 Clemmons에게 살인이 발생했던 당일, 이전 재판에서 Clemmons에게 불리한 증언을 했던 바로 그 교도관 Gross가 작성한 메모를 포함한 몇 장의 내부 문건을 건네주었다. 그 메모에는 Gross 교도관은 범죄를 목격했던 한 재소자가 두 명의 재소자가 Johnson을 때리는 것을 보았고, 그중 한 명이 Bagby임이 틀림없으며, Johnson을 살해한 사람은 바로 Bagby라고 말했다는 내용이 포함되어 있다. 그러나 Gross 교도관은 Bagby의 가담에 대해서 더 이상의 수사를 진행하지 않았다. 재판에서 검찰은 두 사람이 Johnson을 때리는 것을 보았지만 두 사람 모두 Clemmons가 아니었다고 증언한 재소자 Clark와의 인터뷰를 기록한 교정국 내부문서를 은폐하였던 것이다. 그러나

---

106 The National Registry of Exonerations, "Eric Clemmons," https://www.law. umich.edu/special/exoneration/Pages/casedetail.aspx?caseid=3110, 2023. 1. 26. 검색; Justia, "Eric Clemmons, Appellant, v. Paul Delo, Appellee, 100 F.sd 1394(8th Cir. q996)," https://law.justia.com/cases/federal/appellate-courts/ F3/100/1394/475785, 2023. 2. 6. 검색; Justia, "State v. Clemmons," https:// law.justia.com/cases/missouri/supreme-court/1988/69422-0.html, 2023. 1. 26. 검색.

지방 연방법원에서는 그러한 무죄 입증 증거의 은폐라는 헌법적 권리의 침해가 없었다면, 즉 재소자 Clark와의 면담 기록이 배심원들에게 제출되었더라면 평결이 달라질 수도 있었다고 보았다. 살인 사건이 일어나고 한 시간도 안 되어서 다른 재소자를 살인범으로 증언하는 재소자 목격자와 살인범으로 지목된 동일한 재소자를 다른 세 명의 재소자들도 살인범으로 증언하는 증인을 배심원 앞에 세웠다면 같은 종신형이란 평결이 내려졌을 것이라고 확신할 수 없다는 것이다.[107]

위에서 언급한 바와 같이, 재소자 Clark가 Bagby가 사망하기 전에 이미 Bagby를 범인으로 증언했다는 사실은 확실히 변호인 측 증인의 신뢰성에 대한 검찰의 공격과 관련하여 변호와 방어에 유용했을 것이다. Justice Mays, Seymour G. Abdullah, Keith Brown 세 명의 재소자가 변호인 측을 위한 증언을 했다. Mays는 모호하지 않고 명백하게 Johnson이 Bagby의 얼굴을 가격하였고, 그러자 Bagby가 칼을 꺼내서 Johnson을 세 차례 찔렀다고 증언하였다. 그리고는 Johnson이 달려서 Clemmons와 부딪쳤다고 증언했던 것이다. Abdullah도 Bagby를 가해자로 확인하였는데, 바로 이때 검찰이 Bagby를 "요행히 죽은"이라고 언급하였다. 그러나 Abdullah의 증언은 Clemmons와 부딪친 사람은 Johnson이 아니라 Bagby였으며, 이 부딪침의 결과로 위에서는 피를 보지 못했다고 시인하였다. 변호인의 논리에 따르면, 이 부딪침의 중요성은 Clemmons의 셔츠에 묻었다는 피에 대한 설명을 제공한다는 점이다. Steigerwlad 교도관에 따르면 마지막 목격자 Brown은 Clemmons와 함

---

107 Phillips Black, "Eric Clemons," https://www.phillipsblack.org/eric-clemmons, 2023. 1. 26. 검색; Justia, "Eric Clemmons, Appellant, v. Paul Delo, Appellee, 100 F.sd 1394(8th Cir. q996)," https://law.justia.com/cases/federal/appellate-courts/F3/100/1394/475785, 2023. 2. 6. 검색.

께 현장에서 도망쳐서 자신의 방에서 Clemmons의 모자와 책과 함께 발각되었다는 것이다. Brown은 실랑이가 있었고, Johnson이 뛰기 시작하였고, 그 뒤를 바짝 Bagby가 쫓아갔다고 증언하였다. 그는 부딪친 것에 대해서는 확실치 않았지만, Johnson이 Clemmons나 아니면 또 다른 재소자 Lews나 다른 재소자 누군가와 부딪친 것으로 생각하였다. 그리고는 그 자리를 떠났으나 바로 그때 그는 바닥에 떨어져 있던 모자와 어떤 종이 문건을 보게 되어 그것들을 주어서 자신의 방으로 가져갔다는 것이다.[108]

여기서 또 다른 하나의 문제는 이런 문제와 의혹에 대한 Clemmons의 주장에도 불구하고, 이 점을 Clemmons의 변호인은 Missouri 주 대법원에서의 상고심에서 제기하지 않았고, 1990년 9월 Clemmons에 대한 사형을 유지, 확인하였다. 1995년, 은폐된 증거와 무능하고 태만한 변론을 이유로 들어, 연방지방법원에 재심을 청구하였으나 기각당하였다. 1997년 7월 21일, Clemmons는 연방지방법원에 또 다른 청원을 하였고, 같은 해 8월 28일, 법원은 자신의 무죄를 입증할 수 있는 증거가 은폐되었을 때 Clemmons의 헌법적 권리가 침해당했다는 것을 발견하였고, Clemmons에 대한 유죄 판결은 무효가 되었다. 이를 계기로 Clemmons는 2000년 2월 18일에 Henry Johnson 살인 혐의에 대한 재심을 받게 되었다. 앞에서 기술한 은폐된 재소자 목격자 증언에 더하여, 한 전문가는 자신의 전문가 증언에서 Clemmons의 옷에 묻었던 피는 자창, 칼에 찔린 상처에서 묻은 것이 아니라 누군가가 그에게 덤벼들어서 묻은 것이라고 증언하였다. 결과적으로 Clemmons는 채 3시간도 되지 않아서 배심원단에 의해서 무죄평결되었다. 그러나 그때는 이미

---

108 Justia, "Eric Clemmons, Appellant, v. Paul Delo, Appellee, 100 F.sd 1394(8th Cir. q996)," https://law.justia.com/cases/federal/appellate-courts/F3/100/1394/475785, 2023. 2. 6. 검색.

Clemmons가 13년이란 시간을 사형수로서 사형 집행을 기다린 후였다. 그러나 그는 자신의 이전 다른 범죄혐의로 유죄가 확정되어 여전히 수감생활을 해야 했다.[109]

　Clemmons가 무고하게 유죄가 평결된 데에는 재판 변호인의 무력한, 태만한 변호의 혐의가 다수 포착된다. 먼저, Clemmons는 검사가 Morris Cavanaugh가 유일한 다른 목격자였고, 그가 칼을 보았고, 교과서에 피가 묻어있었다고 진술했다고 말했을 때 자신의 변호인이 이의를 제기하지 않았다고 주장하였다. 또한 교도관 Thomas Steigerwald와 "합리적 의심"의 의미에 관련된 검사의 의도적인 부적절한 진술에도 이의를 제기하지 않았다고도 주장하였다. 즉, 검사가 배심원단에게 단 한 명의 목격자만 있고, 그 목격자를 신뢰한다면 그것만으로 합리적 의심 그 이상의 증거이며, Steigerwald가 바로 그 목격자이고 그는 거짓말을 할 아무런 이유가 없다고 하는 데도 그에 대해서 아무런 이의나 반박도 제기하지 않았다는 것이다. 그리고 변호인이 검사가 질문 공세로 피고의 증인을 괴롭히게 내버려 두었다고도 비난하였다. 여기에 더하여 Clemmons는 재판부가 경감 상황의 진술과 제출에 관한 충분한 설명을 하지 않은 오류가 있고, 재판 변호인은 그에 대해서도 이의를 제기하지 않은 잘못이 있다고 주장하였다. 또한 Clemmons는 청원 심판에서도 재판부가 자신이 태만한, 효과적이지 못한 변론, 변호인의 조력을 제대로 받지 못했는지 여부에 관한 국선 변호인들의 의견 증언을 배제한 잘못이 있다고도 비난하였다.

---

109 The National Registry of Exonerations, "Eric Clemmons," https://www.law.umich.edu/special/exoneration/Pages/casedetail.aspx?caseid=3110, 2023. 1. 26. 검색.

Nicholas Yarris
오심 요인의 종합판: 목격자 식별 오류, 허위자백, 법의학적 오류,
위증/무고, 관료 비위, 부적절한 변호

Nicholas Yarris는 자신이 하지도 않은 살인, 강간, 납치라는 흉악범죄에 대하여 오심으로 사형이 선고되어 22년 동안이나 사형수로 수형생활을 하고 면죄되어 지금은 작가로 활동하고 있는 인물이다. 그는 Delaware County, 지방 검찰 그리고 수사관들이 실제 살인범을 가리키는 증거를 모호하게 만들고 파괴하고, 그에게 불리한 증거를 만들고, DNA 검사 요구를 좌절시켰기 때문에 자신이 저지르지도 않은 납치, 강간, 살인으로 사형수로서 2년이란 시간을 수감되었다고 주장하였다. 그는, "사형 선고가 우리 인류가 할 수 있는 최악의 일이 아니라, 오히려 누군가를 그들의 일생 동안 그들이 사랑했던 모든 것들이 썩어서 죽어가는 것을 가만히 앉아서 바라만 보게 하는 것이 최악이다. 그래서 내가 영원의 지옥에 머물기보다 차라리 죽기를 자원했던 이유이다"고 설명하였다. 이는 Nick Yarris가 했던 말이다. 1982년 말썽꾸러기 배달원이 자신이 하지도 않은 납치, 강간, 살해 혐의로 유죄평결을 받고 사형수가 되었던 Yarris로서는 그런 말을 할 수 있는 충분한 자격이 있다. Yarris의 교도소 악몽은 그가 DNA 검사 덕분에 면죄가 된 2004년에 서야 끝이 난다. 그는 1989년 신문에서 DNA 검사의 미성숙한 초기 과학에 관한 기사를 읽게 되고, 자신의 무고함을 증명하기 위하여 DNA 검사를 활용하려고 한 미국 사형수 중 최초의 한 사람이 되었다.[110]

---

110 file:///E./Nick Yarris_innocent on death row for 22 years-Raconteur.html,
 2023. 2. 24. 검색; https://law.justia.com/xases/federal/appellate-courts/

1981년 12월 16일, 미국 Delaware 주 Claymont 소재 Tri-State 쇼핑몰에서 영업사원으로 일하는 32세의 여성 Linda Craig가 교대근무가 끝나고 집으로 가려고 탄 자신의 자동차에서 납치되었다. 그녀가 집에 도착해야 할 시간이 훨씬 지나서도 집에 돌아오지 않자 그녀의 남편이 경찰에 신고하였다. 경찰은 Pennsylvania 주 Chichester에서 버려진 그녀의 Chrysler Cordoba를 신속하게 발견하게 된다. 다음날 Craig의 시신이 그녀의 자동차가 발견된 곳에서 1.5 마일 정도 떨어진 한 교회 주차장에서 폭행당하고 칼에 찔리고 강간당한 채로 발견되었다. 범인은 그녀를 성폭행하려고 그녀의 두꺼운 겨울 외투를 찢어서 벗겼다. 경찰은 그녀의 사망원인이 가슴에 찔린 여러 군데의 자상으로 인한 과다출혈로 사망한 것으로 결론내렸다. 경찰은 시신에서 정자 샘플과 손톱 긁힘을 포함한 일련의 생물학적 시료들이 채취하였다. 또한 피해자의 자동차에서 범인이 떨어뜨린 것으로 보이는 장갑도 수거하였다. 범죄 현장에서 수거된 생물학적 시료들은 앞으로 다가올 이 사건 전개 과정에서 핵심적인 것으로 판단되었다.[111]

피해자의 시신이 발견된 4일 후, 경찰은 Pennsylvania 노상에서 교통법규 위반으로 20살의 Nicholas Yarris를 검문한다. 1981년 12월 21일, Yarris와 친구가 자동차를 훔쳐서 음악을 크게 틀고 운전하다가 Pennsylvania의 Delaware County 도로상에서 교통경찰의 제지를 받았던 것이다. 어쩌면 일상적인 교통법규 위반 단속에 지나지 않았을 일이 Yarris와 경찰관 사이의 폭력적 대치로 악화되고, 급기야는 경찰관이 총을 발사하고, 결국 경찰관

F3/465/129/544536, 2023. 2. 24. 검색.

111 National Registry of Exonerations, "Nicholas Yarris," file:///E:/Nick Yarris_National Registry of Exonerations.html, 2023. 2. 24. 검색; file:///E./Nicholas Yarris_Murderpedia.the encyclopedia of murders.html, 2023. 2. 24. 검색.

에 대한 살인미수로 Yarris가 체포되는 사태로 비화되고 만다. 이 사건으로 Yarris가 체포되고, 그가 구금되어 있는 동안, 이 사건으로 어쩌면 종신형에 직면하게 될 처지에 놓인 그는 자신의 자유를 되찾기 위한 일종의 도박을 시도한다. 그는 1981년 12월 16일의 Linda Mae Craig의 납치, 강간, 살인 사건 기사를 보게 되었고, 이를 이용하여 자신의 형량을 줄이거나 자유를 통째로 되찾을 도박을 한 것이다. 바로 살인 사건의 범인을 안다고 제보한 것이다. 그러나 Yarris가 범인으로 지목했던 사람은 이미 사망하였기에 경찰의 용의선상에서 이미 배제되었고, 따라서 당연히 사건과는 전혀 관련이 없음이 입증되자 경찰은 Yarris에게 더 나은 이야기를 가져오라 그러지 못하면 Yarris가 범행한 것으로 생각하겠노라고 Yarris에게 말한다. 형기를 낮추기 위한 계획이 실패로 돌아가고, 오히려 Yarris가 제1의 유력 용의자가 되고 만다. 그러자 Yarris는 Murphy 교도관에게 자신이 Craig를 강간하였으나, 다른 사람이 살해했다고 시인하였다는 것이다. 경찰 수사관의 진술서에 따르면, Yarris에게 경찰 수사관이 "그 여자를 죽일 생각이었나요?"라고 묻자 Yarris는 "누구도 죽일 의도는 전혀 없었다"라고 답하였고, 이런 그의 진술을 수사관은 유죄의 인정으로 간주하였다. 이렇게 해서 그는 Craig의 납치, 강간, 살인 혐의로 기소되고 아주 짧은 배심재판 끝에 유죄가 평결되고 사형이 선고된다.[112]

여기서 한 가지 부연 설명이 필요한 것이 있다면 바로 왜 Yarris가 교도

112 National Registry of Exonerations, "Nicholas Yarris," file:///E:/Nick Yarris_ National Registry of Exonerations.html, 2023. 2. 24. 검색; file:///E./Nick Yarris-Wikipedia.html, 2023. 2. 24. 검색; https://peoplepill.com/people/nick-yarris, 2023. 2. 24. 검색; Yarris v. Delaware County, https://casetext.com/case/yarris-v-delaware-county, 2023. 2. 24. 검색; https://law.justia.com/xases/federal/appellate-courts/F3/465/129/544536, 2023. 2. 24. 검색.

소에서 허위진술을 했을까 하는 궁금증이다. Yarris는 약물 중독자로서 보안 수준이 가장 높은 교정시설인 중구금(Maximum security), 즉 재소자의 자유가 가장 많이 제한, 통제되는 교도소에 수용되었고, 그곳에서도 독방, 흔히 말하는 징벌방에 수용되어 있었다. 알려지기로는, 그가 며칠 동안 사람을 만나지도 볼 수도 말을 할 수도 없을 정도로 격리되었다고 한다. 그는 이런 상황에서 빠져나오려고 거의 사생결단을 하였고, 신문을 보고 Craig의 사망을 알게 되었다. 그의 그러한 사생결단이 도를 넘어서, 그는 자신이 석방될 수 있는 계략을 꾸미기로 결심한다. 만약 자신이 그 살인 사건의 범인이 누구인지 알고 수사에 협조하겠다고 경찰에 말하면 경찰이 자신을 석방하리라 생각했었다. 그는 최근에 약물 과다복용으로 사망한 것으로 알고 있었던 마약 동료 친구가 살인을 범했다고 경찰에 진술했으나 그가 죽은 줄 알았던 사람은 친구가 아니라 그 친구의 형제였고, 그가 지목한 친구의 강력한 알리바이가 증명되어 Yarris에게 오히려 부정적으로 작용하였다. 그러자 경찰은 Yarris를 무너지게 하거나 그 이상으로 하기 위하여 그와 같은 사동에 수용되었던 모터사이클 갱 단원에게 Yarris가 고자질하는 사람이라고 슬쩍 흘린다. 이로 인하여 그에 대한 지속적인 공격이 일주일 이상 계속되자, 그는 목을 매고 자살을 시도하기도 하지만 실패하고 만다. 그는 오직 사각팬티만 입은 채 맨 매트리스만 있는 사방에 수감되는데, 그때가 영하의 얼음이 어는 1월이었고, 다른 갱 단원 출신 무법자 재소자들로부터 언어, 소변, 물 공격을 받기도 하였다. Yarris는 결국 최소한 옷과 담요라도 얻을 희망으로 Murphy 경사를 불렀는데, 그는 Yarris에게 이런 혼란에서 빠져나오려면 살인 사건에 대한 "진실"을 말하라고 권한다. 두들겨 맞고 쇠약해질 대로 쇠약해진 Yarris는 "만약 그가 살인이 아니라 다른 범죄의 가담자라면? 이것으로 충분한가?"라는 가상적 질문을 경사에게 제기하자, Murphy는 이 진술을 수사관에게 전했고, 다음 날 Yarris는 그러한 Murphy의 진술에 근거하여 체포된다. 갱단원이었던 재소자들이 Yarris가 살인 혐의로 기소되었다는 것을 알게 되자마자 그에 대한 그들의 공격도 중단되고, 옷과 담요도 제공되었다.[113]

검찰의 유일한 물적 증거는 피해자의 몸속과 몸에 살인범이 남긴 정액이었다. 어느 한 민간 검사기관이 현장에서 수거된 생물학적 시료들에 대한 검사를 수행했던 담당자가 강간 키트에 대한 전통적인 혈청 검사에서 혈액형 A와 B가 나왔다고 증언하였다. 그런데 피해자 Craig는 A형이었고, 그녀의 남편과 Yarris 두 사람 모두 혈액형이 B형이었다. 불행하게도 당시의 혈청 검사로는 B형 혈액이 Yarris의 강간으로 인하여 남겨진 것인지 아니면 남편과의 성관계로 남겨진 것인지 구별할 수 없었다. 사실 전체 남성인구의 15% 정도가 B+형이었음에도 불구하고 검찰은 보다 정확하게 용의자를 배제하거나 확정할 수도 있는 친자확인 검사와 같은 정액에 대한 다른 검사를 전혀 실시하지 않았다. 사실 추가적인 검사의 결여는 매우 중요해졌는데, 그것은 피해자의 남편도 같은 B+형이었기 때문이었다. 더구나 남편은 아내와 살인 사건 바로 전날 밤 성관계를 가졌다고 진술하여 문제를 더욱 꼬이게 했던 것이다. Yarris가 용의자가 되자 그 남편은 부부가 아이를 가질 수 없음에도 그 전날 밤 성관계 때 콘돔을 끼었었다고 진술한다. 그러나 당시 검사 책임자였던 Vincent Cordoba는 "의심의 여지도 없이" 강간 키트의 정액은 최근의 것이라고 증언하였고, 어느 정도나 최근 것인지

---

113 file:///E./Nicholas Yarris_Murderpedia.the encyclopedia of murders.html, 2023. 2. 24. 검색.

되묻자, 그는 "3시간 이내"라고 답하였다. 이 증언으로 강간 키트의 정액은 피해자 남편의 것이 될 수 없음을 입증하는 것이 되었고, 결과적으로 B형 혈액이 Yarris의 것임이 입증되는 셈이었다. 그러나 Cordoba의 그 증언 진술은 거짓임이 밝혀졌는데, 이유는 이미 시신이 발견된 시간만 해도 사건 후 하루가 지난 이튿날이어서 3시간이라는 진술은 처음부터 틀렸고, 사실 재판 당시 사정 24시간 후에도 관찰될 수 있다는 것이 밝혀지기도 하였기 때문이다.[114]

　　이 생물학적 시료들과 함께, 검찰이 Yarris를 기소할 때, 자신에게 범죄를 시인했다고 증언했던 구치소 정보원의 증언에 크게 의존하였다. 그리고 범죄가 발생하기 전주에 수차례 사건이 발생한 그 쇼핑몰의 Craig의 판매대 주변을 Yarris가 어슬렁거렸다는 Craig의 동료 직원 Natalie Barr의 증언도 한몫하였다. 그녀는 Yarris가 반복적으로 판매대에 와서는 같은 상품에 대한 가격을 반복해서 묻는 등 수상한 행동을 보였다고 진술했던 것이다. 이에 더하여 Barr는 Craig가 어떤 남자가 자신을 스토킹하고 판매대 근처에서 자신을 노려보았다고 자기 남편에게도 언급했었다고 증언하였다. 뿐만 아니라, 인근 매대에서 일하는 Franklin Kaminski도 Craig가 자신을 노려보고 겁을 주었던 한 남자를 가리켰었다고 증언하였고, Kaminski는 Yarris를 그 남자로 지목하였다. 또한 검찰은 Craig가 범죄 발생 전주에 떠들썩하고 물리적으로도 대립하면서 헤어진 Yarris의 전 여자친구와 아주 많이 닮았다는 것도 증거로 제출하였다. 이런 검찰의 기소에 대하여, 배심원단은 Yarris

---

114 National Registry of Exonerations, "Nicholas Yarris," file:///E:/Nick Yarris_ National Registry of Exonerations.html, 2023. 2. 24. 검색; file:///E./Nicholas Yarris_Murderpedia.the encyclopedia of murders.html, 2023. 2. 24. 검색.

를 살인, 강간, 납치 혐의로 유죄평결하였다.[115]

　재판에서 변호인이 주장했던 또 다른 문제는 피의자의 변론에 필요한 증거나 자료들을 검찰이 변호인에게 제공하지 않아서 피의자의 방어권이 침해되었다는 주장이었다. 이들 파일에는 일부 증인들의 초기 진술과 이후 서로 충돌하는 용의자 식별과 같은 서로 충돌하는 증언의 증거들이 담겨있었다. 이때까지도 변호인에게 알려지지 않았던 것은 제공되지 않았던 파일에는 살인 시에 살인범이 끼었다가 차에 버렸던 장갑에 대한 영상 증거도 담겨있었다. 나중에 검찰은 재판에서 자동차에서 Yarris의 지문이 나오지 않았던 것은 그가 차에서 발견된 장갑을 끼고 있었기 때문이라고 진술하여 Yarris에게 불리한 증거로 만들었음에도 그 증거를 사전에 피의자와 그 변호인에게 제출하지 않았던 것이다. 또한 구치소에서 Yarris에게 들었다고 Yarris에게 불리한 증언을 했던 Charles Cataleno도 검찰의 선도적 도움으로 몇 번이나 자신을 위증했다고 한다. 그는 자신의 증언에 대해 거래하지 않았다고 말했지만, 그 후에 그가 스스로 증언하기 전날 밤 Gross에게 먼저 전화를 걸어 검찰로부터 자신의 범죄에 대한 선처를 문서로 약속을 받을 것을 요구했음이 밝혀지기도 하였다. 사형이 선고된 후, Yarris는 자신의 변호인을 해촉하고, 공익 변호사 Joseph Bullen과 Spiros Angelos를 변호인으로 선임하여, 증거 인멸과 제출되지 않은 파일에 대한 청문 재판에 회부되어야 한다고 주장하였다. Bullen 변호사가 Yarris에게 청원을 철회하라고

---

115 National Registry of Exonerations, "Nicholas Yarris," file:///E:/Nick Yarris_National Registry of Exonerations.html, 2023. 2. 24. 검색; file:///E./Nicholas Yarris_Murderpedia.the encyclopedia of murders.html, 2023. 2. 24. 검색; Yarris v. Delaware County, https://casetext.com/case/yarris-v-delaware-county, 2023. 2. 24. 검색.

제안하였지만, Yarris는 그런 제안을 거부하였다. 당시 그 제안을 따랐다면 보호관찰부 가석방으로 조기에 석방될 가능성이 아주 높았었다.[116]

사형이 선고된 후, 그는 수차례에 걸쳐서 재심을 청구하였으나 받아들여지지 않았다. 사형 집행을 기다리며 수형생활을 하면서도 그는 문맹자였지만 스스로 읽기를 깨우치고, 심지어 방문 자원봉사자의 한 사람과 옥중 결혼도 하였다. 그러던 중 그는 신문 기사로 DNA 검사를 접하고는, DNA 검사를 요청한 첫 번째 미국 사형수가 된다. 2003년, 그는 법원이 임명한 일련의 변호인들의 도움으로, 두 번째 검사까지는 결론적이지 않았지만, 다시 세 번째 검사를 받게 되고, 검사 결과 Yarris가 아닌 신원이 밝혀지지 않은 두 사람이 범행했음이 입증되어, 2004년 그는 석방되었던 것이다. 2003년, Dr. Edward Blake는 피해자의 자동차에서 살인이 일어났던 날 밤에 발견되었던 한 쌍의 남자용 겨울 장갑에서 DNA를 추출할 수 있었다. 남아있던 DNA에 대해서 마지막으로 검사를 해서 만약 실패한다면 사형을 받아들이고 성공한다면 재심을 허용하는 데 Yarris가 동의하겠노라는 제안이 성사되었다. 장갑에서 추출된 DNA 검사에서 두 사람의 미확인 남성의 DNA를 발견하였고, 둘 중 어느 하나도 Yarris와 일치하지 않았던 것이다. 상황이 이럼에도 검찰은 사건을 재수사하겠다고 거짓으로 회유하는 등 가족들을 괴롭히는 등 끝까지 Yarris의 석방을 질질 끌었다고 한다. 검찰은 실제로 다른 수사관을 배정하여 Craig 사건을 재개하도록 하였고, 그는 대배심 앞에서 Yarris의 가족을 붕괴시키기 위하여 최선을 다하였다. 가장 늦게는 2004년 6월까지도 검찰은 사건 당시 고작 10대 소년이었던 Yarris의 사촌과 80세의

---

[116] file:///E./Nicholas Yarris_Murderpedia.the encyclopedia of murders.html, 2023. 2. 24. 검색; https://law.justia.com/xases/federal/appellate-courts/ F3/465/129/544536, 2023. 2. 24 검색.

아저씨까지 DNA 검사를 받게 하는 등 Yarris에게 살인 혐의를 씌우기 위한 온갖 노력을 다하였다고 한다.[117]

Ronald Cotton

피해자의 용의자 오인과 잘못된 법의과학적 증거의 희생양: 오심 피해자와 가해자의 용서와 화합

1984년 7월 어느 날, 한 남자가 Jennifer Thompson이라는 여대생의 아파트를 침입하여 그녀를 성폭행하고, 같은 날 밤 얼마 후에는 다른 아파트를 침입하여 두 번째 여성을 성폭행하였다. 한 여성에게 성폭행이라는 최악의 사건이 일어났을 때, 그 피해 여성은 자신의 성폭행범을 기억함으로써 범인에게 강력하게 맞섰다. 범인에 대한 피해 여성의 그처럼 강력한 진술이 젊은 한 남자를 교도소로 보내서 그곳에서 자신의 무고함을 주장하며 11년 동안이나 지내게 하였다. 성폭행이라는 아주 가까운 거리에서나 가능한 범죄의 피해자가 자신의 눈으로 직접 보았다고 누군가를 범인으로 지목하는 것처럼 "완전하고 완벽한 목격자"는 없을 것이다. 그러나 불행하게도 피해 여성이 지목한 그 남자는 엉뚱한 사람이었던 것이다.[118]

---

117 file:///E./Nick Yarris-Wikipedia.html, 2023. 2. 24. 검색; file:///E./Nicholas Yarris_Murderpedia.the encyclopedia of murders.html, 2023. 2. 24. 검색; Yarris v. Delaware County, https://casetext.com/case/yarris-v-delaware-county, 2023. 2. 24. 검색.

118 Helen O'Neil, "The perfect witness," North Carolina, Death Penalty Information Center; Kirsten Weir, "Mistaken identity: Is eyewitness identification more reliable than we think?" Monitor, American Psychological Association, 2016, 47(2), https://

범죄피해를 당함으로써, Thompson은 완벽한 학생이자 딸이자 홈커밍 퀸(homecoming queen)이었던 자신의 완벽한 세상이 송두리째 무너지자 그녀는 자신에게 범행한 사람을 완벽하게 기억함으로써 결코 한 번도 상상하지도 못했던 '완벽한 증인(The perfect witness)'이 되었던 것이다. 경찰도 그녀처럼 침착하고, 단호하고, 확실한 피해자는 보지 못했다. 병원에서 체액 등 증거 확보 등의 절차를 마치고 경찰서로 돌아온 그녀는 형사가 내민 여러 장의 사진 중에서 Cotton의 사진을 지목하였다. 일주일쯤 지난 후, 대면으로 용의자를 식별하면서도 "저 사람이 바로 그 강간범"이라고 또다시 그를 지목하였다. 그리고 재판장에서도 성경에 손을 얹고 진실만을 말하겠다고 선서까지 하고서도, 용의자의 무표정한 얼굴을 똑바로 바라보고는 '저 사람이 나를 강간한 사람'이라고 말하였다. 그녀는 어떤 것에도 그토록 확실했던 적이 없었다. 당연히 관계된 사람 모두가 진범을 잡았다고 확신하였다. Cotton을 기소하게 만든 가장 큰 근거는 이런저런 상황적 증거가 아니라 바로 Thompson과 그녀의 증언이었던 것이다. 그녀는 극한의 상황에서 범인과 맞설 수 있으려면 자신이 할 수 있는 것이 무엇인지 정확하게 알았다. 바로 강간범보다 더 스마트해져서 범인의 목소리, 머리카락, 눈 등 그날 밤에 관한 모든 것을 다 기억하는 것이었고, 이런 목적으로 그녀는 불을 켜고 상처, 흉터, 문신 등 나중에 범인을 식별하는 데 도움이 될 만한 모든 범인의 특징을 파악하였다. 이렇게 하는 것만이 만약 자신이 범인을 죽일 수 없다면 차선책으로라도 범인을 교도소로라도 보낼 수 있다고 믿었던 것이다.[119]

---

www.apa.org/monitor/2016/02/mistaken-identity, 2023. 3. 2. 검색.

119 Helen O'Neil, "The perfect witness," North Carolina, Death Penalty Information

그녀는 무엇인가에 그토록 확실한 적이 결코 없었다. 이런 그녀의 확신에 Cotton의 이력도 도움이 되지 못하였다. 그녀와 같은 나이였으나 이미 잘못된 길로 들어서서 법률적인 문제를 겪고 있었고, 1급 주거침입 절도와 강간미수로 실형을 살기도 했었기 때문이었다. 더구나 그는 폭력을 초래한 피해 여성과의 관계는 합의된 것이었고, 자신이 백인 여성과의 데이트를 좋아했기 때문에 경찰이 자신을 불공정하게 표적으로 삼았다고 주장했다. 이런 점에 비추어, Thompson이 Cotton을 지목했을 때 모두가 바로 그 사람, 즉 진범을 잡았다고 확신하였다. 그러나 사실 Cotton은 큰 키에, 잘생긴 얼굴에, 아기처럼 부드러운 초콜릿 피부와 온화하고 애교가 있는 미소를 가졌었다. Thompson이 자신을 지목했을 때도, 그는 평정심을 잃고 극도로 무서워하였지만 아무런 말도 하지 않고 감정을 드러내지도 않았다. Cotton의 그러한 행동과 과거가 그에게 전혀 도움이 되지 않았다. 그는 긴장하였고, 날짜도 헷갈렸고, 자신의 알리바이도 세우지 못했고, 범죄 현장에서 발견된 것과 유사한 그의 신발 끈 조각도 없어졌었다. 하지만 그를 기소로 이끈 것은 그러한 상황적 증거가 아니라 바로 피해자 Thompson이었다.[120]

재판부에 제출되었던 검찰의 증거에는 피해자의 사진 식별과 대면 식별, 범인이 사용했던 것과 유사한, 닮은 Cotton의 집에서 발견된 손전등과 두 건의 성폭행이 일어났던 범죄 현장의 한 군데서 발견된 고무와 일치하는 Cotton의 신발에서 나온 고무가 있었으나, 압도적으로 활용된 증거는 피해자의 용의자 사진 식별과 당시 경찰이 활용하던 잘못된 목격자 대면 식

Center.

120 Helen O'Neil, "The perfect witness," North Carolina, Death Penalty Information Center.

별 증거였다. 1985년 1월, Cotton은 한 건의 강도와 한 건의 강간에 대해 배심원단으로부터 유죄평결을 받았다. 1987년 11월의 두 번째 재판에서, Cotton은 두 건의 강간과 두 건의 강도에 대해서 유죄평결을 받고, 종신형에다 54년 형이 추가되었다. Cotton은 자신의 유죄를 뒤집으려고 여러 차례 청원하였으나 모두 실패하였지만, 1995년 봄 중요한 전기를 맞게 되는데, 그것은 바로 경찰이 DNA 검사를 위한 범인의 정액을 포함한 모든 증거를 변호인 측에 넘겨주었던 것이다. 피해자 중 한 명으로부터 확보된 표본에 대한 검사 결과는 Cotton과 일치하지 않았다. 변호인 측의 요구로, 주 수사국의 DNA 데이터베이스로 보내졌고, 결과는 교도소에서 이전에 동료 재소자에게 범죄를 고백했던 한 재소자와 일치하였다. 이 검사 결과로 1995년 5월 지방 검찰은 Cotton에 대한 모든 공소를 기각하기로 하였고, 1995년 6월 30일 Cotton은 공식적으로 모든 혐의를 벗고 석방되었고, 1995년 7월에는 주 지사로부터 사면도 받게 되었던 것이다.[121]

사건을 좀 더 자세히 보자. 두 명의 피해자 모두 병원으로 안내되어 강간 키트(Rape kit)도 전부 완결된다. 첫 번째 피해자인 22살의 Jennifer Thompson은 자신의 강간범이 20대 초반의 키가 큰 흑인 남성이었다고 진술하였다. 경찰은 그녀의 진술을 충족시키는 그 지역 남성들의 사진을 모았는데, 그 사진 중에는 피해 여성의 아파트 근처 식당에서 일하는 Ronald Cotton도 포함되어 있었다. Cotton은 당시 이미 무단 주거침입과 강간하기 위한 폭행 두 건의 전과가 있었다. 피해 여성은 경찰이 제시한 사진 중에서 Cotton을 강간범으로 지목하였다. Cotton은 자신에 대한 잘못된 식별, 오

---

121 National Registry of Exonerations, "Ronald Cotton," https://www.law.umich.edu/special/exoneration/Pages/casedetail.aspx?caseid=3124, 2023. 3. 2. 검색.

해를 해소하려고 경찰서를 방문하였으나 오히려 사건이 자신에게 불리한 상황으로 빠지게 하였다. 그는 강간이 발생한 날 밤 친구들과 함께 있었다고 주장하였으나, 그의 알리바이를 친구들이 확증, 뒷받침하지 않았다. 용의자들에 대한 대면 식별에서도, 피해 여성 Thompson은 또다시 Cotton을 지목하였다. 1984년 8월, 그는 체포되고 구금되어, 1985년 1월에 유죄가 확정되었다. 그러나 그의 유죄 확정은 뒤집어지고 새로운 재판이 명령된다. Cotton은 다른 강간 사건으로 수감된 같은 지역에 사는 키가 큰 젊은 흑인 남성 재소자 Bobby Poole이 자신과 너무나 닮았으며, 반복적으로 Thompson과 다른 한 건의 강간을 자신이 범했다고 다른 동료 재소자들에게 허풍을 떨고 다녔기 때문에 Cotton은 새로운 재판에 긍정적 희망을 가졌었다. 그러나 두 번째 재판은 첫 재판보다 오히려 더 충격적이었다. 두 명의 피해 여성 모두 Cotton에 불리하게 증언하였고, 배심원단도 Poole이 진범이라고 믿지 않았으며, 가장 치명적이었던 것은 재판부가 Poole의 추정되는 자백을 밝히지 않았으며, Cotton의 알리바이가 허위로 밝혀지는 등의 이유로 그의 진술에 일관성이 없다고도 판단하였다. 결국, 다시 교도소로 수감된 Cotton은 몇 년 동안 때가 되기만을 기다렸다. 그러던 중, 사건 당시에는 불가능하였던 새로운 DNA 검사에 관해서 알게 되고, DNA 검사를 청원하여 허가되었다. 경찰이 넘겨준 정액과 기타 체액 중 Thompson에게서 확보된 표본들은 상태가 좋지 않아 검사할 수 없었으나, 두 번째 피해자에게서 확보된 표본 중 그녀의 질에서 체액을 채취했던 작은 면봉에서 소량의 정액을 검출하였고, 검사 결과 Cotton과 일치하지 않아서, Cotton이 강간범일 수 없었던 것이다. 검사 결과가 DNA 데이터베이스의 유전자 정보와 대조한 결과

Bobby Poole의 것과 일치하여 그가 진범으로 증명되었던 것이다.[122]

피해자 두 명 모두가 지목했던 사람이 자신을 강간했던 범인이 아니고 진범은 따로 있다면, 분명히 어디서부터인지 무언가가 잘못되었음이 분명할 것이다. 그럼에도 Thompson은 아직 강간범이 "조용히 하지 않으면 칼로 잘라버릴 것이야"고 외치던 목소리를 들을 수 있고, 머릿속에서는 그의 얼굴을 아직도 볼 수 있고, 법정에서의 뜨거운 증오심을 아직도 느낄 수 있는데, 11년 동안이나 잘못되었다는 것을 이해하고 받아들이기가 쉽지 않았다. 그처럼 단호하고 확실했던 그녀가 어떻게 틀릴 수 있었을까? 담당 형사는 Thompson 말고도 형사 자신은 물론이고 두 명의 배심원, 두 명의 판사들도 틀렸었다고 그녀를 위로하였다. 따라서 이는 그녀만의 잘못이 아니라 전체 제도의 실패였고, 이는 곧 바로잡아질 것이라고도 위로하였다. 오로지 Cotton이 자신의 무고함을 주장하는 고집, 한 법학 교수의 호기심, 11년 전에는 없었던 새로운 DNA 검사와 같은 일련의 보기 드문 사건이 Cotton의 11년이란 무고한 수형생활을 끝내는 것을 가능하게 했던 것이다. 노스캐롤라이나대학교의 법학 교수 Richard Rosen은 어려움에 처한 한 남자가 거의 배타적으로 목격자 증언에만 의존하여 종신형을 선고받은 데 대해서 호기심이 발동하였던 것이다. 그는 너무나 많은 사례에서, 목격자들이 믿을 수가 없다고 갈파하면서, 당시 Thompson이 강력하고 설득력이 있었는지 알 수 없지만, 아마도 어떤 배심원이라도 그토록 확실하고 확고한 피해자의 증언을 듣고도 사건을 기각할 배심원이 얼마나 될까 확신이 서지 않는다고 설명한다. 이런 Rosen 교수의 주장으로 DNA 표본으로 이어질 수 있었던

---

122 Understanding DNA evidence: A Guide for Victim Service Providers, https://ovc.ojp.gov/sites/g/files/xyckuh226/files/publications/bulletins/dna_4_2001/dna11_4_01.html, 2023. 3. 2. 검색.

것이다.[123]

　이 사건의 핵심 증거였던 목격자 증언과 식별이 일어날 수 있었던 이유는 무엇이었을까? 특히 범인이 범행이 이루어지는 동안의 상당히 긴 시간(아마도 그 순간이 일생처럼 길게 느껴졌을 것이지만) 피해자 얼굴에서 불과 몇 센티미터도 떨어져 있지 않았는데도 불구하고 피해 여성은 맞지 않는 틀린 식별, 지목을 했을까? 아마도 범인과 거의 얼굴을 맞대고 바라봐야 하고, 흉기의 위협에 직면해야 하는 극단적 스트레스가 피해자의 기억과 회상 능력에 영향을 미쳤었을 수 있었을 것이다. 용의자의 특별한 특징이 없는 얼굴이나 신체조건도 기억을 더 어렵게 만들 수 있고, 범인이 자신을 숨기기 위하여 위장과 변장을 했을 수도 있다. 이 사건과 달리 목격자와 범인의 거리가 멀수록 목격자 식별의 정확성을 해치지 않을 수 없고, 범행 현장의 조명이나 목격자가 범인을 목격한 시간도 영향을 미칠 수 있어서 관찰, 목격 조건이나 환경도 목격자 식별에 크게 영향을 미친다. Thompson이 Cotton을 두 번째 재판에서도 범인으로 지목한 것을 보면 수사 관리의 결과로 일어나는 편견도 작용했을 수 있다고 판단된다. 경찰에서의 대면 식별 절차 자체가 처음부터 편견을 불러일으킬 수 있다는 것이다. 경찰이 용의자가 자기들이 줄을 세운 사람 중 어딘가에 있다고 Thompson에게 어떤 식으로든 말한다면 실제 용의자가 그 자리에 없을지라도 누군가를 선택할 개연성은 훨씬 높아질 것이다. 선택된 얼굴 사진이나 선택된 몇 사람을 줄 세우고 단순히 그중에서 지목하라고 요구한다면 목격자가 잘못된 선택을 하도록 강제하는 것이다. 왜 두 번째 재판에는 Cotton과 Poole이 모두 현장

---

123 Helen O'Neil, "The perfect witness," North Carolina, Death Penalty Information Center.

에 있었지만 그때도 Thompson은 Cotton을 지목하였을까? 아마도 재강화가 기억을 변화시킬 수 있지 않았을까? 그녀가 수년 동안이나 Cotton을 자신의 강간범으로 식별해 온 터라서 그러한 그녀의 긍정적 식별이 재강화되고, 그래서 그녀의 기억이 진범의 얼굴을 Cotton의 얼굴로 대체했을 수 있다는 것이다. 인간의 기억이란 분명히 꼭 믿을 수 있는 것이 아닐 수 있다.[124]

아마도 사람들이 증언할 때 그들이 보았다고 믿는 것에 대한 증언만큼 기억이 허위, 거짓은 아니라고 한다. 거짓이나 허위는 기억이 아니라 증언이라는 것이다. 사람들은 그의 모든 것에 대하여 말하고 또 믿도록 쉽게 조종될 수 있다. 자신이 저지르지도 않은 범죄로 사형수가 되거나 수십 년을 무고하게 옥살이를 하다가 석방된 사람들의 이야기를 심심치 않게 든는다. 그런 사건의 대부분은 목격자 증언과 관련된 경우라고 한다. 목격자 증언은 배심원에게는 매우 설득력이 있다고 하는데, 그것은 피해자가 거짓말을 할 아무런 이유가 없고, 경찰도 엉뚱한 무고한 사람을 감옥에 보내기를 원치 않을 것으로 믿기 때문이지만, 현실은 목격자 증언은 신뢰할 수 없다는 것이 연구자들의 주장이다. Ronald Cotton의 경우가 어떻게 목격자, 피해자 증언이 허위, 거짓일 수 있으며 배심원들이 무고한 사람을 유죄로 평결할 수 있는지를 보여주는 좋은 사례라고 한다. 사람들은 기억이 마치 자신의 마음속에서 돌려볼 수 있는 그림이나 비디오라고 생각하지만, 그것은 전혀 사실이 아니다. 과학자들은 말하기를 사람들은 무언가 진실이라는 또는 누군가가 사실은 그가 하지 않은 무언가를 했다는 일련의 제안을 통해서 쉽게 거짓된, 잘못된 기억을 발전시킬 수 있다는 것이다. 경찰은

---

124 Locard's Lab, "Rounding up fascinating news and research in the field of forensic science," 2015, 8, 25, https://locardslab.com/2015/08/25/forensic-fails-eyewitness-yestimony-the-ronald-cotton-trial, 2023. 3. 2. 검색.

Thompson에게 그녀가 Cotton을 지목한 인터뷰나 식별 절차 동안 Bobby Poole의 사진이나 실물을 전혀 보여주지 않았기에 Thompson은 자신이 엉뚱한 사람을 지목, 식별했다고는 생각할 아무런 이유가 결코 없었다. 그녀의 생각에는, 경찰이 자신을 강간한 사람을 붙잡았고, 자신이 그녀에게 보여준 사진에서 바른 사람을 지목, 식별해야만 했었던 것이다. 만약에 Bobby Poole의 사진이 Cotton의 사진 옆에 있었다면 Thompson의 선택은 달랐거나 적어도 그녀가 두 사람 중 누가 자신을 강간했는지 더 신중하게 고민하였을 것이다. 그리고 두 번째 사건의 피해 여성 Elizbeth Watson이 처음에는 Cotton을 지목하지 않았다가 두 번째 재판에서 마음을 바꾸어 그를 지목한 점에 대해서도 더 생각해볼 필요가 있다. 한 가지 가능성은 Thompson이 바른 용의자를 지목, 식별한다는 생각에 대한 자신의 확신이 Watson으로 하여금 자신의 증언을 바꾸어 엉뚱한 사람을 식별, 지목하도록 이끌었을 수 있다는 것이다. 그래서 경찰관은 사진이나 대면이나 용의자 식별 절차에서 제안적, 제시적, 유도적인 말이나 행동을 해서는 안 된다는 것이다.[125]

사실, 무고하게 유죄가 선고된 오심 피해자를 면죄시키는 데는 DNA 검사 결과의 일치만큼 그 힘이 막강한 것은 없다. 실제로 이런 무고한 오심 판결이 면죄된 사건의 대부분이 이 DNA 검사 결과에 근거한 것이라고 한다. 어떤 경우에는 이처럼 오심으로 자신이 저지르지도 않은 범죄로 유죄가 확정된 사람들을 면죄시키기도 하는 반면에, 다른 한편으로는 DNA 일치가 범인을 입증하고 그의 유죄를 확정하게 하여 폭력 범죄의 피해자에

---

125 MindingHearts, "People can develop false memories. A look at Ronald Cotton's Case that memories can be false," https://mindinghearts.com/2021/10/26/people-can-develop-flse-memories-criminologists-say-that-75-of-the-people-exonerated-after-crimes-they-did-not-commit, 2023. 3. 2. 검색.

게 강력한 안도감을 가져다주기도 한다. Ronald Cotton의 경우도 예외가 아니어서 DNA 검사로 Cotton에게는 면죄를 가져다주었던 반면에 진범을 밝힐 수 있게 해주었던 것이다.[126]

이 사건이 더욱 세간의 관심을 받고 흥미로운 점은 무고하게 유죄를 선고받은 오심의 피해자가 자신을 범인으로 잘못 식별하여 그에게 무고한 형벌을 받게 한 강간 피해자 여성을 용서하고, 두 사람이 친구가 되어 "Picking Cotton", 즉 "코튼 지목하기"라는 잘못된 범죄 용의자 식별에 관한 책을 공동으로 집필하고, 잘못된 범죄 용의자 식별의 문제점을 경고하고 개선을 촉구하는 활동을 같이 해왔다는 것이다.[127]

Randall Dale Adams
위증, 오식별, 검찰 비위에 의한 무고 - 영화가 도운 면죄

Adams는 1976년 미국 Texas 주 Dallas의 경찰관 Robert W. Wood를 총격, 살해한 혐의로 무고하게 유죄가 확정되었으나, 1989년 그에 대한 유죄가 뒤집어진 오심 사건의 주인공이다. 엄청난 법적 시련을 겪으면서도, Adams는 자신의 무고함을 처음부터 끝까지 유지하였다. 그는 자신이 경찰관을

126 "Understanding DNA evidence: A Guide for Victim Service Providers," https://ovc.ojp.gov/sites/g/files/xyckuh226/files/publications/bulletins/dna_4_2001/dna11_4_01.html, 2023. 3. 2. 검색.

127 Innocents Database of Exonerations, "Ronald Cotton," forejustice.org/db/Cotton_Ronald.html, 2023. 3. 2. 검색; plaza.ufl.edu/malavet/evidence/notes/Cotton_Thompson_Description.jpg, 2023. 3. 2. 검색.

살해한 것이 아니며, 범인은 그날 오후 자동차 휘발유가 떨어져서 차를 더 이상 운행할 수 없었던 자신을 태워주었던 David Ray Harris라고 믿는다고 주장하였다. Adams와 Harris는 그날 오후 그렇게 만나서 몇 시간을 같이 보낸 후 총격 이전에 헤어졌다고 한다. 면책협정에 따라, Harris는 자신은 그냥 동승자였고, Adams가 Wood 경관을 살해했다고 검찰 측 증언을 했다. Harris의 이 증언과 다른 목격자로 추정되는 사람들의 증언으로, Adams는 배심원단에 의하여 유죄가 평결되었고 사형이 선고되었다가 1980년 종신형으로 감형되었다. 그가 교도소에 수감되어 있던 동안, 자신의 면죄에 중요한 계기가 되었던 1988년 다큐멘터리 영화 "Thin Blue Line(얇은 법의 방어벽)"이라는 영화의 주제가 되기도 하였다. 영화의 제작자이고 감독이었던 Errol Morris는 Harris가 여러 번에 걸쳐서 경찰관을 살해했다고 자랑질을 했다는 것을 알게 되었다. Morris는 그 뒤에 검찰의 비위, 비행과 목격자의 오인 식별의 증거들도 찾아냈다. Harris와의 인터뷰에서 Harris가 Wood 경관의 살해에 대해 허위-자백을 했다는 것도 녹음하였다. 그러나 2004년, Harris는 1985년의 또 다른 살인 혐의로 독극물 주입에 의한 사형이 집행되어서 Wood 경관 살인에 대해서는 전혀 기소되지 않았다. 그러나 영화가 개봉되고 6개월 후, Adams의 유죄는 항소심에서 뒤집어졌고, 검찰도 재심을 포기하였지만 사면까지는 되지 않아서 12년 동안의 무고한 수형생활에 대한 아무런 보상도 받지 못하고 2010년 뇌종양으로 사망하고 만다.[128]

1976년 10월, 27살의 Randall Adams는 동생과 함께 Ohio를 떠나 California로 가던 도중 추수감사절 밤에 Dallas에 도착한다. 돈이 떨어진 그는 다음 날

---

128 Wikipedia, "Randall Dale Adams," https://en.wikipedia.org/wiki/Randall_Dale_Adams, 2023. 2. 24. 검색.

아침, 건설 현장 인부로 일자리를 구하게 된다. 바로 그 주 토요일인 11월 27일, 일을 시작하러 갔으나 주말이라 현장엔 아무도 없었다. 집으로 돌아오던 길에 자동차 연료가 바닥이 났다. 그때 당시 막 16살이 되었던 David Ray Harris가 아버지의 권총과 엽총을 가지고 Dallas로 오기 전에 Texas의 Vidor의 이웃에서 훔친 자동차로 Adams를 지나치고 있었다. Harris는 Adams에게 자동차를 태워주기로 했고, 둘은 그날 밤을 술을 마시고 마리화나를 피우고, 포르노 영화도 두 편이나 보며 함께 즐겼다. 그날 밤, Robert W. Wood 경관은 Dallas에서 순찰업무에 배정된 첫 여성 경찰인 파트너 Teresa Turko 경관과 함께 야간 근무를 하고 있었다. 11월 28일 자정이 막 지나서, Wood 경관은 전조등이 꺼져있던 Harris의 훔친 차량을 정지시킨다. Wood 경관이 다가가자 자동차 안의 누군가가 그의 팔뚝과 가슴에 두 발의 총격을 가한다. 총격 후 즉시 빠른 속도로 자동차가 도주하여 순찰차 안에서 Milk Shake를 마시고 있던 Wood 경관의 파트너 Teresa 경관에게 반응할 시간을 주지 않았고, 후에 그녀는 도주하는 차량에 총격을 가하였으나 실패했다고 증언하였다. 계속된 경찰의 수사로 범행이 자신의 짓이었다고 친구들에게 자랑하고 다닌 Harris가 체포된다, Wood 경관을 살해한 총알이 Harris의 22구경 권총과 일치한다고 하자, 그는 자신이 아니고 Adams가 총을 쏘았고, 자신은 당시 그냥 동승자였다고 주장하며 살인에 대하여 Adams의 짓이라고 혐의를 부인하였다.[129]

---

129 Wikipedia, "Randall Dale Adams," https://en.wikipedia.org/wiki/Randall_Dale_Adams, 2023. 2. 24. 검색; National Registry of Exonerations, "Randall Dale Adams," https://www.law.umich.edu/special/exoneration/Pages/casedetail.aspx?caseid=2984, 2023. 2. 24. 검색; Randall Dale Adams, https://peoplehill.com/people/randall-dale-adams, 2023. 2. 24. 검색.

경찰은 당연히 Adams를 소환하였고, 그는 자신의 범죄 발생 당일의 행적을 자세하게 기술한 진술서에 서명을 했는데, 재판에서 경찰은 그가 그날 일찍이 범행 장소 부근에 있었다고 진술했기 때문에 이 진술서를 그의 유죄 인정으로 활용하였다. Adams가 전혀 모르는 세 사람의 목격자도 재판에서 그에게 불리한 증언을 했다. Emily와 Robert Miller 부부는 정차된 자동차를 총격 전에 보았다고 증언했으며, 당시 차 안에 있던 유일한 사람으로 Adams를 지목하였다. Emily Miller는 자신이 경찰서 대면 식별에서 Adams를 지목하였다고 증언하였다. 그런데 경찰이 누구를 찍을 것인지 말하기 전까지는 그녀가 Adams를 식별, 확인하지 못했으며, 그녀의 그러한 증언의 대가로 그녀의 딸에 대한 강도 혐의의 공소가 취하되었고, 그녀가 보았다고 한 사람은 멕시코계이거나 흑인(참고로 Adams는 백인)이라고 원래 주장했었다는 사실이 후에 밝혀졌다. 세 번째 목격자는 자신은 차 안에 두 사람이 있는 것을 보았고, Adams가 운전석에 있었다고 증언하였다. 이를 근거로 배심은 Adams를 살인에 대한 유죄로 평결하였다. 선고공판에서, 죽음의 의사, Dr. Death로 알려졌던 법정 정신의학자 Dr. Grigson은 Adams가 사형되지 않으면 위험하다고 증언하였고, 이 증언에 기초하여 그에게 사형이 선고되었다. 그런데 Dr. Grigson은 거의 100명 이상의 다른 사형 선고 사건에서도 거의 동일한 증언을 하였고, 그로 인하여 그는 미래 폭력성의 위협은 예측할 수 없으며, 정신의학자가 그러한 증언을 하는 것은 비윤리적이라는 입장을 견지했던 미국 정신의학 협회로부터 두 번이나 징계를 받았다고 한다.[130]

Dallas 검찰의 Douglas D. Mulder 검사는 Harris에 대한 증거에도 불구하

---

130 National Registry of Exonerations, "Randall Dale Adams," https://www.law. umich.edu/special/exoneration/Pages/casedetail.aspx?caseid=2984, 2023. 2. 24. 검색.

고, Texas 주 법에 의하면 그가 당시 미성년자여서 사형을 선고할 수 없었던 반면에 Adams는 성인으로서 사형도 선고될 수 있었기 때문에 Adams를 살인 혐의로 기소하였다고 한다. Adams는 자동차 전용 극장을 떠난 후에 Harris가 자신을 묵고 있던 호텔에 내려주었고, 호텔에서 동생과 TV를 보다가 잠들었었다고 증언하였다. 그는 자신은 총격이 일어났을 때 차 안에 있지도 않았다고 주장하였던 것이다. 반면에 Harris는 Adams가 차 안에 있었을 뿐 아니라 자동차의 운전자였음은 물론이고 Wood 경관에게 총을 쏜 사람이었다고 증언하였다. Harris와 총격 직전에 Harris의 정차된 자동차를 지나쳐 운전했었다고 주장한 Emily Miller와 R. I. Miller를 포함한 몇몇 의문스러운 목격자들의 증언이 Adams의 유죄평결로 이끌었던 것이다. 이에 더하여, Texas 주 법에 따르면, Adams에게 사형을 선고하기 위해서는 배심원단이 피의자가 장래 폭력 범죄를 범할 개연성이 합리적 의심 이상인가를 결정하도록 되어있는데, Dr. Death로도 알려졌던 Texas의 법정 정신의학자(forensic psychiatrist)인 James Grigson도 검찰 측 증인으로서 Adams에 대한 정신의학적 평가를 실시하고는 Adams가 계속 살아있으면 계속되는 위협, 위험한 존재가 될 것이라고 배심원단에 증언하였다. 이 증언의 결과로, Adams에게 사형이 선고되었다. 그러나 법정 정신의학자 Grigson은 1995년 전문가 증인 증언과 관련한 비윤리적 행동으로 텍사스 정신과 의사협회와 미국 정신의학 협회로부터 제명되었다.[131]

---

131 Wikipedia, "Randall Dale Adams," https://en.wikipedia.org/wiki/Randall_Dale_Adams, 2023. 2. 24. 검색; Center on Wrongful Conviction, Northwestern Pritzer School of Law, "Randall Dale Adams," https://law.northwester.edu/legalclinic/wrongfulconvictions/exonerations/tx/randall-dale-adams.html, 2023. 2. 24. 검색; Randall Dale Adams, https://peoplehill.com/people/randall-dale-adams, 2023. 2. 24. 검색.

1985년, 다큐멘터리 영화 제작자인 Errol Morris는 악명높은 죽음의 의사 Dr. Grigson에 관한 영화를 제작하기 위하여 Dallas로 온다. Dr. Grigson에 대한 조사과정에서, Morris는 Adams를 인터뷰하게 되고, Adams의 이야기에 강한 홍미를 갖게 되어 Dr. Grigson 대신에 Adams에 관한 영하를 제작하기로 결정한다. Adams의 사건을 자세히 들여다보자, Morris는 검찰의 비위, 위법행위, 무죄를 입증해줄 증거의 은폐 그리고 Wood 경관의 살인으로 이어지는 Harris의 범죄 활동에 대한 정보를 발견한다. Adams는 그때까지도 아무런 범죄 이력이 없었던 반면에 Harris는 군대와 사회에서의 다수의 범죄 이력을 가진 전과자였으며, 동시에 보호관찰 중임에도 자동차를 훔쳐서 타고 다녔기 때문에 경찰관을 살해할 수 있는 동기도 있었고, 친구들에게 경찰관을 살해했다고 떠들고 다니고 자랑질했음에도 Dallas 경찰은 자신은 집에 가서 잠들었었다는 겉보기엔 너무나 단순한 Adams의 알리바이보다는 Harris의 죄를 덮어씌우기 위한 거짓말을 믿기로 선택했던 것이다. 만약에 Adams에 대한 허위 유죄평결이 없었으면 Harris는 Wood 경관의 살해 혐의로 체포되었을 것이고, 따라서 그가 저지른 또 다른 살인은 예방될 수 있었다는 것이다. 검찰의 추리 과정상 다수의 모순점을 상세하게 다루었던 다큐멘터리 영화 "The Thin Blue Line"이 1988년 개봉됨으로 Adams의 유죄에 더욱 의문을 제기하였지만, 사건은 여전히 불확실한 상태로 남는다. 이 영화에서 Morris가 발견하고 주장한 증거들을 기초로, Adams의 변호인은 1988년 새로운 재판을 청원하였고, 청문에서 Harris는 Adams에 불리한 자신의 원래 증언을 철회, 번복하였다. 이를 근거로 1989년, Texas 형사항소법원은 Mulder 검사의 불법, 월권행위와 핵심 증인인 Emily Miller의 증언의 모순에 근거하여 Adams에 대한 유죄를 뒤집었다. Mulder 검사가 그녀의 신뢰성에 의문을 제기할 수 있는 이유는 그녀가 경찰에 한 진술을 제출하지 않았고, 그녀가 위증하도록 허용하였다는 것이다. 더구나 법원에서는 Adams의 변호인이 Adams의 재판 후반에서야 그 진술을 발견하고 난 후, Mulder 검사는 증인의 행방을 몰랐다고 거짓말을 했다는 것도 발견하였다. 이런 이유로 법원은 Adams에 대한 유죄는 주로 Mulder 검사로 인하여 불공정했었다고 밝혔다. 항소법원의 결정이 있은 후, 지방 검찰청에서는 사건 발생 후 오랜 시간이 흘렀다는 이유로 더 이상 사건을 기소하지 않기로 결정하였고, 결과적으로 Adams는 석방되었다. David Ray Harris는 원심 재판에서는 자신은 훔친 자동차의 동승자였고, Adams가 운전하도록 하였고, Adams가 살해했다고 증언하였으나, Adams의 청문에서 이 증언을 번복, 철회하였다. 그러나 그는 사법적 상황에서는 자신의 유죄를 인정하지 않았고 기소되지도 않았다. 2004년 6월 30일, Harris는 1985년의 다른 살인사건으로 사형이 선고되어 약물 주입으로 사형이 집행되었다.[132]

Adams가 무고하게 사형을 선고받았던 데는 먼저 진범으로 밝혀진 Harris가 자신의 기소를 피하기 위하여 Adams에게 죄를 뒤집어씌웠기 때문이며, 두 번째는 법정에 증인들이 출석하여 증언하기 전까지는 증인의 존재부터 변호인 측에 숨겨졌던 세 사람의 증인의 놀라운 그리고 부분적으로는 허위 증언이 또 다른 오심 요인이었고, 세 번째는 심문하는 동안에 자

---

132 Wikipedia, "Randall Dale Adams," https://en.wikipedia.org/wiki/Randall_Dale_Adams; National Registry of Exonerations, "Randall Dale Adams," https://www.law.umich.edu/special/exoneration/Pages/casedetail.aspx?caseid=2984, 2023. 2. 24. 검색; Center on Wrongful Conviction, Northwestern Pritzer School of Law, "Randall Dale Adams," https://law.northwester.edu/legalclinic/wrongfulconvictions/exonerations/tx/randall-dale-adams.html, 2023. 2. 24. 검색; Randall Dale Adams, https://peoplehill.com/people/randall-dale-adams, 2023. 2. 24. 검색.

신이 범죄 현장 근처에 있었다고 한 진술을 유죄 인정으로 해석했던 Adams 가 서명했던 진술서였다. Harris가 자신의 집으로 돌아가고 며칠 동안 친구들에게 자신이 Dallas에서 경찰관을 살해했다고 떠벌리고 다녔다는 정보를 확보한 경찰이 그를 소환하여 심문을 하자, 자신은 그 사건과는 아무런 관련도 없는데 단지 친구들에게 깊은 인상을 주고 싶어서 자랑질을 한 것일 뿐이라고 주장하였다. 그러나 경찰이 총격 시험 결과 Harris가 아버지에게서 훔친 권총이 살인 무기였다고 말하자, 그는 말을 바꾸어 총격 현장에는 있었으나 자신이 태워준 hitchhiker Adams가 범행하였다고 주장한다. Adams 도 경찰에 소환되어 조사를 받지만, 자신은 사건과 무관하며 아무것도 알지 못한다고 주장한다. 경찰은 그에게 거짓말 탐지를 통과하지 못하였고 Harris는 통과하였다고 말해준다. 그러한 거짓말 탐지기 조사 결과에도 불구하고, Harris의 설명을 의심할 만한 이유가 있었지만, 경찰은 그러지 않을 만한 동기가 있었다고 한다. 바로 경찰관이 살해되면, 당국에서는 통상적으로 가능한 가장 엄중한 처벌을 요구하는데, 물론 Texas에서는 당시에도 그렇고 지금도 사형이지만, 미성년 청소년에게는 사형이 불가능하고, Harris가 당시 16살에 불가하여 사형을 선고할 수 없었던 반면에 Adams는 당시 26살의 성인이어서 사형이 선고될 수 있었던 것이다.[133]

영화 "The Thin Blue Line"은 미국 전역에서 관객들을 분노로 가득하게 만들었고, Mr. Adams는 위증과 지나치게 열정적인 검사의 도움을 받아 엉

---

133 Center on Wrongful Conviction, Northwestern Pritzer School of Law, "Randall Dale Adams," https://law.northwester.edu/legalclinic/wrongfulconvictions/exonerations/tx/randall-dale-adams.html, 2023. 2. 24. 검색; Douglas Martin, "Randall Adams; freed from prison after film," New York Times, 2011, 6, 26, archive.boston.com/bostonglobe/obituaries/articles/2011/06/26/randall_adams_freed_from_prison_after_film/?page=2, 2023. 2. 24. 검색.

뚱한 사람을 억울하고 무고하게 사형을 선고할 수 있는 실수할 수 있는 형사사법제도의 상징이 되었다. 이는 비록 Adams 자신만의 이야기가 아니라 누구나에게나 일어날 수 있는 모두의 이야기로 인식되었다. 꼼짝달싹도 하지 못하게 전기의자에 꽁꽁 묶여서 "나는 하지 않았다, 나는 하지 않았다, 나는 하지 않았다"고 외치지만, 아무도, 절대적으로 아무도, 듣지 않으려는 우리들의 가장 깊고, 가장 어두운 두려움의 하나였다는 것이다.[134] 특히 1976년 사건 당시 Dallas 경찰은 세간의 관심이 높은 살인사건을 해결해야 하는 엄청난 압박을 받고 있었고, 그래서 Adams에 대한 기소를 제기할 의지가 강하였다. Adams는 사건의 수사반장이었던 Gus Rose 형사가 한 심문에서 자신의 머리에 권총을 겨누었다는 혐의를 제기하였고, 총격의 목격자가 식별에서 Adams를 식별하지 못하자 한 경찰관이 도움을 주려고 Adams를 그녀에게 가리켰고, 그래서 깨우친 목격자가 후에 재판에서 그를 손가락으로 가리켰다는 것이다. 당시까지 살인사건의 재판에서 단 한 번도 지지 않았던 Mulder 검사가 소송을 담당하여 어떻게 해서라도, 어떤 대가를 치르더라도 이기고자 하였다. 물론 이런 Mulder 검사에게 항소법원은 그가 알면서도 위증을 이용하였고, 재판부를 속였고, 피의자에게 유리한 증거는 숨기는 것을 포함한 재판 중의 검사의 위법, 비위행위에 대하여 질책하였다.[135]

---

134 Emma Brown, "Randall Dale Adams, profiled in documentary of his wrongful conviction, dead at 61," The Washington Post, 2011, 6, 26, file://E:/Randall Dale Adams, profiled in documentary of his wrongful conviction, dead at 61 - The Washington Post.html, 2023. 2. 24. 검색.

135 Pamela Colloff, "Randall Dale Adams," Texas Monthly, 2001, 9, https://www.texasmonthly.com/articles/randall-dale-adams, 2023. 2. 24. 검색.

Jimmy Ray Bromgard

오심의 종합판: 오식별, 법의학적 오류, 위증, 관료 비위, 부적절한 변호

2002년 가을, DNA 검사 결과로 Jimmy Ray Bromgard는 1987년 8살의 여자 어린이를 강간한 혐의로 받았던 유죄평결과 확정으로부터 면죄되었다. 그의 사건은 각하되었고, 그는 교도소에서 석방되어 자유의 몸이 되었다. 그는 유죄 확정 후 DNA 검사로 면죄가 된 미국에서의 111번째 사람이 되었다. 그는 지금은 주 정부도 합리적 의심 이상으로 그가 범행하지 않았다고 확신하는 범죄로 석방되기까지 15년을 교도소에서 보냈다. 범행이 일어났던 방에서 확보된 DNA가 그냥 단순히 그와 일치하지 않았기 때문에 그가 그 범죄를 범할 수가 없었다는 것이다. 그럼에도 그가 석방되고 5년이 지난 후, Montana 주 검찰총장은 주 대법관 청문회에서 선서를 하고도 아직도 자신은 Bromgard가 유죄라고 믿는다고 진술하였다고 한다. 이 사례는 Linda Glantz, Jimmy Ray Bromgard, Ronald Tipton을 비롯한 여러 사람의 인생, 일생의 이야기이며, 동시에 과학, 정의, 사법 그리고 법에 관한 이야기이기도 하다. Glantz는 피해자이고, Bromgard는 무고한 피의자이고, Tipton은 2015년까지도 붙잡히지 않았던 진범이다. 또한 이 사건은 마지막은 아니지만 적어도 유죄를 뒤집는 데 DNA 증거가 활용되고, 동시에 정부, 경찰과 검찰의 한 계로 Bromgard와 같은 운명을 피했던 진범을 암시한 첫 번째 사례였다.[136]

---

136 Maurice Possley, "Exonerated by DNA, guilty in official's eyes," Chicago Tribune, 2007. 5. 28. https://www.chicagotribune.com/news/chi-mcgrath_28may28-story.html, 2023. 3. 2. 검색; National Registry of

1987년 3월 20일, 어린 여자아이가 창문을 통해 침입한 침입자에게 자신의 방에서 질, 구강, 항문으로 강간을 당하였다. 범법자는 지갑과 재킷을 훔쳐서 달아났고, 피해 아동은 같은 날 바로 검사를 받았다. 경찰은 피해 어린이의 속옷과 범행이 이루어진 침대의 시트를 수거하였다. 속옷에서 정액이 확인되었고, 몇 개의 체모도 침대 시트에서 수거되었다. 피해 어린이의 기억을 바탕으로, 경찰은 침입자의 몽타주를 만들었다. 몽타주에 정통한 한 경찰관이 Jimmy Ray Bromgard가 그 몽타주와 닮았다고 생각하였다. 궁극적으로, Bromgard는 영상녹화도 되었던 Lineup에 참여하기로 동의하였다. 대면식별에서 피해 어린이가 Bromgard를 지목하였지만, 그 사람이 올바른 사람인지 확실치는 않았었다. 녹화된 영상을 본 후, 피해 어린이는 자신이 60~65% 정도 확신한다고 말하였다. 재판에서는 %를 말하지 말고, 식별에 대한 자신의 확신 정도를 말해보라고 요구받자, "그리 확실치 않다"고 답하였다. 그럼에도 불구하고, 그때까지도 법정에서 그녀는 자신의 가해자로 Bromgard를 지목하였었다. 그러나 Bromgard의 국선변호인은 이에 대해서 아무런 이의를 제기하지도 않았다.[137]

Exonerations, "Jimmy Ray Bromgard," https://www.law.umich.edu/special/exoneration/Pages/casedetail.aspx?caseid=3057, 2023. 1. 26. 검색; Darrell Ehrlick, "'An absurd result' looks at first Montana case of DNA-overturned conviction," Daily Montanan, 2021, 11, 13, https://dailymontanan.com/2021/11/13/an-absurd-result-looks-at-first-montana-case-of-dna-overturned-conviction, 2023. 3. 2. 검색.

137 Innocence Project, "Jimmy Ray Bromgard," https://innocenceproject.org/cases/jimmy-ray-bromgard, 2023. 3. 2. 검색; Innocents Database of Exonerations, "Jimmy Ray Bromgard," forejustice.org/db/Bromgard-Jimmy-Ray-html, 2023. 1. 26. 검색; National Registry of Exonerations, "Jimmy Ray Bromgard," https://www.law.umich.edu/special/exoneration/Pages/casedetail.aspx?caseid=3057, 2023. 1. 26. 검색; Jayme Fraser and Holly Michels, "DNA match brings new charges in decades-old rape case," Great

재판에서, 검찰의 기소는 피해자인 목격자의 증언과 주 법의학 전문가의 오해의 소지가 있는 허위 증언을 중심으로 전개되었다. 피해 어린이의 속옷에서 발견된 정액은 유형화될 수 없었고, 그래서 Bromgard에 대한 법의학적 사례는 침대 시트에서 수거된 체모에 이르게 되었다. 주 정부의 법의학 전문가는 침대 시트에서 발견된 머리털과 음모는 Bromgard의 머리털 표본과 구별하기 어렵다고 증언하였다. 그는 더 나아가서 체모가 Bromgard의 것이 아닐 확률은 1/10,000보다 더 낮다고도 증언하였다. 그는 가능성들을 만들어내고 그것들을 타당하지 않은 방식으로 확대, 증폭시켜서, 실제로 체모는 신체의 다른 부분에서 나오고 특성이 반드시 동일하지 않기 때문에 두 가지 상호 배타적인 사건이 있을 수 있다고 주장하였다. 그래서 만약 머리털과 체모를 동시에 발견하면 머리털이 특정인과 일치할 확률은 1/100이고 체모가 특정인과 일치할 확률도 1/100이어서, 머리털과 체모 둘 다 특정인과 일치할 확률은 1/10.000이라는 것이었다. 그런데 아주 불리한 비판적인 증언도 기만적이었는데, 그것은 현미경 검사를 통해서 체모를 통계적으로 일치시키는 표준은 존재하지 않았기 때문이다. 주 정부 법의학 전문가라는 범죄학자는 난데없이 이 인상 깊은 수치를 내놓았던 것이다. 여기에 더하여, Bromgard의 변호인도 형편없이 부적절하였다. 이 법의학적 증거 외에 유일한 다른 물리적 "증거"라는 것은 Bromgard가 사는 거주지가 위치한 동일한 도로에서 발견된 피해 어린이의 지갑에서 나온 수표책뿐이었

Falls Tribune, 2015, 12, 4, https://www.greatfallstribune.com/story/news/crime/2015/12/04/dna-match-brings-new-charges-decades-old-rape-case/76775174, 2023. 3. 2. 검색; Supreme Court of Montana, "State v. Bromgard," 1993, 11, 2, https://casetext.com/case/state-v-bromgard, 2023. 3. 2. 검색.

다. 변호인은 아무런 조사도 하지 않았고, 주 정부의 법의학 전문가를 뒤집을 어떤 전문가도 고용하지 않았으며, 자신의 말로도 65% 정도밖에 확신하지 못한다는 피해 어린이의 용의자 식별을 제압하기 위한 아무런 발의도 하지 않았으며, 심지어 모두 진술도 하지 않았고, 최후진술도 준비하지 않았고, 유죄 확정 후에도 진정도 하지 않았다. 그리고 Bromgard 본인도 자신은 범죄 발생 시간에 집에서 잠자고 있었으며, 그 집에서도 길거리서 발견된 수표책에서도 자신의 지문은 전혀 발견되지 않았다고 주장하였다. 그럼에도 불구하고 Bromard는 1987년 12월 유죄가 확정되어 3개의 40년 형을 선고받았던 것이다.[138]

Bromgard는 검찰이 제시한 증거는 대체로 세 가지 범주로 나뉘는데, 그 어느 것도 자신의 유죄를 지지하지 않는다고 주장하였다. 첫째, 주 과학수사연구소(State Crime Lab)가 피해자 침대서 나온 체모와 피해자의 머리털 그리고 Bromgard의 머리털과 음모와 비교하였는데, 법의과학자 Arnold Melnikoff가 피해자 침대에서 나온 머리털과 음모가 Bromgard가 제공한 표본과 현미경 분석으로 비교할 수 있었다고 증언하였다. 그러나 지문 비교와는 달리, 모발 비교는 절대적인 식별, 확인이 될 수 없다고 주장하였다. 실제로 다른 법원의 다른 사건에서도 모발 분석은 그 자체만으로는 사람을 특정, 확인하기에는 충분하지 않다는 판단을 했다. 따라서 불충분한 모발 비교의 증거 외에 다른 증거가 없이는 신원 확인의 수단으로 충분하지 않기 때

138 Innocence Project, "Jimmy Ray Bromgard," https://innocenceproject.org/cases/jimmy-ray-bromgard, 2023. 3. 2. 검색; Jacob Goldstein, "Defense attorneys criticize state crime lab," Bozeman Daily Chronicle, 2003, 4, 5, file://E:/Defense attorneys criticize state crime lab_News_bozemandailychronicle.com.html, 2023. 3. 2. 검색; Innocents Database of Exonerations, "Jimmy Ray Bromgard," forejustice.org/db/Bromgard-Jimmy-Ray-html, 2023. 1. 26. 검색.

문에 모발 비교 증언은 관련은 있으나 결론적이지는 않다고 주장하였다. 더불어 모발 분석과 비교는 누군가를 제외시키기 위하여 활용되고, 부정적 확인에만 결정적인 것이라고 주장하였다. 그리고 또 다른 증거였던 피해자의 범인 식별도 여러 가지 이유로 충분하지 않다는 것이다. 첫째, 오로지 피해자만 범인을 보았고, 조명이 제한적이었기에, 범인을 분명하게 볼 수 없었을 것이라고 주장한다. 두 번째, Lineup이 암시적이었고, 피해자의 용의자 식별은 그리 긍정적이지 못하며, 셋째로 시간이 지날수록 피해자가 자신이 제대로 사람을 식별했다는 것에 대하여 점점 확신이 낮아졌다는 것이다. 마지막으로, Bromgard를 범죄와 연루시키는 유일한 증거는 위의 충분하지 못한, 그래서 부적절한 모발 분석 비교 증거와 피해자에 의한 분명하지 않은 몽타주 외에는 아무런 물증이 없으며, 유일한 물증이라고 제출된 수표책도 Bromgard를 직접적으로 입증할 수 없다는 것이었다.[139]

DNA 검사로 Bromgard는 면죄되었고, 당시 지방검찰도 합리적 의심 이상으로 그가 범인이 아니라고 확신하고 혐의를 기각시켰지만, 주 정부, 즉 검찰은 Bromgard가 범인일 수 없다는 DNA 증거에도 불구하고 왜 Bromgard가 여전히 범인일 수 있는지 여러 가지 정당성을 들고 나왔다. 특히 5년 후, 주 대법원장에 출마하였던 당시 주 법무부 장관 Mike McGrath는 그때까지도 자신은 Btomgard가 범인이라고 믿고 있다고 진술하였다. 이처럼 면죄에 대해서 검찰이 믿지 않으려는 대부분의 경우, 그들은 범행이 단독범행이 아니라 공범이 있었으며, 일치하지 않은 DNA는 신원이 확인되지 않은 제2 공범의 것이라고 주장한다. Bromgard 사건에서도 예외가 아니었다. 그

---

139 Supreme Court of Montana, "State v. Bromgard," 1993, 11, 2, https://casetext.com/case/state-v-bromgard, 2023. 3. 2. 검색.

러나 Bromgard 경우처럼 한 사람 이상이 범행에 가담했다는 다른 증거가 없을 때 검찰이 DNA 검사를 부정하거나 거부하거나 논쟁하는 것은 드문 일이다. McGrath는 Bromgard가 제기한 소송에서의 법정 증언에서 DNA 검사 결과가 Bromgard의 DNA와 일치하지 않아서 그가 범인일 수 없다는 주장에 대하여 8살의 피해자가 다른 누군가와 성적으로 왕성하거나 피해자의 11살 언니가 동생의 속옷을 입고 성적으로 왕성했을 수도 있다는 등 몇 가지 가능성을 제시하였다. 또한 그는 피해자의 부모가 피해자의 침대에서 성관계를 갖고, 그 아버지가 침대에 흔적을 남겼을 수도 있으며, 아니면 아버지가 피해 어린이를 성폭행했을 수도 있다고도 제안하였다. 당연히 설득력 없고, 믿을 수 없는 억지였다. 그럼에도, 25년이나 검사 생활을 한 McGrath는 자신의 주장 단 하나도 믿을 수 없거나 이해할 수 없는 것은 없으며, 모든 것이 다 가능하다고 주장하였다. 그러나 Bromgard의 혐의를 기각한 검사 Paxinos는 이런 McGrath의 주장을 듣고는 8살의 피해자가 다수의 남성들과 성관계를 갖지 않은 한 믿을 수 없는 주장이라고 반박하였다. 실제, DNA는 가족 누구와도 일치하지 않아서 McGrath의 주장이 틀렸음을 알 수 있었다.[140]

Bromgard의 오심은 Montana 주의 형사사법제도에 심각한 문제가 있음을 보여주었다. 두 가지 모두 피할 수 있었던 기만적 과학(법의학)과 무능

---

140 Maurice Possley, "Exonerated by DNA, guilty in official's eyes," Chicago Tribune, 2007, 5, 28, https://www.chicagotribune.com/news/chi-mcgrath_28may28-story.html, 2023. 3. 2. 검색; Jayme Fraser and Holly Michels, "DNA match brings new charges in decades-old rape case," Great Falls Tribune, 2015, 12, 4, https://www.greatfallstribune.com/story/news/crime/2015/12/04/dna-match-brings-new-charges-decades-old-rape-case/76775174, 2023. 3. 2. 검색.

한 변론이 Bromgard 오심의 주요 요인이었고, 마땅히 바로잡혀야 했었다. 인권단체에서 이미 궁핍한 의뢰인에게 적절한 변론을 제공하지 않은 데 대하여 이 열악한 국선변호인 제도에 대한 집단소송을 제기하였다. 당시 Montana 주 법무부 법의학 국장이었던 법의과학자는 Bromgard에게 불리한 기만적 증언을 했다. 그는 Montana 주와 나중에는 Washington 주에서 수백 건의 다른 사건에서도 증언하였다. Bromgard의 석방과 함께, Bromgard가 자유를 얻는 데 도움을 주었던 비영리 단체가 의뢰한 보고서는 당시 Montana 주의 과학수사연구소장이었던 Arnold Melnikof의 증언이 유능한 모발 분석가라면 Melnikof가 내린 결론에 도달할 개연성은 극히 낮다고 주장하면서 Melnikof를 비판하였다. 최고의 법의과학자들로 구성된 심사위원회는 통계적 증거를 쓰레기 과학(junk science)으로 특정하며, 다른 사건들의 전문가 증언에 대해서도 감사할 것을 주 법무부 장관에게 요구하는 보고서를 발표하였던 것이다. 연구소가 정액을 못 본 체하였는데, 이는 민간전문가들에게는 이해할 수 없는 도저히 상상도 할 수 없는 실패라는 것이다. 이를 계기로 일부 비판가들은 연구소가 스스로 주장하듯 객관적인 과학적 기구, 기능이 아닐 수 있다고 제안하였다. 주 정부의 최고 법 집행관에 의하여 주 정부에 고용된 연구소의 과학자들은 유죄평결, 확정으로 이어지도록 작업을 해야 한다는 강박감을 느낄 수도 있다고 비판가들은 주장하였다. 그들은 당연히 더 검찰 지향적일 수밖에 없으며, 따라서 그들이 충분히 객관적이라기에는 의구심이 들 수밖에 없다는 것이다. 한편 과학수사나 법의학 같은 분야가 과학이라고 불리기를 바라겠지만 실제로는 법 집행을 위한 하나의 서비스 산업에 더 가깝다는 것이다. 법의과학자라는 대부분의 사람들은 실제로 법 집행 기관의 피고용인이며, 그들의 상사는 경찰이거나 검찰이다. 이런 점에서 일부에서는 그러한 연구소가 법무부 소속이 아니라면 더 독립적으로 운영될 수 있을 것이라고도 기대하였다. 실제로, 다수 국가에서는 유사한 기관이 법 집행의 일부가 아니라 공중보건이나 의학전문대학원과 같은 기관에 소속되어 운영되기도 한다. 이런 방식이 바람직한 이유는 법 집행 관리들로부터 압박이나 압력을 받을 개연성이 더 낮은 의료진에 의하여 감독되기 때문이다. 물론 다수 법의과학자들은 자신들의 기관이 법 집행의 보호 밖에 위치하는 데 단호하게 반대하는데, 이는 그들이 자신들이 기금확보에 성공적일 수 있는 것이 부분적으로는 자신들이 범죄와의 전쟁의 한 부분이라서 가능했다고 생각하기 때문이다. 또한 검찰 지향적이다, 객관적이지 않다는 비판에 대해서는 자신들은 어떤 특정한 결과물을 내놓도록 어떠한 압력이나 압박도 결코 받지 않았으며, 연구소의 과학자들은 유죄평결이나 확정을 내리는 업무를 목적으로 일하는 것이 아니며, 누군가에게 유죄평결을 내리는 만큼 누군가를 면죄시키는 데도 신이 나며, 자기들은 검찰을 위해서도, 변호인을 위해서도 일하는 것이 아니며, 오로지 법원만을 위하여 일하기 때문에 일에 임하는 태도는 '잡았다'가 아니라 상당한 근거가 있는가라고 반박한다.[141]

---

141 Innocence Project, "Jimmy Ray Bromgard," https://innocenceproject.org/cases/jimmy-ray-bromgard, 2023. 3. 2. 검색; Jacob Goldstein, "Defense attorneys criticize state crime lab," Bozeman Daily Chronicle, 2003, 4, 5, file://E:/Defense attorneys criticize state crime lab_News_bozemandailychronicle.com.html, 2023. 3. 2. 검색.

Amanda Knox
4개 국가가 관련된 오심 사건

    Amanda Marie Knox는 이탈리아로 교환 학생(Study Abroad)으로 갔던 이탈리아의 Perugia에서 아파트를 공유하던 영국 교환 학생 Meredith Kercher를 살해한 혐의로 2007년 오심으로 무고하게 유죄가 확정되어 거의 4년의 옥살이를 하다가 2915년 결국은 이탈리아 최고법원으로부터 무죄를 선고받은 미국 워싱턴대학교 학생이다. 이 사건은 무고하게 유죄가 선고되었던 미국인 교환 학생, 자신의 침실에서 잔인하게 살해된 영국인 교환 학생, Knox의 남자친구로 무고하게 공범으로 유죄가 확정된 이탈리아 대학생 Sollecito 그리고 마지막으로 Meredith Kercher를 살해한 진범으로 나중에 확인된 독일 국적의 Guede라는 4개 국가 젊은이들이 관련된 일종의 다국적 사건이어서 당시 언론의 큰 관심을 불러일으키기도 하였다. 2007년에서 2011년 사이 그들이 살인사건으로 유죄가 확정되었다가 무죄가 확정됨에 따라 전 세계의 신문가판대를 독차지할 정도였다. 그토록 세상의 관심을 끌었던 사건이 Knox와 남자친구 Solecito가 석방되면서 끝나는 것 같았으나, 그들이 다시 재판을 받으라는 이탈리아 최고법원의 판결로 놀라운 반전을 맞게 된다. 이 사건은 아마도 남아프리카 공화국 출신의 의족의 육상선수 Oscar Pistorius의 여자친구 살해사건 재판과 미국의 미식축구선수 출신 유명 영화배우 O. J. Simpson의 전 부인 살해사건 재판에 뒤지지 않을 정도로 세상의 관심과 이목이 집중되었다고 한다.[142]

---

142 Rebecca Davis, "Amanda Knox to stand trial once more," The Daily Maverick, https://

사건의 전모는 이렇다. 2007년 11월 1일, 영국 출신 교환 학생 Meredith Kercher가 이탈리아의 Perugia에 있는 자신의 아파트 침실에서 21살의 나이에 성폭행을 당하고 살해된다. 사건이 알려진 것은 피해 여학생과 아파트에 같이 살던 미국 워싱턴대학교 출신 교환 학생 Amanda Knox가 남자친구와 밤을 지낸 뒤, 이튿날 아침 집으로 돌아오자, 아파트가 열려있고, 욕실에 피가 있었고, Kercher의 침실 문이 잠겨있다는 것을 발견하게 되면서부터다. 스스로 방문을 강제로 열려고 하였으나 실패하고 경찰이 와서야 침실로 들어갈 수 있게 된다. 침실에서는 심하게 칼에 찔린 자상이 있었던 Kercher의 시신이 일부분만 옷이 입혀지고 이불로 덮혀진 채 발견되었다. 시신의 칼자국이 서로 다른 크기임을 보아 크기가 다른 복수의 칼이 사용되었을 것으로 추정되었고, 피해자의 질과 괄약근에도 복수의 상처가 있는 것으로 보아 성폭력이 일어났던 것으로 추정되기도 하였다. 의사의 증언에 따르면, 피해자의 저항이나 방어 흔적이 없는 것으로 보아 아마도 복수의 사람이 공격하였을 개연성이 높다고도 하였다. 손지갑, 열쇠 그리고 휴대전화가 피해자의 가방에서 없어졌으며, 휴대전화는 아파트에서 약 1km 떨어진 정원에서 발견되었으나 손지갑과 열쇠는 발견되지 않았다. 초기 수사에서, Guede의 DNA가 범죄 현장 여기저기서 그것도 다량으로 있었고, 벽에도, Kercher의 지갑에도, 그녀의 몸과 질에서도 핏자국 지문도 있었지만, 범죄 현장 어디에서도 Knox의 DNA는 발견되지 않았고, Sollecito의 DNA도 처음에는 발견되지 않았다. 그런데 당시 이탈리아에서는 집을 빌

www.ru.ac.za/perspective/2013archive/amandaknoxtostandtrialoncemore.html, 2023. 2. 24. 검색; Wikipedia, "Amanda Knox," https://en.wikipedia.org/wiki/Amanda_Knox, 2023. 2. 24. 검색; Biography, "Amanda Knox," 2021, 4, 8, https://www.biography.com/crime/amanda-knox, 2023. 2. 24. 검색.

릴 때 현금으로 지불하였고, Kercher가 입주 이틀 만에 살해되었으며, 지갑이 없어졌고, 살해 다음 날 Guede가 전에는 하지 않았던 돈을 마구 쓰고 있는 것이 관찰되었고, 그리고는 사건 얼마 후 그는 독일로 출국하였다. 겉으로는 아주 단순 명쾌하여, Guede가 Kercher의 월세 돈을 노리고 강도를 하고, 강간하고, 살해하고 독일로 도주했을 것으로 추정될 것이다. 그러나 이런 단순명쾌한 추정과는 달리, 이탈리아의 사건 주임 검사는 사건 다음에 Knox가 피가 튀어있는 욕실에서 샤워를 하고, 남자친구와 포옹하고 키스를 하는 등 자신의 룸메이트의 죽음에 슬퍼하지 않는 것처럼 보이는 그녀와 남자친구 Sollecito가 정상적으로 행동하지 않는다고 믿었고, 오로지 그러한 자신의 믿음에 근거하여 두 사람에 대한 기소를 강조하였다. 그러나 그는 자신이 아무런 증거가 없다는 하나의 큰 문제에 봉착하게 되자, 증거 수집 기술자들이 무려 7주가 지나서 다시 범죄 현장으로 가서 Kercher의 아파트를 수색하여 벗겨져서 더러운 융단 아래에 있던 Kercher의 브래지어 갈고리에서 아주 소량의 Sollecito의 DNA를 검출하였고, Sollecito의 아파트로도 다시 가서 부엌에 있던 부엌칼의 손잡이에서 아주 소량의 Amanda의 DNA와 칼날에서는 아주 소량의 Kercher의 DNA를 검출하는데, 이탈리아 검찰은 칼이 조심스럽게 씻겨진 것처럼 보인다고 주장하였다.[143]

---

143 Forensic Science Society, "Case File: The Murder of Meredith Kercher," https://forensicsciencesociety.com/thedrip/case-file-the-murder-of-meredith-kercher, 2023. 2. 24. 검색; Rebecca Davis, "Amanda Knox to stand trial once more," The Daily Maverick, https://www.ru.ac.za/perspective/2013archive/amandaknoxtostandtrialoncemore.html, 2023. 2. 24. 검색; Wikipedia, "Amanda Knox," https://en.wikipedia.org/wiki/Amanda_Knox, 2023. 2. 24. 검색; Phil Locke, "What really happened in the Amanda Knox case?" Wrongful Convictions Blog, 2012, 3, 27, https://wrongfulconvictionsblog.org/2012/03/27/what-really-happened-in-the-amanda-knox-case, 2023. 2. 24. 검색.

Knox는 경찰로부터 반복적으로 조사를 받게 된다. 그때까지는 어떤 법의학적 증거도 분석하지 않았음에도 불구하고, 경찰은 Knox와 그녀의 남자친구 Sollecito를 범인으로 결정한 상태였다고 한다. 문제는 어떤 조사에서는 최대 12명의 경찰이 공격적으로 심문하고, 소리치고 심지어 그녀를 때리고, 그런 모든 것이 변호사가 없는 상태에서 이루어졌다는 것이다. 더구나 경찰은 장기형을 받고 다시는 가족을 볼 수 없을 것이라고 위협도 했다는 것이다. 이처럼 '강박적 시간' 동안 아직도 배우고 있는 외국어로 강압적인 분위기에서의 심문으로 탈진되고 두려운 상태에서 그녀는 경찰이 그녀와 남자친구 그리고 그녀의 직장 상사의 체포로 끝나게 만든 아파트에서 일어났을 수 있는 이야기를 경찰에 기술하게 된다. 그리고는 경찰이 기자회견에서 어떤 범죄나 그 동기가 중요한 것인데, Kercher가 소위 섹스 게임에 합류하지 않아서 살해된 증거를 가지고 있다고 잘못된 진술을 하였다. 이 진술이 대중 언론의 관심의 초점이 되고, 불공정한 재판이 잇따르게 하는데 기여하게 된다. 경찰의 초기 진술과 결정에 관련된 주요 쟁점은 그러한 주장을 하기에 충분한 법의학적 증거를 확보하지 않고, 그 대신 자기들의 편견과 "직관"을 단순히 따랐다는 점이다. 증거가 밝혀지기 시작하자, 사건에 대한 경찰의 설명에 무언가 잘못되었다는 것이 분명하였다. 먼저 독일로 출국해버린 Rudy Guede라는 이름을 가진 또 다른 용의자를 가리키는 상당량의 증거가 있었다. Guede의 운동화와 일치하는 몇 개의 피 묻은 신발 자국이 부엌, 복도, 피해자의 침실 그리고 시신 밑에서 발견된 베개 등 집안 전체에서 발견되었다. 심지어 베개에서 발견된 피 묻은 지문과 발자국도 Guede의 발자국과 지문과 일치하였다. 이에 더하여 Guede의 DNA도 피해자의 지갑, 시신, 화장실의 배설물에서 확보된 표본과 일치하였다.

더구나, 공범으로 체포된 Lumumba는 확고한 알리바이도 있었고, 따라서 그는 석방되었다. 사건은 애초 검찰의 설명대로 '섹스 게임'이 잘못된 것이 아니라 강도가 잘못되어 강간, 살인으로 비화되었던 것임에도 경찰은 자신들의 잘못이 있었음을 시인하는 대신에, 자기들의 이론에 Lumumba를 Guede로 대체하였고, Guede는 처음에는 자신의 범행 가담을 부인하였으나 후에 Knox와 Sollecito를 연루시켰다. 언론도 미친 듯이 두 사람에 관하여 진실되지 않고 해로운 기사들을 쏟아내어, 마치 두 사람을 섹스 광, 비정한 살인마로 만들었고, Knox를 "여우 같은 Knox(Foxy Knoxy)"라는 별명으로 부르기도 하였다. 이런 언론과 여론에 편승한 검찰의 행태를 검찰이 인신공격 전술(Character Assassination tactic)을 사용한다는 비난과 불평을 불러일으키기도 하였다. 물론, 이들에게 유죄를 확정하게 만든 이들에 대한 몇 가지 의문스러운 면도 없지는 않았다. 일관성이 없고 때로는 갈등적인 두 사람의 증언, 두 사람에 대한 확인할 수 있는 알리바이의 부재, 두 사람의 살인 후 의심스러운 행동, 술집 주인을 살인범으로 가리키는 Knox의 최초 서명 진술이 그런 것들이었다.[144]

Forensic Science Society, "Case File: The Murder of Meredith Kercher," https://forensicsciencesociety.com/thedrip/case-file-the-murder-of-meredith-kercher, 2023. 2. 24. 검색; Wikipedia, "Amanda Knox," https://en.wikipedia.org/wiki/Amanda_Knox, 2023. 2. 24. 검색; Heather Schwedel, "How much of Stillwater is really based on Amanda knox?" Slate, 2021, 7, 31, https://slate.com/culture/20921/07/stillwater-amanda-knox-case-similarities-matt-damon-movie.html, 2023. 2. 24. 검색; Amanda Knox 7 Raffaele Sollecito Case, file://E:/The Amanda Knox & Raffaele Sollecito Case.html. 2023. 2. 24. 검색; History, "Amanda Knox convicted of murder in Italy," 2009, 12, 4, https://www.history.com/this-day-in-history/amanda-knox-convicted-of-murder-in-italy, 2023. 2. 24. 검색; Emma Dibdin, "Everything you need to know about the Amanda Knox Case," Redbook Mag, 2016, 9, 30, https://www.redbookmag.com/life/news/a46190/amanda-knox-murder-case-facts, 2023.

2009년 1월 16일에 시작된 재판은 같은 해 12월 4일, 재판이 시작되기도 전에 이미 대중의 마음은 결정이 끝난 재판에서 모든 혐의에 대하여 유죄가 평결되었다. 당시 이탈리아에서는 법원이 강력 범죄에 대한 소위 "동기 보고서"를 작성하도록 되어 있었는데, 이 사건 재판부의 2010년 3월에 나온 보고서는 기소에 대한 분명한 편견은 물론이고 불명확한 설명과 추측으로 가득하였다. 자동 청원이 허용됨으로 이루어진 두 번째 재판에서는 이전에 제시되었던 모든 증거와 증언은 물론이고, 특히 피해자의 브래지어 갈고리에서 검출된 표본과 Sollecito의 아파트에서 수거된 부엌칼의 DNA 증거에 대한 독립적 재검토가 포함되었다. DNA 증거의 재검토 결과는 현장에서의 처리 과정과 분석과정 전반에 걸친 오염의 개연성이 아주 높다는 이유로 신뢰할 수 없으며, 참여한 경찰 법의과학자가 수사하는 동안 너무나 많은 실수를 범하였다고 결론을 내렸다. 원심 재판의 증거들이 일관성이 없고 모순된다는 이유를 근거로, 두 사람은 2011년 10월 3일 살인에 대한 무죄가 선포되었다. 재판부의 '동기 보고서'는 두 사람에 대한 핵심 증거가 믿을 수 없고, 첫 재판부가 증거의 올바른 기준을 적용하지 않았다고 지적하였다. 그러나 당시 이탈리아 사법제도의 일환으로, 대법원이 두 번째 재판에 대해 재검토하도록 되어 있었는데, 2013년 3월 26일, 무죄 선고를 취소하고 두 사람은 다시 재판을 받아야 한다고 결정하였다. 그렇게 해서 열린 세 번째 재판에서, 두 사람은 다시 유죄가 확정되었지만, 길고 긴 시도 끝에 마침내 2015년 3월 27일, 이탈리아 대법원은 두 사람에게 무죄를 선고하였다. 궁극적으로, 항소법원은 믿을 만한 증거, 확실한 살인 흉기, 특히 합리적인 동기가 없다는 것을 발견하였다. 물론 때로 검찰 측에서는

2. 24. 검색.

우리가 현재 동기 없는 악마의 시대에 살고 있다고 단순하게 제안하여 마치 동기 없는 무동기, 묻지마 범죄처럼 설명하기도 하였다. 또한 DNA 증거가 최근 주거침입 강도 미수가 있었던 Guede를 범죄 현장과 연루시키고 있다는 사실도 있었다.[145]

논란이 되었고 결과적으로 Knox와 Sollecito에게 무죄를 선고하게 된 주요 요인은 다름이 아닌 검찰이 제시한 몇 가지 잘못된 법의학적 증거들이었다. 바로 손잡이에서는 Knox의 그리고 칼날에서는 Kercher의 DNA가 검출된 것으로 알려진 Sollecito의 집에서 발견된 부엌칼과 Sollecito의 DNA가 검출된 것으로 알려진 Kercher의 브래지어 갈고리가 그 핵심이다. 독립적 법의학 전문가들은 발견된 DNA의 양에서부터 증거가 수집되고 처리된 방식에 이르는 문제점들을 지적하였다. 먼저, 검찰이 핵심 증거의 하나로 제시했던 Sollecito 아파트 부엌에서 수거된 부엌칼을 보자. 사실 범행 현장에서는 아무런 살인 무기가 발견되지 않았고, 별도로 수십 일 후에서야 Sollecito의 부엌에서 발견되었었는데, 칼날에 피해자 Kercher와 일치하는 아주 미약한 수준의 DNA가 발견되었고, 손잡이에서 Knox와 일치하는 DNA가 발견되었다고 한다. 이 법의학적 분석 결과가 Knox에게 불리하게 작용한 핵심이었다. 그러나 DNA가 피해자의 혈액에서 나온 것이라고 주장하였음에도

---

145 Forensic Science Society, "Case File: The Murder of Meredith Kercher," https://forensicsciencesociety.com/thedrip/case-file-the-murder-of-meredith-kercher, 2023. 2. 24. 검색; Rebecca Davis, "Amanda Knox to stand trial once more," The Daily Maverick, https://www.ru.ac.za/perspective/2013archive/amandaknoxtostandtrialoncemore.html, 2023. 2. 24. 검색; Wikipedia, "Amanda Knox," https://en.wikipedia.org/wiki/Amanda_Knox, 2023. 2. 24. 검색; France 24, "Amanda Knox, Raffale Sollecito convicted again of Meredith Kercher murder," https://www.france24.com/20140130-verdict-amanda-knox-murder-retrial-kercher-italy, 2023. 2. 24. 검색.

그 칼에는 혈액의 증거가 없었다. 더구나 현장에 왜 Knox의 DNA가 발견되지 않았는지를 설명하기 위하여 소위 "선별적 청소(selective cleaning)"라는 가설, 즉 부분적으로 현장을 씻어내서 피의자의 혈액이 남겨지지 않았다는 가설을 들었으나, 현실적으로 있을 수 없다는 것이다. 즉, 누구의 피나 DNA는 씻어내고 누구의 것은 씻기지 않을 수 없어서 '선별적 청소'라는 것 자체가 불가능하다는 것이다. 뿐만 아니라, 적어도 칼의 수거도 장갑을 보관하는 데 사용하던 비닐 봉투인 살균처리되지 않은 봉투를 사용하는 등 부적절한 증거물 포장에서 부적절한 처리, 만연한 오염 기회, 통제 부재와 정당화되지 않은 수거 등 문제투성이였다고 한다. 범죄 현장의 침대보에서 발견된 핏자국은 그 모양은 칼이었지만 크기도 달랐고 모양도 Sollecito의 집에서 수거한 칼과는 달랐다. 피해자 몸에 난 다수의 상흔이 칼로 인하여 생길 수 없는 것들이라는 것이다. 반 – 오염 절차가 진행되지 않았고, 실험실에서 표면에 있던 피해자의 DNA와 접촉했거나, 부적절하게 다루는 과정에서 접촉되었을 수 있다는 것이다. DNA 분석 결과 수치도 수용할 수 있는 수준 이하였고, 칼에 있던 피해자의 DNA가 그녀가 이전에 Sollecito의 집에서 요리를 했었음을 감안한 선험적 기대도 간과되었다. 두 사람을 범죄와 연루시키는 유일한 DNA 증거는 브래지어 갈고리에서 확보된 것이었는데, 그 시료는 사건 발생 46일 후에서야 수거되었고, 그 기간 동안 이방 저방으로 옮겨졌다고 한다. 경찰관들이 장갑도 바꿔 끼지 않고 이것저것 만지고 옮기고 때로는 방바닥에 떨어뜨리기도 하고 일부 경찰들은 밟고 다니기도 하는 장면들이 CCTV에 잡혀있었다. 이러한 비전문가적인 증거의 수집과 처리는 잠재적 오염의 가능성이 높다는 추측을 난무하게 만들었다. 이를 뒷받침하듯, Sollecito뿐 아니라 적어도 다른 4명의 DNA도 발견되었던 것이다. Sollecito의 DNA가 그렇다면 어떻게 이런 오염을 통해서 있을 수 있었을까? 그가 이전에도 피해자의 방에 간 적이 있고, 피해자의 잠긴 방문을 강제로 열려고 시도하였고, 그래서 수사관들이 Sollecito가 만졌던, 접촉하였던 표면을 만져서 브래지어 갈고리로 DNA를 쉽게 옮겨져서 묻었을 수 있다는 것이다.[146]

Knox와 Solecito에 대한 유죄 확정과 무죄 확정은 법의학 증거에 관련된 몇 가지 중요한 쟁점들을 잘 보여준다. 관련된 국가별 시각의 차이다. 피해 여학생의 나라 이탈리아에서는 일반적으로 Knox에 대하여 호의적이지 않았는데, 한 언론인은 이 재판이야말로 증거라는 측면에서 생각할 수 있는 가장 단순하고 가장 공정한 형사재판이었다고 일갈하였을 정도다. 반면에 피의자의 국가 미국에서는, 그녀에 대한 유죄 확정이 하나의 오심(a miscarriage of justice)이라는 것이었다. 사건에 대한 언론의 지나칠 정도의 관심은 법의학 증거에 대한 비현실적 기대로 이어졌다. 그러한 대중의 관심 때문에, 검찰은 유죄평결을 얻어내기 위하여 필요한 증거를 설명하려고 결함이 있는 가설을 제안하는 데로 눈을 돌렸다. 현장에서의 수사 시작부터 증거의 수집, 보관, 분석에 이르기까지 심각한 간과와 태만이 일어났다. 그럼에도, 대중의 지나칠 정도로 큰 관심과 CSI가 대중에 미친 영향, 효과가 이 사건에서 중요한 역할을 하였는데, 특히 정확성과 신뢰성보다는 DNA의 존재

---

146 Forensic Science Society, "Case File: The Murder of Meredith Kercher," https://forensicsciencesociety.com/thedrip/case-file-the-murder-of-meredith-kercher, 2023. 2. 24. 검색; France 24, "Amanda Knox, Raffale Sollecito convicted again of Meredith Kercher murder," https://www.france24.com/20140130-verdict-amanda-knox-murder-retrial-kercher-italy, 2023. 2. 24. 검색; Emma Dibdin, "Everything you need to know about the Amanda Knox Case," Redbook Mag, 2016, 9, 30, https://www.redbookmag.com/life/news/a46190/amanda-knox-murder-case-facts, 2023. 2. 24. 검색.

자체에 더 무게가 주어지는 등 DNA 결과에 대한 과도한 믿음이나 과정도 오심에 기여했다는 자성의 소리도 있다.[147]

Cameron Todd Willingham
위증과 결함 있는 법의학적 증언에 의한 무고한 사형

Willingham은 1991년 12월 23일, 텍사스의 Corsicana 소재 자기 집에 불을 질러 자신의 세 자녀를 살해한 혐의로 유죄가 확정되어 2004년 2월 17일 사형이 집행된 오심 피해자이다. 2004년 그의 사형이 집행된 이래, 그의 유죄평결과 그를 방화와 살인으로 기소하는 데 이용되었던 증거의 해석에 대한 심각한 논쟁이 일었다. 2004년 Chicago Tribune과 2009년 New Yorker가 대표적으로 Willingham의 사건과 그에 대한 수사기법을 비판하고 나섰다. 그들의 주장은 방화 증거가 잘못 해석되었다는 것이었으며, 2009년 Texas 과학수사 위원회(Texas Forensic Science Commission)가 고용한 전문가의 조사보고서에 따르면, 방화라는 원래 주장이 의심스럽다는 것이었다. 물론 이에 대해 Corsicana 소방국은 조사보고서가 기록에 있는 몇 가지 핵심 사항을 경시했다고 항변하였다. 2011년 다큐멘터리 "소이탄 : 윌링햄 사례(Incendiary : The Willingham Case)"도 이 사건을 탐사한 것이었다. 이 사건이 더욱 관심을 끌었던 것은 위원회의 조사 결과를 바꾸기 위해서 당시 텍사스 주지사였던

---

147 Forensic Science Society, "Case File: The Murder of Meredith Kercher," https://forensicsciencesociety.com/thedrip/case-file-the-murder-of-meredith-kercher, 2023. 2. 24. 검색.

Rick Perry가 9명의 과학수사 위원회 위원 중 세 사람을 교체함으로써 조사를 방해했다는 주장이 제기되었기 때문이다.[148]

사건의 전모를 살펴보자. 화재가 발생한 날, Willingham은 세 자녀와 함께 홀로 집에 있었는데, 화재가 발생하자 그는 가까스로 탈출할 수 있었지만, 세 자녀는 화마에 휩싸여 빠져나오지 못하고 끔찍하게 사망하고 만다. 그러자 Willingham이 즉시 방화 살인 용의자로 표적이 된다. 1992년 1월 8일 기소되어 사형보다 가벼운 종신형의 처벌을 받을 수 있는 유죄협상을 거부여, 1992년 8월 사형을 선고받고 2004년 2월 17일, 사형집행 현장에 있던 사람들에게 자신은 무고한 사람이라고 불같이 화를 내면서 형장의 이슬로 사라진다. 그의 시신이 수습되기도 전부터 Willingham의 사형집행에 대한 언론과 정치권의 관심이 표출된다. 그에게 유죄평결을 한 데는 사건에 관계된 주 정부 공직자들이 이웃과 특히 스스로도 재소자인 증인의 증언이 재판과 사형집행 과정 전반에 걸쳐서 Willingham을 "괴물"로 성공적으로 묘사하였고, 이런 묘사의 기초가 되었던 것은 이런 진술들이었다고 한다. 화재를 목격한 한 이웃에 따르면, Willingham이 이웃의 반복된 간청에도 앞마당에 쭈그리고 앉아서 자녀들을 화재로부터 구조하려는 어떤 노력도 거부했다는 것이다. 오히려 그는 자신의 자동차를 더 걱정하였고, 화재 현장이나 병원에서 자녀의 사망에도 아무런 슬픔도 표하지 않았다고 진술

---

148 Wikipedia, "Cameron Todd Willingham," https://en.wikipedia.org/wiki/Cameron_Todd_Willingham, 2023. 2. 24. 검색; Innocence Project, "Cameron Todd Willingham : Wrongfully Convicted and Executed in Texas," https://innocenceproject.org/cameron-todd-willingham-wrongfully-convicted-and-executed-in-texas, 2023. 2. 24. 검색; Innocence Project, "Myths and Facts about the Willingham Case," https://innocenceproject.org/myths-and-facts-about-the-willingham-case, 2023. 2. 24. 검색.

했던 것이다. 구치소 고자질쟁이에게 자신이 아동학대 증거를 숨기기 위하여 아이들을 살해했다고 반복적으로 말했다고도 했지만, 그의 아내는 그가 아이들을 학대한 적이 없다고 반박하였다. 그리고 검찰 측의 전문가 Grigson 박사가 사실 아무런 전과기록도 없음에도, 재판에서 Willingham이 양심이 없고, 다른 사람의 재물이나 다른 사람들에 대한 관심이 없는 폭력적인 소시오패스라고 배심원단에게 진술하였다. 이에 반해 Texas 주 Austin의 저명한 화재 학자인 Gerald Hurst는 사형집행 며칠 전 발표한 보고서에서 Willingham에 대한 방화의 진짜 증거는 아무것도 없었으며, 주 화재 조사관들이 자신들의 방화 결론의 근거로 삼았던 증거와 조사절차가 하나의 "쓰레기 과학(junk science)"에 지나지 않는 것이었다는 결론을 내렸다.[149]

Willingham을 방화 살인범으로 기소하기로 결정했던 수사 전반에 대해서 좀 더 구체적으로 살펴보자. 먼저, 증거를 보자. 화재 발생 후, 경찰 수사는 어떤 형태의 액체 촉매제를 사용하여 화재가 시작되었을 것으로 결론을 내렸다. 이 증거는 바닥에 웅덩이 모양의 탄화 패턴이 발견되었고, 발화점이 여러 곳이었으며, 불이 빠르고 뜨겁게 탔다는 것들이었는데, 모두가 액체 촉매제의 도움으로 화재가 점화되었음을 가리키는 것으로 고려되는 증거들이었다. 또한 앞 문설주 밑에서도 탄화가 발견되었고, 경찰은 이를 액체 촉매제에 대한 추가적인 흔적이라고 믿었고, 검사 결과 정문 지역에서 그러한 촉매제가 양성으로 밝혀졌다. 이들 화재 과학적인 법의학 증

---

149 "Cameron Todd Willingham: Improper or Wrongful Conviction," https://www.jg.org/legal-articles/cameron-todd-willingham-improper-or-wrongful-conviction-19571, 2023. 2. 24. 검색; Innocence Project, "Cameron Todd Willingham : Wrongfully Convicted and Executed in Texas," https://innocenceproject.org/cameron-todd-willingham-wrongfully-convicted-and-executed-in-texas, 2023. 2. 24. 검색.

거들 외에도, 목격자 증언도 Willingham의 기소와 유죄평결에 핵심적인 역할을 하였는데, 바로 Johnny Webb이라고 하는 구치소 정보원의 증언이었다. 그는 재판에서 Willingham이 자신에게 Willingham의 아내에 의한 자녀 한 명의 살해나 부상을 숨기기 위하여 방화했음을 자백했었다고 증언했던 것이다. 그러나 그의 이러한 증언은 여러 가지 이유로 비판받았다. 화재의 영향을 받았음에도 그때까지도 구분할 수 있었던 어떠한 물리적, 신체적 부상도 사망 당시 한 사람에게도 발견되지 않았었기 때문이다. 즉, 세 사람 모두 화재 이전에 살해되거나 부상을 당하지 않았다는 것을 보여준다. 이 점에 대해서, New Yorker의 의뢰로 재조사하던 Grann에게 Webb은 자신이 당시 실수나 오해를 했을 수 있다고 말하면서, 자신은 당시 양극성 장애로 다수의 약물을 처방받았었다고 말하기도 하였다. Jackson 검사는 Webb이 믿을 만하지 않다는 것을 알았지만 나중에 Webb의 조기 석방을 지지하였다. Webb은 후에 Jackson 검사에게 "Willingham은 모든 혐의에 대해서 무고하다"고 선언하는 '증언 번복, 철회 청원'을 보냈으나, Willingham의 변호인단에게 고지되지 않았다. Webb은 나중에 Willingham이 무고하다고 자신의 증언을 번복, 철회했던 것을 원래대로 재철회, 재번복하면서 그는 위증에 대한 공소시효가 끝나지 않았나요? 라고 되묻기도 하였다고 한다. 물론 Webb과 Jackson 검사 두 사람 다 Willingham에게 불리한 증언을 해주는 대가로 Webb에게 형을 경감해주었다는 것을 부인하였는데, 만약 그러한 거래가 사실이라면, 증거가 있다면 당연히 Webb의 증언은 제거되었을 것이다. Webb이 지금은 자신이 받은 한 가지 이익은 자신이 기소된 흉기에 의한 1급 강도를 흉기가 사용되지 않은 2급 강도로 낮춰준 것이라고 말하였으며, 서명되지는 않았지만 검사의 파일에 들어있던 "Willingham 건에 있어서 협조에 기초하여"라고 적힌 노트가 이 주장을 확인해주었다. 이런 류의 거래는 당연히 변호인에게 알려주어야 하지만, 검찰은 수차례에 걸쳐서 배심원단에게 Webb은 절대로 어떠한 거래도 한 적이 없다고 강조하였던 것이다. 그런데 2014년 2월 The New York Times는 Innocence Project 관계자가 그러한 거래가 있었음을 가리키는 자필 노트가 Webb의 파일에서 발견되었다는 것을 말했다고 보도하였다.[150]

재판의 선고단계에서, 검찰은 Willingham의 해골과 뱀 문신이 소시오패스의 프로파일에 꼭 들어맞는다고 주장하였고, 두 사람의 의학 전문가가 그 이론을 확인하였다. 검찰은 심리학자에게 Willingham의 중세 고문 도구 포스터에 대한 해석을 의뢰하였고, 그 심리학자는 두개골을 관통하여 주먹을 때리는 그림은 폭력과 죽음을 의미한다고 설명하였다. 전문가 증인으로서 사형을 권고하는 반복된 증언으로 Dr. Death, 죽음의 의사로 알려진 정신의학자 James Grigson은 Willingham 정도의 전과기록을 가진 사람은 '극단적으로 심각한 소시오패스'이며 치료가 불가능하다고 증언하였다. 그러나 Dr. Grigson은 사형 권고의 남발 등 비윤리적 행동으로 정신의학협회에서 제명당하기도 하여, 그의 전문가로서의 증언의 신뢰성에 의문이 제기되기도 하였다. 여기에다 화재 당시 아이들을 구출하려고 하지 않고 그냥

---

150 Wikipedia, "Cameron Todd Willingham," https://en.wikipedia.org/wiki/Cameron_Todd_Willingham, 2023. 2. 24. 검색; nnocence Project, "Myths and Facts about the Willingham Case," https://innocenceproject.org/myths-and-facts-about-the-willingham-case, 2023. 2. 24. 검색; Maurice Possley, The Marshal Project, "A dad was executed for deaths of his 3 girls. Now a letter casts more doubt." The Washington Post, 2015, 3, 9, https://www.washingtonpost.com/politics/letter-from-witness-casts-further-doubt-on-2004-texas-execution/2015/03/09/d9ebdab8-c451-11e4-ad5c, 2023. 2. 24. 검색.

쭈그리고 앉아만 있거나 아이들 구출보다 자신의 자동차를 먼저 안전한 곳으로 이동시키거나 자식의 죽음에도 애도하거나 슬퍼하지 않았다는 등 이웃 주민들의 증언도 있었다. 그 밖에도 만약 Willingham이 방화 살인범이라면 범행의 동기도 석연치 않다. 검찰은 그가 스스로 원치 않는 자녀들을 제거하고자 하는 욕구가 동기였다고 주장하였다. 검찰은 금번의 방화는 Willingham이 아이들을 살해하려는 세 번째 시도였으며, 임신한 아내를 발로 차서 두 명의 아이를 유산시키려고도 했다고 주장하였다. 그러나 Grann은 Willingham이 아이들을 살해하거나 유산시키려고 했다는 기록은 없었으며, 그의 아내도 자신을 신체적으로 학대하지도 아이들을 학대하지도 않았다고 증언하여 이런 검찰의 주장이나 구치소 정보원 Webb의 증언을 의심스럽게 만들었다. 검찰은 Willingham이 연쇄 배우자 학대자이며, 동물을 학대하였고, 소시오패스라고 주장하였지만, 이전에 그를 담당하였던 보호 관찰관은 자신은 Willingham이 어떠한 이상한 행동이나 소시오패스 같은 행동을 하는 것을 본 적이 없으며, 그가 자신이 좋아하는 보호관찰 대상자 중 한 명이었다고 말하였다.[151]

그럼에도 불구하고, Willingham은 유죄가 확정되었다. 그러나 Willingham 사건은 Chicago Tribune이 부족하거나 잘못된 조사기법과 전술에 관한 기사를 보도하자 상당한 대중적, 정치적 관심을 끌게 되었다. Hurst의 보고서를 계기로, Chicago Tribune과 New Yorker가 조사를 시작하였고, 전

---

151 Wikipedia, "Cameron Todd Willingham," https://en.wikipedia.org/wiki/ Cameron_Todd_Willingham, 2023. 2. 24. 검색; Innocence Project, "Cameron Todd Willingham : Wrongfully Convicted and Executed in Texas," https:// innocenceproject.org/cameron-todd-willingham-wrongfully-convicted-and- executed-in-texas, 2023. 2. 24. 검색.

국적으로 잘 알려진 화재 과학자들도 증거들을 재조사하기 시작하였는데, 이들 모두가 Willingham이 결함이 있는 법의과학적 증거에 기초하여 유죄가 확정되고 사형을 당하였다는 Hurst 박사와 동일한 결론을 내렸다. 2009년 9월의 New Yorker에 게재된 David Grann의 조사보고서는 사건의 모든 관점을 철저하게 파괴하였고, Willingham에게 유죄를 평결하기 위하여 쓰인 증거의 어떤 것도 타당하지 않다는 것을 설득력 있게 보여주었다. 보고서는 이전의 6년 동안 조사의 초점이었던 과학수사, 법의과학을 넘어서 상황적 증거, 목격자, 증인의 증언, 구치소 밀고자 증언을 포함한 다른 모든 증거도 틀렸음을 폭로하였다. Grann의 조사보고서는 Willingham의 무고한 사형집행을 강력하게 지적하는 것이었다. 그의 사형이 집행된 이래, 미국 전역에서 32명의 사형수가 그들의 사형 선고가 오심의 결과였다는 증거에 의하여 사형을 기다리는 교도소에서 석방되었다고 한다. New Yorker의 보도 이후, 2005년 텍사스주 의회에 의해서 법의학 분석에 있어서 전문가의 방임이나 비행 혐의를 조사하기 위한 위원회가 설치되었다. 위원회에서는 화재 과학자 Beyler 박사로 하여금 사건을 들여다보도록 하였다. 자신의 보고서에서 Beyler 박사는 Willingham 사건 수사관들이 '화재 과학(Fire Science)'에 대한 이해가 부족하였고, 화재가 의도적인 방화였다는 그들의 결정을 정당화하기 위하여 지나치게 낡은 이론에 의존했다는 것을 발견하였다. 유죄평결 이후 이 사건을 조사, 검토했던 모든 화재 과학 전문가들이 발견했던, 방화를 지지할 아무런 증거도 없다는 사실을 재확인하였다. 결론은 Willingham의 세 자녀의 안타까운 비극적 죽음은 범죄가 아니라 무시무시한 사고의 결과일 공산이 크다는 것이었다. 텍사스 과학수사(법의과학)위원회는 2009년 10월 2일 화재 전문가인 Beyler 박사를 만나, Willingham 사건에 있어서 법의과학적 비행 혐의와 관련된 자체 보고서를 발표할 계획이었다. 그러나 회의가 열리기 이틀 전, 주지사가 위원장을 포함한 세 명의 위원을 전격적으로 교체하였고, 새로 임명된 위원장 Bradley 지방 검사는 새 위원들이 시간이 필요하다는 이유로 회의를 취소하였다. 2010년 4월 위원회는 4명으로 구성된 소위원회를 구성하였고, 구성원 수가 작아서 공개 회의를 요하는 주 법을 따르지 않아도 되어, 주로 사적인 모임으로 조사하고 논의한 끝에 2010년 7월, Willingham을 유죄평결하기 위하여 이용된 과학(법의과학)에 결함이 있었음을 시인하였지만, 당시 낡은 이론에 의존했다는 데 대해서는 수사관들이 비행이나 방임을 저지르지 않았다고 주장하는 예비 보고서를 발표하였다.[152]

Willingham이 "결함이 있는 과학(flawed science)"에 근거하여 유죄가 평결되고 궁극적으로 사형이 집행되었다는 사실은 그가 "무고"하다고 반박의 여지가 없이 명백하게 결론을 내리기에는 충분하지 않다. 분명히 Willingham을 유죄평결했던 배심원단에 새로운 방화 수사기법에 관한 정보가 제시, 제공되지 않았기 때문에 화재 조사관이나 검사, 아마도 둘 다에 의한 잘못이 있었다는 것은 Willingham에게 새로운 재판의 기회를 보장하는 데는 충분하였음에도 그러지 않았다. DNA 증거는 일반적으로 확고한 면죄 결론을 가져다주지만, 범죄 피의자가 부적절하게 유죄가 확정되었다는 것을 입증할 수는 있지만, 그가 오심으로 무고하게 유죄가 확정되었다는, 다시 말해서 그가 실제로 무고하다고 결론을 내리는 데 충분한 증거는 제공하지 못하는 소위 "나쁜 법의학(bad forensic)"의 경우에는 항상 확고한 면죄 결론에 이르는 것은 아니라는 것이다. Willingham의 경우가 바로 여기에 해당

---

152 "Cameron Todd Willingham : Wrongfully Executed," www.tcadp.org 참조.

될 수 있는 부적절한 유죄 확정과 잘못된 유죄 확정 사이의 법적 협곡이라는 주장도 없지 않다. 그래서 Willingham이 오심으로 유죄가 확정되어 사형이 집행되었다고 확실하게 말할 수는 없지만, 무고한 사람에게 사형을 집행했다는 직감을 갖기에는 충분하다는 것이다.[153]

The Norfolk Four
강요된 수사와 이어진 허위자백으로 무고하게 처벌받은 4명의 해군

Norfolk Four란 Norfolk의 네 사람을 뜻하는 것으로, Derek Tice, Danial Williams, Eric C. Wilson 그리고 Joseph J. Dick, Jr.가 그들이다. 4명 모두 1997년 Virginia 주 Norfolk에 사는 18세의 Michelle Moore-Bosco가 해군인 남편이 출항 중에 그녀에게 일어난 강간 살인과 관련된 혐의로 무고하게 유죄가 확정되었으나 궁극적으로는 면죄가 된 인물들이다. 이들의 유죄평결과 확정에도 불구하고, 그들 중 누구도 범죄와 연루시키는 물적 증거, 법의학적 증거는 단 하나도 없었다. 그러나 그들 4명 모두가 범죄를 자백했으나, 길게는 12시간 이상이나 계속되었던 극심한, 강도 높은 심문 과정으로 인한 강요된 허위자백이었다고 결과적으로 자기들의 자백을 번복, 철회하였음에도 모두가 유죄가 확정되었던 것이다. 그들의 무고함과 억울함을 하소연하는 여러 차례의 재심 청원의 결과로 이어진 지방 연방법원의 재판에서

153 "Cameron Todd Willingham: Improper or Wrongful Conviction," https://www.jg.org/legal-articles/cameron-todd-willingham-improper-or-wrongful-conviction-19571, 2023. 2. 24. 검색; Wikipedia, "Cameron Todd Willingham," https://en.wikipedia.org/wiki/Cameron_Todd_Willingham, 2023. 2. 24. 검색.

판사는 "증거의 우세로도, 분명하고 확실한 증거로도, 합리적 의심 이상의 증거로도, 그 어떠한 척도로 아무리 따져 보아도, 증거가 정상적인 사람이라면 아무도 그들이 유죄라고 인정하지 않을 것"이라고 설명하면서, 새로운 재판을 명하였다.[154]

사건에 대한 경찰 수사는 즉시 피해자와 같은 아파트 단지에서, 아내와 동료 해군 사병 Joseph Dick, Jr.와 같이 살던 해군 사병 Danial Williams에게 초점이 모아졌다. 경찰은 Williams가 피해 여성에게 건전하지 못한 집착이 있었다는 것을 경찰이 듣고는 즉시 그를 심문했던 것이다. 그는 처음에는 자신의 무고함을 주장하였으나, 거짓말 탐지기 검사를 통과하지 못했다는 것을 경찰로부터 듣고는 범행을 자백하였다. 그때까지만 해도 경찰은 Williams의 단독범행으로 믿었다. 그로부터 5개월 후, Virginia 과학수사연구소는 현장에서 확보된 정액, 혈액, 기타 법의학적 증거가 Williams와 일치하지 않는다고 밝혔다. 그러자 경찰은 그와 같이 살던 Dick을 심문하였으나 그도 자신의 무고함을 주장하였고, 그도 거짓말 탐지기 검사에 실패했다고 경찰이 일러주자 Williams와 함께 범행했다고 자백하였다. 그의 자백은 Williams의 자백과 현장 상황과 일치하지 않는 부분이 많았다고 한다. 그러나 과학수사연구소의 추가 검사 결과도 Dick의 DNA가 현장에서 확보된 증거와 일치하지 않는다고 밝혔다. 그럼에도 그를 석방하지 않고, 경찰은 다시 그의 구치소 사방에 정보원을 심어서 그로부터 Eric Wilson이란 또 다른 해군 사병에 대한 정보를 입수하여 그를 심문하자, 그도 자신의 무고함을 주장하다가 거짓말 탐지기 검사에 통과하지 못했다는 경찰의 엄포에

---

154 Innocents Database of Exonerations, "Joseph J. Dick, Jr.," forejustice.org/db/Dick-Jr.-Joseph-J.-.html, 2023. 3. 2. 검색; Wikipedia, "Norfolk Four," https://en.wikipedia.org/wiki/Norfolk_Four, 2023. 3. 2. 검색.

Williams와 Dick과 함께 범행했다고 자백한다. 그의 자백은 Williams와 Dick 의 진술은 물론이고 현장 상황과도 일치하지 않는 점이 많았다. 다시 한번 과학수사연구소는 그의 DNA가 현장 증거와 일치하지 않았다고 발표한다. 그러자 경찰은 Dick을 재소환, 조사하자 자신과 Williams, Dick 외 다른 한 사 람이 더 범행에 가담했다고 주장한다. 그가 바로 Derek Tice였는데, 그도 자 신의 무고함을 주장하였지만, 자신이 거짓말 탐지기 검사를 통과하지 못 했다는 경찰의 주장에 범행을 자백하게 된다. 그의 자백도 위 세 사람의 자 백 내용과 현장의 세부 사항 다수와 맞지 않았으며, 과학수사연구소의 검 사 결과도 Tice와 일치하지 않았다. 수사는 여기서 멈추게 되고, 그 시점에 무려 7명이 구금되었고, 그중 4명이 자백하였으나, 물적, 법의학적 증거는 그 누구와도 일치하지 않았다.[155]

이 사건으로, 앞에서 거명한 4명의 해군과 나중에 진범으로 유죄가 확 정된 Omar Ballard를 포함한 다섯 명이 Moore-Bosco를 강간 살인한 혐의로 유죄를 선고받았다. 그런데 유력한 증거는 Omar Ballard가 단독으로 범행 한 것임을 시사하였다. 이유는 그가 범행 현장에서 발견된 DNA와 일치하 는 유일한 사람이었기 때문이다. 이 법의학적 증거가 단독범행임을 암시 하고, Ballard도 다른 누구도 가담하지 않고 혼자서 단독으로 범행했다고 자 백하였고, 끝까지 그 진술을 유지하였음에도, 검찰은 네 사람의 자백을 근

---

155 National Registry of Exonerations, "Derek Trice," https://www.law.umich.edu/ special/exoneration/Pages/casedetail.aspx?caseid=3820, 2023. 3. 2. 검색; Wikipedia, "Norfolk Four," https://en.wikipedia.org/wiki/Norfolk_Four, 2023. 3. 2. 검색; Eamma Parry, "Shocking case of four Navy sailors wrongfully convicted of rape & murder 'shows anyone can be forced to falsely confess'," The Sun, 2020, 10, 6, https://www.the-sun.com/news/1567737/sailors-wrongful-conviction-rape-murder-confess-norfolk, 2023. 3. 2. 검색.

거로 그들의 유죄 확정을 유지하였다. 물론 네 사람 모두가 자백하지 않으면 사형을 선고받게 될 것이라고 위협을 받았기 때문이라며, 자기들의 자백은 강요된 허위자백이었다고 주장하였다. 그중 한 사람은 경찰 수사관이 자신을 모퉁이로 밀치고 피투성이의 시체와 대면시켰다고 설명하였고, Norfolk 4인방은 반복적으로 거짓말쟁이라고 불리고 사형이 선고될 것이라고 위협받았다는 것이다. Williams는 구체적으로, 자신이 받은 심문이 얼마나 극심하고, 공격적이고 위협적이었는지를 "작은 방에, 책상 맞은편에 거의 얼굴이 맞닿을 정도로 코앞에 형사가 앉아서 거짓말쟁이라고 소리치며, 손가락으로 가슴을 쿡쿡 찌르며, 돌아서서 '그래, 네가 진실을 말해주면 나도 너를 도와줄 수 있지'라고 위협하였다"고 후에 어느 방송 인터뷰에서도 밝힌 바 있다. 여기서 경찰이 약속하는 도움은 사형당하지 않게 해주겠다는 말이었다. 실제로 사건의 수사 책임자였던 경찰관 Robert Glenn Ford는 용의자들로부터 허위자백을 강압적으로 받아내는 경력이 있었다고 한다. 그에 대해서 Williams는 Ford가 마치 한번 물면 놓지 않는 불독(bulldog) 같아서 그가 원하는 것을 가질 때까지 멈추지 않는 사람이었다고 한다.[156]

이처럼 용의자의 방어를 깨기 위하여 고안된 공격적, 위협적 형태의 심문, 조사방식을 리드 기법(Reid Technique)이라고 하며, 이 경우 용의자를 작고 창문이 없는 방에 앉혀서, 그를 익숙한 주변으로부터 단절, 차단시키고,

---

156 Injustice Anywhere, "The Exonnerated: The Norfolk Four," https://www. injusticeanywhere.net/exonnerated-norfolk-four, 2023. 3. 2. 검색; Law office of Amy Muth, "False confessions led to convictions for the 'Norfolk 4'," https:// www.amymuthlaw.com/blog/2018/12/false-confessions-led-to-convictions-for-the-norfolk-4, 2023. 3. 2. 검색; Rupert Taylor, "Freedom for the Norfolk Four," The CrimeWire, 2022, 11, 16, https://thecrimewire.com/institutional/ Freedom-for-the-Norfolk-Four, 2023. 3. 2. 검색; Norfolk Four, www.norfolkfour. com, 2023. 3. 2. 검색.

불편하게 만든다. 그리고는 조사관이 용의자에게 "나는 네가 유죄라는 것을 이미 알고 있으니 거짓말하지 않는 것이 좋을 거야"라고 말한다. 마지막 단계에서는 조사관이 용의자에게 친절해지고, 용의자가 처한 곤경에서 빠져나갈 수 있는 길, 방법을 제시한다. 이때 어떻게 범죄가 기록될지 다양한 시나리오가 주어지고, 그중에서 용의자가 선택하게 한다. 이때 종종 용의자는 자신에게 가장 덜 위험한 시나리오를 선택하게 된다. Reid Technique으로 알려진 경찰의 전통적 심문은 바로 이런 방식으로 허위자백을 만들어 낸다고 집중적인 비난을 받게 된 것이다.[157]

이런 주장을 당시 다수의 관계 전문가들도 지적하였다. 고참 FBI 수사관 Larry Smith는 사건을 검토한 후, 네 사람에 대한 유죄 확정은 오심(miscarriage of justice)이었음을 깨닫게 되었다. 그는 범죄 현장에서 확보된 실제 증거와 자백 사이의 커다란 차이를 발견하였던 것이다. Williams는 신발로 피해자를 때려서 살해했다고 주장하였으나, 검시관의 보고서에는 피살자가 여러 번 칼에 찔려서 사망한 것으로 기록되어 있다. 더구나 현장에서 확보된 DNA 증거도 Williams와 Dick을 배제했음에도 이런 곤란함에 직면한 Ford 수사관은 Dick을 더욱 추궁하여 만약 누군가 다른 사람 이름을 대지 않으면 사형을 선고받을 것이라고 위협하여 Dick이 Wilson과 Tice를 거명한 것으로 알려지고 있다. 그는 "자백이 수사의 끝, 마지막이어서는 안된다. 자백을 범죄 현장의 상황과 사실과 확증하여야 한다"고 강조하였다. 그와 함께 25명의 전직 FBI 요원들도 사건을 조사하고는 증거가 단 한 사람, Omar Ballard를 직접적으로 가리키고 있다고 결론을 내렸다. 부검 결과도

---

157 Rupert Taylor, "Freedom for the Norfolk Four," The CrimeWire, 2022, 11, 16, https://thecrimewire.com/institutional/Freedom-for-the-Norfolk-Four, 2023. 3. 2. 검색.

단독 범죄임을 암시하였고, Ballard도 유죄를 입증하는 증거를 범죄 현장에 남겼다. 이런 주장에 힘을 얻어 사건 변호인들에게 다른 기관의 도움을 요청하라고 요구하였다.[158]

이 Norfolk 4인방 사건은 법 집행이 사건을 가장 빠른, 신속한 방식으로 해결하려다가 저지른 실수를 여실히 보여주고 있으며, 무고한 사람들에게 유죄를 평결하고 선고하게 될 때 형사사법제도에 의해서 가해지는 부정의(injustice)에 대한 사회적 관심과 논의의 불을 밝혔던 사건이다. 사건이 발생하자 경찰은 이웃 주민들의 어쩌면 잘못된 증언과 제보와 진술을 바탕으로 4명의 해군 사병들을 심문하기 시작하였다. 4명 전부가 처음에는 자신의 결백과 무고함을 계속해서 주장하였으나, 전통적 수단과 기법으로 최장 11시간 이상 지속된 심문에 견디지 못하고 결국에는 경찰관이 듣고자 하는 말, 자백을 하고 만 것이다. 이들이 끈질기게 무고함을 주장하자 경찰은 이들에게 거짓말 탐지기 조사를 하였고, 개별적으로 거짓말 탐지기 조사를 통과하지 못하여서 무고하다는 그들의 주장은 거짓말로 확인되었다고 압박한다. 그러자 네 사람은 이제는 빠져나갈 길이 없다고 생각하여, 자백하면 사형은 면할 수 있게 되고 자백하지 않으면 사형이 선고될 것이라는 위협에 결국 허위로 자백을 하였다는 것이다. 당시 심문이 지나치게 위협적이고 공격적이었으며, 거짓말 탐지기 검사 결과 모두 통과하여 진실을 말

---

158 Injustice Anywhere, "The Exonnerated: The Norfolk Four," https://www.injusticeanywhere.net/exonnerated-norfolk-four, 2023. 3. 2. 검색; Law office of Amy Muth, "False confessions led to convictions for the 'Norfolk 4'," https://www.amymuthlaw.com/blog/2018/12/false-confessions-led-to-convictions-for-the-norfolk-4, 2023. 3. 2. 검색.

하고 있었음에도 통과하지 못했다고 거짓말을 하였고, 각자의 진술이 서로 일관되지 못하고 달랐으며, 범죄 현장의 사실과도 맞지 않았다고 한다. 네 사람이 심문을 받고 동시에 다 유죄를 선고받게 되는 과정과 동기도 문제였다. 한 명이 먼저 체포되었다가 DNA가 일치하지 않자 다른 한 사람을 체포하고, 그가 DNA와 일치하지 않자 또 다른 사람, 그렇게 4명의 해군 병사들이 용의자로 체포되고 유죄가 선고되었다는 점이다. 이런 수사로 인하여 한때는 경찰은 7명의 용의자를 체포하였었으며, 경찰은 그들 모두가 집단 강간에 가담했다고 주장하였다.[159]

대부분의 사람들은 누군가를 무고하게 구금하는 것은 사법 행정의 심각한 실수, 실패, 잘못을 보여주는 것이라고 동의하고 있다. 그중에서도 사법당국의 이런저런 비위와 일탈적 행위로 자신이 저지르지도 않은 범죄를 허위로 자백하는 경우가 가장 많다고 한다. 실제로 역사는 자신이 범하지도 않은 범죄를 거짓으로 허위자백하는 사람들의 사례로 점철되어 있다. 여러 곳에서 지적하고 기술하였듯이, 경찰의 협박 전술, 지적 무능력이나 정신 질환을 포함한 광범위한, 다양한 범주의 요소들이 한 사람의 진술, 증언의 진실성, 진정성에 영향을 미칠 수 있다. Norfolk 4인방 사건이 형사사법제도가 모든 상응한 사실들을 수사하지 않거나 못하고, 괴롭히거나 협박하는 전술에 관여하거나, 무고함의 확실한 증거에도 불구하고 석방을 거부하면 무슨 일이 일어날 수 있는지 여실히 보여주는 소름 끼치는 사례

---

159 EduZaurus, "Mistakes of Law Enforcement on Norfolk Four Case," https://eduzaurus.com/free-essay-samples/mistakes-of-law-enforcement-on-norfolk-four-case, 2023. 3. 2. 검색; Rupert Taylor, "Freedom for the Norfolk Four," The CrimeWire, 2022. 11. 16, https://thecrimewire.com/institutional/Freedom-for-the-Norfolk-Four, 2023. 3. 2. 검색.

라고 할 수 있다. Norfolk 4인방 사건은 오심으로 부당하게 비난받고, 허위로 자백하고, 사형이 선고될 것이라 위협받고, 거기에 부정한, 비뚤어진 경찰 그리고 헌법에 반하는 증거의 은닉 등 그 모든 것을 다 가지고 있기 때문이다. 어느 인터뷰에서, 이들 Norfolk 4인방 네 사람은 경찰 심문에서 오로지 두 가지 선택만 있었으며, 그것은 거짓말로 그들이 듣고자 하는 것, 자기들이 강간, 살인했다고 말해주는 것, 즉 허위자백하는 것, 그래서 사형 선고를 피하고 종신형으로 목숨은 건질 수 있게 되는 것과 자신들은 무고하다고 진실을 말하더라도 어떻게든 사형을 선고받게 되는 것뿐이었다고 한다. 심리적 고문에 가까운 심문기법을 이용하여 네 사람이 한 사람 한 사람 결국 무너지고 허위자백을 할 때까지 수 시간씩 심문을 당하였던 것이다. 기본적으로 그들은 사느냐 죽느냐 사이의 선택을 해야만 했다는 것이다. 경찰의 위협적이고 가혹한 심문이 네 사람을 자신이 범하지도 않은 범죄를 자백하도록 강요, 강제, 강압했다는 것이다. 심지어 Omar Ballard가 범행을 자백했고, DNA도 일치하였음에도, 경찰은 이들 네 명을 교도소에 계속 구금하였다고 한다. 한 젊은 여성을 강간하고 살해했노라고 경찰의 강압과 비행을 견디지 못하여 자기들이 하지도 않은 범행을 시인했던 해군 수병 4명의 Norfolk 4인방 사건은 미국 형사사법제도의 실패를 보여주는 가장 충격적인 사례의 하나로 간주되고 있으며, 누구라도 자신이 저지르지도 않은 범죄를 자백하도록 강제, 강요, 강압당할 수 있고, 범죄자 심지어 살인범으로 만들어질 수 있다는 것을 입증하는 것이라고 할 수 있을 것이다.[160]

---

160 EduZaurus, "Mistakes of Law Enforcement on Norfolk Four Case," https://eduzaurus.com/free-essay-samples/mistakes-of-law-enforcement-on-norfolk-four-case, 2023. 3. 2. 검색; Sydney Criminal Lawyers, "The Norfolk Four: A Miscarriage of Justice," https://www.sydneycriminallawyers.com.

더 중요한 것은 다 완벽하게 합법적인 그러한 심문기법들이 누구나 허위로 자백을 하게 만들 수 있다는 것이다. 우리는 누구나 저마다의 한계점이 있다. 어리지 않아도, 정신적으로 장애가 없어도, 우리는 누구나 허위로 자백할 수밖에 없도록 만들어질 수 있다는 것이다. 사실, 심리적 심문이란 자체가 심문받는 사람의 한계점을 찾아서 그것을 이용하도록 고안, 설계된 것이다. 영국 같은 나라와는 달리 적어도 미국에서는, 경찰이 심문실에서 심문받는 사람에게 불리한 증거에 대해서 거짓말을 할 수 있도록 허용되고 있어서, 이 사건에서도 경찰이 4인방 모두에게 거짓말 탐지기 검사에 실패했다고 거짓말을 하였지만 완전하게 합법적이었고 그래서 4인방 모두를 충격에 빠뜨리고 겁먹게 했던 것이다. 경찰이 4인방에게 그들에게 불리한 증거가 있고, 그들이 어떤 짓을 했는지 다 알고 있으며, 아무도 당신들이 무고하다고 믿지 않는다고 밤을 새워 반복적으로 말했다는 것이다.[161]

au/blog/the-norfolk-four-a-miscarriage-of-justice, 2023. 3. 2. 검색; Eamma Parry, "Shocking case of four Navy sailors wrongfully convicted of rape & murder 'shows anyone can be forced to falsely confess'," The Sun, 2020, 10, 6, https://www.the-sun.com/news/1567737/sailors-wrongful-conviction-rape-murder-confess-norfolk, 2023. 3. 2. 검색.

161 Eamma Parry, "Shocking case of four Navy sailors wrongfully convicted of rape & murder 'shows anyone can be forced to falsely confess'," The Sun, 2020, 10, 6, https://www.the-sun.com/news/1567737/sailors-wrongful-conviction-rape-murder-confess-norfolk, 2023. 3. 2. 검색.

San Antonio Four

쓰레기 과학(Junk Science)과 동성애 편견이 빚은 오심

1997년과 1998년, 4명의 젊고 사이가 끈끈한 여성 절친들이 Texas의 San Antonio에서 1994년 어린 여자아이 두 명을 강간한 혐의로 기소되어, 비록 증거는 그들의 무고함을 가리켰지만, 그들에게 유죄가 확정되고 만다. San Antonio Four로 알려진 네 명의 여성, Elizabeth Ramirez, Kristie Mayhough, Cassandra Rivera, Anna Vasquez는 무려 20년 이상 자신들에 대한 오심과 무고함을 위한 싸움을 벌인 끝에 결국 Texas의 형사 상소법원은 그들의 무고함을 선언하였다. 2013년, Texas Innocence Project에서는 이들 네 명에 대한 유죄 확정의 진정성에 심각한 의문을 제기하는 몇 가지 핵심적인 증거를 기반으로 유죄 판결 후 구제 소송을 제기하였다. 그 핵심 증거에는 먼저, 피해 호소인 중 한 명이 자신의 이모이자 네 명의 피의자 중 한 명인 Ramirez를 성적 학대로 고발하도록 가족들이 강요했기 때문이라고 시인하며 자신의 고발과 증언을 번복, 철회하였다. 두 번째는 피해 호소 어린이들을 검사하고 네 명의 여성 피의자들에게 불리한 증언을 했던 검시 의사도 자신의 전문가 증언을 번복하였다. 그녀는 어린 소녀들에게서 성폭력의 물리적 흔적을 보였다는 자신의 증언이 과학적으로 정확하지 않았다고 말했던 것이다. 그러던 와중에, 2013년 여름 Vasquez가 성범죄자로 등록하게 되었지만 보호관찰을 조건으로 가석방되었고, 그해 늦게 다른 세 명도 만약 재판에서 사용된 법의과학이 과학적 지식의 진전으로 신빙성을 잃거나 부정되면 유죄 선고 후 구제의 길을 터주는 Texas 주 법의과학 법규에 근거하여 석방되었다. 이어진 청문에서, 판사는 유죄 확정의 무효화를 권고했지만, 두 번째 피해 호소인의 완전한 증언, 고발 철회와 번복이 없다는 이유로 네 명의 피고인을 완전하게 면죄하는 것은 거절하였다. 그러나 Texas 형사 상소법원은 새로운 증거에 근거하여 오늘 재판이 다시 열린다면 네 명의 피의자에게 유죄가 확정될 개연성은 없을 것이라고 선언하였다.[162]

사건의 전말은 이렇다. 1994년 여름, 7살과 9살의 두 소녀가 어머니가 집에 없는 동안 이모인 Elizabeth Ramirez의 집에 머물렀다. 소녀들이 집으로 돌아왔을 때 소녀들의 행동에 변화가 감지되는데, 소녀들이 억눌리고, 무서워하고, 눈을 마주치지 않으려고 하였던 것이다. 9월 중순, 소녀들의 할머니가 소녀들이 성적인 방식으로 인형 놀이를 하는 것을 목격하고 그 이유를 묻자, 이모 집에 있는 동안 네 명의 여성들로부터 성적으로 폭행을 당했다고 말했다는 것이다. San Antonio Four라고도 알려진 네 명의 절친 Elizabeth Ramirez, Kristie Mayhugh, Cassandra Rivera 그리고 Anna Vasquez는 Ramirez의 7살과 9살짜리 조카들을 그들이 San Antonio의 Ramirez의 아파트에 머물던 1994년에 강간한 혐의로 1997년과 1998년에 무고하게 오심으로 유죄가 확정되었던 사건이다. 두 명의 조카가 네 명의 여성이 총으로 위협하여 자기들을 성적으로 폭행했다고 증언했던 것이다. 사건에 응했던 소아과 전문의의 전문가 증언도 아이들의 상처가 오로지 이물질의 삽입으로만 야기될 수 있다고 진술하였다. 검찰은 이 전문가 진술 증거를 여성들이 레즈비언이라는 감정적 편견과 함께 네 명의 여성이 성범죄를 범하였다고 배심원단을 설득하였고, 결과적으로 1997년 Ramirez는 38년 형을 그리고 나

---

162 Innocence Staff, "Justice at last: San Antonio Four are declared innocent," https://innocenceproject.org/san-antonio-four-declared-innocent, 2023. 2. 24. 검색.

머지 세 명은 1998년에 각각 15년의 형을 선고받았던 것이다. 당연히 네 명의 오심 피해 여성들은 언제나 자신의 무고함을 견지하였고, 자신의 무고함을 믿고 유죄협상에도 응하지 않고 거부하였다. 법원에 제출된 소아과 전문의의 의학적 증언이 잘못되었다는 증거가 나오고, Ramirez의 조카 중 한 명이 가족들이 허위 증언을 하도록 강요했다는 것을 시인하며, 자신의 증언을 번복, 철회한 후, San Antonio Four의 변호인단이 2013년 유죄 확정 후 구제 청원의 소를 제기하여, 네 명 모두가 석방되었다고 한다.[163]

이들에 대한 재판에서 Texas 대학교 소아과 교수였던 Nancy Kellog 박사는 피해를 호소하는 소녀들을 검사한 결과, 언니의 처녀막에서 아문 상처를 보았으며, 이 상처가 성적 학대의 물적 증거라고 증언하였다. 나아가 그녀는 그러한 아동 성 학대 행동이 "사탄" 의식과 관련되었다고도 추정하였다. 물론 Kellog 박사는 대질심문에서 자신은 그 상처가 얼마나 되었는지 또는 상처가 사고의 결과였는지 알 수 없었음에도 그것이 성적 학대라고 주장하였다. 두 번의 재판에서 검찰은 소녀들의 증언에서 발견된 다수의 일관적이지 않은 진술을 경시하고, 그러한 일관되지 못한 진술이 소아과 전문의의 과학적 증언을 능가하지는 못한다고 주장하여 재판에서 이길 수

163 Harjai, K., "How four Texan lesbians were wrongfully convicted of rape," https://innocenceproject.org/san-antonio-four-wrongfully-accused-rape-lesbians, 2023. 2. 24. 검색; Silver, J., "'San Antonio Four' declared innocent, exonerated," The Texas Tribune, 2016, 11, 23, https://www.texastribune.org/2016/11/23/san-antonio-four-declared-innocent-exonerated, 2023. 2. 24. 검색; O'Malley, S., "Southwest of Salem: The story of the San Antonio Four," Roger Ebert, 2016, 9, 16, https://www.rogerebert.com/reviews/southwest-of-salem-the-story-of-san-antonio-four-2016, 2023. 2. 24. 검색; Grinberg, E., "'San Antonio Four' exonerated in child rape case," CNN, 2016, 11, 25, https://edition.cnn.com/2016/11/14/us/san-antonio-four-exonerated/index.html, 2023. 2. 24. 검색.

있었다. 물론 그러한 검찰의 진술은 2심 재판에서도 반복되었고, 받아들여
졌다.[164]

이들 네 명의 여성은 두 소녀를 성적으로 폭행한 혐의로 무고하게 유
죄가 확정되어 교도소에서 10년 이상을 보내고서야 그들이 무고하며, 따
라서 면죄되어야 한다고 형사 상소법원의 다수 의견으로 선포되었다. 이
들에 대한 재판의 다수 의견으로서, 네 명은 그들에 대한 혐의가 무고하다
는 점이 의심의 여지도 없이 입증되었던 것이다. 그들은 범행하지 않았음
을 선언할 권리를 획득하였고, 그들은 무고하며, 그들은 면죄되어야 마땅
하다고 선언하였다. 물론 네 명 모두는 돈이 궁극적인 목표가 아니라 무죄
가 선고되는 것이라고 처음부터 강조하였지만, 9명의 판사 중 7명이 사건
을 청취하였고, 그중 5명이 "실질적 무죄"에 동의한 법원의 다수 의견은 그
들이 이제 정부로부터의 배상을 청구할 권리가 있음을 의미한다고도 설명
하였다.[165]

2010년 오심 센터(The Center on Wrongful Convictions)가 이 사건을 알게 되고,
Texas Innocence Project와 접촉하여, 완전한 재조사를 시작하였다. 같은 해,
피해 호소 소녀 중 동생이 자신의 재판 증언을 번복하였는데, 그녀는 자신
과 언니가 아버지인 Javier Limon의 강압을 받고 허위 주장을 했노라고 진

---

164 Innocence Texas, "Anna Vasquez - Learn their story," https://innocenceproject.
org/cases/anna-vasquez-2, 2023. 2. 24. 검색.

165 Dart, T., "'San Antonio Four' exonerated in gang-rape case after decade in
prison," The Guardian, 2016, 11, 23, https://www.theguardian.com/us-
news/2016/nov/23/san-antonio-four-texas-women-exonerated-gang-
rape, 2023. 2. 24. 검색; Mondo, M., "The Sna Antonio 4 declared innocent
and exonerated," The Texas Monthly, The Daily Post, 2016, 11, 24, https://
www.texasmonthly.com/the-daily-post/san-antonio-4-declared-innocent-
exonerated, 2023. 2. 24. 검색.

술하였다. 조사의 일부로서, 군 지방검사실의 협조를 받아, Texas Innocence Project는 1994년 소아과 전문의인 Kellog 교수가 진행했던 성폭력 검사 동안 소녀들을 촬영한 원본 사진들의 복사본을 입수하였다. 독립된 전문가가 사진을 검사하였고, 어떠한 외상의 물적 증거도 없다고 결론을 내렸다. 이러한 결론에 직면한 Kellog 교수는 성 학대 법의학에 관해서 결과적으로 알게 된 것을 그 당시에 알았더라면 증거가 소녀들이 추행을 당했다는 어떤 신체적 징후를 보였다고 증언하지 않았을 것이라는 진술에 서명하였다. Texas Innocence Project는 피해 호소 소녀 중 한 사람의 진술, 증언 번복, Kellogg 교수의 부정확한 증언에 관한 새로운 발견, 증언을 번복한 피해 호소 소녀와 피의자 네 사람 모두에 대한 심리검사 결과를 포함하는 인신 보호 영장을 네 명의 여성들을 대신하여 청원하였다. 군 지방검사실은 부정확한 과학적 증언이 재판을 오염시켰다는 점을 근거로 석방에는 동의하였지만, 그들의 실질적 무죄 주장에는 입장을 취하지 않았다. 그리고 여성들은 2013년 11월에 보석으로 풀려났다. 영화제작자 Deb Esquenazi가 수사에 대한 다큐멘터리를 영화화하기 시작하였고, "Southwest of Salem"이라는 제목으로 2016년에 개봉되었다.[166]

피의자들이 무고함을 주장하고 이를 뒷받침하듯 유죄협상에 아무도 임하지 않은 점에 비추어, 그들의 무고함을 엿볼 수 있음에도 네 명에 대한 혐의가 제기되는 데는 하나의 그럴 만한 계기가 있었다고도 한다. Ramirez가 아이들의 아버지인 Javier Limon이 바라던 자신과의 이성적 관계의 진전을 거절하여 아마도 그에 대한 복수의 하나로 아이들을 이용하여 허위로

---

166 Innocence Texas, "Anna Vasquez - Learn their story," https://innocenceproject.org/cases/anna-vasquez-2, 2023. 2. 24. 검색.

비난했을 수도 있다는 주장이 그 하나이다. 또 다른 하나는 네 명 모두가 레즈비언이라는 점이라는 사실이 수사를 그들에게 불리한 사건과 수사로 채색했을 수 있다는 점이었다. 여기에다 그들에 대한 혐의가 불거진 시기가 아이들에 대한 사탄의 의식적 학대의 주장에 대한 전국적인 히스테리가 10년 넘게 이어지던 시기였다. 이 사탄의 공황(Satanic Panic)으로 알려진 현상으로 근거 없는 의례적, 의식적 학대를 함축하는 범죄에 대하여 무고하게 오심으로 유죄가 확정되는 사건이 부지기수였다는 것이다.

이 사건은 몇 가지 특수한 의미를 가지는데, 그중 하나가 바로 이들 네 명의 오심 피해자들이 전부 레즈비언, 동성애자들이며, 이들의 무고한 오심 피해에는 바로 이런 피의자들의 성 정체성에 대한 사회적, 제도적 편견이 강하게 작용했으리라는 의문을 남긴 사건이었다. 실제로 네 명 중 한 명인 Vasquez는 자신들이 경찰의 심문을 받을 때 관점을 뚜렷이 하려고 동성애자라는 점을 끄집어내었다면서, 자신들에 대한 기소와 유죄 확정에서 동성애 혐오증(homophobia)이 한 요인이었다고 진술하였다. 이런 현실을 보여주듯, 미국 사법제도와 과정에서 게이(gay)나 레즈비언(Lesbian)이라는 단어가 너무나 자주 아동 성애자(pedophile)와 혼동되고 있다는 것도 공공연하게 돌아다녔다. 이 사건에서 빈약한 증거로 보임에도 불구하고 왜 수사관, 검찰 그리고 배심원단이 이들 네 명의 여성들이 범행했다고 그토록 믿으려고 했는지에 대한 한 가지 설명이 있다면 그것은 바로 그들 모두가 동성애자였기 때문이라고 주장한다. 당시 미국 사회에서 LGBTQ 공동체가 미국 전역에 걸쳐 증가하고 있었지만, 성장과 함께 두려움과 공포도 동반하여 게이 술집이나 클럽에서 맞기가 일쑤였다고 한다. 더구나 San Antonio는 San Francisco가 아니어서 특히 더 동성애 혐오 지역사회였다고 한다. 당연히 당사자들도 레즈비언이라는 성 정체성이 자신들의 재판과 유죄 확정의 주요 부분이었다고 주장하였다. 이를 뒷받침하듯, 당시 Ramirez 재판의 배심원 대표는 판사에게 동성애는 원죄(sin)라고 말하였고, 배심원들도 동성애 때문에 아동 성애자일 수 있다고 말했다는 것이다.[167]

이 사건의 또 다른 쟁점의 하나는 1980년대 미국에서 사탄 의식을 통하여 학대를 자행하는 소위 "사탄 공황(Satanic Panic)"의 끝을 향한 사건이 되었다는 점이다. 의례적인 아동 학대가 걷잡을 수 없이 확산되고, 무고한 사람들이 현대의 마녀 사냥의 덫에 걸리게 되는 공포가 미국 사회를 휘몰았다고 한다. 소아과 전문의의 전문가 증언에서도 언급되었던 '사탄의 공황'이라는 어린이 피해자들의 사건에서 흔히 볼 수 있는 소위 '마녀 사냥'과 같은 논란이 이 사건에서도 예외가 아니었다.[168] 이 사건을 바탕으로 만들어진 영화, "The Southwest of Salem"은 어떻게 지방 검사가 게이 동성애자들을 둘러싼 통념(myths)과 어린이에 대한 사탄 관련 성적 학대 호소에 그토록 심각하게 의존했는지를 보여준다. 영화뿐 아니라 이 영화의 감독자인 Esquenzai는 라디오 연출자와 언론인으로서도 이 사건의 신화, 사법, 정체성 그리고 권력의 교차를 탐구하였다. 이름하여 '범죄 신화(crime mythology)'로서 이는 단순히 범죄나 범죄행위가 아니라 만들어진 통념이라는 것이다. 80년대 초에서 90년대에 이르기까지, 미국에서는 사탄 숭배가 어린이 집과 유치원에 스며들어 아이들을 학대한다는 공포가 널리 확산되었다

167 McRobbie, L. R., "How junk science and anti-lesbian prejudice got four women sent to prison for more than a decade," Slate, 2013, 12, 4, https://slate.com/human-interest/2013/12/san-antonio-four-junk-science-and-anti-lesbian-prejudice-sent-them-to-prison.html, 2023. 2. 24. 검색.

168 Chammah, M., "Who told the truth?" The Marshall Project, file:///E:/Who Told the Truth__The Marshall Project.html, 2023. 2. 24. 검색.

고 한다.[169]

아마도 이 사건이 주는 교훈 중 가장 뚜렷한 것은 전문가, 전문가 증언 그리고 과학, 특히 법의과학에 지나치게 의존하지 않는지 의문을 제기하는 계기가 되었다. 위에서 지적한 이 사건의 특징이기도 하였던 '사탄 공황'과도 관련되었지만, 피해 호소 소녀들을 검사하였던 소아과 전문의라는 전문가의 증언도 자신이 보았던 것은 아마도 '사탄과 관련'되었을 수도 있다고 진술하였다. 그런 그의 전문가 증언이 잘못되었음을 시인하면서 사법 과정과 절차에 있어서 전문가 증언과 그들이 의존하는 법의과학에 대한 신뢰성과 의존성에 대한 논란의 불을 지피기도 하였다. 네 명의 여성이 처음부터 자신들의 유죄 확정에 항소하도록 한 것은 바로 과학이었다. 2013년, Texas 주 의회는 유죄를 확정하는 데 이용된 소위 "쓰레기 과학(junk science)"에 근거하여 인신 보호 영장의 신청을 허용하는 법률을 통과시켰다. 이 법률은 미국에서 이런 유형의 법률로는 첫 번째였다고 한다. 물론 여기에 해당되기 위해서는 지금은 알려진 과학적 증거가 재판 당시에는 구하거나 사용할 수 없었고, 만약에 그 증거가 제출되었다면 그 사람이 유죄가 확정되지 않았을 것이라는 점을 보여주어야만 한다. 이 사건에서는, 성적 외상의 물적 증거라고 결정하였던 것에 대한 소아과 전문의 Kellogg 교수의 전문가 증언이었다. Kellogg 교수는 후에 사건이 오늘 보내졌다면 그 때와 같은 결론에 이르지 않았을 것임을 진술하는 진술서에 서명하였던 것이다. 이제 남은 것은 어린 피해 호소 소녀의 신뢰성 여부이고, 그것은 법

---

169 Kushner, L., "Witch trials in the Lone Star State: Homophobia and the San Antonio Four," International Documentary Association, 2016, 9, 14, file:///E:/Witch Trials in the Lone Star State_Homophobia and The San Antonio Four_International Documentary Association.html, 2023. 2. 24. 검색.

원이 판단해야 할 문제라는 것이었다.[170]

　지금까지만으로도 이미 네 명의 여성 피의자들에게 불리한 것으로 가득하였음에도, 소녀들을 검사하였던 존경받는 의료 전문가인 소아과 전문의 Kellogg 박사의 "쓰레기 과학" 증언이 결정타를 날린 것이다. 언니의 처녀막에 난 상처가 성적 학대 외상과 그리고 소녀들이 제공한 시간의 틀과도 일치한다고 증언했던 것이다. 그녀의 그러한 전문가 증언이 누군가가 언젠가 언니를 성적으로 폭행했다는 것을 보여줌으로써 학대는 결코 발생하지 않았다는 변호인의 주장을 무력화시키는 기소의 핵심이 되었던 것이다. 이를 입증하듯, 검사는 마지막 논고에서 "의학적, 물리적 증거는 거짓말을 하지 않는다. 그런 꼬리표를 붙일 수는 없다"고 강조하였다. 그러나 결과적으로는 그런 꼬리표를 붙일 수 있다는 것이 증명된 셈이다. 이에 대해 상당한 과학적 연구에서도 처녀막에서 발견했던 것은 일종의 변형이나 다양성이지 그것을 외상의 증거로 받아들여서는 안 된다고 주장하였고, Kellogg 박사 스스로도 자신의 증언을 번복하고 자신이 틀렸었다고 동의하였다.[171]

　마지막으로, 가해자나 피해자나 아동이 관련된 사건에서 빈번하게 쟁점이 되고 있는 것으로, 바로 아동의 진술과 증언을 신뢰할 수 있는지, 있다면 어디까지 믿을 수 있는지가 아닐 수 없다. 이 사건의 시작도 어쩌면 그 끝도 바로 이 점이기 때문이다. 사건 당시 7살과 9살이던 피해 호소 어린이의 고발로 시작되고, 그중 한 명의 진술 번복으로 부분적으로는 무죄가 확

170　Mondo, M., "The San Antonio 4 declared innocent and exonerated," The Texas Monthly, The Daily Post, 2016, 11, 24, https://www.texasmonthly.com/the-daily-post/san-antonio-4-declared-innocent-exonerated, 2023. 2. 24. 검색.

171　ibid.

정되고 면죄도 되었기 때문이다. 실제로, 이 사건에서도 피해 호소 소녀들의 이야기가 매우 일관적이지 않아서, 어느 날은 하루만 학대를 당했다고 했다가 또 다른 날에는 이틀이라고 말하고, 단 한 자루의 총으로 위협을 당했다고 했다가 두 개 그리고 또 총이 없었다거나 총이 아니라 칼로 위협당했다고 한 것이다. 동생이 방에 있었고, 동시에 같이 학대를 당했다고 했다가 언니가 강간당하는 동안에는 문밖에 갇혀있다가 언니 다음으로 학대하려고 다시 끌려 들어왔다고 했다. 사건 발생 시간도 저녁이었다가 아침이었다가 오후였다가, 장소도 침실이었다가 거실이었다가 왔다 갔다 한 것이다. 뿐만 아니라 Mayhugh가 같이 있었다고 했다가 없었다고도 하고, 피의자 여성들의 일과표상 거의 불가능했음에도 두 소녀 모두 네 명의 피의자 모두 함께 있었다고 주장했다. 그러나 한 가지 분명한 것은 소녀들이 소리를 질렀었다고 주장하였지만 경찰은 어떤 소리라도 들을 수 있는 아파트 벽을 공유한 이웃에게 아예 확인도 하지 않았다. 소녀들의 주장을 지지하는 유일한 것은 의학 전문가가 성 학대와 일치한다고 잘못 증언한 것으로 밝혀진 언니의 처녀막에 난 작고 하얀 흉터였다고 한다. 소녀들의 진술의 비일관성을 의심케 하고, 그래서 그들이 지어낸 이야기라고 의심을 받게 하는 동기가 소녀들에게 있었다고도 한다. Ramirez의 변호인은 소녀들의 아버지 Javier Limon이 Ramirez에게 사랑을 고백하였으나 받아주지 않자 소녀들을 이용하여 보복했다고 주장한 것이다. Ramirez는 자신이 Limon과의 결혼을 거절하자 자신과 가족을 해치겠노라고 위협했었다고 증언하였다. 이런 사실을 증명하는 연애편지도 있었으나 법원에서 증거로 받아들여지지 않았다고도 한다.[172]

---

172 McRobbie, L. R., "How junk science and anti-lesbian prejudice got four women

Guildford 4인방과 Maguire 7인방
인종과 이념 그리고 경찰 강압의 희생양

Guildford 4인방(Guildford 4)과 Maguire 7인방(Maguire 7)은 1974년 10월 5일의 Guildford 술집 폭파로 1975년과 1976년 영국 법원에서 유죄가 확정되었으나 사법 정의를 위한 장기간의 캠페인 끝에 결국에는 파기된 두 집단의 이름이다. Guildford 4인방은 지역 아일랜드 공화군(Irish Republican Arm: IRA)의 소행이었던 것으로 알려진 폭파에 대하여 무고하게 오심으로 유죄가 확정되었고, Macguire 7인방은 폭파 사건을 수사하는 동안 발견된 폭발물을 다루었다는 혐의로 무고하게 오심으로 유죄가 확정되었다고 한다. 물론 마지막에는 두 집단에 대한 유죄 확정은 결국에는 "불안전하고 불만족스럽다"고 선언되었고, 그들이 무려 15-6년 이상을 교도소에서 보낸 뒤인 1989년과 1991년 각각 그들에 대한 유죄 확정판결이 뒤집어졌던 사건이다.[173]

1974년 10월 5일, Guildford와 Surrey의 두 주점이 아무런 경고도 없이 아일랜드 공화군(Irish Republic Army: IRA)에 의하여 폭탄 공격을 받아서 5명이 사

sent to prison for more than a decade," Slate, 2013, 12, 4, https://slate.com/human-interest/2013/12/san-antonio-four-junk-science-and-anti-lesbian-prejudice-sent-them-to-prison.html, 2023. 2. 24. 검색; Chammah, M., "Case of 'San Antonio Four' set to enter its final act," The Texas tribune, 2015, 3, 15, https://www.texastribune.org/2015/03/19/san-antonio-four-case-set-to-enter-its-final-act, 2023. 2. 24. 검색; Chammah, M., "Who told the truth?" The Marshall Project, file:///E:/Who Told the Truth__The Marshall Project.html, 2023. 2. 24. 검색.

173 Wikipedia, "Guildford Four and Maguire Seven," https://en.wikipedia.org/wiki/Guildford_Four_and_Maguire_Seven, 2023. 3. 2. 검색.

망하고 60명 이상이 부상을 당하였다. 폭발물은 폭발물 설치자가 술집을 나오면 폭발하도록 만들어진 시한폭탄이었다. 1974년 11월 7일, Woolwich 의 주점에서의 또 다른 폭발로 2명이 사망하고 다수가 다양한 정도의 부상을 입었다. 이에 Surrey 경찰은 궁극적으로 두 군데 폭발에 대하여 기소되었던 네 명의 젊은이들을 포함하여 무려 46명을 체포하였고, 이들 4명이 바로 Guildford Four, 즉 Guildford 4인방으로 알려지게 된다. 그들은 살인과 폭발물 공격 혐의로 기소되어, 오로지 그들이 증언하기로 폭력, 위협, 협박 그리고 음식에 오줌을 싸는 것을 포함하여 경찰에 의한 다른 불법적 행위로 강요, 강제되었던 강압적 자백에만 근거하여 재판에 회부되었다. 그러나 1974~5년에 걸쳐서 일어난 다양한 폭발과 관련한 축적된 법의과학적 증거가 Guildford와 Woolwich 폭발이 독특한 것이 아니라 아일랜드 공화군의 행동대, 즉 ASU(Active Service Unit)와 범행을 연결하는 특별한 법의과학적 증거가 있었음에도, 경찰과 검찰은 의도적으로 이들 4인방이 유죄가 확정되었던 범행에 ASU가 유죄가 아니라는 것을 보여주는 증거를 내놓지 않았던 것이다.[174]

두 사건의 시간적 순서대로, 먼저 Guildford 4인방의 경우부터 살펴보자. 이들 4명은 체포되고 나서, 모두 경찰의 극심한 강요와 강압하에서 폭파를 자백하였다. 물론 그들의 자백 진술은 철회되었지만, 그들에게 불리한 사건의 근거로 남게 되었다. 후에 그들의 자백은 가족 구성원에 대한 위협을 포함하여 협박과 위협에서 고문에 이르는 경찰의 강요와 강압의 결

---

174 Logan, A., "Guildford Four: How the innocent were framed and the truth buried," The Justice Gap, 2020, 3, 6, https://www.thejusticegap.com/guildford-four-hoe-the-innocent-were-framed-and-the-truth-buried, 2023. 3. 2. 검색.

과일 뿐만 아니라 마약 금단증상의 결과로 알려졌다. 4인방의 한 사람인 Gerard Patrick "Gerry" Conlon은 자신의 자서전에서 자신이 알기로는, 자신의 강압된 자백의 핵심 요인은 1970년대 초에 통과된 강화된 반 테러 법(Anti-terrorism law)으로 인하여 경찰이 이전에는 48시간 이내에서만 혐의 없이 용의자를 붙잡아 놓을 수 있었던 것을 1주일까지도 가능하게 허용하였으며, 만약에 원래대로 시간제한이 그때까지도 유효하였다면 경찰의 강압적 처우도 견뎌낼 수 있었을 것이라는 사실이라고 기술하고 있다.[175]

재판 과정에서, 폭탄 공격에 대한 다수의 검찰 측 증인 중에서 아무도 4인방의 누구도 인식, 확인, 지목하지 못하였으며, 4인방 중 누구도 폭탄 공격에 연루시킬 만한 물적 증거도 없었다. 7인방과 관련해서도, 검찰은 폭발물, 기폭장치, 총기, 총탄은 물론이고, 런던 지도, 영국 남부지방 지도, 표적 명단, 유명 인사나 요인 명단 그리고 사용 가능한 정보, 자동차, 은신처 그 어느 것도 가지고 있지 않았다. 그들이 가지고 있었던 유일한 것은 피의자들이 서명한 진술서밖에 없었다. 물론 피의자들이 서명한 진술서도 쓰레기에 지나지 않았다. 내용이 중요 지점에서 서로 충돌하고, 심지어 어떤 폭탄을 누가 설치하고, 어떤 차량을 누가 운전하며, 어디에 폭발물이 보관되었으며, 어디서 폭발물이 만들어졌는지, 어디서 준비, 계획되었는지 등 중요 사항이 일치하지 않았다. 이처럼 4인방에 대한 물적 증거의 결여와 일맥상통하는 것은 준 군대 조직으로서 아일랜드 공화군(IRA)은 조직 구성원들

---

175 Wikipedia, "Guildford Four and Maguire Seven," https://en.wikipedia.org/wiki/Guildford_Four_and_Maguire_Seven, 2023. 3. 2. 검색; Scott Jenkins News, "32 years on from the exoneration of the Guildford Four - MOJO," https://mojoscotland.org/32-years-On-from-the-exoneration-of-the-guildford-four, 2023. 3. 2. 검색.

에 대한 엄격한 훈육을 집행하였기 때문에, 피의자들과 같은 꿈도, 희망도 없는 무기력하고, 믿을 수 없는 술주정뱅이, 마리화나 흡연자, 도둑들을 매우 정교한 비밀공작을 제대로 수행하리라 믿기 쉽지 않은 4인방을 결코 합류시키지 않았을 것이라고 주장한다. 여기에 더하여, 그들 모두의 유죄 확정에 거의 전적으로 의존하였던 진술서마저도 조작되거나 강요에 의하여 허위로 자백한 것뿐이었다.[176]

이들 네 사람은 1975년 1월 22일에 살인과 기타 혐의로 유죄가 확정되어, 살인으로 유죄가 확정된 성인에 대한 강제 형인 종신형을 선고받았다. 네 사람 중 당시 미성년자였던 Richardson은 살인 혐의에 대해서는 부정기형(indeterminate sentence)을 그리고 모의 혐의에 대해서는 종신형을 선고받게 된다. 그러나 문제는 Guildford 4인방 누구도 그들이 살아온 길이나 방식으로 보아 IRA에 대한 법률이 표적으로 하는 전형적인 유형에 맞지 않는다는 것이다. 둘 다 영국 여성인 Paddy Armstrong과 Carole Richardson은 불법 거주 건물에서 마약과 좀도둑질을 하며 살았다. Conlon은 자신의 자서전에서 여러 차례 IRA가 자신의 가게 도둑질과 기타 경미 범죄 기록 때문에 자신을 대원으로 데려가지 않았을 것이며, 지역 IRA와 강력하게 연계된 아일랜드 공화 청년 조직으로부터 쫓겨났었다고 주장하였다.[177]

Maguire 7인방은 Anne Maguire, Patrick Maguire, Anne과 Patrick의 아들인 Patrick Maguire와 Vincent Maguire, Sean Smyth, Patrick O'Neill 그리고 Patrick "Gi-

176 Sherrer, H., "What in the name of the father teaches about false confession," Justice: Denied Magazine, Vol. 2, No. 4, https://justicedenied.org/inthernameofthefather.htm, 2023. 3. 2. 검색.

177 Wikipedia, "Guildford Four and Maguire Seven," https://en.wikipedia.org/wiki/Guildford_Four_and_Maguire_Seven, 2023. 3. 2. 검색; "Guildford Four," https://www.aoh61.com/history/miscarriage.htm, 2023. 3. 2. 검색.

useppe" Conlon의 7명이다. 경찰은 이들 Maguire 7인방을 "Aunt Annie의 폭탄 부엌(Aunt Annie's Bomb Kitchen)"이 있었던 가구의 구성원들이라고 특징지었다. 그러나 사실, 이들 Maguire 7인방과 Guildford 4인방을 폭탄 공격에 연루시키는 증거는 그들이 가족 관계라는 것 외에는 아무것도 없었다.[178]

그렇다면, 문제는 어떻게 이 4명의 괴짜 사람들이 그들의 유책, 유죄를 입증하는 물적 증거의 증명도 없이, 검찰의 4명의 매우 모순되고 완전하지 못한 자백에만 의존하여 극악무도한 범죄에 대하여 유죄가 확정될 수 있었는가이다. 이 사건에 관한 "아버지의 이름으로(In the Name of the Father)"라는 책을 저술한 Gerry Conlon은 결국은 변호사들이 테러 공격을 다루는 것을 두려워하고, 새로운 법(테러방지법), IRA와 그들의 운영방식에 대하여 무지하고 불확실하였으며, 어떠한 희생이나 비용을 치르더라도 4인방을 잡아넣겠다는 경찰의 맹목적인 결심에 압도되었다는 사실로 귀결된다고 설명하였다. 결과적으로, 이들 4인방은 경찰에 의하여 무고하게 피소되고, 검찰에 의해서 무고하게 기소되고, 배심원에 의하여 무고하게 유죄가 확정되고, 판사에 의하여 무고하게 자유형이 선고되었던 것이다. 이 모든 비극은 경찰의 강요에 의한 허위자백에서 시작되었다고 할 수 있다. 불행하게도 Guildford 4인방의 비극적 오디세이는 셀 수 없이 많은 유사 사건의 하나에 지나지 않아서, 비단 미국이나 영국뿐만 아니라 전 세계적으로 허위자백은 무고한 사람에게 유죄를 평결하기 위하여 이용되고 있다. 미국에서만 해도, 매년 대략 25만 명이나 그들이 유죄라는 것을 합리적 의심 이상으로 검찰이 입증할 수 없고, 사실 범행에 무고, 무관할 수 있는 강력 범죄에

---

178 Logan, A., "Guildford Four: How the innocent were framed and the truth buried," The Justice Gap, 2020, 3, 6, https://www.thejusticegap.com/guildford-four-hoe-the-innocent-were-framed-and-the-truth-buried, 2023. 3. 2. 검색.

대하여 자백한다는 것이다. 경험을 통해서 그러나 유죄를 입증하는 증거가 없이 자백에만 의존하는 것은 사람들에게 유죄를 평결하고 유죄를 확정하는 가장 신뢰할 수 없는 방법이라고 한다. 자백의 비 신뢰성은 자백은 수사와 기소 노력을 가장 적게 요하기 때문에 사람들에게 유죄를 평결하는 가장 대중적인 방법이 되었다는 사실과 직접적으로 연관된다. Guildford 4인방 사건이 이 점을 아주 명확하게 보여주었다. 그들에게 무고하게 오심으로 유죄를 평결하였던 것은 재판하는 동안 그들 모두가 강압을 받았고, 그래서 허위라고 부인하였던 서로 모순되고 불완전한 자백에만 의존하였던 것이다.[179]

Guildford 4인방과 Maguire 7인방은 즉각적으로 자기들의 유죄 확정에 대한 상소 허가를 촉구하였으나 거부당하였다. 그럼에도 불구하고, 점점 늘어나는 이질적인 다양한 단체와 집단들이 사건에 대한 재심 압박을 가하였다. 1977년 2월, 또 다른 재판 과정에서 4명의 IRA 조직원들이 변호인들에게 4명의 전적으로 무고한 사람들이 엄청난 형을 살고 있다는 사실에 주의를 상기시킬 것을 지시하였는데, 이들이 말하는 무고한 네 사람은 바로 Guildford 4인방을 두고 하는 말이었다. 이들 IRA 사람들이 폭탄 공격의 책임이 있다고 경찰에 주장했음에도 불구하고, 그들은 이 범행에 대하여 결코 기소되지 않았으며, Guldford 4인방은 그 후로도 12년 동안이나 교도소에 수감되어야 했다. 이들 4인방은 내무성으로부터 항소법원으로의 회부를 요청하였으나 실패하였지만, 1987년 내무성은 이들 4인방이 테러범일 개연성은 없어도, 이것이 항소에 충분한 증거는 아니라는 양해각서를 내

---

179 Sherrer, H., "What in the name of the father teaches about false confession," Justice: Denied Magazine, Vol. 2, No. 4, https://justicedenied.org/inthernameofthefather.htm, 2023. 3. 2. 검색.

놓는다.[180]

1989년, 사건에 대한 Guildford 경찰의 사건 처리에 대한 수사를 하던 Avon과 Somerset 경찰의 수사관들이 Guildford 4인방의 처리와 그들의 진술서와 관련된 중요한 증거 조각들을 발견한다. 삭제와 추가는 물론이고 재편성되는 등 Armstrong의 경찰조사, 심문을 타이핑한 노트가 광범위하게 편집되었던 것이다. 그들에 대한 기록과 그 수정들이 그들이 손수 작성한 것과 재판에 제출된 것이 일치하였는데, 이는 조사가 행해진 뒤에서야 자필 진술서가 만들어졌음을 암시하는 것이다. 이는 경찰이 자신들이 바라는 대로 사건에 맞도록 기록을 조작하였음을 함축하는 것이다. 그럼에도 재판에 제출된 기록물은 법원에서 인터뷰와 동시에 기록된 것으로 기술되었다. 그러나 이들에 대한 항소심에서 주심 재판관은 타이핑된 기록은 완전히 조작되었고, 경찰이 거짓말을 하였고, 결론은 만약에 경찰이 거짓말을 하였다면 증거 전체가 오해의 소지가 있으며, 4인방은 석방되는 것이라고 설파하였다. Hill과의 인터뷰에 관련된 원고는 Hill의 다섯 번째 진술은 사실 법원에 제출될 수 없는 것이었다는 것도 보여주었다. 수감 기록도 경찰이 보고한 바 그들이 주장하는 인터뷰 시간과 기간에 일치하지 않았다. Somerset과 Avon 경찰의 조사보고서가 나오자, 청문이 재개되었고, 수석재판관은 조사보고서에서 밝혀진 자료의 내용이나, 청원자들이 소개하고자 하는 추가적인 증거나 알리바이와 무관하게, 이중성, 양면성의 수준이 모든 경찰 증거가 의심스럽고, 기소를 지지하기에는 불안전하게 만들었다고 결론을 내렸다. 결국 1989년 10월 19일, 4인방은 그들에 대한 유죄가 파기된

---

180 Wikipedia, "Guildford Four and Maguire Seven," https://en.wikipedia.org/wiki/Guildford_Four_and_Maguire_Seven, 2023. 3. 2. 검색; "Guildford Four," https://www.aoh61.com/history/miscarriage.htm, 2023. 3. 2. 검색.

후 석방되었다. 1990년 7월 12일, 영국 내무성 장관은 "Maguire 사건에 대한 중간보고서 : 1974년 Guildford와 Woolwich 폭탄 공격으로부터 유발되는 유죄 확정을 둘러싼 상황의 조사"를 발간하였는데, 여기서 재판관을 비판하고, 과학적 증거의 처리에 있어서 부적절성을 밝혀내고는 유죄 확정이 부적절하다고 선포하고, 항소법원으로 회부할 것을 권고하였다. 보고서는 Conlon의 알리바이를 지지하는 진술을 변호인단에 열람시키지 않기로 한 Guildford 4인방 재판에서의 검찰의 결정을 비판하였다. Maguire 7인방에 대한 유죄 확정도 1991년 파기되었다.[181]

　　Guildford 4인방에 대한 사건은 증거를 열람시키지 않은 엄청난 잘못, 물적 증거의 소실, 진술서 등 서류의 위조, 사법 과정의 왜곡과 사법 과정을 왜곡하려는 음모, 위증, 구금된 사람들에 대한 범죄행위, Gerard Conlon과 관련된 알리바이 증거의 은폐와 미제출, 목격자 매수, 증거 은폐, 알리바이 증인을 위협하고 그들의 신뢰성을 훼손하기 위한 테러방지법상 권력의 오용, 증인의 협박과 방해, 증거의 조작과 음모 등을 모두 함축, 내포하고 있었다. 그럼에도 불구하고, 결과적으로는, 폭탄 공격이나 오심으로 인한 잘못된, 무고한 수감 어느 것도 관련된 누구도 유죄가 확정된 바 없다. 폭탄 공격은 스스로 자기들의 책임이라고 주장한 Balcombe Street ASU의 소행일 개연성이 매우 높은데, 그들은 이미 종신형을 살고 있었으나 "성 금요일 협정(Good Friday Agreement)"의 측면에서 석방되었다. 강압에 의한 허위자백

---

181 Wikipedia, "Guildford Four and Maguire Seven," https://en.wikipedia.org/wiki/
Guildford_Four_and_Maguire_Seven, 2023. 3. 2. 검색; Logan, A., "Guildford
Four: How the innocent were framed and the truth buried," The Justice
Gap, 2020, 3, 6, https://www.thejusticegap.com/guildford-four-hoe-the-
innocent-were-framed-and-the-truth-buried, 2023. 3. 2. 검색.

을 이끌어 내고, 사건 수사와 처리를 잘못한 세 명의 경찰관 - Thomas Style, John Donaldson, Vermon Attwell - 은 사법 과정을 왜곡한 혐의로 기소되었으나 무죄판결을 받았던 것이다. 그러나 2005년 2월 9일, 당시 영국 수상 Tony Blair는 Guildford와 Woolwich 폭격과 관련하여 수감되었던 11명과 그 가족들과 그때까지도 생존했던 관련자들에게 사과문을 발표하였다. 그는 "그들이 그러한 시련과 부정의의 대상이 되었다는 데 매우 죄송하고, … 그들은 완전하게 공개적으로 면죄되어야 마땅하다"고 사죄했던 것이다. Blair 수상은 미국 케네디 대통령 가문의 한 사람으로서 이 사건 피해자의 한 사람인 Paul Hill의 아내에게 보낸 편지에서, "당신 남편과 그와 함께 유죄가 선고되었던 사람들의 사건에서 오심(miscarriage of justice)이 있었고, 실로 이런 일이 일어나지 않았어야 함에도 일어난 데 대해서 매우 미안하게 생각한다"고 밝혔다.[182]

이 사건은 정의보다는 오히려 응보를 추구하는 경찰, 검찰, 법원, 심지어 교도소에 이르는 사법제도와 그 정부의 하나의 좋은 사례라고 할 수 있다. 물론 그것이 정치적, 인종적, 이념적 계기나 동기도 무시할 수는 없지만, 결과적으로 정의의 실현보다는 정부에 대한 범죄, 즉 정치적 범죄에 대한 응보를 추구하지 않나 생각하게 한다. 물론 이 사건이 일어나게 된 데는 "테러 방지법"과 아일랜드 사람들에 대한 뿌리 깊은 불신과 인종차별주의

---

182 Wikipedia, "Guildford Four and Maguire Seven," https://en.wikipedia.org/wiki/Guildford_Four_and_Maguire_Seven, 2023. 3. 2. 검색; Logan, A., "Guildford Four: How the innocent were framed and the truth buried," The Justice Gap, 2020, 3, 6, https://www.thejusticegap.com/guildford-four-hoe-the-innocent-were-framed-and-the-truth-buried, 2023. 3. 2. 검색; "Guildford Four: A Long Wait for Justice," UK News, Sky News, https://news.sky.com/story/guildford-four-a-long-wait-for-justice-10399759, 2023. 3. 2. 검색.

등 복수의 요인들이 내포되어 있다. 실무적으로도, 경찰이 소위 "터널 시야, 좁은 시야(tunnel vision)"라는 편협된 시각, 확정 편향, 강요, 의문스러운 심문 전술, 실수투성이의 잘못된 과학에 크게 의존하였기에 가능했던 사건이기도 하다. 구체적으로, 이 사건은 어떻게 사법제도와 정부가 정의보다는 오히려 응보에 사로잡히게 되는가를 보여주는 놀라운 예라는 것이다. 테러방지법이 당시 영국에 널리 퍼졌던 아일랜드 사람들에 대한 뿌리 깊은 인종차별주의와 결합하여 심지어 어린이도 포함된 11명의 무고한 사람들이 저지르지도 않은 범죄로 수감되게 했던 것이다. 특히 경찰은 다른 용의자들을 고려하려고 하지 않았고(tunnel vision), 용의자의 알리바이에 대한 추적과 생활유형에 초점을 맞추는 것을 거절하였고(확정 편향), 강압과 의문스러운 심문 기술을 활용하였고(허위자백), 유죄를 받아내기 위하여 잘못된 과학을 활용하는(쓰레기 과학으로서 법의과학) 등 다수의 오류를 범하였다. 이렇게 무수하게 많은 요소들이 이 사건을 사법제도에서 무엇이 어떻게 잘못될 수 있는지를 여실히 보여주는 특히 좋은 사례로 만든 것이다.[183]

경찰의 "좁은 시야(Tunnel vision)"는 4인방이 표적이 된 이유를 분명하게 보여준다. 그들은 젊고, 영국에 살고 있는 북 아일랜드에서 온 아일랜드 카톨릭이었고, 당시 IRA 폭탄 공격으로 영국이 극심한 공포에 휩싸였고, 그로 인한 아일랜드계 이민자들에 대한 분노가 급등하였고, 비록 대부분이 경미 범죄이긴 하지만 4인방 모두가 전과기록이 있었고, 그들의 생활유형이 약물과 알코올을 남용한다는 것을 의미하는 '반 문화적'인 것으로 간주되었으며, 유급 정보원들은 역사적으로 믿기 어려운데도 불구하고 이들의

---

183 "The Guildford Four," https://theguildfordfour.wordpress.com/2015/04/07/conclusions/#more-42, 2023. 3. 2. 검색.

정보에 크게 의존하였고, 그래서 심지어 그들 누구도 IRA와는 아무런 관련이 없었음에도 경찰의 완벽한 표적이 되었던 것이다. 확정 편향과 갈등적 증거는 심문하는 동안, 증인들이 말하기를, 폭발 이후에 책임이 없는 남녀를 보았다고 하였는데, 그들의 기술이 누구와도 일치하지 않았으며, 목격자 누구도 경찰의 식별(Lineup)에 섰던 4인방을 확인하지 못하였으며, 경찰이 물적 증거가 없었음에도 확실한 용의자의 신변을 확보했다고 믿었으며, 경찰이 다른 용의자를 심지어 고려하는 것조차 거부하고 알리바이도 무시하였으며, 이는 경찰이 확정 편향을 가지고 있었다는 증명이다. 테러방지법과 관련해서는, 테러방지법은 이전의 IRA 공격에 대한 불안으로 제정되었으며, 여기서 테러라는 용어는 사람에 대한 위협뿐 아니라 재물에 대한 위협도 포함하도록 바뀌었으며, 이론상으로는 대중을 보호하기 위하여 제정되었고, 이 법은 만약에 IRA와 어떤 관계라도 있다고 의심되면 누구라도 영장 없이 최대 7일까지 구금할 수 있는 권한을 경찰에 주었으며, Guildford 4인방과 Maguire 7인방이 증거 없이 구금될 수 있었던 것도 바로 이 법 때문이었으며, 법은 영국이 1215년에 제정한 권리장전, 인권에 반하는 것이었으며, 모든 아일랜드계 사람들의 권리를 앗아가는 문제가 있는 인종차별적 프로파일링의 사용도 허용하였던 것이다. 이 사건의 시작이라고 할 수 있는 경찰의 강압과 자백에 관련해서는, 무고한 유죄평결에 대한 가장 중요한 기여 요인은 4인방의 서명한 자백이었는데, 이 자백이 강압적으로 강요되었지만 범죄에 연루시켰으며, 잠을 재우지 않고, 음식물을 주지 않고, 알몸 수색을 하고, 의사소통이 단절된 독방에 감금되었고, 장시간 서서 있도록 하고, 물리적 학대와 매질 등의 수법으로 강요하고 강압하였으며, 경찰의 가혹한 심문방식이 피의자들이 위협을 느끼게 하여 유죄를 시인하도록 만들었으며, 이들 4인방뿐만 아니라 그들의 가족까지도 하나의 전술로서 위협하였으며, 이처럼 모두가 강압 하에서 유죄가 평결되었지만 유죄평결의 열쇠는 자백이었다.[184]

Ralph Armstrong
검 찰 독 직 에 의 하 여 짜 여 진 오 심

1980년 6월, 19살의 여대생 Charise Kamps가 자신의 아파트에서 강간 당하고 목이 졸려 사망한 채로 발견된다. 유력한 용의자로 지목된 Ralph Armstrong은 친구들을 만나러 가기 전까지 서로 자신의 아파트에서 코카인을 하면서 혼자 있었다고 경찰에 진술한다. 경찰은 Armstrong이 살해된 Kamps의 남자친구에게 400달러를 빚지고 있었다는 것을 알게 되었고, 목격자가 그날 밤 Armsdtrong이 Kamps에게 돈을 건네는 것을 보았다는 것이다. 그러나 그 돈은 Kamps의 아파트에서 발견되지 않았고, 이튿날 Armstrong이 315달러를 입금하였다는 것을 확인한다. Armstrong의 변호인은 그 돈은 당시 형을 방문하고 있던 Ralph의 동생 Steven이 형에게 건넨 돈이라고 주장하였다.[185]

---

184 "The Guildford Four: A Case of wrongful conviction," https://theguildfordfour.wordpress.com, 2023. 3. 2. 검색.

185 Innocent Project, "Ralph Armstrong," https://innocenceproject.org/cases/ralph-armstrong, 2023. 3. 7. 검색; "Wrongful imprisoned man framed by WI prosecutor can pursue suit," https://thenationaltriallawyers.org/article/wrongful-imprisonment, 2023. 3. 7. 검색.

이 사건을 오심으로 몰고 간 데는, 경찰과 검찰의 독직, 직권남용, 일탈이 있었다는 것이다. 목격자 진술이 공격의 동기나 피해자의 마지막 알려진 움직임과 접촉을 가리킬 수 있다고 제안했음에도 불구하고, 경찰이나 검찰에서는 물건들을 쓰레기봉투에 한꺼번에 담아서 경찰서로 가져가 소각하고, 서명된 공식 요구서와 함께 기록으로 남겼다는 것이다. 물론 또 다른 서명된 보고서가 담긴 쓰레기봉투가 다만 옮겨졌을 뿐 소각하거나 폐기하지 않았다고 했지만, 그 증거는 결코 발견되지 않았다. 이는 증거의 파기, 훼손, 적어도 은폐이다. 그리고 피고가 재판에서, 살인 사건이 일어나기 전에 자신은 피해자의 아파트를 떠났다는 알리바이를 주장하였다. 아파트를 떠난 후 피고는 살인이 일어나던 시간쯤의 자신의 자동차의 정확한 위치를 보여주는 주차증을 받았었다고 하였으나, 변호인단은 시의 기록을 뒤졌으나 찾지 못하였다고 한다. 그래서 피고는 그날 밤 자신이 자동차를 주차했던 곳에 대해 증언하였으나, 검찰은 처음으로 피고가 주차하였다고 증언한 곳에 피고가 주차하지 않았다는 것을 보여주는 주차증을 제시하여 피고의 알리바이를 논박하였다. 그러나 그런 주장은 잘못된 것이었다고 하는데, 이유는 피고가 증언했던 곳에서 2~3칸 떨어진 곳에 주차되었기 때문이었다.[186]

이 사건이 오심에 이르게 된 데는 목격자의 잘못된 진술과 용의자 식별도 큰 몫을 차지한다. Kamps의 아파트를 떠나는 수상한 남자를 보았다고 신고한 이웃 주민 Reccie Orebia는 검고 긴 머리카락을 가진 신장 165cm쯤 되는 마르고 근육질의 구레나룻이 있고 문신을 하지 않은 의문의 남성이

---

186 Armstrong v. Wisconsin, https://casetext.com/case/armstrong-v-wisconsin, 2023. 3. 7. 검색.

차를 몰고 아파트로 가는 것을 보았다고 진술하였다. 용의자 신원 확인 전, Norsetter 검사는 목격자에게 최면을 걸었고, 그에게 Armstrong의 사진을 보였으나 재판에서는 목격자에게 사진을 보여주지 않았다고 증언하였으며, 목격자는 이런 경찰의 주장에 동의하지 않고 최면실에서 사진을 보았다고 말하였다. 최면 이후에 목격자는 자신이 보았다고 했던 남자의 신장을 변경하였다. 그 후의 용의자 식별에서 목격자가 본 사람을 선택하도록 하자 신장이 무려 180cm에 달하고 몸무게도 90kg이 넘으며 짙은 눈에 띄는 문신을 한 Armstrong을 지목하였다. 당시 식별에 참가했던 다른 사람들은 가발을 쓴 경찰관들이었다. Armstrong과 변호인은 물론이고 목격자 Orebia도 그 식별(Lineup)이 인위적으로 조작되었다고 믿었고, 재판에서 그렇게 진술하였다. 1995년에는 또 다른 목격자가 Norsetter 검사에게 전화를 걸어 Ralph의 동생 Steve가 Kamps의 살인을 자백했다고 신고하였으나, Norsetter 검사는 그 전화를 결코 공개하지도 자백을 추적하지도 않았다.[187]

여기에 더하여, 주 정부의 과학수사연구소 법의학 분석관이 피해자 시신을 덮고 있던 목욕 가운의 벨트와 목욕탕 욕조에서 발견된 몇 개의 머리카락이 Armstrong의 것과 일치하거나 유사하며, 일부 머리털은 Armstrong의 것도 Kamps의 것도 아니었다고 증언하였다. 그러나 재판에서 검찰은 Kamps의 가운에서 발견된 머리카락이 Armstrong의 것이었다고 말하였으

---

187 "Man framed by prosecutor released after 29 years in prison seeking lawsuit," 2015, 7, 15, abrowninglaw.blogspot.com/2015/07/man-framed-by-prosecutor-released-after.html, 2023. 3. 7. 검색; Innocent Project, "Ralph Armstrong," https://innocenceproject.org/cases/ralph-armstrong, 2023. 3. 7. 검색; "Wrongful imprisoned man framed by WI prosecutor can pursue suit," https://thenationaltriallawyers.org/article/wrongful-imprisonment, 2023. 3. 7. 검색.

며, 또 다른 분석관은 Armstrong의 손톱 밑에서 발견된 혈액의 어떤 특성이나 특징도 결정할 수 없었지만, 검찰은 또 다시 Armstrong의 손톱 밑에서 발견된 그 혈액은 Kamps의 것이었다고 진술하였다. 더구나 사건을 이끌었던 John Norsetter 검사는 Armstrong의 무죄를 입증할 수 있는 증거를 은폐하고, 무시하고, 파괴하였다. 법원이 부르기를 "검찰 독직, 직권남용의 놀라운 과정"이라고 하였던 것으로, 그는 DNA 증거 확보를 위한 실제 살인 흉기, Kamps의 목을 조르기 위해 사용된 목욕 가운의 벨트를 DNA 검사를 하지 않았고, 대신에 목욕 가운 위의 정액에 대해서 법의과학적으로 분석하였다. DNA 유형이 Armstrong과 일치했으나 Kamps의 남자 친구와도 일치하였고, 그와 같은 유형은 인구의 80%에 해당된다고 한다. 연구소에서는 1980년 당시 가용한 기술이 없었기 때문에 확실한 분석을 할 수 없었다. Kamps와 마지막으로 함께 있었던 사람의 DNA 증거를 제공할 수 있었던 살인 현장에서 발견된 최근에 사용된 마약 용품들도 검사되지 않았다.[188]

Armstrong은 1991년에 목욕 가운의 벨트에서 수거된 정액의 근원이 자신일 수 없다는 DNA 검사 결과를 근거로 자신의 유죄 확정에 대해 항소하였으나, 법원은 그러한 정액 증거는 Armstrong을 Kamps와 그녀의 아파트를 연계시키는 정황증거의 중요치 않은 하나의 조각에 지나지 않는다고 그

---

188 "Man framed by prosecutor released after 29 years in prison seeking lawsuit," 2015, 7, 15, abrowninglaw.blogspot.com/2015/07/man-framed-by-prosecutor-released-after.html, 2023. 3. 7. 검색; Innocent Project, "Ralph Armstrong," https://innocenceproject.org/cases/ralph-armstrong, 2023. 3. 7. 검색; "Wrongful imprisoned man framed by WI prosecutor can pursue suit," https://thenationaltriallawyers.org/article/wrongful-imprisonment, 2023. 3. 7. 검색; Hall, D. J., "Wisconsin, U.S. used flawed hair evidence to convict innocent people," Wisconsin Watch, 2017, 4, 30, https://wisconsinwatch.org/2017/04/wisconsic-u-s-used-flawed-hair-evidence-to-convict-innocent-people, 2023. 3. 7. 검색.

의 항소를 기각하였다. 그러던 중, 1993년 무고한 오심 사건 피해자를 돕는 Innocence Project가 개입하게 되고, 2001년보다 진전된 DNA검사가 이루어졌고, 검사 결과는 목욕 가운의 벨트에서 수거된 머리털은 Armstrong의 것도 아니고, 피해자의 남자친구의 것일 수도 없다고 그들을 배제시켰고, 재판에서 Armstrong에게 불리하게 활용되었던 정액 착색도 피해자 남자친구와 연관된다는 것도 발견하였다. 이들 결과를 근거로, Wisconsin 주 대법원은 2005년 Armstrong에 대한 유죄 확정을 기각하고, 새로운 재판을 허가하였다. 새 재판이 진행되는 동안 한 여성이 자기에게 Ralph의 동생 Steve가 자신이 Kamps를 살해했다고 말했다는 증언을 하였다. 그러나 이 여성과 그녀의 증언에 대해서 2007년까지도 변호인은 알지 못하였다. 그녀는 자신이 Norsetter 검사에게 자백하였으나, 그가 증거를 보고하지 않았고 단서를 무시했다고 진술하였다. 물론 여기에 대해서 Norsetter 검사는 진술이 믿을 만하지 않아서 변호인이나 법원에 제출해야 한다고 생각하지 않았다고 주장하였다. 더구나 추가적인 DNA 검사가 이루어질 계획이었으나 Norsetter 검사가 불법으로 추가 DNA 검사를 요구하여 남아있던 마지막 생물학적 증거도 파괴하여 더 이상의 검사를 할 수 없게 만들었는데, 이 점에 대해서도 변호인에게 알려주지도 않았다. 이렇게 증거는 훼손, 파손되었고, 검사가 그토록 장기간 증거를 변호인에게 제공하지 않아서 Armstrong의 적법절차의 권리가 돌이킬 수 없을 만큼, 회복될 수 없을 정도로 침해되었다는 충분한 증거가 있었기에, 2009년 그는 공식적으로 책임에서 벗어날 수 있었다.[189]

---

189 "Man framed by prosecutor released after 29 years in prison seeking lawsuit," 2015, 7, 15, abrowninglaw.blogspot.com/2015/07/man-framed-by-prosecutor-released-after.html, 2023. 3. 7. 검색; Innocent Project, "Ralph Armstrong,"

검찰의 독직, 직권남용은 여기서 그치지 않았다. Wisconsin 주 대법원의 재심 결정 후, 법원은 물적 증거에 대한 접근을 위한 절차 등을 강제하는 상세한 명령을 내렸다. 2006년, 검찰, 경찰 그리고 과학수사연구소 관계자들이 비무균의 불안전한 조건에서 반복적으로 증거에 접근하고, 열고, 검사하여 법원의 명령을 위반하였던 것이다. 물론 그들이 법원 서기의 허락을 받았지만 판사나 변호인단에 고지, 통보하지 않았던 것이다. 그 과정에서 증거가 오염되었고 그래서 더 이상 쓸모가 없게 되었던 것이다.[190]

이런 사실들을 근거로, 대부분의 시각은 이 사건이 검찰의 독직, 직권남용에 의하여 짜여진, 틀에 맞춰진 기소가 빚은 오심으로 설명한다. 여기서 그가 왜 용의자라는 틀에 갇히게 되었을까? 아마도 수사기관의 확정 편향(confirmation bias)으로 인한 "좁은 시야(tunnel vision)" 때문일 것이라고 할 수 있다. 이유는 그가 이미 Wisconsin으로 오기 전인 1972년에 New Mexico 주에서 그의 나이 19살에 다른 세 명의 친구들과 함께 여름 4개월 동안 술에 취하고 타락하여 여성들을 칼로 위협하여 집단 강간하여 여성들을 공포로 몰아넣은 혐의로 30에서 150년까지의 부정기형을 선고받았고, 범행 당시에도 보호관찰 대상자였기 때문이라고 한다. 기록에 따르면 그는 모범수형자로서 성범죄자 처우와 상담을 받고 심리학 전공으로 대학도 다녀서 학사학위도 받았다고 한다. 그런 이유로 그는 1979년에 보호관찰을 조건으로 가석방되었고, Wisconsin 대학교 심리학과 대학원에 전액 장학금을

https://innocenceproject.org/cases/ralph-armstrong, 2023. 3. 7. 검색; "Wrongful imprisoned man framed by WI prosecutor can pursue suit," https://thenationaltriallawyers.org/article/wrongful-imprisonment, 2023. 3. 7. 검색.

190 Armstrong v. Wisconsin, https://casetext.com/case/armstrong-v-wisconsin, 2023. 3. 7. 검색.

받고 진학하여서 그가 사건이 발생한 Wisconsin 주의 Madison에 있었던 것이다.[191]

이 사건은 형사 기소의 근본적 목표와 이유를 되묻게 한다. 어떤 형사 사건에 있어서도 국가(검찰, 경찰, 법원을 비롯한 형사사법제도)는 변호인에 도움이 될 수 있다는 것을 알게 된 모든 증거를 변호인에게 알려야 한다. 특히 검찰의 임무는 유죄 확정을 추구하는 것이 아니라 정의를 추구하는 것이다. 이론적으로, 검사는 용의자에게 결정적으로 불리한 증거를 찾아내는 것만큼이나 용의자에게 죄가 없음을 발견하는 것에도 충실해야 한다. 현실적으로는 그러나 검찰은 종종 사실에 대한 자기들의 입장, 설명에 집착하여, 정반대의 증거에도 불구하고 그 사람이 유죄라는 것을 입증하기 위한 행동, 노력을 지속하는 것이다. 물론 이것도 피의자가 같은 증거에 검사와 동일하게 접근할 수 있는 한 받아들일 수 있다. 그러나 어떤 검사라도 증거를 파기하거나 훼손하거나 숨기는 것은 받아들여질 수 없다. 만약에 어떠한 무죄를 입증하는 물적 증거가 검사에 의하여 파괴, 훼손된다면 판사는 피의자에 대한 혐의를 영구 기각하는 것 외에는 선택의 여지가 없다.[192]

---

191 Krueger, J. G., "Miscarriage of justice costs man decades," Albuquerque Journal, https://www.abqjournal.com/1199609/miscarriage-of-justice-costs-man-decades.html, 2023. 3. 7. 검색.

192 "Man framed by prosecutor released after 29 years in prison seeking lawsuit," 2015, 7, 15, abrowninglaw.blogspot.com/2015/07/man-framed-by-prosecutor-released-after.html, 2023. 3. 7. 검색.

Calvin Willis
....
아동 목격자의 잘못된 용의자 식별의 희생자

1981년 6월, 한 침입자가 9살, 7살짜리 집주인의 딸 그리고 분장 놀이 후 혼자 잠들었던 9살짜리 딸의 친구인 10살 소녀 셋이 있었던 미국 Louisiana 주 Shreveport의 어느 집을 침입했다. 당시 소녀들은 두 명은 거실의 카우치에서 잠들었고, 한 명은 침대에서 잠을 자고 있었다. 침입자는 카우치에서 10살 소녀와 같이 잠자던 7살짜리를 언니가 잠자던 침대로 옮겼다. 그러자 10살짜리 친구가 카우치에서 깨었고, 카우보이모자 외에 아무것도 입지 않는 나체로 자신의 위에 서 있는 것을 보았다. 그러자 침입자는 그 소녀의 목을 조르고 벽에다 머리를 쳤다. 피해자가 도망칠 수 있어서 침입자로부터 멀리 뛰쳐나갔으나 앞마당에서 붙잡혔지만, 그곳에서 저항하기 시작한다. 침입자는 그러자 소녀의 배를 걷어차서 의식을 잃게 하였다. 침실에 있던 두 소녀는 시끄러운 소리를 들었지만 그냥 침실에 머물렀다. 이튿날 아침 두 딸의 어머니가 돌아와서 아이가 고통스러워하는 것을 발견하고, 그 아이의 어머니에게 전화를 하였다. 딸을 데리러 온 어머니가 경찰에 신고를 하였고, 현장에 도착한 경찰 수사관들은 피해자의 얼굴에 멍이 들었고 고통스러워하는 것에 주목하였다. 현장에 출동하였던 경찰관은 피해자가 가해자에 대해서 알기 쉽게 제대로 묘사할 수 없었다고 증언하였다. 물론 피해 어린이는 병원으로 데려가서 성폭행 관련 검사와 손톱 밑에 있던 범인의 것으로 추정되는 물질도 확보하였다. 경찰은 현장에서 피해 어린이가 입고 있었던 팬티와 나이트가운은 물론이고, 카우치에 걸려있던 성인 남자 40 사이즈의 반바지 두 개와 침대보도 확보하였다. 물론 남성용 반바지는 범죄 발생 전에는 그곳에 있지 않았던 것이었다.[193]

Willis가 처음 용의자가 된 것은 Willis가 그날 그 집에 왔었다고 세 명의 어린이 중 한 명이 말했기 때문이었다. 또한 그 어린이는 카우보이 부츠를 신고 카우보이 모자를 쓴 두 번째 남자도 집을 방문했었다고 말했지만, 재판에서 변호인에게 알려주지 않았다. 그리고 주 정부의 과학수사연구소에서는 지역 병원에서 피해자로부터 확보되었던 증거에 대한 전통 방식의 혈청 검사를 실시하였다. 혈액은 피해 어린이의 속옷에서 확인되었으며, 정액 착색은 나이트가운에서 발견되었었다. 정액 착색에 대한 검사는 Blood group O marker로 나타났으며, 피해자는 Type A secretor였고 Willis는 대부분의 인구가 해당되는 O secretor였으므로, 정액 채색의 주인에서 배제될 수 없었지만, Willis는 침대보에서 확보된 여러 개의 머리털의 주인으로서는 배제되었다. Willis의 유죄 확정에 결정적으로 작용한 증거는 현장에서 확보된 혈액형과 그의 혈액형이 동일한 O형이었다는 것인데, 사실 대다수 아프리카계 미국인들의 혈액형이라고 한다.[194]

경찰의 9살짜리 소녀와의 인터뷰는 일관적이지 않았다. 한 번은 피해자와 함께 카우치에서 잠들었는데, 흑인 남성이 자신을 침실로 옮기자 깼다고 기억하였다. 그러나 자신은 남자의 얼굴은 볼 수 없었지만 그의 신발이 카우보이 부츠 같은 것이었다고 기술하였다. 또 다른 인터뷰에서는, 전

---

193 Innocence Project, "Calvin Willis," https://innocenceproject.org/cases/calvin-willis, 2023. 3. 2. 검색; National Registry of Exoneration, "Calvin Willis," https://www.law.umich.edu/special/exoneration/Pages/casedetail.aspx?caseid=3753, 2023. 3. 2. 검색.

194 Innocence Project, "Calvin Willis," https://innocenceproject.org/cases/calvin-willis, 2023. 3. 2. 검색.

에 이웃에 살았었고, 자기들 집에도 왔었던 흑인 남자인 Calvin Willis가 전에 그 집에 살았던 여성을 찾아서 집에 들렀었다고 말했다는 것이다. 그 후에도, 또 다른 남성이 같은 여성을 찾아서 들렀다고도 하였다. 그 두 번째 남성은 카우보이모자를 쓰고, 카우보이 부츠를 신고, 크고 푸르고 흰색의 자동차를 가지고 있었다고도 하였다. 그런데 이 두 번째 남성에 대한 기록은 재판에 제출되지 않았다. 범인과 관련해서, 9살 소녀는 카우보이모자를 쓰고, 구레나룻과 턱수염을 길렀던 키가 큰 남자가 자신을 침대로 옮겼고, 그리고는 카우치에서 피해 소녀를 공격했다고 진술하였다. 소녀는 범인이 피해 소녀를 벽에 내던지는 소리를 들었고, 경찰에 신고하면 죽이겠다고 위협했다고도 하였다. 재판에서, 이 9살 소녀는 비록 부츠에 대한 자신의 진술이 범행 이틀 후 Willis가 체포되었을 때 그가 신고 있었던 부츠와는 달랐음에도 그가 신었던 부츠로 Willis를 식별, 확인하였다. 범인의 얼굴은 볼 수 없었고, 현장에 있던 나이트가운은 피해자가 입었던 것이라고도 확인하였다. 그리고 7살 소녀도 자신은 혼자서 잠들었고, 그 후에 언니가 방으로 들어왔다고 증언하였다. 자신은 범인이 피해자를 죽이겠다고 협박하고 피해자가 울어서 깼다고 증언하였다. 또한 소녀는 그 목소리를 자신이 한번 말을 주고받았던 Calvin Willis의 것으로 확인하였다. 나이트가운과 옷도 피해자가 입고 있었던 것이라고 확인하였다.[195]

피해 어린이는 용의자 식별(Lineup)에도 참여하였는데, 실상은 목격자 오식별(eyewitness misidentification)이 하나의 주요 기여 요소인 오심에 의한 무고한 유죄 확정에 보편적으로 찾아볼 수 있는 심각한 흠결이 있었다. Willis

195 National Registry of Exoneration, "Calvic Willis," https://www.law.umich.edu/special/exoneration/Pages/casedetail.aspx?caseid=3753, 2023. 3. 2. 검색.

의 재판 과정에서 피해 어린이는 형사가 '몇 개의 사진'을 보여주었고, 덥수룩한 수염이 없는 … "너에게 그 짓을 한 사람들을 골라라"고 말했으나, "그들 중 아무도 아니다"고 답했다는 것이다. 피해 여자 어린이에게 식별(Lineup)의 정확한, 올바른 절차인, 사진 중에서 범인이 있는지 여부를 묻는 대신에, 사실 사진 중에 범인이 있다고 말하고는 그것을 찾아내라고 지시했던 것이다. 이는 분명히 제안적, 제시적 식별로서 부적절한 식별임이 당연하다. 또한 피해 여자 어린이는 자신의 증언 과정에서 사진 식별에서 범죄자 얼굴을 찍을 수 없자 Calvin이라는 이름이 주어졌지만 그래도 자신은 사진을 지적할 수 없었다고 진술하였다.[196]

두 딸의 어머니도 증언하였다. 첫 증언에서는 피해 소녀가 범인의 카우보이모자에 대해 어떤 말을 했다고 언급하지 않았는데, 그 후에는 피해 소녀가 카우보이모자와 수염을 언급하였다고 증언하고서는 자신의 딸들이 모자와 부츠에 대해서 이야기를 했다고 말하였다. 그리고 자신은 피해 소녀가 자기 어머니에게 Willis가 집에 왔었다고 말하는 것을 엿들었다고 말하였다. 그 밖에도 그녀의 증언은 재판을 거치면서 진술이 바뀌었다고 한다. 첫째, 자신은 수사관들과 이야기를 나누기 전에는 Willis라는 이름을 전혀 듣지 못했다고 진술하였지만, 얼마 후 이름을 들었다고 진술한 것이다. 그 후 자신의 증언에서, 수사관이 자기에게 Willis의 이름을 제안하였다고 말하였고, 마지막으로 사진 식별을 위하여 경찰서에 도착하기 직전 피해자 딸아이가 자신에게 "Calvin"이라는 이름을 말해주었다고 말하여, 여

---

196 Innocence Project, "Calvin Willis," https://innocenceproject.org/cases/calvin-willis, 2023. 3. 2. 검색.

러 번에 걸쳐서 진술을 바꾸었던 것이다.[197]

사진 식별에 대한 경찰 증언도 다양하였다. 병원에서 퇴원한 후에, 인터뷰를 위해서 피해 소녀를 경찰서로 데려갔다. 소녀의 대답은 어머니가 통역, 부연 설명, 추가설명을 해주었다. 한 수사관은 피해 소녀가 "Calvin"이 가해자라고 말하였기 때문에 Willis의 사진이 포함되어 있는 사진첩을 자신이 피해 소녀에게 보여주었다고 증언하였는데, Willis라는 이름은 소녀의 어머니가 제공했다는 것이다. 그러나 피해 소녀의 어머니는 사진 식별 전에는 Willis라는 이름이 나오지 않았었다고 증언하였다. 추가 심문이 있고 나서, 그러나 그녀는 딸과 자신이 경찰서로 가기 전에 피해 소녀가 Calvin이 한 짓이며, 그가 카우보이 모자를 쓰고 카우보이 부츠를 신고 있었다고 말했다고 증언하였다. 이어서 자신은 이웃 주민들이 Willis가 범행했을 수 있다고들 말하였기 때문에 경찰서에 가기 전에 Calvin Willi라는 이름을 알았다고도 증언하였다. 피해 소녀는 사진 식별에서 수염이 풍성하지 않은 남자를 뽑으라는 말을 들었다고 증언하였다. 또한 그녀는 자신은 사진 식별에서 누구도 뽑지 않았으며, Willis의 사진은 없었다고 증언하였다. 그녀는 자신이 잠에서 깼을 때 범인이 누워있는 자신을 내려다보며 서 있었다고 하였으나, 법정에서는 Wiilis의 신원 확인, 식별을 전혀 하지 않았다. 그러나 수사관은 그 사진 식별에서 Willis의 사진이 있었다고 증언하였다.[198]

이웃 주민 한 사람은 그날 밤 1시 반에서 2시 반 사이에 자신의 개가 짖

197 Innocence Project, "Calvin Willis," https://innocenceproject.org/cases/calvin-willis, 2023. 3. 2. 검색; National Registry of Exoneration, "Calvin Willis," https://www.law.umich.edu/special/exoneration/Pages/casedetail.aspx?caseid=3753, 2023. 3. 2. 검색.

198 National Registry of Exoneration, "Calvin Willis," https://www.law.umich.edu/special/exoneration/Pages/casedetail.aspx?caseid=3753, 2023. 3. 2. 검색

어서 창문으로 바깥을 내다보게 되었는데, 검은 줄이 그어진 파란색 자동차가 자신의 집을 지나가는 것을 보았다고 증언하였다. 그러나 변호인 측 조사관의 보고서에는, 그 이웃 주민을 범죄 발생 며칠 후 인터뷰했을 때는 어떠한 이상한 소리나 자동차에 대한 이야기는 없었다고 밝혔다. 이와 함께, Willis의 아내도 재판 과정에서 남편이 그날 밤 자정 직전에 집으로 돌아왔으며, 밤새 함께 있었다고 증언하였다. 또한 그녀는 남편의 의복을 종종 사는데, 남편의 허리둘레는 29 사이즈이지 피해자 집에 있었던 사각팬티 사이즈 40이 아니라고 증언하였다. 물론 Willis 자신도 자정 전에 친구를 내려주고 집으로 돌아왔다고 증언하였다. 이처럼 목격자와 그들의 증언의 무수한 모순과 범죄와의 직접적인 연관이 없음에도 불구하고, Willis는 1982년 2월의 강간으로 유죄가 확정되어 가석방 없는 종신형을 선고받았던 것이다.[199]

Willis에게는 다행스럽게도, Innocence Project가 1998년 이 사건을 접수하고, 증거들을 찾아서, 나이트가운, 강간 검사 키트, 손톱으로 긁은 흔적 그리고 사각팬티를 법의과학협회(Forensic Science Associates)에 보내서 검사를 의뢰하였다. 나이트가운에서 실험 가능한 생물학적 물질이 확인되지 않았지만, 손톱으로 긁은 흔적과 사각팬티에서 발견된 표본에서는 결과가 도출되었다. 그들 물질에 대한 검사에서 몇 개의 DNA 표본이 발견되었고, 중요한 것은 손톱으로 긁은 흔적의 주인인 남성의 프로파일이 두 개의 사각팬티에서 확보된 혈액 자국 혼합물질에서 나온 남성 프로파일과 일치하여 Willis는 표

---

199 Innocence Project, "Calvin Willis," https://innocenceproject.org/cases/calvin-willis, 2023. 3. 2. 검색.

본의 어떤 것의 주인이 되는 것에서 배제되었다.[200]

2003년 9월 18일, Calvin Willis는 자신이 범하지도 않은 범죄로 무려 21년 이상을 교도소에서 보내고서야 비로소 석방되었다. 유죄 확정 후 DNA 검사가 그를 가석방 없는 종신형에 처해졌던 1981년의 강간의 범법자로서 배제되었기 때문이다. Willis는 엄마의 친구인 Willis를 전에 보았던 피해 소녀의 7살짜리 여동생의 잘못된 식별, 오식별에서 용의선상에 올랐고, 경찰과 검찰의 강요에 의한 허위자백 그리고 법의과학 전문가의 실수로 무고하게 유죄가 확정되었던 것이다. Willis가 자신의 무고함을 입증하는 데 무려 22년이 필요했다. 가장 빈번하게 인용되는 법률적 경구가 있다면 아마도 누구나 "유죄가 입증될 때까지는 무죄(innocent until proven guilty)"로 추정된다는 헌법적 권리라고 하지만, 이런 경우를 보면 오히려 "무죄가 입증될 때까지는 유죄(guilty until proven innocent)"라고 해야 할 판이다.

George Allen Jr.
경찰의 허위자백 강요와 검찰의 적법절차 위반의 피해자

George Allen Jr.는 미국 Missouri 주의 Saint Louis 시에서 1982년에 발생한 법원 출입 기자였던 당시 31세의 Mary Bell의 사망 사건과 관련하여 살인, 강간, 남색 행위(sodomy) 그리고 1급 강도 혐의로 무고하게 유죄가 확정되었

---

200 Innocence Project, "Calvin Willis," https://innocenceproject.org/cases/calvin-willis, 2023. 3. 2. 검색; Weinstein, H., "DNA frees man jailed for 22 years," Los Angeles Times, 2003, 9, 20, https://www.latimes.com/archives/la-xpm-2003-sep-20-na-dna20-story.html, 2023. 4. 27. 검색.

던 사람이다. 그는 Bell의 사망 6주 후, 동네를 산책하던 중에 경찰에 체포되어 범행을 자백했지만, 후에 자신의 자백은 경찰의 강제와 강요에 의한 것이었다고 스스로 자신의 자백을 번복, 철회하였다. 그를 Bell의 살인과 연루시키는 아무런 물적, 법의학적 증거나, 목격자 증언도 없었다. 실제로는 그의 혈액형이 피해자 Bell에게서 발견된 정액의 혈액형과 일치하지 않아서 이런 법의학적 증거가 오히려 그를 용의자에서 배제시키게 된다. Allen에 대한 검찰의 기소는 Allen이 후에 경찰의 강제와 강요에 의한 자백이었다고 스스로 번복하고 철회했던 녹음된 그의 자백에 근거하였다. 첫 재판에서 배심원단의 의견이 10:2로 갈라져서 만장일치에 이르지 못하자, 3개월 후에 다시 재판이 열리고 결국 배심원단은 만장일치로 그의 유죄를 평결하였고, 그는 95년 형을 선고받게 된다.[201]

　2012년 11월 2일, Allen의 유죄 선고가 검찰이 Allen의 변호인에게 유리한 증거를 열람시키지 않음으로써 Allen의 적법절차의 권리를 침해했다는 것을 근거로 지방 판사 Daniel Green에 의하여 뒤집어졌다. Green 판사는 "경찰이, 특히 수사팀장인 Herb Riley가 변호인에게 유리한 검찰 증거를 공개하지 않아서 Allen의 적법절차의 권리가 침해되었다. 검찰은 증거를 공유할 의무가 있다. 공개하지 않은 증거들과 함께 고려할 때, 경찰, 특히 Riley 형사가 Allen의 유죄 확정을 지나치게 추구하여 가해자로 다른 누군가를 지목하는 증거들을 숨기고 무시하였다는 결론을 가리키고 있다"고 논고하였다. 이런 Green 판사의 논고를 뒷받침하듯, 혈액검사도 의도적으로 Allen이 범죄 현장에서 확보된 정액의 잠재적 원천임을 보여주었으나, 새

---

201 Innocent Database of Exonerations, "George Allen Jr.," forejustice.org/db/Allen-Jr-George-.html, 2023. 3. 7. 검색.

로이 발견된 경찰과 과학수사연구소 서류는 경찰이 실제로 정액 표본이 Allen을 배제시키고, 피해자의 합의된 성적 상대자가 그 원천이라는 것을 보여주고 있다. 더구나 다른 용의자들이 이 동일한 혈액검사 증거로 이미 배제되었기도 하였다. 또한 경찰은 Allen을 배제시키는 지문 증거, 피해자 아파트와 일치하지 않는 경찰의 요구로 그리게 된 Allen의 피해자 아파트 그림도 제출하지 않았다. 물론 Allen의 DNA는 남아있는 범죄 증거 어디에서도 발견되지 않았으며, 오히려 살인 흉기를 감싸고 있던 수건에서 신원이 확인되지 않은 남성 DNA가 밝혀졌는데, 이 DNA는 Allen이나 피해자의 남자친구 또는 별거 중인 남편의 것일 수가 없었다. 이러한 DNA 검사는 우리가 지금 알게 된 바 잘못된 혈청 검사와 함께 Allen이 범인일 수 없음을 입증하였다. Allen을 배제시키는 이러한 범죄 현장 증거에 대한 여러 차례의 DNA 검사도 법원의 결정에 반영되었다.[202]

같은 해 11월 7일, 지방검사실은 "본 사무실에서 Mr. Allen의 재심 가능성을 평가하기 위하여 이 문제와 관련된 증거와 사실들을 재검토하였고, 이 사건에 대한 성공적인 재심은 불가능하다고 결정하였다"는 성명을 낸다. 그해 11월 14일, 그는 보석으로 석방되었고, 이듬해 2013년 1월 18일에 Allen에 대한 혐의가 기각되어 면죄되었다. 그에 대한 유죄 확정과 선고는 결정적으로 검찰이 Allen에게 유리한 증거를 열람시키지 않은 적법절차의

202 Innocence Project, "Missouri Judge Overturns George Allen Conviction," https://innocenceproject.org/missouri-judge-overturns-george-allen-conviction, 2023. 3. 7. 검색; Rivas, R. S., "Innocence Project shows evidence that George Allen Jr. did not commit murder, rape," Local News, stlamerican, 2011, 9, 29, https://www.stlamerican.com/news/local_news/innocence-project-shows-evidence-that-george-allen-jt-did-not-commit-murder-rape/article_f2f7b4, 2023. 3. 7. 검색.

침해와 물적, 법의학적 증거도 목격자의 증언도 없이 경찰의 강제와 강요에 의한 허위자백에만 의존한 무고한 오심이었다고 할 수 있을 것이다. 구체적으로, 그에 대한 유죄 확정과 선고는 적어도 부분적으로는 허위자백, 경찰의 '좁은 시야(tunnel vision)' 그리고 Allen을 용의선상에 포함시켰지만 결국엔 그를 배제시켰던 혈액형 증거라는 잘못된 법의학적 분석에 근거한 것이었다.[203]

　　Allen에게 무고한 유죄평결과 선고를 내렸던 범죄와 일련의 과정은 이렇다. 1982년 2월 4일 밤, 한 젊은 여성이 주검으로 발견되었고, 동거 중이던 남자친구가 경찰에 신고한다. 부검 결과, 사망원인은 다수의 자상과 그로 인한 등과 목의 깊은 상처로 밝혀졌고, 성폭행과 일치하는 증거도 나왔다. 이를 토대로, 경찰의 초기 수사는 형이 범죄가 발생한 같은 아파트에 살고, 자신도 그로부터 단 5~6 블록밖에 떨어지지 않은 곳에 살고 있던 이미 알려진 성범죄 전과자 Kirk Eaton을 용의선상에 올렸다. 추가로, 피해 여성과 동거 중이던 피해자의 남자친구와 별거 중인 남편도 초기 용의자였다. 그러나 1982년 3월 14일, 우연하게 경찰이 피해자의 집에서 몇 블록 떨어진 Allen에게 접근하였고, 그를 Eaton으로 잘못 알고 오해하여 그를 심문하기 위하여 경찰서로 데려갔다.[204]

---

203 Innocent Database of Exonerations, "George Allen Jr.," forejustice.org/db/Allen-Jr-George-.html, 2023. 3. 7. 검색; Innocence Project, "George Allen," https://innocenceproject.org/cases/1119, 2023. 3. 7. 검색.

204 Innocence Project, "George Allen," https://innocenceproject.org/cases/1119, 2023. 3. 7. 검색; Innocence Project, "Missouri Judge Overturns George Allen Conviction," https://innocenceproject.org/missouri-judge-overturns-george-allen-conviction, 2023. 3. 7. 검색; Rivas, R. S., "Innocence Project shows evidence that George Allen Jr. did not commit murder, rape," Local News, stlamerican, 2011, 9, 29, https://www.stlamerican.com/news/local_news/

마치 "무동기, 묻지마 범죄"의 무고한 피해자처럼, Allen은 잘못된 시간에 잘못된 거리(on the wrong street at the wrong time)를 걷던 불행한 사람(unlucky person)이었다. 수사반장 Herbert Riley 형사는 후에 그가 Eaton이 아니라는 실수를 깨달았지만, 그럼에도 불구하고 Allen의 심문을 개시, 지속한다. 정신분열증으로 입원하는 등 심각한 여러 가지 정신 질환 병력이 있던 Allen은 결국 피해자를 강간하고 살해한 것을 자백한다. 그러나 정신분열증 진단을 받은 Allen은 운전 면허증도 없고, 자동차에 접근도 하지 못하고, 그래서 운전도 할 수도 없고 하지도 않았는데, 당시 그 지역에는 무려 70cm에 가까운 폭설이 내려서 대중교통이 운행되지 않았고, 따라서 그날 그가 범행하기 위해서는 약 16km 이상을 걸어가서 범행을 하고 다시 16km 이상을 걸어서 집으로 되돌아와야 했었기 때문에 현실적으로 그가 범행했을 개연성은 거의 없었다. 실제로 Allen의 어머니, 누나 그리고 누나의 남자친구 모두 1982년 2월 4일 아침 일찍 Allen이 눈 속에 있던 누이의 자동차를 밀어주었고, 그날 집을 결코 떠난 적이 없다고 증언하였다. 그럼에도 불구하고, Allen은 Riley 형사에 의하여 경찰이 (사실이 아니었지만) 그에게 불리한 증거들을 가지고 있다고 허위로 압박하였고, 그의 무고함 주장, 항변은 소용이 없었으며, 결과적으로 그 순간, 상황을 벗어나기 위해서 그에게 유일한 대안은 자백하는 것뿐이었다. 녹취에 따르면, Allen은 경찰관에게 자신이 주취 상태라고 말하는 것을 들을 수 있다. 심문 내내, 수사관은 매우 유도적인 질문을 하고, 범죄에 맞아떨어지는 답변을 하도록 자극하고 상기시켜주는 말을 하고, 그렇게 하려고 종종 Allen에게 답변을 바꾸도록 요구도 하였다. 수

innocence-project-shows-evidence-that-george-allen-jt-did-not-commit-murder-rape/article_f2f7b4, 2023. 3. 7. 검색.

사관이 그러한 유도 질문을 하지 않은 몇 군데서는 Allen이 범죄의 알려진 사실과 다른, 충돌하는 사실을 자백하기도 한다.[205]

재판에서, 검찰의 일차적 증거는 피의자의 자백과 후에 허위로 밝혀진 경찰 과학수사연구소 소속 분석가의 증언이었다. 전문가 증인으로서 분석가는 피해자 밑에 깔려있던 카펫 위, 피해자의 질과 증거 채취 면봉과 몇몇 기타 장소에서 정액이 발견되었다고 증언하였다. 현장의 정액으로부터 발견된 유일한 항원은 A와 H 항원이었는데, 정액의 근원으로서 Allen을 배제할 수가 없다고 증언하였다. 당연히 검찰은 이 점을 최후변론에서 강조하였다. 물론 Allen을 범죄 현장에 연루시키는 그 외 다른 물적 증거는 전혀 없었다. 그 밖에도 변호인 측은 Allen의 자백으로부터 작지만 중요한 세부 사항을 입증하기 위하여 호출된 검찰 측 핵심 증인에게 경찰과 검찰이 영향을 미쳤다는 것도 밝혀냈다. 증인은 기억을 되살리도록 강제로 최면이라는 매우 제시적, 제안적인 관행, 절차를 거치게 되었다고 증언하였다. 검찰 측 증인이었던 피해자의 직장 동료에 대해서 수사관들은 그녀의 기억을 높이기 위해서 최면이라는 매우 신뢰할 수 없는 도구를 활용하였던 것이다. 그러나 경찰이 증인에게 최면을 걸었다는 사실은 변호인과 검사 누구

---

205 Innocence Project, "George Allen," https://innocenceproject.org/cases/1119, 2023. 3. 7. 검색; Innocence Project, "Missouri Judge Overturns George Allen Conviction," https://innocenceproject.org/missouri-judge-overturns-george-allen-conviction, 2023. 3. 7. 검색; Rivas, R. S., "Innocence Project shows evidence that George Allen Jr. did not commit murder, rape," Local News, stlamerican, 2011, 9, 29, https://www.stlamerican.com/news/local_news/innocence-project-shows-evidence-that-george-allen-jt-did-not-commit-murder-rape/article_f2f7b4, 2023. 3. 7. 검색; Salter, J., "Innocence Project: DNA shows wrongful conviction," Wisconsin Law Journal, 2011, 9, 26, https://wisconsiclawjournal.com/2011/09/26/innocence-project-dna-shows-wrongful-conviction, 2023. 3. 7. 검색.

에게도 알려지지 않았다.[206]

　한 마디로, Allen은 경찰이 그를 Eaton으로 오인하여 억울하게 잘못 알아보았고, 잘못 심문하였고, 잘못 기소되고 유죄가 확정되었고, 형이 잘못 선고되었던 것이다. 실질적인 무고함의 새로운 증거들에도 불구하고 검찰은 재심을 결정하였다. 검찰의 그러한 인식, 행동 그리고 결정은 잘못되고, 무고한 오심의 믿을 만한 원인을 지적하는 어떤 증거라도 누군가, 특히 전문가에 의해서 확인되지 않는 한 타당하지 않다고 생각하고 있음을 보여주는 것이다. 만약에 그 누군가가 어떤 잘못이라도 부정한다면 원래 증거가 신뢰할 만하고 그래서 받아들여질 수 있어야 한다는 것을 의미하는가? 이러한 검찰의 논리를 소위 "검찰 콤플렉스(Prosecution Complex)"라고 한다. 검찰의 실수나 잘못은 인정하고 받아들일 수 없다는 것이다. 실제로 St. Louis 순회 검사 Jeniffer Joyce는 Allen에 대한 사건을 기각하면서, 사법제도가 Allen은 물론이고 피해자 Bell에게도 실패했다고 주장하였다. Allen은 무고하게 유죄가 확정되었기에 실패이고, Bell에게는 진범이 잡히지 않았기에 실패인 것이다. 또한 그녀는 자신은 비록 Allen이 유죄라고 확신이 서지 않지만, Allen이 무고하다고, 무죄라고 말하기에도 조금은 부족하다고도 말하였다. 이 시점에서, 그녀가 생각하기로는 Allen을 완전하게 면죄시킬 만한 유일한 것은 누군가가 신원이 확인되고, 그가 범행했음이 입증되는 것이라고 한다. 이러한 그녀의 설명에 대해서, 법률가들은 검찰이 무고한

---

206 Innocence Project, "George Allen," https://innocenceproject.org/cases/1119, 2023. 3. 7. 검색; Rivas, R. S., "Innocence Project shows evidence that George Allen Jr. did not commit murder, rape," Local News, stlamerican, 2011, 9, 29, https://www.stlamerican.com/news/local_news/innocence-project-shows-evidence-that-george-allen-jt-did-not-commit-murder-rape/article_f2f7b4, 2023. 3. 7. 검색.

사람이 억울하게 잘못 기소되었다고 시인하는 것을 몹시 싫어하는 소위 "검찰 콤플렉스"라고 불리는 것의 한 사례라고 질타하였다.[207]

Michael Morton
검찰과 경찰의 tunnel vision과 독직이 초래 한 오심

Michael Morton은 미국 Texas 주에서 1986년 자기 아내 Christine Morton 을 살해한 혐의로 1987년 종신형을 선고받았다. 그는 무려 25년이란 시간 을 교도소에서 보내고 나서야 자신의 무죄 주장을 지지하는 반면에 범행 은 다른 범죄자의 소행이라는 것을 가리키는 DNA 증거로 면죄가 되었던 것이다. 2011년 10월 4일, 그는 교도소에서 석방되었고, 2013년 Mark Allan Norwood가 살인 혐의로 기소되었다. Morton 사건의 검사였던 Ken Anderson 은 판사가 증거를 변호인과 판사에게 모두 제출할 것을 명하였음에도 제 출하지 않아서 법정 모독으로 유죄가 확정되기도 하였다.[208]

1986년 8월 12일, Michael Morton은 31살의 아내와 3살의 아들과 함께 자

207 Salter, J., "Innocence Project: DNA shows wrongful conviction," Wisconsin Law Journal, 2011, 9, 26, https://wisconsiclawjournal.com/2011/09/26/ innocence-project-dna-shows-wrongful-conviction, 2023. 3. 7. 검색; Chinn, J., "Wrongfully convicted St. Louis man remains in prison after conviction reversed," California Innocence Project, 2012, 11, 12, https:// californiainnocenceproject.org/2012/11/wrongfully-convicted-st-louis-man- remains-in-prison-after-conviction-reversed, 2023. 3. 7. 검색.

208 Wikipedia, "Michael Morton(criminal justice)," https://en.wikipedia.org/wiki/ Michael_Morton_(criminal_justice), 2023. 3. 2. 검색.

신의 생일을 기념하기 위한 저녁 식사를 마치고 집으로 돌아온다. 그러나 그런 기쁨도 잠시, Morton의 인생에 무시무시한 불행이 시작된다. 자신의 아내가 부부의 침대에서 살해되었고, 자신의 유죄를 입증하는 아무런 증거도 없음은 물론이고 엄청난 증거들이 그의 무죄를 보여줌에도 불구하고 그는 아내의 살인범으로 유죄를 선고받게 되기 때문이다. 생일 축하 외식을 한 다음 날 아침, 그는 세면대 위에 자신의 생일날 밤, 외식에서 돌아온 후 아내가 성관계를 거절한 데 대한 섭섭함과 실망감을 표현하였지만, 사랑한다는 말로 끝맺음을 한 메모를 남기고 5시 반에 집을 나가 약 한 시간 후에 일터에 도착한다. 불행하게도, 그날 아침 아내 Christine이 나무로 만든 흉기에 맞아 자신의 침대에서 사망한 채로 발견된다. 그녀의 몸에는 광주리와 서류 가방이 올려져 있었고, 누워있는 Christine 몸 위에 있던 침대보에는 나중에 정액으로 밝혀진 자국들이 발견되었다. Christine의 시신이 발견된 다음 날인 8월 14일, 경찰은 Morton의 집에서 약 100야드 정도 떨어진 건설 현장에서 피 묻은 두건을 발견한다.[209]

Christine의 어머니는 Morton의 아들 Eric이 살인이 일어나는 동안 현장에 있었고, 자신에게 살인범은 Michael이 아니라 '괴물(monster)'이었다고 말했다는 사실을 경찰에 말해주었다. 범인은 빨간 장갑을 끼고 나무 바구니를 들고 있었고, 서류 가방을 엄마의 침대에 던졌으며, 자신의 엄마를 해쳤

---

209 National Registry of Exonerations, "Michael Morton," https://www.law.umich.edu/special/exoneration/Pages/casedetail.aspx?caseid=3834, 2023. 3. 2. 검색; Innocence Project, "Michael Morton," https://innocenceproject.org/cases/michael-morton, 2023. 3. 2. 검색; Dey, K., "Texas's Michael Morton spent 25 years in jail as county that wronged Greg Kelley simply ASSUMED he killed his wife," MEAWW, 2020, 7, 6, https://meaww.com/outcry-michael-morton-25-years-wrongfully-convicted-murder-greg-kelley-murder-wife-son-assumed, 2023. 3. 2. 검색.

다고 말했던 것이다. 이처럼 Eric은 범죄 현장과 살인범을 자세하게 기술하였고, 특히 살인이 일어났을 때 '아빠'는 집에 없었다고 말했다는 것이다. 실제로 Christine은 피로 물든 침대 위에서 발견되었고, 푸른 서류 가방과 바구니가 그녀의 몸 위에 쌓여있었다. 그리고 Morton의 이웃 주민도 경찰의 탐문에서 한 남자가 Morton의 집 뒤편 도로에 녹색 밴 자동차를 반복적으로 주차했다가 근처 숲속으로 사라지곤 했다고 경찰에 진술하였다고도 한다. 변호인단은 Eric이 엄마의 살인범을 목격하였는데도, 왜 Bradley 검사가 보안관 사무실로부터 이 목격자 진술과 다른 서류, 기록들을 확보하지 못하게 막았는지 의문을 제기하였다. 경찰의 기록에 의하면, Christine의 신용카드가 San Antonio의 한 보석 가게에서 발견되었으며, San Antonio의 경찰관 한 명이 신용카드를 사용하려고 시도했던 여성을 확인할 수 있다고도 진술한 사실도 나타난다.[210]

그러나 어쩌면 Morton의 무죄를 입증해줄 수 있었던 이런 증거들의 어느 하나도 재판에 제출되지 않았다. 또한 변호인단은 검찰이 사건의 수사팀장인 Don Woods 경사를 재판에 부르지 않았다는 것을 알았을 때, 검찰이 잠재적으로 Morton의 무죄를 입증해줄 수 있는 증거를 숨기고 있을 수 있다고 의심하게 되었다. 변호인단은 자신이 철저하게 검토할 수 있도록 Woods 경사의 모든 기록물을 제출하라고 검찰에 명령한 판사에게 이 점에 대한 우려를 제기하였다. 그러나 아들 Eric의 목격자 진술, 녹색 밴 자동차

---

210 Innocence Project, "Michael Morton," https://innocenceproject.org/cases/michael-morton, 2023. 3. 2. 검색; National Registry of Exonerations, "Michael Morton," https://www.law.umich.edu/special/exoneration/Pages/casedetail.aspx?caseid=3834, 2023. 3. 2. 검색; Innocence Project, "Michael Morton," https://innocenceproject.org/cases/michael-morton, 2023. 3. 2. 검색.

그리고 Christine의 신용카드와 관련된 증거가 모두 판사에게 제출된 기록물에는 없었던 것이다. 여기에다, 재판에서, 검시관이 피살자 위 속의 내용물에 근거하여 Christine이 1시 15분 전에 살해당했다고 증언하였지만, 그러나 이 추정은 '과학적 진술'은 아니라고 시인하였다. 그리고 혈청학자도 침대보에서 발견된 정액 자국이 부부간 성관계라기보다는 체외사정과 일치한다는 검찰의 주장을 지지하는 증언을 하였다. 검찰은 자기 아내를 때려서 살해한 뒤 시신에다 자위행위를 했다고 주장하였던 것이다.[211]

더구나, Christine을 혈흔이 묻은 두건의 머리털의 주인이 아니라고 허위로 잘못 제외시켰고, 재판에 그대로 제출되었다. 또 다른 분석가도 피해자의 손에서 확보된 3개의 체모 중에서 하나는 Morton의 것과 유사하였고, 나머지 둘은 피해자의 머리털과 유사하였다고 증언하였다. 검찰은 Morton을 범죄와 연루시키는 어떠한 물적 증거도 목격자도 제시하지 않았지만, 검찰에서는 Morton이 자신의 생일날 밤 그와의 성관계를 Christine이 거부하였기 때문에 앙심을 품고 아내를 살해했다는 가설을 세웠고, 그렇게 Morton은 1987년 2월 17일 아내를 살해한 혐의로 유죄가 평결되어 종신형을 선고받았던 것이다.[212]

---

211 Innocence Project, "Michael Morton," https://innocenceproject.org/cases/michael-morton, 2023. 3. 2. 검색; National Registry of Exonerations, "Michael Morton," https://www.law.umich.edu/special/exoneration/Pages/casedetail.aspx?caseid=3834, 2023. 3. 2. 검색; Innocence Project, "Michael Morton," https://innocenceproject.org/cases/michael-morton, 2023. 3. 2. 검색.

212 Innocence Project, "Michael Morton," https://innocenceproject.org/cases/michael-morton, 2023. 3. 2. 검색; National Registry of Exonerations, "Michael Morton," https://www.law.umich.edu/special/exoneration/Pages/casedetail.aspx?caseid=3834, 2023. 3. 2. 검색; Innocence Project, "Michael Morton," https://innocenceproject.org/cases/michael-morton, 2023. 3. 2. 검색.

Morton은 자신은 아내의 죽음과는 아무런 관련이 없으며, 누군가 침입자가 범행 당일 자신이 아침 일찍 출근한 후에 아내를 살해했을 것이라고 주장하며, 즉각 자신의 유죄 선고에 항소하였지만 기각당한다. 그는 먼저 1990년에 침대보에서 발견된 정액 자국에 대한 유죄 확정 후 DNA 검사를 청구하였지만 결과는 자신의 DNA 프로파일과 일치하였다. 그러나 이 결과는 어쩌면 너무나 당연한 것이었는데, 그것은 범죄가 자신의 침대에서 발생해서 침대보에도 침대의 주인인 Morton의 정액이 검출되는 것은 어쩌면 당연했기 때문이다. 2005년, 범죄 현장에서 확보되었던 증거품에 대한 추가적인 DNA 검사를 요구하는 청원을 하였고, 검찰은 이에 반대하였으나 법원은 Morton의 집 근처 건설 현장에서 발견되었던 피 묻은 두건을 제외한 일부 품목에 대한 검사를 허가하였다. 그러나 이 추가적인 검사에서도 다시 침대에서 수거되었던 DNA의 근원으로서 Morton을 배제할 수가 없었다. 그리고 5년 후인 2011년, Morton은 결국 두건과 두건에서 나온 머리카락에 대한 검사를 허락받았고, DNA 검사를 한 연구소는 두건에 대한 검사에서 Christine의 DNA와 신원이 파악되지 않은 남자의 DNA 두 개가 확인하였다고 보고한다. 이와 같은 검사 결과에도 검찰은 두건이 범죄 현장에 있었던 것이 아니기 때문에 범죄의 증거로 고려하지 않았다고 주장하였다. 신원 불상의 남자 DNA는 다시 유전자 정보은행에 조회를 요청한 결과, Christine의 살해 당시 Texas에서 살았고 Texas에서 전과기록도 있던 California에서 온 중범죄자 Mark Norwood와 일치하였다. 여기에 더하여 변호인단과 지방검찰의 추가 조사에서 Norwood의 머리털이 또 다른 살인 사건 현장에서도 발견되었고, 그 수법도 Christine을 살해했던 수법과 같이 침대에서 둔기로 맞아서 사망하였고, 시신 위에 물건들이 쌓여있었다고 한다. 만약에 Morton이 무고하게 옥살이를 하지 않고, 진범 Norwood가 처음부터 붙잡혔더라면 Christine이 살해되고 2년 후에 Norwood에 의하여 살해된 Debra Masters는 희생되지 않았을 것이다.[213]

어리지만 범행을 목격한 어린 아들의 진술이나 이웃의 목격자 진술 등을 숨기는 등 "정의의 보호자"로서 자신의 직분에 실패한 경찰과 검찰로 인하여 무고한 한 사람은 억울한 옥살이를 하고, 누범이었던 진범은 그냥 자유롭게 놔두어 또 다른 무고한 젊은 여성이 살해되게 하였던 것이다. 이는 이들 게으른 검·경 두 법률 전문가가 핵심 증거를 숨긴 채 사건을 어떻게건 빨리 해결하기로 결심하였기 때문에 이 누범은 Morton이 무고하게 옥살이를 하는 동안 자유롭게 다닐 수 있었던 것이다. 무고한 사람들은 만약 자신이 진실대로만 말한다면 경찰을 두려워할 것이 아무것도 없으며, 그렇게 사법제도가 작동할 것이라는 그러한 생각을 놓지 않는다면 모든 것이 아무런 문제가 없이 잘 될 것이라고 생각할 것이다. 그러나 그러한 생각

---

213 Innocence Project, "Michael Morton," https://innocenceproject.org/cases/michael-morton, 2023. 3. 2. 검색; National Registry of Exonerations, "Michael Morton," https://www.law.umich.edu/special/exoneration/Pages/casedetail.aspx?caseid=3834, 2023. 3. 2. 검색; Innocence Project, "Michael Morton," https://innocenceproject.org/cases/michael-morton, 2023. 3. 2. 검색; Wikipedia, "Michael Morton(criminal justice)," https://en.wikipedia.org/wiki/Michael_Morton_(criminal_justice), 2023. 3. 2. 검색; "Man who served for 25 years for murder exonerated by DNA," History, 2011, 10, 4, This day in history, https://www.history.com/this-day-in-history/man-who-served-for-25-years-for-murder-exonerated-by-dna, 2023. 3. 2. 검색; Caron, C., "Michael Morton set free after spending nearly 25 years in prison, exonerated by DNA evidence for his wife's murder," ABC News, 2011, 10, 5, https://abcnews.go.com/US/michael-morton-set-free-25-years-prison-exonerated-wifes/story?id=14663445, 2023. 3. 2. 검색; Randy, N., "The exonerated: Michael Morton," Injustice Anywhere, https://www.injusticeanywhere.nt/exonerated-michael-morton, 2023. 3. 2. 검색.

은 그야말로 희망 사항에 지나지 않을 수도 있음을 이 사건이 여실하게 보여준다. 그러나 현실은 Morton처럼 누구나, 언제, 어디서나 불행한 시간과 장소에 있어서 불행하게 될 수 있다는 것이다. 바로 '좁은 시야', 즉 tunnel vision의 문제이다. 이는 수사관들이 피의자가 연루되었을 것으로 보이는 초기 증거 조각들을 포착하고는 심지어 다른 증거들이 그의 무고함을 가리키는데도 그의 유죄에 대한 신념을 놓지 않으려 하는 경향이다. 그런데 이 '좁은 시야'는 의미 그대로 어두운 터널을 지나고 나서야 시야가 보이듯 시간이 지나고 재판 결과가 나오고 나서야 나타난다는 것이 문제이다.[214]

이 사건에서 경찰이 tunnel vision에 집착하게 된 데는 전날 밤의 성관계 거절로 이미 화가 나 있었고, 이런 확정 편향으로 수사관은 Morton을 슬퍼하는 남편이 아니라 용의자로 이미 확신하였으며, 심지어 그에게 미란다 경고도 읽어주었다고 한다. 범죄 현장도 외부 침입 흔적이 없고 없어진 금품도 없다는 점에서 내부 소행으로 판단했다는 점도 확정 편향과 그런 좁은 시야를 더욱 확고히 하였던 것이다. Morton에 대한 의심이 깊어질수록 경찰은 외부 침입을 가리키는 물적 증거는 무시하기로 작정한 것처럼 보였다. 피 묻은 두건이 발견된 건설 현장에 대해서도 더 이상 조사하지도 않고, 아들과 이웃의 진술도 받아들이지 않았던 것이다. 결과적으로 경찰과 검찰은 잘못된 방향으로 가고 있었으나, 그들이 선택한 가설과 이론의 흠결이나, 다른 사람을 범인으로 가리키는 단서를 보지 못하거나 보지 않으

---

214 Randy, N., "The exonerated: Michael Morton," Injustice Anywhere, https://www.injusticeanywhere.nt/exonerated-michael-morton, 2023. 3. 2. 검색; Levs, J., "25 years gone: Texas inmate Michael Morton cleared in wife's murder," CNN, 2013, 12, 3, https://edition.cnn.com/2013/12/04/justice/exonerated-prisoner-update-michael-morton/index.html, 2023. 3. 2. 검색.

려고 했던 것이다. 물론 남편을 체포하고, 그의 유죄를 지지하는 이론과 가정을 고수하는 것이 지역 주민들의 불안과 긴장을 희석시키고, 주민들을 보다 안전하게 느끼게 만드는 데는 도움이 되었을 수 있었을 것이라는 웃지 못할 이야기도 나온다. 그런데 tunnel vision이라는 현상은 확정 편향을 중심으로 다양한 인지 왜곡의 산물이라고 한다. 일반적으로, 사람들은 자신의 기존 신념을 확증하는 증거에 더 무게를 두는 경향이 있다고 한다. 비록 그러한 확정 편향된 정보가 종종 확정하지 않는 정보보다 증거력이 덜할지라도, 사람들은 자신이 보았거나 기억하는 확증적 환류의 약점을 인지하지 못한다는 것이다. 그래서 용의자가 거짓말을 하고 있다고 확신하는 경찰관은 자신의 심정, 생각과 종종 자신의 처음 가설을 지지하는 유죄 – 확정 증거보다 믿음이나 신뢰가 덜 가는 신용이나 신뢰를 떨어뜨리거나 면죄하는 증거를 바꾸는 데 대해서 매우 저항한다는 것이다.[215]

이 사건이 무고한 오심임은 진범이 확인되었기 때문이기도 하지만, Morton이 면죄가 되고 난 후 담당 검사에 대한 위법행위, 직권남용에 대한 수사와 재판이 이루어지고, 결국 유죄가 확정되었다는 점에서 더욱 분명해졌다고 할 수 있다. 유죄 확정 후 DNA 소송 과정에서, Morton의 변호인은 정보공개를 청구하였고, 결국 재판에 제출되지 않았던 검찰의 파일에서 Morton의 무죄를 보여주는 다른 서류들을 확보하였다. 당연히 변호인 측에서는 Texas 주 대법원에 소송을 제기하였고, 대법원은 사건 담당 Kent Anderson 검사가 위법행위, 직권남용을 범했는지 여부를 결정하도록 선례

---

215 Bazelon, E., "The dark dangers of Tunnel Vision," Slate, 2012, 12, 4, https://slate.com/news-and-politics/2012/12/michael-mortons-wrongful-conviction-why-do-police-and-prosecutors-continue-to-pursue-suspect-even-dig-in, 2023. 3. 2. 검색.

가 없었던 법원의 특별조사 위원회를 명하게 된다. 2013년 11월 8일, 위원회는 살인 혐의와 종신형에 직면한 피의자에게 불공평한 경쟁의 장을 만들기 위하여 무죄를 입증하거나 적어도 형을 감경하는 증거를 숨기기로 한 의식적인 선택보다 더 의도적인 해로운 행동은 생각할 수도 없다면서 Anderson의 체포를 명하였다. 특별조사 위원회는 Anderson 검사가 증거를 은닉함으로써 형법을 위반했을 상당한 근거가 있다는 결정을 내리고, 그를 법정모욕과 변호인과 판사로부터 무죄를 입증하는 증거를 은닉하여 증거를 조작한 혐의로 기소하였다. Texas의 변호사협회도 Anderson에게 윤리적 책임을 물었고, Anderson은 결국 유죄협상에 응하여 10일의 구류를 선고받고, 검찰 퇴직 후 재직 중이던 지방 판사를 사임하고 변호사 면허도 영구히 반납하였다고 한다.[216]

Anderson은 기자들에게, 지나고 보니까 평결이 잘못되었다고 Morton에 대한 제도의 실패(system's failure)를 사죄하였다. Christine의 살해 후, 엉뚱하게 무고한 Morton을 범인으로 몰고 오히려 진범 Norwood는 자유롭게 내버려두어 그에 의하여 살해당한 피해자의 딸은 그러한 Anderson의 사죄를 받아

216 Innocence Project, "Michael Morton," https://innocenceproject.org/cases/michael-morton, 2023. 3. 2. 검색; National Registry of Exonerations, "Michael Morton," https://www.law.umich.edu/special/exoneration/Pages/casedetail.aspx?caseid=3834, 2023. 3. 2. 검색; Innocence Project, "Michael Morton," https://innocenceproject.org/cases/michael-morton, 2023. 3. 2. 검색; Wikipedia, "Michael Morton(criminal justice)," https://en.wikipedia.org/wiki/Michael_Morton_(criminal_justice), 2023. 3. 2. 검색; "Man who served for 25 years for murder exonerated by DNA," History, 2011, 10, 4, This day in history, https://www.history.com/this-day-in-history/man-who-served-for-25-years-for-murder-exonerated-by-dna, 2023. 3. 2. 검색; Levs, J., "25 years gone: Texas inmate Michael Morton cleared in wife's murder," CNN, 2013, 12, 3, https://edition.cnn.com/2013/12/04/justice/exonerated-prisoner-update-michael-morton/index.html, 2023. 3. 2. 검색.

들일 수 없었고, 그와 수사관들이 오심으로 진범을 놓쳐서 자기 어머니의 죽음에 부분적으로 책임이 있다고 주장하였다. 이와 더불어, 그녀는 Anderson이 자신의 책임보다는 제도의 실패에 책임을 돌리는 것을 받아들일 수 없다고도 하였다. Anderson 검사와 Morton 사건을 계기로, Texas 주에서는 소위 "Michael Morton Act" 즉 Michael Morton 법이 통과되었는데, 이 법은 보다 개방적이고 투명한 진실발견 과정을 보장하기 위한 것이다. 이 법이 요구하는 파일 공개 정책은 증거에 접근하는 것에 대한 장애물을 제거하는 것이 그 요체였다.[217]

Roscetti 4
허위 정보원과 검찰 전문가 증인의 위법행위와 공범의 허위자백이 만든 희생양

최초의 소년법원이 설치되었던 곳이기도 한 미국 Illinois 주 Cook County 지방 검사 선거에 등장한 선거 광고에서 상대인 현직 지방 검사의 무고한 사람들에 대한 오심 사건이 유권자들의 이목을 끌었다. 현직인 Pat O'Brien 지방 검사가 장래가 촉망되던 의대생 강간 살인 사건에서 무고한 흑인 청소년 4명을 기소하는 오심 사건에 책임이 있는 검사였던 것이다. 이 정치광고에서 무고하게 유죄가 확정되었다가 면죄가 된 이들 4명의 청소년이 바로 "Roscetti 4", 즉 로세티 4인방이다. 이들 4명의 청소년의 세 명은 발전된

---

217 Wikipedia, "Michael Morton(criminal justice)," https://en.wikipedia.org/wiki/Michael_Morton_(criminal_justice), 2023. 3. 2. 검색.

DNA 검사가 혐의를 벗겨주고 진범을 확인하기까지 약 15년을 교도소에서 보냈던 것이다.[218]

1986년, Rush 대학교 Medical School에서 의사가 되려고 공부하던 23살의 여자 의대생 Lori Roscetti가 늦은 야간 학습을 마치고 집으로 돌아가는 모습이 마지막으로 목격되고, 수 시간 후 기차선로 근무자가 갱의 영향을 받던 과거 ABLA Homes였던 West Side 공공주택 콤플렉스 근처 황량한 접근로에서 심하게 구타당한 그녀의 시신을 발견한다. 알려지기로는 이들 4명 중 17세의 Marcellius Bradford가 밤늦게 귀가하던 Roscetti의 자동차로 뛰어들어서 그녀를 외진 장소로 납치하여, 강간하고, 강도하고, 때려서 사망케 했다는 것이다. Bradford는 16세의 Larry Ollins, 그의 사촌인 14살의 Calvin Ollins, 18세의 Omar Saunders가 그 사건으로 1월과 2월에 체포된다. 석 달 후, 경찰은 17세의 Bradford와 16세의 Larry Ollins를 심문을 위해 경찰서로 데리고 갔으며, 두 사람은 ABLA라는 주택단지에 살았었고, 살인 사건 몇 주 후 범죄 현장에서 멀지 않은 곳에 있던 Boxcar에 침입한 혐의로 체포되었었다. 경찰에 따르면, Bradford는 결국 자신과 Larry Ollins는 물론이고, 소년비행 기록이 전혀 없고, 지능이 낮아서 특수교육을 받고 있던 Larry Ollins의 사촌인 14세의 Calvin Ollins가 혐의를 인정하는 자백을 하였다. Calvin은 서면 자백에 서명하였지만, Larry는 자신의 무고를 견지하였다. 당시에는 Omar Saunders였던 18세의 Omar Muhamad도 2주 후에 체포되었다. 당국은 Calvin Ollins가

---

218 Gutowski, C., "A crime revisited: Ex-prosecutor's role in decades-old wrongful conviction of 'Roscetti 4' takes spotlight in Foxx-O'Brien race," Chicago Tribune, 2020, 10, 31, https://www.chicagotribune.com/politics/ct-cook-states-attorney-race-roscetti-case-20201030-rstws5fyxfd7at6143ik14-story.html, 2023. 3. 2. 검색.

Cabrini-Green 공공주택의 자기 집으로 돌아가는 차비를 마련하기 위한 강도가 범행의 동기였다고 밝혔다. 피의자들의 허위자백은 피해자의 시신과 속옷에서 발견된 정액이 피의자 4명 중 세 명의 것이었을 수 있다고 주장했던 시카고 경찰의 과학수사 연구소 Pamela Fish 분석관의 허위 증언으로 확증, 뒷받침되었다. 그 후, 그녀의 실험 노트를 검토한 DNA 전문가는 4명의 누구와도 현장에서 확보된 표본과 혈액형이 일치하지 않았음을 보여주었다. 그 실험 검사 노트는 변호인단에게 전혀 열람되지 않았다. Bradford는 Tribune과의 인터뷰에서 자신의 Larry Ollins에 대한 불리한 증언과 자백을 철회, 번복하였고, 경찰이 자신을 심문하는 동안 신체적으로 학대하였고, 자신을 사형으로 위협했다고 말하였다. Tribune은 Saunders의 재판에서 그가 납치, 강간, 살인을 시인했다고 증언했던 Sam Busch도 인터뷰했는데, Busch가 사건이 발생하고 석 달째 해결되지 않자 내걸었던 보상을 바라고 증언했던 것이라고 자신의 증언을 철회, 번복하였다. Larry Ollins에게 불리한 증언을 했고, Larry Ollins가 범행에 가담했음을 시인했다고 말했던 또 다른 증인 Anthony Gilty도 경찰이 자신에게 범죄 혐의로 위협하고 협조하면 감경해주겠다고 제안하였음을 밝히며 자신의 증언을 철회, 번복하였다.[219]

1988년 Calvin Ollins가 먼저 배심원 앞에 서게 되는데, 검사들이 배심원단에게 Calvin Ollins가 범행 현장에 있었던 사람만이 알 수 있을 범죄 - 현장

---

219 Gutowski, C., "A crime revisited: Ex-prosecutor's role in decades-old wrongful conviction of 'Roscetti 4' takes spotlight in Foxx-O'Brien race," Chicago Tribune, 2020, 10, 31, https://www.chicagotribune.com/politics/ct-cook-states-attorney-race-roscetti-case-20201030-rstws5fyxfd7at6143ik14-story.html, 2023. 3. 2. 검색; The National Registry of Exonerations, "Marcellius Bradford," https://www.law.umich.edu/special/exoneration/Pages/casedetail.aspx?caseid=3039, 2023. 3. 2. 검색.

증거들을 기술하는 서면 진술에 서명하였음을 강조하였다. 그러나 변호인은 Tribune 신문에 수사관들이 거의 문맹에 가까워서 제대로 읽지도 못하는 지능이 낮은 Calvin Ollins를 조종, 이용했다고 진술하였다. Calvin Ollins는 경찰이 자신의 사촌이 자신이 연루되었다고 말한 것처럼 허위로 믿게 하고, 만약 자신이 자백에 서명하면 집에 갈 수 있다고 유도하였다는 혐의를 제기하였으나 이런 변호를 배심원은 받아들이지 않았다. Larry Ollins와 Muhamad도 별도 재판에서 유죄가 확정되었으나 두 사람 다 너무 어려서 사형이 선고되지 못하여 종신형이 선고되었으며, Larry Ollins에게 불리한 증언을 했던 Bradford는 특수 납치와 유인으로 12년 형의 유죄협상을 받아들였다.[220]

피의자들의 첫 항소는 받아들여지지 않았으나, 2000년 Muhamad는 오심 사건 전문 변호사 Kathleen Zellner에게 다수의 다른 사건에서 오심 혐의의 중심에 있었던 Chicago 과학수사 연구소 전 분석관에 관한 Tribune 지의 기사를 인용하며 그가 자기들의 사건에서도 과학적 증거를 허위로 제출했다고 주장하며 도움을 청하였다. 그녀는 Roscetti 사건을 포함한 9건의 사건의 분석에 대한 매우 비판적인 보고서를 냈던 최고의 법의학 전문가를 고용하였고, 피해자의 시신에서 확보된 정액 증거와 남자의 혈액을 비교하는 과학수사 연구소 분석가의 증언이 자신의 보고서와 모순된다는 것

---

220 Gutowski, C., "A crime revisited: Ex-prosecutor's role in decades-old wrongful conviction of 'Roscetti 4' takes spotlight in Foxx-O'Brien race," Chicago Tribune, 2020, 10, 31, https://www.chicagotribune.com/politics/ct-cook-states-attorney-race-roscetti-case-20201030-rstws5fyxfd7at6143ik14-story.html, 2023. 3. 2. 검색; The National Registry of Exonerations, "Marcellius Bradford," https://www.law.umich.edu/special/exoneration/Pages/casedetail.aspx?caseid=3039, 2023. 3. 2. 검색.

을 발견하였다. 과학수사 연구소 분석관 Fish가 생물학적 증거에 대한 자신의 혈액형 분석의 결과에 대해서 허위로 증언했었다고 신문이 보도했던 것이다. 그 후, 몇 차례의 DNA 검사가 4명의 청소년은 배제시키고, 대신 신원이 밝혀지지 않았던 두 남자의 프로파일과 일치하였다. 이에 당시 주 검사였던 Richard Devine은 이 사건을 "제도의 진정한 실패"라고 불렀다. 몇 달 후, 검찰은 전과가 많고, DNA에 의하여 범죄와 연결된 Duane Roach와 Eddie "Bo" Harris를 기소하였고, 그들은 크랙 코카인을 흡입한 후 피해자가 자신의 자동차를 주차한 후에 납치하였음을 시인하는 동영상 자백을 제공하였다.[221]

당시 신문배달일을 하던 Roach와 Harris 두 사람은 Roscetti가 자기들의 경로를 지나칠 때 침입할 차량을 찾고 있었으며, 마약을 살 돈을 구하고 있었다고 한다. 그들은 피해 여성을 접근로로 납치하여 성적으로 폭행하고 결국은 살해했다는 것이다. 그들의 진술은 1986년 당시 현장에 있던 물증들과 일치하였다. 당국에 의하면, 체포 당시 Roach는 다양한 범행으로 무려 35번이나 체포되었고, 강간으로 두 번이나 유죄를 선고받았으며, Harris도 최소한 30번 체포되었던 직업적 범죄자들이었다고 한다. 이 두 사람이 원래 수사에서 용의자로 고려되었는지 여부를 묻는 질문에 경찰은 답변을 거부

---

221 Gutowski, C., "A crime revisited: Ex-prosecutor's role in decades-old wrongful conviction of 'Roscetti 4' takes spotlight in Foxx-O'Brien race," Chicago Tribune, 2020, 10, 31, https://www.chicagotribune.com/politics/ct-cook-states-attorney-race-roscetti-case-20201030-rstws5fyxfd7at6143ik14-story.html, 2023. 3. 2. 검색; The National Registry of Exonerations, "Marcellius Bradford," https://www.law.umich.edu/special/exoneration/Pages/casedetail.aspx?caseid=3039, 2023. 3. 2. 검색; Pierre, R. E., "Illinois drops murder case against 4," The Washington Post, 2001, 12, 5, https://www.washingtonpost.com/archive/politics/2001/12/05/illinois-drops-murder-case-against-4/09c9b01f-7716-44b4-b174-d8a675e757c8, 2023. 3. 2. 검색.

하면서, 새로운 피의자, Roach와 Harris가 Roscetti 4인방이 억울하게 무고하게 유죄가 선고되었음을 알고 있었다고 말하였다고 한다. 무고한 4명의 청소년에게 자유를 되찾아 준 DNA 검사의 확대는 법 집행을 위한 win-win이 될 수 있으며, 그냥 단순히 무고하게 유죄가 선고된 사람을 면죄하는 것뿐만 아니라, 진범을 파악, 확인하는 이 기술의 놀라운 힘을 보여주었다고 전문가들은 평가하였다.[222]

O'Brien은 당시 또 다른 검사와 함께 이 사건을 맡고 있었는데, 이제 겨우 8학년(우리의 경우라면 중 2)이었던 피의자 한 명이 또 다른 10대 피의자와 함께 자필 자백에 서명하였으나, 나중에 두 사람 모두 자기들이 가짜 진술을 했던 것은 경찰의 강요, 강압 때문이었다고 비난하였다. 물론 이 사실에 대해서 O'Brien 검사는 자신은 4명의 청소년들에 대한 기소 결정의 일부가 아니었다고 주장하였다. 이런 그의 주장에 대해 경쟁자인 Foxx의 더 최근 정치광고는 더욱 충격적인 내용을 담고 있는데, 4명 중 한 명인 Marcellius Bradford는 자신은 O'Brien이 4명의 청소년이 무고하지만 피해자가 백인 여성이라서… 누군가는 이 범죄에 대해 대가를 지불해야 한다고 말하던 것을 잊을 수가 없다고 말하였다. 물론 O'Brien은 검사 혼자서 살인 피의자에

222 Gutowski, C., "A crime revisited: Ex-prosecutor's role in decades-old wrongful conviction of 'Roscetti 4' takes spotlight in Foxx-O'Brien race," Chicago Tribune, 2020, 10, 31, https://www.chicagotribune.com/politics/ct-cook-states-attorney-race-roscetti-case-20201030-rstws5fyxfd7at6143ik14-story.html, 2023. 3. 2. 검색; The National Registry of Exonerations, "Marcellius Bradford," https://www.law.umich.edu/special/exoneration/Pages/casedetail.aspx?caseid=3039, 2023. 3. 2. 검색; UPI Archives, "DNA tests clear 4 in 1986 murder," file:///E:/DNA tests clear 4 in 1986 murder - UPI Archives.html, 2023. 3. 2. 검색; Wilgoren, J., "DNA that freed three matches new suspects," The New York Times, 2002, 2, 8, https://www.nytimes.com/2002/02/08/us/dna-that-freed-three-matches-new-suspects.html, 2023. 3. 2. 검색.

게 말할 개연성이 없다면서, 이런 Foxx의 선거 광고는 거짓이라고 반박하였다. 그러자 Foxx는 O'Brien을 그의 재임 동안 무려 27건의 오심 사건이 발생했다면서, 그는 어떤 비용, 희생, 대가를 치르더라도 반드시 이겨야 한다는 오랜 검찰 문화의 한 부분으로 기술하였다. 이들의 정치적 공방이 된 Roescetti 4인방은 판사, 배심 그리고 항소법원 모두 그들의 자백이 신뢰할 수 있다고 밝혔으나, 2001년 핵심 증인이 증언을 번복, 철회하고, 과학적 전문가 증언이 신뢰할 수 없게 되고, 가장 중요하게는 범행 당시 재판 기간에는 가용하지 않았던 DNA 검사가 4명의 청소년을 증거에 연계하는 데 실패한 이후 면밀한 조사를 받게 되었다. 이에 반하여, 다른 두 사람이 DNA 검사가 자신들의 유전적 프로파일과 일치하는 것으로 밝혀진 이후에 기소되었다. 그제서야 O'Brien은 자신이 Roscetti 4인방의 무고함을 믿지만, 경찰 업무와 자신의 결정을 방어하였다. 그는 검사들은 법원에 제출된 두 피의자의 자백, 지인들의 입장과 증인으로서 Bradford의 협조를 포함하는 증거들을 옳다고 믿고 따랐던 것이라고 한 것이다. 이 사건은 주 검찰의 유죄 확정 진실성 위원회의 설립을 이끄는 데 일조하였으며, 아직도 허위자백을 더 잘 인지하기 위한 훈련 도구로 이용되고 있다고 한다.[223]

Roscetti 4인방은 담당 검사 O'Brien, 시카고 경찰, 과학수사 연구소 분석관을 자백을 강요, 강압하고 허위 증언한 혐의로 제소하였지만 기각되었다. 피해자들에 따르면 O'Brien 검사는 거액의 배상을 하게 된 시와 그것을

---

223 Gutowski, C., "A crime revisited: Ex-prosecutor's role in decades-old wrongful conviction of 'Roscetti 4' takes spotlight in Foxx-O'Brien race," Chicago Tribune, 2020, 10, 31, https://www.chicagotribune.com/politics/ct-cook-states-attorney-race-roscetti-case-20201030-rstws5fyxfd7at6143ik14-story.html, 2023. 3. 2. 검색.

세금으로 부담해야 하는 시민 그리고 피해자와 그 가족 누구에게도 사죄하지 않았다고 한다. 그 당시만 해도 검찰은 거의 방탄(Bulletproof)에 가까웠고, Roscetti와 같이 세인의 관심이 큰 사건에서는 실패나 패배는 절대로 있을 수 없는 것이었다. Roscetti 검사들은 쓰레기 같은 형편없는 사건이 주어졌고, 언제나 자기들에게 유리하게 기울어진 제도를 어떻게 활용, 작동시키는가도 잘 알고 있었으며, 그들은 그렇게 했던 것이었다. O'Brien은 자백은 허위일 수 있다는 사실도 알고 있었지만, 자백이란 피의자들의 지능이 그리 높지 않았다는 사실에 기인하였다고 주장하며 경찰을 변호하였다. 피의자들에게 사과하는 대신에, 그는 형사사법제도가 피해자와 4명의 청소년들에게 실패했다는 것이 나를 매우 슬프게 한다고만 말하였다. 그는 자신도 그 제도의 일원이었고, DNA 검사가 있기까지 자신은 그들이 무고하다고 믿지 않았으며, 수사 당시에는 불가능하였던 DNA 검사와 함께 4명의 청소년이 범행에 연루되지 않았다고 확신하게 되었고, 과학의 진전이 그들을 면죄되게 하였다는 것에 감사하다고도 말하였다.[224]

---

224 Gutowski, C., "A crime revisited: Ex-prosecutor's role in decades-old wrongful conviction of 'Roscetti 4' takes spotlight in Foxx-O'Brien race," Chicago Tribune, 2020, 10, 31, https://www.chicagotribune.com/politics/ct-cook-states-attorney-race-roscetti-case-20201030-rstws5fyxfd7at6143ik14-story.html, 2023. 3. 2. 검색.

Walter McMillian

인종차별에 기초한 경찰 강압에 의한 위증이 초래한 오심

Walter "Johnny D." McMillian은 미국 Alabama 주 소재의 제지 펄프 공장 노동자로서, 살인 혐의로 무고하게 유죄가 평결되고 사형이 선고되었던 사람이다. 그의 유죄평결과 사형 선고는 인종차별에 기인한 경찰의 강압에 의한 위증으로 빚어진 오심이었다. 더욱 놀라운 것은 1988년의 재판에서 소위 "사법적 무효(judicial override)"라고 하는 논란이 많은 Alabama 주의 사법정책으로 배심원이 종신형을 평결하였지만 판사가 이를 무효화하고 사형을 선고하였던 것이다. 그의 유죄가 확정되고, 1990년부터 1993년 사이에 그가 제기한 4번의 청원을 Alabama 형사 항소법원은 모두 기각하였으나, 그가 Alabama의 사형수로 6년을 보낸 후인 1993년에 형사 항소법원은 하급심의 결정을 뒤집고 그가 무고하게 유죄가 확정되었다고 판결하였다.[225]

그가 무고하게 연루되었던 사건은 이렇다. 세탁소의 시간제 점원인 18살의 백인 소녀 Ronda Morrison이 1986년 11월 1일 Jackson 세탁소에서 일하던 중, 등 뒤에서 쏜 여러 발의 총탄을 맞고 목이 졸려 살해되었다. 그날 아침 10시까지도 여러 사람의 손님들이 드나들었고, 10시 45분쯤 몇 명의 손님들이 세탁소로 들어갔으나 일하는 사람이 없어서 주위를 둘러보다가 바닥에서 Ronda의 시신을 발견하였다. 외관상으로는 피를 흘리지 않았지만,

---

225 Wikipedia, "Walter McMillian," https://en.wikipedia.org/wiki/Walter_McMillian, 2023. 5. 8. 검색; Replow, G., "Just mercy: Sentenced to death for amurder he didn't commit-the true story behind gripping drama," Ents & Arts News, SKY, 2020, 10, 4, https://news.sky.com/story/just-mercy-the-true-story-behind-powerful-death-row-drama-11913545, 2023. 5. 8. 검색.

그녀가 성적으로 폭행을 당하고, 금전 등록기에서는 현금도 없어진 것으로 보였다. 지역 경찰이 주 경찰국의 과학수사 연구소 전문가들을 기다리지 않고 수사를 개시하였다. 세탁소에 드나든 수많은 손님들의 지문이 있었고, 반면에 당시 현장에 출동했던 지역 경찰은 비교적 경험이 부족하여 지문을 뜨기가 어려웠다. 그러나 경찰은 5개의 25구경 탄피를 찾았고, 이어진 부검에서 Ronda의 시신에서 3개의 탄알도 찾았는데, 그중 하나는 근접거리에서 발사된 것이었다. 검시관은 총을 맞고 약 5분 정도는 살아있었다고 결론을 내렸고, 그녀의 신체나 의복에서 아무런 정액도 발견되지 않았다고 보고하였다. Alabama 주 수사국에서 한 명의 요원이 현장에 도착했을 때는 이미 거의 모든 표면에는 지문식별을 위한 파우더가 뿌려져 있었고, Ronda의 시신은 이미 장례식장으로 보내지고 없었기 때문에, 정확한 지문 채취와 현장의 섬유질, 머리털, 시신의 정확한 위치, 얼굴 표정, 피해자의 피부 색깔 그리고 유사한 증거들에 대한 상세한 조사와 검사가 불가능하였다.[226]

경찰은 여러 사람을 조사하고 현상금도 내걸었지만, 7개월 동안이나 해결되지 않았기 때문에 사건을 신속하게 해결하라는 지역사회의 압박이 가중되고 있어서 경찰은 누구라도 체포해야 할 판이었다. 그때 수많은 전과기록이 있는 백인 Ralph Myers가 Alabama의 또 다른 젊은 여성 살인 사건으로 체포되었고, Ronda Morrison의 살해에 대해서도 심문을 받게 되자, 결국에는 Walter McMillian이 Ronda를 살해했다고 진술하였던 것이다. 경찰이 Myers의 이 허위 증언을 확보하려고 활용했던 수법 중에는 그를 전기의

---

226 Wikipedia, "Walter McMillian," https://en.wikipedia.org/wiki/Walter_McMillian, 2023. 5. 8. 검색.

자로 사형집행을 당하는 사람의 소리가 적나라하게 다 들리는 사형 집행 실 가장 가까운 방에 그를 수용하여 겁박하는 것이었다. Myers는 그가 이런 방에 수용되기 전까지는 McMillian에게 혐의를 씌우는 것을 거절하였으나, 누군가가 사형이 집행되는 소리를 들으면서 만약에 경찰에 협조하지 않으면 자신도 그렇게 될 수 있다는 말에 경찰이 바라는 대로 무엇이건 다 말했던 것이다. 다른 두 사람의 증인이 Myers의 진술을 부분적으로 확증해주었으나, 그 후 재판과정에서 Myers는 다른 몇 명의 흑인들과 함께 방에 있던 McMillian을 알아보지 못하였고 당연히 그를 지목하지도 못하였다. McMillian은 당시 마리화나 판매상으로 평판이 나 있었고, 지역의 백인 여성과 사귀고 있었으며, 술집에서 싸웠다는 경범죄 기록이 하나 있었다. 당시까지도 아무런 강력범죄 전과도 없던 McMillian은 결국 사건 용의자를 찾아야 하는 심한 압박을 받고 있던 새로이 선출된 보안관 Tom Tate에 의해서 1987년 6월에 체포된다. 당시 그가 체포되고 심지어 New York Times에서조차 "비정상적인 조치"라고 기사화했을 정도로 세간의 관심을 끌기도 하였으나, 그는 사형집행을 기다리는 유죄가 확정된 사형수들을 수용하는 Holman 주립교도소로 즉각 보내졌고, 그곳에서 그는 무려 15개월 동안 재판 전 구금 상태로 있게 된다. McMillian은 자신이 체포된 직후 Tate 보안관에게 11월 1일 아침 자신은 교회에서 교민들이 낚시를 해서 잡은 물고기를 요리해 먹는 picnic에 갔었다고 설명하였지만, Tate 보안관은 "나는 당신이 무슨 말을 하고, 무슨 짓을 하건 또는 당신네 사람들이 무슨 말을 하건 털끝만큼도 개의치 않아. 나는 당신 같은 빌어먹을 검둥이에게 유죄평결을 할 12명을 배심에 앉힐거야"라고 소리질렀다고 한다. 1987년 12월 11일, Walter McMillian과 그를 살인범이라고 위증한 직업 범죄자 Ralph Bernard Myers도 함께 기소되어 배심으로부터 유죄평결이 되고 종신형을 권고받게 된다. Myers는 살인 교사로 유죄가 평결되고 30년 형을 선고받는다.[227]

1988년 8월 15일 재판이 시작되었고, 판사는 마치 사형이 기정사실인 것처럼 McMillian을 사형수를 수용하는 교도소에서 재판을 기다리게 하였다. 변호인이 당시 재판이 열리던 곳이 이 사건으로 지나치게 세인의 관심이 높기 때문에 여론의 영향을 받을 수 있다고 다른 지역으로 옮겨서 배심원을 선임하고 재판해줄 것을 요구하였고, 이에 재판부도 동의하여 재판 장소를 옮기게 된다. 그러나 새로 옮긴 지역이 예전의 장소가 흑인 비중이 42%였던 데 비해, 옮겨진 새로운 지역은 86%가 백인인 절대적으로 백인 밀집 지역이었다. 미국의 배심원 선정이 인구 구성 비율을 고려하기 때문에 백인들만의 지역이라면 당연히 배심원도 그렇게 구성되기 마련이다. 재판은 통상적으로 오래 걸리기로 유명한 미국이었지만 단 하루 반 만에 끝나고 만다. 1988년 8월 17일, 11명의 백인과 단 한 명의 흑인으로만 구성된 배심원단은 직업 범죄자 Ralph Myers, Bill Hooks, Jr., Joe Hightower 그리고 다른 한 사람 등 4명의 검찰 측 정보원들의 증언에 의존하여 기소된 McMillian의 살인 혐의에 대한 유죄를 평결하고, 그에게 종신형을 권고하였다. 물론 두 명의 다른 증인은 McMillian의 개조한 트럭을 범행 발생 시간 주변에 세탁

---

227 Wikipedia, "Walter McMillian," https://en.wikipedia.org/wiki/Walter_McMillian, 2023. 5. 8. 검색; National Registry of Exonerations, "Walter McMillian," https://www.law.umich.edu/special/exoneration/Pages/casedetail. aspx?caseid=3461, 2023. 5. 8. 검색; Replow, G., "Just mercy: Sentenced to death for amurder he didn't commit-the true story behind gripping drama," Ents & Arts News, SKY, 2020, 10, 4, https://news.sky.com/story/just-mercy-the-true-story-behind-powerful-death-row-drama-11913545, 2023. 5. 8. 검색; Montana Innocence Project, "Innocent Black people more likely to be exonerated from death row," https://mtinnocenceproject.org/innocent-black-people-more-likely-to-be-exonerated-from-death-row, 2023. 5. 8. 검색.

소 밖에서 보았다고 한 증언도 근거가 되었다. 배심원단은 당시 생선요리를 사려고 잠시 들렀던 경찰관을 포함하여, 복수의 흑인 증인들이 선서를 하고 McMillian이 범죄 시간에 교회의 생선요리 picnic에 참석했었다는 증언은 무시하였다. 결과적으로, McMillian의 유죄를 입증할 물적 증거는 아무것도 없었던 것이다.[228]

첫 재판이 있고 6년 후, 이 사건과는 직접적인 관련이 없는 사건에서, Alabama 형사 항소법원은 Pearson 검사와 Key 판사가 배심원 선정에 있어서 의도적인 인종차별을 해왔음을 발견하게 된다. 1988년 11월, 28세의 Harvard 로스쿨 출신의 젊은 변호사 Bryan Stevenson이 한 시민단체에서 무고한 항소 사건을 맡게 되고, McMillian을 교도소에서 만나 이야기를 듣고는 그가 무고하다는 것을 확신하고 자신이 그의 사건을 맡기로 결심한다. 그러자 그는 Key 판사로부터 사건을 맡지 말 것을 권고하는 전화 한 통을 받게 되지만 사건을 계속한다. 그럼에도, 1991년 McMillian의 유죄와 사형은 확정되고 만다. McMillian의 유죄평결에 결정적인 역할을 한 검찰 측 핵심 증언이었던 Myers가 자신의 재판에서 McMillian에 대한 자신의 증언은 허위였

228 Wikipedia, "Walter McMillian," https://en.wikipedia.org/wiki/Walter_McMillian, 2023. 5. 8. 검색; National Registry of Exonerations, "Walter McMillian," https://www.law.umich.edu/special/exoneration/Pages/casedetail. aspx?caseid=3461, 2023. 5. 8. 검색; Alchetron, The Free Social Encyclopedia, "Walter McMillian," https://alchetron.com/Walter-McMillian, 2023. 5. 8. 검색; Redeeming Grace Church, "The strange and disturbing case of Walter McMillian," https://rgcfairfax.org/strange-disturbing-case-qalter-mcmillian, 2023. 5. 8. 검색; E Online, "Just Mercy and the heartbreaking true story of Walter McMillian," https://www.eonline.com/news/1110139/just-mercy-and-the-heartbreaking-true-story-of-walter-mcmillian, 2023. 5. 8. 검색; Kuroski, J., "How racism, police incompetence, and lying withnesses put Walter mcMillian on death row for six years," https://allthatsinteresting.com/walter-mcmillian, 2023. 5. 8. 검색.

다고 McMillian 변호인에게 실토하였다. 그는 자신은 그 범죄에 대해서 아무것도 알지 못하며, 심지어 자신은 범죄가 발생했을 때 현장에 있지도 않았었다는 것이다. 그러나 경찰관이 어떤 말을 할 것을 자신에게 요구하였으며, 경찰의 압력 때문에 어쩔 수 없이 허위로 증언했었다고 자백했던 것이다. 이처럼 핵심 증거였던 목격자가 자신의 증언을 철회, 번복하였고, 이런 위증으로 피의자의 유죄가 평결되었고, 피의자의 무죄를 입증할 정보를 검찰이 은닉했다는 점을 근거로, McMillian의 헌법적 권리가 침해당했다고 재심을 요청하였으나, 기각당하였다.[229]

그러나 1993년 2월 23일, Alabama 주 형사 항소법원은 McMillian에 대한 항소심에서 모든 재판관이 "검찰이 변호인이 요구한 피의자의 무죄를 입증할 수 있는 증거를 은폐하였고, 그래서 항소인의 적법절차의 권리를 거부당하였기에 그의 유죄평결과 사형 선고를 파기하고, 재심을 위해 파기환송한다"고 의견 일치를 보았다. 추가 조사를 통해서, 범죄 현장에서 증인이 목격했다고 진술했던 McMillian의 개조된 트럭이 범죄가 발생하고 6개월 지나도록 개조되지 않았었다는 사실도 밝혀졌다. 또한 지방 검사 Theodore Pearson이 검찰이 McMillian의 무죄를 입증해줄 수 있는 증거로서 그가 피해 여성을 살해했다고 주장한 그 시간 이후에도 피해자가 살아있었다는 전문가 증인의 증언도 은폐했다는 점도 밝혀졌다. 뿐만 아니라, McMillian의 트

229 Wikipedia, "Walter McMillian," https://en.wikipedia.org/wiki/Walter_McMillian, 2023. 5. 8. 검색; Variety, NBC News, "'Just mercy' tells the story of Walter McMillian, a wrongfully convicted man who fights a flawed criminal justice system," 2019, 10, 25, https://www.nbcnews.com/news/nbcblk/just-mercy-tells-story-walter-mcmillian-wrongfully-convicted-man-who-n1070431, 2023. 5. 8. 검색; Oleksinski, J., "The harrowing true story of 'Just Mercy'," New York Post, "2020, 6, 4, https://nypost.com/2020/06/04/the-harrowing-true-story-od-just-mercy," 2023. 5. 8. 검색.

력을 보았다고 증언했던 두 사람의 증인도 자기들의 증언을 철회하고, 재판에서 거짓말을 하여 위증을 저질렀다고 시인하였다. McMillian의 항소 변호인도 검사들이 증거를 덮어두었고, 검찰 측의 핵심 증인이 거짓말을 했다는 것을 알아냈다. Tate 보안관과 지방검찰의 수사관들 그리고 Alabama 주 수사국 요원들이 McMillian에 대하여 거짓말을 하고 허위 증언을 하도록 Myers를 압박하였다는 것도 밝혀졌다. 변호인단은 Myers의 진술 녹음 원본 테이프 일면을 다 듣고는 다시 뒷면을 틀자, Myers가 자신과 McMillian 둘 다 범행에 어떠한 역할도 하지 않았던 범죄에 대해서 자신이 알지도 못하는 McMillian에게 혐의를 씌우도록 강요받고 있다는 것에 대하여 격렬하게 이의를 제기하는 녹음된 기록을 발견하게 된다. 이 증거가 발견되자, McMillian의 지난번 항소 사건을 담당했던 지방 검사 Chapman은 Stevenson 변호사에게 자신의 당시 역할에 대해 구역질이 날 것 같다고 말했다는 것이다. 결국 1993년 2월 23일, 형사 항소법원에의 다섯 번째 항소에서 판사들이 McMillian의 유죄를 뒤집고 재판을 다시 하라고 5:0 만장일치로 판결하였다. 그로부터 2주 후, 항소법원 Baschab 판사는 McMillian에 대한 모든 혐의를 기각하였다. 그러나 Chapman 지방 검사는 McMillian에게 죄를 뒤집어씌우기 위한 의도적인 노력이 있었다는 데는 동의하지 않았다. 그러면서 그는 오히려 McMillian의 면죄가 사법제도가 작동하고 있음을 입증했다고 주장하였다. 이에 대해서 Stevenson 변호사는 자신이 하지도 않은 살인 혐의로 무고하게 기소된 사람에게 유죄를 평결하고, 그를 사형수 수용 시설로 보내기는 너무나 쉽지만, 그의 무고함을 입증하고 난 뒤에도 그의 자유를 되찾는 것은 너무나 힘들었다고 목소리를 높였다.[230]

---

230 Wikipedia, "Walter McMillian," https://en.wikipedia.org/wiki/Walter_McMillian,

McMillian은 Alabama의 가난한 흑인 정착촌에서 태어나서 목화를 따면서 자랐으나, 후에 벌목과 제지공장 장비를 구입하고, 어느 정도 성공한 기업인이 되었다고 한다. 1986년에 결혼하여 25년 동안 9명의 자녀를 둔 단란한 가정을 꾸렸다고 한다. 물론 그는 술집에서 싸움을 한 혐의로 한 건의 경범죄 외에는 전과기록도 없었고, 폭력 기록도 없었다. 그런 그가 작은 지역사회에서 백인 여성 Karen Kelly와의 불륜관계가 알려지게 되었고, 그의 아들 중 한 명도 또한 백인 여성과 결혼하였었는데, McMillian과 그의 변호사 Chestnut는 McMillian의 백인 여성과의 관계만으로도 그를 용의자로 만들었다고 주장하였다. 즉, 그를 용의자로 지목한 것은 인종차별에 바탕을 둔 것이었음을 지적했던 것이다. 교도소에의 인터뷰에서도 그는 자신이 교도소에 있는 유일한 이유, 원인은 자신이 백인 여성과 빈둥거리며 즐기고, 아들도 백인여성과 결혼했기 때문이라고 말하기도 했다.[231]

이 사건에서 McMillian을 변호했던 Stevenson 변호사는 자신의 경험과 역할을 토대로 "자비를 베풀어주소서(Just mercy)"라는 책으로 그리고 동명 영화로도 제작하였다. 그는 책과 영화에서 형사사법제도에 단단하게 뿌리내린 인종적 편견, 유죄평결을 위한 의심스러운 증거와 전술의 활용 그리고 그 결과 무고하게 구금된 사람들이 겪게 되는 끝날 줄 모르는 해악과 손상이라는 이 사건의 저변에 깔린 주제를 잘 보여주었다. Stevenson 변호사는 이 사건에서 특히 인종적 편견이 법률제도의 진정성마저 손상시킨

2023. 5. 8. 검색; National Registry of Exonerations, "Walter McMillian," https://www.law.umich.edu/special/exoneration/Pages/casedetail. aspx?caseid=3461, 2023. 5. 8. 검색; Alchetron, The Free Social Encyclopedia, "Walter McMillian," https://alchetron.com/Walter-McMillian, 2023. 5. 8. 검색.

231 Wikipedia, "Walter McMillian," https://en.wikipedia.org/wiki/Walter_McMillian, 2023. 5. 8. 검색.

다는 것을 보여주었다고 말한다. 그의 설명에 따르면, 먼저 Morrison이 살해되기 몇 주 전에 McMillian의 백인 여성 Karen Kelly와의 불륜에 관한 뉴스가 터졌다. 이 뉴스가 McMillian에 대한 대중의 부끄러움을 유발시켰고, 연방 대법원에서 다른 인종 간 결혼을 금지하는 것이 헌법위반이라고 판시했음에도 그때까지도 Alabama 주는 금하고 있었을 때다. 그 결과, 일반 대중은 물론이고 특히 당국에서는 McMillian에 대한 심각한 인종적 편견을 가졌다는 것이다. 그 한 예로, Tate 보안관이 McMillian을 체포할 때 일련의 인종 차별적 비속어를 사용하였고, 심지어 그가 린치를 당해야 마땅하다고 소리치기도 했다는 것이다. 여기에다 Morrison이 명성 있는 백인 가족 출신이어서 지역 언론과 지역사회가 그 사건에 상당한 관심을 가졌었고, 살인범을 법정에 세워야 한다고 더 갈망하였다는 것이다. 인종 차별적 편견이 McMillian의 체포에만 영향을 미친 것이 아니라 재판에도 큰 영향을 미쳤다고 한다. 재판 장소를 백인이 무려 86%나 되는 곳으로 바꾸어서 배심원단이 11명의 백인과 단 한 명의 흑인으로 구성되어, 그에 대한 유죄평결이 더 쉽고 빨리 이루어질 수 있었다는 것이다. 끝으로, 배심원은 종신형을 평결하였지만, 판사가 이를 뒤집고 사형을 선고한 것도 인종적 편견이 영향을 미친 결과라는 것이다. 이런 인종 차별적 편견이 양형에 미치는 영향에 대한 구체적인 예로, Georgia 주에서 유죄가 확정된 사람 중 그 피해자가 백인인 경우 사형선고를 받을 개연성이 11배나 높았으며, 같은 경우로서 65%의 Alabama 살인 피해자가 흑인인데도 80%의 사형수가 백인에 대한 범죄로 사형이 선고되었다는 것이다. 마치 그의 이야기를 토대로 제작된 영화 "Just Mercy"의 "당신은 당신이 태어난 순간부터 유죄이다"라는 명대사처럼 흑인은 '검다(black)'는 단순한 그 사실이 McMillian을 범죄자로 만들었다는 것이다. 그래서 미국인들은 백인들은 유죄가 확증되기까지는 무죄이지만, 흑인은 무죄가 입증되기 전까지는 유죄가 되는 그런 세상에 살고 있다는 것이다. 미국은 하나는 부자들을 위한 것이고, 다른 하나는 가난하고 유색인종을 위한 두 가지 전혀 다른 형사사법제도를 운용한다는 것이다, 이에 Stevenson 변호사는 "가난의 반대는 부자가 아니라, 부정의(injustice)이다"고 갈파하였던 것이다.[232]

이 사건의 쟁점은 어느 한 사람이 정직한 실수를 하였고, 그래서 무고한 사람이 유죄를 선고받았다는 것이 아니라, McMillian이 다른 이유가 없었음에도 그가 흑인이라는 피부 색깔 하나만으로 검찰 기소의 표적 대상이 되는 모멸을 당하고, 형사사법제도에서 경찰, 검찰, 법원의 권한 있는 다수의 사람으로부터 증오를 받았다는 것이다. 그래서 그는 자유를 도둑맞았을 뿐만 아니라 존엄성도 강도당하였다는 것이다. 결국, 그는 자유의 몸이 되었지만, 그를 무고하게 처벌하였던 사람들은 지역사회에서의 그의 명예를 회복시키기 위하여 무엇을 하였으며, 그들의 실수(의도되었건 아니건)에 대해서는 어떻게 하였을까? 불행하게도 달라진 것은 아무것도 없고,

---

232 Replow, G., "Just mercy: Sentenced to death for a murder he didn't commit-the true story behind gripping drama," Ents & Arts News, SKY, 2020, 10, 4, https://news.sky.com/story/just-mercy-the-true-story-behind-powerful-death-row-drama-11913545, 2023. 5. 8. 검색; Variety, NBC News, "'Just mercy' tells the story of Walter McMillian, a wrongfully convicted man who fights a flawed criminal justice system," 2019, 10, 25, https://www.nbcnews.com/news/nbcblk/just-mercy-tells-story-walter-mcmillian-wrongfully-convicted-man-who-n1070431, 2023. 5. 8. 검색; Nickeled & Dimed, "Just Mercy and the reality of wrongful convictions," https://nickeledanddimed.com/2022/04/12/just-mercy-and-the-reality-of-wrongful-convictions, 2023. 5. 8. 검색.

아무런 것도 행해지거나 이루어지지 않았다.[233]

Muhammad A. Aziz/Khalil Islam
공권력의 공무상 위법행위와 인종차별의 피해자

오심에 의한 무고한 형벌은 어쩌면 생애 최고의 전성기에 자신이 범하지도 않은 범죄로 자유를 강탈, 강도당하는 것이고, 살인마로 낙인이 새겨지는 극도의 고통을 경험하게 하는 것이다. Aziz와 Islam도 바로 그런 사람들에 속한다. 무려 55년 전 미국의 흑인 인권운동가 Malcolm X를 살해한 살인범으로 널리 알려졌던 것이 이제는 Aziz와 Islam 두 사람 다 무고하며, 처음부터 그들이 범하지도 않았던 살인으로 체포되고, 기소되고, 유죄가 확정되지 않았어야 했다는 것이 공식적으로 인정되고 있다. Aziz와 Islam에 대한 유죄 확정은 중대한 공무상 위법행위와 유색인종에 대한 형사사법제도의 불리한 인식과 처우의 산물이었다. 물론 비록 55년이란 긴 시간이 필요했지만, 그들에 대한 면죄는 사법제도가 더 잘할 필요가 있고, 또 더 잘할 수도 있다는 징표이기도 하였다.[234]

반전운동, 인종차별 반대운동, 인권운동 등 다양한 시민운동이 그 절

---

233 Redeeming Grace Church, "The strange and disturbing case of Walter McMillian," https://rgcfairfax.org/strange-disturbing-case-qalter-mcmillian, 2023. 5. 8. 검색.

234 Innocence Project, "Historic and long overdue exonerations of Muhammad A. Aziz and Khalil Islam for the 1965 assassination of Malcolm X," https://innocenceproject.org/historic-exonerations-muhammad-azia-khalil-islam-1965-assassination-of-malcolm-x, 2023. 5. 8. 검색.

정을 이루던 60년대, 당시 미국에서 가장 영향력 있던 흑인 인권 운동가 Malcolm X의 암살은 그 자체가 역사적 사건이었고, 그래서 더더욱 양심적이고 용의주도한 수사와 기소가 요구되었지만, 오히려 당시 가장 노골적인 오심 사건의 하나가 되었던 것이다. 다행스럽게도, 전례가 없는 수많은 학자와 활동가와 이 오심으로 초래된 무고한 유죄 확정 사건에 대한 진정한 합동 재수사에 참여하겠다는 New York의 Manhattan 지방검찰의 "유죄 확정 진실성 프로그램(Conviction Integrity Program)"의 설치가 힘을 합친 결과로 비록 55년이란 긴 시간을 필요로 했지만 오심이 바로잡힐 수 있었던 것이다. 이런 노력의 결과로, 그동안 New York 경찰과 FBI에 의해서 숨겨져 왔던 Azia와 Islam의 무고함을 입증하는 밝혀지지 않았던 증거가 그들에 대한 유죄를 무효화 할 뿐 아니라 암살에 있어서 정부의 결탁, 연루, 공모에 관한 많은 풀리지 않은 의문을 잘 보여주고 있다.[235]

암살에 뒤따른 무고한 두 사람의 면죄를 위한 시도와 노력 그리고 결국에는 면죄된 사건의 전말은 이렇다. 1965년 2월 21일, New York의 Audubon

---

235 Innocence Project, "Historic and long overdue exonerations of Muhammad A. Aziz and Khalil Islam for the 1965 assassination of Malcolm X," https://innocenceproject.org/historic-exonerations-muhammad-azia-khalil-islam-1965-assassination-of-malcolm-x, 2023. 5. 8. 검색; ABC 7 New York, "2 men convicted as accomplices in 1965 Malcolm X assassination to be cleared," 2021, 11, 18, https://abc7ny.com/malcolm-x-muhammad-azis-norman-butler-khalil-islam/11246545, 2023. 5. 8. 검색; Business Insider, "Lawyers for Muhammad A. Aziz and Khalil Islam issue statements on historic and long overdue exonerations for the 1965 assassination of Malcolm X," 2021, 11, 17, https://markets.businessinsider.com/news/stocks/lawyers-for-muhammad-a-azia-and-khalil-islam-issue-statements-on-historic-and-ling-overdue-exonerations-for-the-1965-assassination-of-malcolm-x, 2023. 5. 8. 검색; National Registry of Exonerations, "Khalil Islam," https://www.law.umich.edu/special/exoneration/Pages/casedetail.aspx?caseid=6073, 2023. 5. 8 검색.

대연회장에서 열린 한 행사에서 Malcolm X가 막 청중에게 연설을 시작하자, 한 집단의 남성들이 매복했다가 그를 습격하여 치명적인 총격을 가하였다. 당시에는 Talmadge Hayer로 알려졌던 Mujahid Abdul Halim이 New York 경찰에 의하여 현장에서 체포되었다. Aziz와 Islam은 그로부터 며칠이 지나고 각자의 집에서 체포되어 Halim과 함께 Malcolm X의 살인 혐의로 기소되었다. 이 비극적인 사건 직후부터 수사와 기소에 이르는 동안, FBI도 즉시 개입하여 New York 경찰 및 검찰과 긴밀하게 공조하였다. Azia와 Islam이 암살과 연루되었다거나, 그들의 살인 혐의를 증명해주는 아무런 물적 증거도 존재하지 않았을 뿐만 아니라, 두 사람 중 누구도 Halim과 관련시킬 만한 어떠한 증거도 없었다. 그럼에도 그들을 사건의 공범으로 기소하였던 것은 오로지 수상하고 불확실한 상황에서 확보된 매우 모순되고 믿기 어려운 목격자 증언에만 의존하였기 때문이었던 것이다. 증언에서 처음에는 자신의 유책, 유죄를 부정하였으나, 후에 Halim은 증언대에 서서 암살에서의 자신의 역할을 시인하고, Azia와 Islam은 사건과 아무런 관련이 없다고 확인해 주었다.[236]

역사학자들이나 암살을 수사해온 사람들 가운데는, 진범에게 유죄가 선고되었다는 데 대한 상당한 회의를 가졌던 사람이 많이 있었다. Netflix

---

236 Innocence Project, "Historic and long overdue exonerations of Muhammad A. Aziz and Khalil Islam for the 1965 assassination of Malcolm X," https://innocenceproject.org/historic-exonerations-muhammad-azia-khalil-islam-1965-assassination-of-malcolm-x, 2023. 5. 8. 검색; Davkd. B. Shanies Law Office, "Exonerations of Muhammad A. Aziz and Khalil Islam lead to civil actions against the State and the City of New York," 2021, 12, 14, https://www.prnewswire.com/news-releases/exonerations-of-muhammad-a-azia-and-khalil-islam-lead-to-civil-actions-against-the-state-and-city-of-new-york, 2023. 5. 8. 검색.

의 6부작 다큐멘터리 "누가 Malcolm X를 죽였는가"가 2020년 발표되고 난 후, 이 사건에 대한 관심이 더욱 증폭되었다. 다큐멘터리가 발표되고 난 후, Manhattan 지방검찰은 새로운 수사를 시작하였다. 2021년 2월, 다양한 매체에서 전 뉴욕 경찰관 Raymond Wood의 편지를 공개했는데, 편지에서 그는 상사들로부터 Malcolm X의 보안팀이 범죄에 가담하도록 설득하여 그들이 암살이 벌어진 행사에 있지 않도록 하라는 압력을 받았다고 실토한 것이다. 편지는 Wood의 임무가 두 사람을 연방 중범죄에 끌어들여서 FBI에 체포되고, 그래서 행사장 출입 보안을 관리하지 못하도록 하는 것이었다고도 기술되어 있었다.[237]

더구나 Azia와 Islam 두 사람 모두 알리바이가 있었다. Macolm X가 암살당한 그 시간에 각자 자신의 집에 있었던 것이다. 재판에서 두 사람은 자기 변호로서 증언하였고, 암살 시간 쯤 그들을 보았거나 집에 있던 그들과 전화 통화를 했던 각자의 배우자, 친구 그리고 기타 사람들의 증언도 제시하였다. 여기에, Aziz는 당시 최근 있었던 경찰관의 구타로 입은 부상으로 다리가 불편하였으며, 실제로 병원기록도 암살이 일어난 바로 그날 아침에도 진료를 받은 것으로 나타났다. 경찰과 검찰에 의하면, Islam이 Malcom X를 저격하고는 여자 화장실 창문을 뛰어넘어 계단으로 도주했다는 것인데, 사실 그는 다리가 아파서 걷기조차 힘들었다고 한다. 이처럼 그들에 대한 유죄를 입증하는 데 있어서 심각한, 중대한 문제점들이 있었음에도 불구하고, Aziz와 Islam 두 사람 다 Malcolm X의 살인 혐의로 1966년 유죄가 평결되고 종신형을 선고받았던 것이다. 그렇게 두 사람은 합쳐서 무려 42

237 Knorr-Evans, M., "Who are Muhammad Abdul Aziz and Khalil Islam and why they have been exonerated?" AS USA, 2021, 11, 17, https://en.as.aom/en/2021/11/17/latest_news/1637183002_315357.html, 2023. 5. 8. 검색.

년 동안이나 옥살이를 하였고, 그중 상당한 기간을 대체로 징벌방으로 알려지고 그렇게 사용되는 독방에서 지냈다고 한다. 1977년 두 사람은 주범 Halim이 진짜 자신의 공범 4명을 처음으로 확인해주었고, Azia와 Islam이 자기들의 무고함을 되풀이해서 주장했던 두 가지 진술을 근거로 자기들에 대한 유죄를 무효화하려는 노력을 시작하였다. Halim의 진술서에 담긴 정보는 검찰과 변호인에게 숨겨져 있던 FBI와 New York 경찰 기록물로 뒷받침되었다. 그럼에도 유죄를 무효화하려던 그들의 노력은 실패로 끝나고 만다.[238]

그로부터 다시 수십 년이 흐르고, 학자, 작가, 언론인들을 중심으로 Aziz와 Islam은 무고하다는 공통된 의견이 팽배하였고, 가장 최근인 2020년에는 Netflix가 "누가 Malcolm X를 죽였는가(Who killed Malcolm X?)"라는 다큐멘터리를 제작, 발표하였는데, 거기서 FBI의 각종 파일과 기타 다른 증거들에

---

238 Innocence Project, "Historic and long overdue exonerations of Muhammad A. Aziz and Khalil Islam for the 1965 assassination of Malcolm X," https://innocenceproject.org/historic-exonerations-muhammad-azia-khalil-islam-1965-assassination-of-malcolm-x, 2023. 5. 8 검색; Romo V. and F. Jonathan, "2 men convicted of killing civil rights leader Malcolm X are exonerated in court," 2021, 11, 18, NPR, https://www.npr.org/2021/11/17/1056649430/malcolm-x-azia-islam-exonerated, 2023. 3. 23. 검색; Constantino, A. K., "Two men, Muhammad Aziz and Khalil Islam, are exonerated in the killing of Malcolm X," CNBC, 2021, 11, 18, https://www.cnbc.com/2021/11/18/malcolm-x-murder-muhammad-azia-and-khalil-islam-exonerated.html, 2023. 5. 8. 검색; Davkd. B. Shanies Law Office, "Exonerations of Muhammad A. Aziz and Khalil Islam lead to civil actions against the State and the City of New York," 2021, 12, 14, https://www.prnewswire.com/news-releases/exonerations-of-muhammad-a-azia-and-khalil-islam-lead-to-civil-actions-against-the-state-and-city-of-new-york, 2023. 5. 8. 검색; BBC, "Malcolm X's 1965 assassination: Convictions of two men quashed," 2021. 11. 18, https://www.bbc.com/news/world-us-canada-59327673, 2023. 5. 8. 검색.

대한 철저한 분석을 통하여 그들의 무죄, 무고함을 재차 강조하였고, 진범한 사람의 신원을 밝히기도 하였다. FBI와 NYPD 뉴욕 경찰이 지난 반세기 이상 Aziz와 Islam의 자유, 무고함을 담보, 보증할 증거를 고의로 무시하거나 제출하지 않음으로써 사건을 잘못 처리하였다는 의심과 소문이 파다하였던 터에 Netflix의 다큐멘터리가 힘을 더하고 불을 붙여서 결국 New York 지방검찰의 Vance 검사가 새로운 수사를 출범시키게 했던 것이다. Vance 검사는 재수사를 통해서 밝혀진 기록의 다수가 무죄를 증명하는 것이었으며, 그럼에도 불구하고 그 어떤 것도 변호인에게 제공되지 않았으며, 이들 파일이 없이는 이 두 사람이 공정한 재판을 받지 못했음이 분명하고, 따라서 그들에 대한 유죄는 무효화되어야 한다고 말하였다. 이어서 Vance 검사는 이 사건은 법과 대중의 신뢰에 대한 심각하고 받아들일 수 없는 위반이라고 사죄하고, 두 사람은 받아 마땅한 정의를 누리지 못했다고 설파하였던 것이다.[239]

239 Innocence Project, "Historic and long overdue exonerations of Muhammad A. Aziz and Khalil Islam for the 1965 assassination of Malcolm X," https://innocenceproject.org/historic-exonerations-muhammad-azia-khalil-islam-1965-assassination-of-malcolm-x, 2023. 5. 8. 검색; Romo V. and F. Jonathan, "2 men convicted of killing civil rights leader Malcolm X are exonerated in court," 2021, 11, 18, NPR, https://www.npr.org/2021/11/17/1056649430/malcolm-x-azia-islam-exonerated, 2023. 3. 23. 검색; Constantino, A. K., "Two men, Muhammad Aziz and Khalil Islam, are exonerated in the killing of Malcolm X," CNBC, 2021, 11, 18, https://www.cnbc.com/2021/11/18/malcolm-x-murder-muhammad-azia-and-khalil-islam-exonerated.html, 2023. 5. 8. 검색; Davkd. B. Shanies Law Office, "Exonerations of Muhammad A. Aziz and Khalil Islam lead to civil actions against the State and the City of New York," 2021, 12, 14, https://www.prnewswire.com/news-releases/exonerations-of-muhammad-a-azia-and-khalil-islam-lead-to-civil-actions-against-the-state-and-city-of-new-york, 2023. 5. 8. 검색; BBC, "Malcolm X's 1965 assassination: Convictions of two men quashed," 2021, 11, 18, https://www.

재수사에서 확인된 기록에는, Islam을 식별하지 못했고 다른 용의자가 연루시켰던 증인의 FBI 보고서를 포함하고 있다. 중요한 것은, 당시 FBI의 수장이었던 J. Edgar Hoover 국장의 명령에 따라 FBI가 복수의 증인들에게 자기들이 사실 FBI 정보원임을 경찰이나 검찰에 말하지 말라고 지시하였다는 것을 보여주는 기록도 있다고 한다. 더구나 그 밖에 누가 Malcolm X를 저격했는지에 관련하여, FBI는 증인의 용의자 진술과 일치하는 William Bradley라는 이름의 남자에 대하여 이미 알고 있었던 것으로 보고되고 있다. Bradley도 '이슬람의 나라' 소속 행동대원이었고, 심지어 Halim이 다른 공범 중 한 사람으로 확인했었던 사람이다. 반면에 증인의 진술은 Aziz나 Islam 누구와도 닮지 않았으며, 그럼에도 New York 경찰 당국은 Bradley가 용의자였다는 것을 전혀 듣지도 못했다는 것이다.[240]

무죄 선고나 석방의 기초가 될만한 알리바이를 제공했음에도 불구하고, 불분명하고 의문스러운 증언에만 근거하여 Aziz와 Islam을 Malcolm X의 살해 혐의로 체포하여 유죄를 선고했던 것은 아마도 세간의 관심이 매우 높았던 사건을 신속하게 해결하려는 압박에서 두 사람의 무고함을 가리키는 증거를 제공하지 않았을 것이라는 해석이다. 여기에다 처음부터 이들을 용의선상에 올리게 했던 것은 Malcolm X가 이념적, 사상적 차이로 결별하였고, 그래서 그에 대한 반감을 갖게 되었을 것이라는 세간의 풍문이 있었기 때문에 Malcolm X의 암살에 주요 용의자로 여겨졌던 흑인 무슬림 조직 "이슬람의 나라(Nation of Islam)"의 조직원들이었기 때문이라는 것이다. 법

---

bbc.com/news/world-us-canada-59327673, 2023. 5. 8. 검색.

240 Prater, N., "The men who didn't kill Malcolm X," New York Magazine, 2021, 11, 18, https://nymag.com/intelligencer/2021/11/18/malcolm-x-killing-khalil-islam-muhammad-aziz-to-be-cleared.html, 2023. 5. 8. 검색.

집행 기관에서는 그래서 Malcolm X의 암살이 1964년 Malcolm X가 '이슬람의 나라'와 결별하고, 그가 '아프리카 - 아메리칸 통합 조직'을 창립한 것과 관련이 있다고 믿었다. Malcolm X가 조직을 떠난 것이 필요한 어떤 수단으로라도 흑인 인종 해방을 갈구했던 조직 내에 그에 대한 악감정을 초래했을 것으로 확신하였다. 실제로, Malcolm X의 암살 후 얼마 지나지 않아서, 현장에서 총격범이었던 '이슬람의 나라' 구성원인 Halim을 체포했었다.[241]

Halim은 New Jersey에서 온 '이슬람의 나라' 회원들이었던 4명의 공범의 신원을 밝혔지만, 그들 누구 한 사람도 결코 체포되지 않았고, Halim도 2010년에 보호관찰을 조건으로 가석방되었다. FBI와 New York 경찰은 Halim의 증언을 확증해주는 증거를 뭉갰고, 대중들은 기만당했으며, 실제로 살인을 범했던 사람 중 Halim을 제외한 누구도 결코 법의 심판을 받지 않았던 것이다. 그럼에도, 흔히 검찰을 방탄이라고 할 정도로 실수를 인정하지 않고 파고들기도 어렵다는 사실을 감안할 때, 검찰이 스스로 잘못되었다고 시인하는 것은 엄청난 진전이지 않을 수 없었다. 그러나 55년 전에 Aziz와 Islam의 혐의를 벗겨줄 증거들이 정확하게 왜 당국에 의해서 덮여졌는지 추가적인 수사가 필요하다는 주장이 제기되고 있다. 이런 음모가 얼마나 광범위했는지, 왜 이 두 사람이 터무니없이 각자의 인생 중 20년을 교도

---

241 Madappa, A., "What happened to Muhammad Aziz and Khalil Islam? Men exonerated over Malcolm X murder set to receive $36M from NYC," Sportskeeda, 2022, 11, 1, https://www.sportskeeda.com/pop-culture/news-what-happened-muhammad-azia-khalil-islam-men-exonerated-malcolm-x-murder-set-receive-36m, 2023. 5. 8. 검색; ABC News, "Two accused killers of Malcolm X, Muhammad Aziz and Khalil Islam, to be cleared of 1965 assassination," 2021, 11, 18, https://www.abc.net.au/news/2021-11-18/two-men-charged-with-killing-malcolm-x-to-be-exonerated/100630186, 2023. 5. 8. 검색; National Registry of Exonerations, "Khalil Islam," https://www.law.umich.edu/special/exoneration/Pages/casedetail.aspx?caseid=6073, 2023. 5. 8. 검색.

소에서 보내게 되었는지를 포함한 많은 의문에 대한 답이 필요하다는 것이다. 이유는 그들이 가석방으로 풀려났지만 여전히 상징적인 흑인 지도자의 암살자로 알려지는 낙인과 부담을 안고 살았기 때문이다.[242]

Jane Dorotik
검찰의 무죄 입증 증거의 은닉과 허위 법의학 증거

2022년 5월 16일, 미국 San Diego 지방검찰은 75세의 Jane Dorotik에 대한 살인 혐의를 기각하여, 2000년 2월 남편 Robert Dorotik을 살해하지 않았다는 것을 입증하려는 그녀의 20년 이상의 법정 투쟁에 종지부를 찍게 되었다. 물론, 이 결정이 내려졌을 때는 2001년 1월 12일 25년부터 종신까지의 형 중에서 거의 19년이 지난 2년 전 교도소에서 풀려난 상태였다. 2020년 7월, 검찰은 Dorotik이 새로운 재판을 받을 권리가 있다고 인정하고, 새롭게 발견된 DNA 증거로 인하여 그녀에 대한 유죄가 무효화되어야 한다는 데 동의하였다. 검찰이 사건을 기각했을 당시, 유죄 확정 후 DNA 검사는 물론이고, 2001년의 재판에서 검찰이 변호인단에 제공하지 않았던 무죄 입증 증거의 발견으로 그녀에게 유죄를 선고하였던 대부분의 증거가 믿을 수 없게 되었다. 더불어 그녀에 대한 유죄 확정에 이용된 법의학적 증거도 허위, 거짓이었던 것으로 밝혀졌다. 2016년에 시작된 새로운 DNA 검사의 결과

242 Lapin, T., "Applause breaks out in NYC courtroom as two men cleared of Malcolm X murder," New York Post, 2021, 11, 18, https://nypost.com/2021/11/18/muhammad-azia-khalil-islam-cleared-of-malcolm-x-murder, 2023. 5. 8. 검색.

로 Dorotik은 핵심 용의자에서 배제되었고, 신원이 확인되지 않은 한 남성의 존재가 밝혀졌던 것이다. 모든 사람들이 말하기를, '유죄가 입증될 때까지는 무죄(not guilty until proven guilty)'라고 하지만 이는 사실이 아니며, 일단 유죄로 추정받게 되면, 경찰과 검찰은 가능한 모든 종류의 추측과 소문의 조각이라도 유죄 추정을 심판하고 지지하기 위하여 끌어들이게 된다는 것을 경험하게 한 사건이었다.[243]

사건은 이렇게 시작되었다. 2000년 2월 13일 일요일 저녁, 당시 53세였던 Jane Dorotik은 남편인 Robert Dorotik이 오후 1시경 조깅을 한다고 집을 나간 뒤 돌아오지 않았다고 경찰에 신고한다. 당시 그들 부부는 상당한 규모의 말 농장에서 딸들과 함께 살면서 말들을 키우고 훈련시켰다. Jane은 당시 정신건강 서비스 회사의 고위 임원이었다. 신고 전화를 받은 보안관 사무실에서는 수색 구조대를 즉시 배치하였고, 동행했던 수색견이 Robert의 일상적 조킹 코스 중 하나인 호수가 도로변에서 Robert가 입었던 자켓을 발견한다. 이어서 2000년 2월 14일 월요일 새벽 5시 직전, Robert의 시신이 그의 자켓이 발견된 곳에서 0.5 마일도 채 떨어지지 않은 곳에서 발견되었다. 그의 두개골은 여러 군데 골절되었고, 목이 졸려있었고, 그때까지도 목에 밧줄이 감겨져 있어서 묶인 자국이 남아있었다.[244]

---

243 The National Registry of Exoneration, "Jane Dorotik," https://www.law.umich.edu/special/exoneration/Pages/caseddetail.aspx?caseid=6332, 2023. 5. 8. 검색; Elkalla, M., "Jane Dorotik speaks about murder case dropped after more than two decades," 10 News San Diego, 2022, 5, 18, https://www.10news.com/news/local-news/jane-dorotik-speaks-about-murder-case-dropped-after-more-than-two-decades, 2023. 5. 8. 검색.

244 The National Registry of Exoneration, "Jane Dorotik," https://www.law.umich.edu/special/exoneration/Pages/caseddetail.aspx?caseid=6332, 2023. 5. 8. 검색.

법 집행관, 보안관실의 과학수사 연구소의 분석관을 포함한 무수히 많은 수사관들이 2월 13일에서 15일 사이에 수색견에게 냄새를 맡게 할 옷가지 확보를 위하여 부부의 침실을 들어가는 등 부부의 집을 들락거렸고, 증거를 찾으려고 곳간과 건물과 농장 곳곳을 수색하였다. 2월 16일, 수사연구소 분석관 Carolyn Gannett이 수색의 일부로서 양말만 신은 채로 침실로 걸어 들어가서는 타일이 깔렸던 곳 근처의 카펫이 젖어있는 것을 발견하였다. 그곳에서 그녀는 붉은색 흔적을 발견하고는 형사를 불렀다. 더 자세히 살펴본 결과, 그들은 혈흔으로 믿어지는 것들을 보고 수색영장을 발부받고 집 전체에 대한 집중적인 정밀 조사를 하여 여기저기서 혈흔과 피 묻은 수건을 발견한다. 곧이어 도착한 두 아들은 최근 아버지가 침실에서 코피를 흘린 적이 있다고 경찰에 말한다. 수건에 묻은 혈흔이 일전에 아버지가 침실에서 흘렸던 코피일 것일 수도 있다는 것이었다. 딸 Claire는 엄마가 아버지를 살해했다고 결코 믿지않았지만, 두 아들 Alex와 Nick은 엄마를 의심하였고, 그들은 재판에서 엄마에게 불리한 검찰 측의 핵심 증인이 되었다. 수사연구소 분석관 Gannett은 Jane이 농장에서 평소 사용하던 Ford F-250 픽업트럭을 검사하고는 수사팀장 Richard Empson에게 트럭의 바퀴가 Robert의 시신 옆에서 발견된 바로 그 자동차 바퀴 자국을 남긴 것으로 확신한다고 보고하였다.[245]

그 이튿날 아침인 2000년 2월 17일, Jane은 체포되었고, 형사들은 Jane이

---

245 The National Registry of Exoneration, "Jane Dorotik," https://www.law.umich.edu/special/exoneration/Pages/caseddetail.aspx?caseid=6332, 2023. 5. 8. 검색; CBS News, "Jane Dorotik case: Murder charges dropped in San Diego County due to insufficient evidence. It's finally over," https://www.cbsnews.com/news/jane-dorotik-today-bob-dorotik-murder-chafges-dropped, 2023. 5. 8. 검색.

침실에서 Robert의 목을 졸라 살해하고는 조깅복으로 옷을 갈아입히고 트럭에 태워서 숲속에 버린 것으로 추정하였다. 이어서 검찰은 기자들에게 Jane에 대한 매우 강력한 상황적 증거가 있다고 설명하였다. 2001년 5월의 재판에서, 검찰은 살인이 오랫동안 이어진 부부간 금전적 분쟁의 마지막 행동이었다고 배심원단에 진술하였다. Robert가 Jane이 지나치게 많은 돈을 말에 소비하는 데 대하여 좋아하지 않았고, 1997년 한 때 이혼 소송도 제기하였고 별거도 했다는 것이다. 이런 판단에서 검찰은 계산되고, 사전 계획되고, 의도적인 살인이었다고 주장하였다. 그러나 사실은 그들이 1998년 재결합하였고, 금전 관리도 서로 따로 하기로 합의했다고 하여 검찰의 주장에 의문을 갖게 하였다.[246]

그럼에도 Jane은 유죄를 선고받고 교도소에 수감되었지만, 자신의 유죄 선고를 뒤집기 위한 싸움은 결코 멈추지 않았다. 2015년, Robert의 옷과 손톱 밑에서 긁어낸, Robert의 목을 조르기 위하여 사용된 밧줄에 대한 새로운 DNA 검사가 이루어졌다. 검사 결과 DNA가 발견되었지만 그것은 Jane의 것이 아니었다. 그녀의 변호인단은 트럭의 타이어 자국과 집에서 발견된 혈액과 같이 그녀에게 불리하게 적용된 일부 법의학 증거의 타당성을 신뢰하지 않았다. 또한 사건에 투입되었던 전문가와 일부 증거를 다루었

246 The National Registry of Exoneration, "Jane Dorotik," https://www.law.umich.edu/special/exoneration/Pages/caseddetail.aspx?caseid=6332, 2023. 5. 8. 검색; CBS News, "Jane Dorotik case: Murder charges dropped in San Diego County due to insufficient evidence. It's finally over," https://www.cbsnews.com/news/jane-dorotik-today-bob-dorotik-murder-chafges-dropped, 2023. 5. 8. 검색; Moran, G., "'It's finally over', San Diego DA drops 22-year-old murder case against Jane Dorotik," The San Diego Union-Tribune, 2022, 5, 16, https://www.sandiegouniontribune.com/news/courts/story/2022-05-16/da-drops-dorotik-case, 2023. 5. 8. 검색.

던 과학수사 연구소에 대한 의문도 제기되었다. 실제로 이 사건에서는 아무런 물적 증거도 목격자도 없었으며, 오로지 거의 전적으로 상황적 증거만 있었을 뿐이었던 것이다. 수년 동안에 걸친 항소에도 성공하지 못하였으나, Loyola Law School의 Project for Innocence가 이 사건을 맡고부터 곧바로 법의학적 작업에 초점을 맞추었고, 2019년 판사는 그녀의 재판에서 이용된 DNA 증거와 혈흔 분석에 오류가 있었다고 결정하여 그녀의 유죄가 폐기되어야 할지를 결정하기 위한 청문을 명하였다. 2020년, Jane에 대한 살인사건 유죄는 뒤집혔고, 그녀는 교도소에서 석방되었지만, 검찰은 Robert의 살인에 대하여 그녀를 다시 재판하려고 계획하였다. 변호인 측은 Jane에 대한 재 재판은 사법 정의에 도움이 되지 않으며, 공공의 안전도 증진시키지 않을 것이며, 오히려 공공 자원의 낭비이고, 검찰 재량의 무책임한 이용이라고 주장하였다. 그러나 변호인단은 재판에 제출된 증거가 안고 있는 무수한 문제점과 과학수사 연구소 분석관들의 허위와 믿을 수 없는 증언을 포함한 재판 절차의 불공정성을 지적하였던 것이다. 결국 2022년 5월 16일, 그녀를 다시 재판하는 대신, Jane에 대한 사건은 기각되었다. 판사가 일부 증거들은 증거로 인정할 수 없다고 결정을 내리자, 검찰은 나머지 증거로는 합리적 의심 이상(Beyond reasonable doubt)으로 유죄를 입증하기에 충분하지 않다고 판단하여 더 이상의 재판을 진행하는 것은 윤리적이지 않다고 결론을 내렸던 것이다. 검찰은 재판부의 결정이 다시 재판하지 않기로 한 결정에 영향을 미쳤다고 시인하였다.[247]

---

247 CBS News, "Jane Dorotik case: Murder charges dropped in San Diego County due to insufficient evidence. It's finally over," https://www.cbsnews.com/news/jane-dorotik-today-bob-dorotik-murder-chafges-dropped, 2023. 5. 8. 검색; Moran, G., "'It's finally over', San Diego DA drops 22-year-old murder

정밀 조사의 법의학적 작업에서 이전에 전혀 밝혀지지 않았던 과학수사 연구소 일부 분석관들의 문제가 있는 근무기록 그리고 지방검찰이 수년 동안 증거를 은닉, 은폐해 왔다는 혐의 등 상당한 오류가 밝혀졌다. 변호인단은 일부 증거는 제대로 취급되고 다루어지지 않았고, 다른 일부 증거들은 부적격하게 분석되었음을 보여주었고, 때로는 법 집행 기관의 완전하지 않은 수사와 비행도 있었다고 주장하였다. 더 심각한 문제, 문제를 더 복잡하게 한 것은 지방검찰이 사건 원본 파일들을 분실하여 변호인단이 원래 사건에서 활용된 증거들을 해부하는 것을 더욱 어렵게 만들었다는 점이다. 변호인 측은 검찰이 혈액형 증거와 시신 근처에서 발견된 타이어 자국을 포함한 잘못 취급되고 다루어지고 처리되고, 과학수사관들이 잘못 해석한 흠결이 있는 법의학 증거에 의존했다고 주장하였다. 특히, 변호인 측에서는 모든 증거를 다 사용하지 말고, 검사하지 않았던 손톱과 살인 무기를 다시 검사하라고 요구하였지만, 검찰이 모든 증거물을 검사에 다 써버려서 현재 더 이상 재검사를 할 수 있는 것이 아무것도 남아있지 않다고 개탄하였다. 변호인 측은 살인 흉기에서 낯선 남성의 DNA를 발견하였지만, 그것도 지금은 다 없어져 버렸으며, 검찰이 변호인 측이 원했던 것들을 지키지 않았다고 비난하였다. 변호인 측은 법의학 증거를 검토한 결과, 증

case against Jane Dorotik," The San Diego Union-Tribune, 2022, 5, 16, https://www.sandiegouniontribune.com/news/courts/story/2022-05-16/da-drops-dorotik-case, 2023. 5. 8. 검색; Bravo, C. and Martell, B., "Case dismissed against women accused of killing husband in 2000," NBC 7 San Diego, 2022, 5, 16, https://www.nbcsandiego.com/news/local/murder-case-dismissed-against-women-accused-of-killing-husband-in-2000/2947541. 2023. 5. 8. 검색; Elkalla, M., "Jane Dorotik speaks about murder case dropped after more than two decades," 10 News San Diego, 2022, 5, 18, https://www.10news.com/news/local-news/jane-dorotik-speaks-about-murder-case-dropped-after-more-than-two-decades, 2023. 5. 8. 검색.

거를 처리하고 분석했던 과학수사관들이 그 일을 할 능력이 없다고 주장하였다. 유죄 확정에만 열중하고 있는 지나칠 정도로 과도하게 열정적인 검찰에다 잘못된 법의학 증거를 더하여 Jane의 사건은 배심원들에게는 '과학적으로 믿을 수 있는 법의학 증거로 사실을 왜곡시키는 교묘한 속임수에 지나지 않았던 것이다. 이뿐 아니라 변호인 측은 Robert Dorotik의 손톱 밑에서 다른 사람의 DNA가 발견되었고, 수사관들이 Robert가 검찰이 그가 살해되었다고 주장한 하루 후에도 그가 분명히 살아있었다는 목격자의 진술에도 눈을 감았다고 주장하였다.[248]

이 사건에 대한 법 집행 기관의 수사는 살인 사건 수사팀장이 자신이 Jane Dorotik 외 다른 용의자는 전혀 고려하지도 않았다고 시인하여, 처음부터 소위 '좁은 시야, tunnel vision'으로 문제가 되었다. 그 결과, 수사관들은 - 새로운 DNA 증거로 입증되었고 - 오늘날까지도 수사되고, 신원이 확인되고, 검거되지 않은 또 다른 범법자를 가리키는 주목할만한 단서들을 무시하였다. Jane의 사례는 검찰이 아직도 법의학이라는 학문 분야의 신뢰성에 많은 의문을 제기하는 과학 공동체의 발전에도 불구하고, 심지어 오늘날까지도 지난 수십 년 동안 오심의 주된 원인으로 지목되어 온 잘못된, 흠결이 있는 법의학에 지나치게 의존하고 있음을 보여주고 있다. 당연히 이 사건은 비교적 최근의 오심 사례임에도 아직도 법정에서 법의과학에 대한 훨씬

---

248 Moran, G., "It's finally over', San Diego DA drops 22-year-old murder case against Jane Dorotik," The San Diego Union-Tribune, 2022, 5, 16, https://www.sandiegouniontribune.com/news/courts/story/2022-05-16/da-drops-dorotik-case, 2023. 5. 8. 검색; Bravo, C. and Martell, B., "Case dismissed against women accused of killing husband in 2000," NBC 7 San Diego, 2022, 5, 16, https://www.nbcsandiego.com/news/local/murder-case-dismissed-against-women-accused-of-killing-husband-in-2000/2947541. 2023. 5. 8. 검색.

더 엄격한 정밀 조사가 필요하다는 또 다른 하나의 사례라고 할 수 있다.[249]

The Beatrice Six
세뇌된 허위 기억과 허위자백

　자신이 기억도 하지 못하는 범죄로 유죄가 선고될 수 있을까? 그렇다. 기억하지도 못하는 살인으로 유죄가 확정되었던 여섯 명이 있다. 바로 미국 Nebraska 주 Beatrice에 살던 여섯 명의 젊은 낙오자들이 바로 그들이다. 이 여섯 명의 낙오자들은 심지어 자기들 스스로 사건의 어떤 것도 기억하지 못하면서도 자기들이 1985년 2월 어느 날 밤 Helen Wilson이라는 이름의 노인 여성을 잔인하게 강간하고 살해했다고 믿게 되었던 것이다. 문제는 자기들이 강간 살인을 범했다고 확신하고 진술했던 것은 오로지 Cage County 보안관실의 수사 형사와 경찰 심리학자가 말해주었던 그대로였다는 것이다. 먼저 그들의 확신은 그냥 어리둥절할 따름이다. 왜 그들은 그토록 끔찍한 사건에 대해서 어떤 것도 확실하게 기억하지 못했을까? 그들 여섯 명 중 누구도 심지어 자신이 그날 밤 피해 노인 여성의 아파트에 갔었는지조차 기억하지 못했다. 그러나 사건을 처리하는 경찰에게는 그것도 아무런 문제가 되지 않았다. 경찰은 그들이 충격적인 기억을 단순히 억눌렀기 때문에 기억하지 못하는 것이라고 그들을 안심시켰다. 경찰 심리학자

249 Loyola Marymount University, "LPI secures dismissal of client Jane Dorotik's murder conviction," https://www.lls.edu/thrllsdifference/facesoflls/lpisecures dismissalofclientjanedorotiksmurderconviction, 2023. 5. 8. 검색.

Wayne Price는 살인의 기억은 비록 얼마간의 시간이 걸릴 수 있지만, 아마도 꿈속이나 아니면 깊은 생각 속으로 돌아올 것이라고 그들을 안심시켰다. 놀라운 것은 그들 일부에게는 기억이 돌아오는 데 시간이 그리 오래 걸리지 않았다는 사실이다. 용의자 중 한 명인 Ada JoAnn Taylor는 경찰 심리학자를 앵무새처럼 흉내내면서, "나는 나쁜 일들은 차단한다. 언제나 그렇게 해왔다"고 1989년의 첫 인터뷰에서 경찰에게 말했다고 한다. 즉, 살인이라는 나쁜 일이기에 자신은 언제나처럼 기억 속에서 차단했다는 것이다. 수사 막판에는 여섯 명의 용의자 중 세 명 - Taylor, Debra Sheldon 그리고 James Dean - 이 진정으로 그리고 전적으로 자기들의 유죄를 믿게 되었다고 한다. 그러나 그들 중 적어도 한 명인 Joseph White에게는 전혀 다른 이야기였다. 그에게는 결코 경찰이 말하고 바라던 대로 기억하지 않았다. 그는 단지 자기 친구들이 가짜 기억과 꿈에만 근거하여 사건을 기술하였고, 이를 근거로 유죄가 확정되었을 뿐이라고 생각하였다. 그는 결국에는 끝이 나게 된 추적, 즉 자신의 무죄를 입증하기 위하여 그다음 20년을 보낸다.[250]

오심으로 인한 무고한 유죄 확정과 선고는 그들의 허위자백이 점점 더 그럴듯하게 커짐에 따라 점점 더 많은 용의자들이 얽히고설키게 만든 경찰의 공격적인 심문과 결함이 있는 과학(법의학)의 산물이었던 것이다. 대부분의 용의자들이 어떤 식으로건 나름의 트라우마에 노출되었거나 트라우마를 가지고 있었다. 일부는 아동 성 학대나 물리적 학대의 피해자였고,

---

250 Flynn, M., "Six people were convicted of a murder they didn't even remember. Now a county owes them $28 million." The Washington Post, 2019, 3, 6, https://www.washingtonpost.com/nation/2019/03/06/six-people-were-convicted-murder-they-didnt-even-remember-now-county-owes-them-million, 2023. 5. 8. 검색.

일부는 정신적으로 아프거나 지능적으로 장애가 있었다. 그래서 그들 대부분에게 있어서, 그들이 끔찍한 무언가를 억누르고 가로막았을 수 있다는 생각과 주장이 그렇게 미친 소리처럼은 들리지 않았던 것이다. 경찰 심리학자 Price가 밀어붙인 "기억 억제(memory repression)"는 그 당시 심리학자들 사이에서 대중적인 인기가 높았던 움직임이었다고 한다. 그와 같은 이론이 심리학자들이 아이들로 하여금 자신이 성적 학대의 피해자였다고 믿도록 유도했던 단기적인 "사탄의 공포"가 휩쓸었던 기간을 포함하여 전국적으로 수많은 무고한 유죄 확정 사건으로 이어졌을 수도 있다는 것이다. 그럼에도 Beatrice 6 사건은 무고한 용의자 일부는 수년 동안이나 자신이 실제로 유죄인 것으로 믿었기 때문에 더 주목할 만하다는 것이다. 실제로 그들이 교도소로 가고 오랜 시간이 지난 후에도, 일부는 그때까지도 점점 커지는 수치심이 결코 흔들리지 않고, 깊은 후회를 가족과 친지들에게 호소하였다고 한다. 그들이 석방되고 나서, 그들을 평가했던 심리학자 Eli Chesen은 인질이 자신의 인질범과 유대를 발전시키게 되는 조건인 Stockholm syndrome, 스톡홀름 증상으로 고통을 받고 있었다고 증언하였다. 그들의 새로운 신념이 이전의 과거 인생, 삶의 경험들을 대체하였다는 것이다.[251]

Wilson이 살해되고 4년이 지나도록 범인을 잡지 못하였으며, 1989년까지 경찰은 범행했을 것으로 FBI가 분석했던 대로, 성적으로 관습적이지

---

251 Flynn, M., "Six people were convicted of a murder they didn't even remember. Now a county owes them $28 million." The Washington Post, 2019, 3, 6, https://www.washingtonpost.com/nation/2019/03/06/six-people-were-convicted-murder-they-didnt-even-remember-now-county-owes-them-million, 2023. 5. 8. 검색; Schager, N., "How the Beatrice Six were brainwashed into confessing to murder," Yahoo, 2022, 6, 20, https://yahoo.com/now/beatrice-six-were-brainwashed-confessing-071952686.html?guccounter=1&guce_referrer=aHR0cHM6Ly93d3cuZz29, 2023. 5. 8. 검색.

않고 독특하며 포르노그래피(음화)를 수집하는 용의자를 찾고 있었는데, White와 Taylor가 바로 그런 부류의 사람이었다. 누드모델이자 포르노그래피 영화의 제작자였던 White가 Taylor를 만나 사건이 일어나기 얼마 전까지도 포르노 영화를 만드는 것을 계속했다고 한다. 결국, 경찰은 길거리 소문을 근거로, Taylor를 신문하려고 했는데, 그때가 자신이 Wilson의 살해에 유죄라고 확신하기 그리 오래전이 아니었다. 법원 기록에 따르면, Taylor는 자신이 Wilson의 아파트에 있었다는 것을 경찰이 말해주었으며, 자신의 기억의 편린들을 되돌리려고 노력하였다고 경찰에 진술하였다. 그녀는 자신이 Wilson의 아파트에 대한 구체적인 정확한 어떤 것이나, Wilson이 입고 있었던 옷이나, 심지어 자신이 왜 아파트 안으로 들어갔는지조차 기억하지 못하는 것 같았다고 한다. 그럼에도 경찰은 그녀에게 걱정하지 말라면서, 기억을 되찾을 수 있게 도와주겠다고 했다는 것이다. 궁극적으로 Taylor는 White가 강간하는 동안 자신은 베개로 그녀를 질식시켰다고 자백하였다. 자백을 했음에도 그러나 White나 Taylor 둘 다 현장에서 발견된 혈액형 B가 아니었기 때문에 수사가 거기서 끝날 수가 없었다. 경찰은 공범이 더 있을 것으로 믿었고, 자신의 가짜 기억과 꿈이 점차적으로 더 광범위한 수사로 눈덩이처럼 커지게 하여, Taylor의 가짜 기억이 다른 공범을 파악하는 데 도움을 줄 것으로 생각하였다. 그렇게 해서 또 다른 4명의 용의자가 되고, 그 중에는 혈액형이 B형도 있었음은 물론이다.[252]

이들 여섯 명의 무고한 용의자가 피의자가 되고 유죄가 확정되기까지

252 Flynn, M., "Six people were convicted of a murder they didn't even remember. Now a county owes them $28 million." The Washington Post, 2019, 3, 6, https://www. washingtonpost.com/nation/2019/03/06/six-people-were-convicted-murder-they-didnt-even-remember-now-county-owes-them-million, 2023. 5. 8. 검색.

는 이런 일들이 있었던 것이다. 맨 처음, California에서 처음 만나 친구가 되어 Beatrice로 돌아와 함께 생활했던 Taylor와 White만이 살인 혐의를 받고 있었으나, Wilson의 혈액이나 범행 현장에서 확보된 혈액의 B형 혈액이 Taylor나 White와도 일치되지 않자 경찰은 아마도 다른 공범이 더 있기 때문일 것이라 판단하고는 이들을 추궁하여 마치 눈덩이를 굴리듯(snow balling)이 용의자를 넓혔던 것이다. 그렇게 신변이 확보된 용의자들을 세뇌하고, 범행을 시인하지 않으면 사형이 선고될 것이라 위협하여 그들 여섯 명 중 다섯 사람으로부터 자신이 유죄라는 허위자백을 받아냈던 것이다. 예를 들어, 경찰 심리학자이자 보안관인 Price는 IQ가 70대에 지나지 않아서 암시에 더욱 취약하고 영향을 받기가 쉽게 했고, 동시에 분열정동장애(schizpaffective disorder)를 앓고 있던 Shelden에게 교도소로 돌아가서 있으면 '진실'이 꿈으로 그녀에게 돌아올 것이라 말한다. 그리고 Shelden은 악몽에 시달리고, 결과적으로 자신과 다른 여성이 범죄 현장에 있었다고 확신하게 되었다. 그녀의 꿈에 대한 바로 그 이야기가 Kathy Gonzalez를 체포하는 근거로 삼게 된다.[253]

그러나 White는 달랐다. 그는 처음부터 자신의 무죄, 무고함을 주장하였다. 자신이 체포된 날 밤, 그는 자신이 용의자인가 물었고, 자신은 Helen Wilson에 대해서 아무것도 알지 못하고, 살인에 대해서도 아는 것이 없다고 말하였다. 그러자 수사 경찰이 아마도 당신이 기억하기가 힘든 것일 뿐이라고 말하며, 그것은 아마도 기억하고 싶지 않기 때문이 아닌가 되묻자 White는 아니라고 답하며 반복적으로 자신은 그곳에 없었다고 진술하였다. 그러자 경찰은 White의 유죄를 입증하기 위하여 그의 혈액, 모발 그리

---

253 Mitchell, M., "'Mind over Murder' HVO: Who were the Beatrice Six and where are they now?" News Week, 2022, 6, 20, https://www.newsweek.com/beatrice-six-where-are-they-now-mind-over-murderhbo-1717313, 2023. 5. 8. 검색.

고 정액을 검사하겠다고 위협하였고, 반면에 White는 자신의 무죄를 입증하겠다고 약속하였다. 그러나 그의 약속을 지키는 데 거의 20년이 필요하였다. 이유는 DNA 검사를 하자는 White의 청원을 법원이 기각하였고, 2007년이 되어서야 비로소 새로운 검사를 받을 수 있게 되었기 때문이다. 궁극적으로 검사로 인하여 자신과 다섯 명의 용의자를 면죄로 이끌었던 것이다. 그러나 범죄 현장에서 발견된 혈액과 정액에 대한 DNA 검사는 한때 Beatrice 주민이었던 Bruce Allen Smith와 일치하였으나, 그는 이미 사망한 후였다.[254]

여섯 명의 무고한 피의자들은 결과적으로 흠결 있는 법의학과 허위자백에 근거하여 무고하게 유죄가 확정되었던 것이다. 그들은 당국이 무모한 수사를 진행하였고, 그들에게 불리한 증거들을 날조하였다고 주장하였다. 전문가들은 이 사건이 미국에서 일어난 가짜 기억에 근거한 오심 사건의 가장 큰 사례라고들 한다. 아마도 끝까지 자신의 무고함, 무죄를 주장했던 White의 고집이 없었다면, 여섯 명의 피의자는 결코 면죄될 수 없었을 것이고, 일부는 아직까지도 교도소에 있었을 것이다.[255]

그들이 석방된 후, 그들의 심리상태를 평가했던 한 정신의학자는 그들이 아직도 정도는 다르지만 자신의 손에 피가 묻었다고 믿고 있었다고 평

---

254 Flynn, M., "Six people were convicted of a murder they didn't even remember. Now a county owes them $28 million." The Washington Post, 2019, 3, 6, https://www.washingtonpost.com/nation/2019/03/06/six-people-were-convicted-murder-they-didnt-even-remember-now-county-owes-them-million, 2023. 5. 8. 검색.

255 Innocence Project, "'Beatrice Six' allowed to appeal Judge's decision," https://innocenceproject.org/beatrice-six-allowed-to-appeal-judges-decision, 2023. 5. 8. 검색.

하면서, 이 사건을 한 사이비 종교의 교주가 900명 이상이 집단으로 자살하도록 설득하였던 Jones Town 대학살과 비교하였다. 이런 상황을 그는 자신을 완전히 통제하는 누군가에게 잔인한 형태의 유대, 심리적 유대라고 설명하면서, 그러한 상황을 만든 Price를 Rosetta stone, 핵심 열쇠로 부르며, Price가 자신의 신념 체계를 자신의 환자/포로에게 심은 것이라고 설명하였다. 연구에 따르면, 사람들이 매우 암시적이고 반복적인 인터뷰를 받게 되면, 그중 70%는 자신이 범했다고 믿게 된다는 것이다. 사람들은 '무언가가 있었을 수 있었을 거야'라는 상상된 기억 요소들이, '그랬을 거야, 있었을거야'로 그리고 '그랬어, 있었어'로 바뀌게 된다는 것이다. 이 사건이 다른 허위자백 사건과 다른 점이 있다면 바로 다른 허위자백 사례에서는 재판 과정이나 그 이전에 자신의 허위자백을 철회하거나 번복하는 반면에, 이 사건에서는 수십 년이 지나고서도 여전히 자신의 허위자백을 믿기도 한다는 점이다.[256]

George Stinney Jr.
인종차별로 무고하게 형장의 이슬로 사라진 미국 최연소 사형수

---

256 Aviv, R., "Remembering the murder you didn't commit," The New Yorkrt, 2017, 6, 12, https://www.newyorker.com/magazine/2017/06/19/remembering-the-murder-you-didnt-commit, 2023. 5. 8. 검색; NPR, "After DNA exoneration, the Beatrice Six share false memories of murder," 2017, 6, 15, https://www.npr.org/2017/06/15/533102554/after-dna-exoneration-the-beatrice-six-share-false-memories-of-murder, 2023. 5. 8. 검색.

George Junius Stinney Jr.는 11살과 7살의 백인 소녀를 살해한 혐의로, 14세의 어린 나이에 무고하게 사형이 확정되어 전기의자에서 사형이 집행된 20세기 미국에서 사형이 집행된 가장 어린 사형수로서, 그의 사형이 집행되고 무려 70년 후에서야 비로소 그의 형이 면죄된 흑인 소년이다. 지난 74년 동안이나 주민들을 겁에 질리도록 만들었던 치명적인 이 사건은 두 가지 정반대의 이야기가 나돌았다. 이야기의 하나는 Stinney의 사형이 집행될 수 있도록 만들었던 것으로, Stinney가 소녀들을 따라가서 때려 살해했다는 것이고, 다른 하나의 이야기는 오늘날까지도 파다한 것으로, 소녀들이 당시 그 지역 목재소 사장의 수다스러운 아내도 자신들과 같이 갈 수 있는지 알아보려고 당시 그 지역 유명 백인 가족의 집에도 들렀는데, 그녀는 동행을 사양했지만, 그녀의 아들이 자신의 목재 트럭에 소녀들을 태우고 갔다는 것이었다. 물론, 사건은 Stinney가 소녀들을 살해한 것으로 결론이 났었고, 그에게 유죄가 확정, 선고되었던 것이다. 그러나 2004년에서야 그에 대한 재심이 시작되었고, 그의 사형이 집행되고 70년이 지난 2014년이 되어서야 법원은 그가 공정한 재판을 받지 못했고, 그래서 무고하게 유죄가 확정되었다고 결정하였던 것이다.[257]

2004년, 향토사학자요 동시에 지역 교육위원회 위원인 George Frierson은 Stinney 사건에 관한 신문 기사를 읽고 사건을 면밀하게 탐색하기 시작

257 Wikipedia, "George Stinney," https://en.wikipedia.org/wiki/George_Stinney, 2023. 5. 18. 검색; Pan, D. and Hawes, J. B., "In 1944, George Stinney was young, black and setenced to die," Post and Courier, 2018, 5, 25, https://www.postandcourier.com/news/special_reports/in-george-stinney-was-young-black-and-sentenced-to-die/article_a87181dc-2924-11e8-b4, 2023. 5. 18. 검색; Anglis, J., "Inside the execution of 14-year-old George Stinney Jr., The youngest person in U.S. history to face capital punishment," ATI, 2023, 4, 5, https://allthatsinteresting.com/george-stinney-jr, 2023. 5. 18. 검색.

하였고, 곧바로 지역 변호사들의 관심을 받게 된다. 이들은 셀 수조차 없을 정도로 많은 시간을 역사적 기록물들을 탐색하고 검토한 끝에 Stinney의 면죄를 도울 증인과 증거를 찾게 되고, 2013년 10월 25일 새로운 재판을 요구하는 청원서를 제출한다. 그들은 이 아이에게 유죄를 선고할 아무런 이유가 없었으며, 배심원단에 제출할 아무런 증거도, 기록도 없었으며, 당연히 이 사건은 바로 잡아야 할 부정의(injustice)로서 다시 재판되어야 할 필요가 있다고 청원하였던 것이다. 청원에 따르면, 1944년 Stinney가 사형이 선고되고 집행되게 했던 범죄에 그가 무고하다는 증거가 있었으며, 검찰은 기록도 되지 않고, 서명도 되지 않은, 변호사와 부모의 보호도 받지 못하고 박탈당하고, 변호인은 놀랍게도 소년의 무죄를 입증해 줄 증인도 전혀 부르지 않고 항소할 권리마저 행사하지 않은 채 강요된 오직 14살밖에 되지 않은 소년의 "자백"에만 거의 전적으로 의존하였다는 것이다.[258]

그러나 불행하게도, 향토사학자 Frierson과 지역 언론과 변호사들의 노력에도 불구하고, 끝내 Stinney는 1944년 6월 16일 아침 7시 반에 형장의 이슬로 사라지고 말았다. 그가 사형집행을 위해 앉았던 전기의자가 그의 작은 키에는 너무 높아서 성경책을 그의 엉덩이 밑에 깔아 보조 의자로 사용해야만 했다는 소문도 자자했을 정도로 그는 어린 소년이었던 것이다. 어린 그의 얼굴이 너무 작아서 전기의자에 전기가 연결되자 그의 얼굴에 쓰여있던 성인용 마스크가 미끄러지며 벗겨져 살짝 보인 그의 얼굴에는

---

258 Wikipedia, "George Stinney," https://en.wikipedia.org/wiki/George_Stinney, 2023. 5. 18. 검색; Anglis, J., "Inside the execution of 14-year-old George Stinney Jr., The youngest person in U.S. history to face capital punishment," ATI, 2023, 4, 5, https://allthatsinteresting.com/george-stinney-jr, 2023. 5. 18. 검색.

눈물이 흘러내리고 있었다는 말도 회자되었었다.[259]

2014년에 열린 법원 청문에 제출된 새로운 증거는 Stinney가 살인이 일어났던 그 시간에 자신과 함께 있었다는 Stinney의 누이동생의 증언과 물이 가득한 배수로에서 살해된 두 소녀를 발견했던 Francis Batson 목사가 배수로 안이나 주변에 피가 많지 않았다고 회상하여, 소녀들이 다른 장소에서 피살되어 배수로로 옮겨졌을 수 있음을 암시하는 진술도 있었다. 그런데 만약 다른 장소에서 피살되어 옮겨진 것이라면, 키가 155cm, 몸무게가 겨우 43kg밖에 안 되는 14살의 어린아이가 자기와 비슷한 체격의 아이와 또 다른 아이 두 명을 동시에 살해하여 시신을 옮긴다는 것은 어려운 일이며, 그렇지 않고 시신 발견 장소에서 살해되었다면, 그것도 둔기에 맞아 두개골이 골절될 정도라면 시신 주변에 다량의 출혈이 있어야 하지만 그렇지 않았다는 점에서 Stinney의 무죄를 추정케 하였다. 뿐만 아니라, Stinney와 교도소에 함께 수용되어 있던 동료 재소자 Wilford "Johnny" Hunter라는 수형자가 Stinney가 자신은 자백을 강요받았다고 실토하였고, 자신의 무고함을 견지하였다고 증언하였다. 그러나 변호인단에서는 70년이란 세월이 흘러서 관련자 대부분이 사망하였고, 증거도 사라진 관계로 그 입증이 불가능하거나 매우 어렵기 때문에, Stinney의 살해 여부와 진범일 가능성 여부에 대해서는 논쟁하지 않고, 대신에 적법절차의 기본적 권리를 침해당하

---

259 Starr, T. J. "Executed at 14: George Stinney is a constant reminder that the death penalty must end," NewsOne, 2022, 6, 16, https://newsone.com/2061550/george-junius-stinney-jr-birthday, 2023. 5. 18. 검색; Wikipedia, "George Stinney," https://en.wikipedia.org/wiki/George_Stinney, 2023. 5. 18. 검색; McVeigh, K., "George Stinney was executed at 14. Can his family now clear his name?" The Guardian, 2014, 3, 22, https://www.theguardian.com/theobserver/2014/mar/22/george-stinney-execution-verdict-innocent, 2023. 5. 18. 검색.

였다고 주장했던 것이다.[260]

새로운 증언과 증거에 바탕하여, 2014년 12월 16일 순회재판소의 Carmen Mullen 판사는 새로운 재판을 승인하기보다 오히려 Stinney의 유죄를 무효화하면서, 이 사건을 "엄청나고 근본적인 부정의(injustice)"라고 칭하였다. 판사는 Stinney가 그가 받아야 마땅한 변호를 효과적으로 받지 못하였고, 그의 수정헌법 6조 등 헌법적 권리가 침해되었기에 그가 공정한 재판을 받지 못하였다고 판시하였던 것이다. 또한 전원 백인으로 구성된 배심도 이 10대 흑인의 동료, 편이라고 간주될 수 없으며, 법원이 임명한 변호인도 그를 변호하기 위한 노력을 "거의 또는 전혀" 하지 않았으며, 그의 자백도 South Carolina의 흑백이 분리된 작은 마을의 제복을 입은 백인 법 집행관과 그에게 체포되어 신문을 당하는 14세의 흑인 소년 사이의 권력 차이로 인하여 아마도 강요되었을 개연성이 높고, 따라서 믿을 수도, 증거로 받아들여질 수도 없다고 보았던 것이다. Mullen 판사는 Stinney의 자백이 강요되었을 개연성이 크며, 따라서 증거로 인정, 채택될 수 없다고 판단하였고, 14살 소년에 대한 사형의 선고는 UN에서도 전하고 있는 "잔인하고 비정상적인 처벌(cruel and unusual punishment)"에 해당되며, 그의 변호인도 그의 무죄를 입증해 줄 증인을 부르지도 않았고, 그의 항소할 권리도 지키지 못했다는

---

260 Wikipedia, "George Stinney," https://en.wikipedia.org/wiki/George_Stinney, 2023. 5. 18. 검색; McVeigh, K., "George Stinney was executed at 14. Can his family now clear his name?" The Guardian, 2014, 3, 22, https://www.theguardian.com/theobserver/2014/mar/22/george-stinney-execution-verdict-innocent, 2023. 5. 18. 검색; Pan, D. and Hawes, J. B., "In 1944, George Stinney was young, black and setenced to die," Post and Courier, 2018, 5, 25, https://www.postandcourier.com/news/special_reports/in-george-stinney-was-young-black-and-sentenced-to-die/article_a87181dc-2924-11e8-b4, 2023. 5. 18. 검색.

것도 발견하였다. 그런데 Mullen 판사의 이와 같은 결정은 기소의 과정에만 제한하는 것으로, Stinney가 "범행을 했을 수도 있다"는 것을 지적하는 것이었다. 과정이 공정하지 못하였고, 그의 헌법적 권리가 박탈당하였다는 사실은 구체적으로 그가 체포되고 재판이 시작될 때까지 부모를 단 한 번밖에 볼 수 없었고, 혼자서 수사와 재판 절차를 모두 감당해야 하였고, 15,000명 이상의 군중이 법정을 에워싼 가운데, 배심 평결에 단 10분 그리고 전체 재판에도 겨우 2시간밖에 걸리지 않았던, 백인으로만 구성된 열두 명의 배심원들을 마주해야 하였고, 그의 부모는 재판 후에도 교도소에 수감된 아들을 딱 한 번만 면회할 수 있었다고 한다.[261]

그런데 Mullen 판사의 결정이 Stinney의 무죄를 확인해주지는 않았지만, 그가 무죄일 가능성이 높다는 것을 암시하는 새로운 대체 용의자에 관한 소문이 자자하였다. Stinney의 사형이 집행되고, 당시 그 지역의 부유한 백

---

261 McVeigh, K., "George Stinney was executed at 14. Can his family now clear his name?" The Guardian, 2014, 3, 22, https://www.theguardian.com/theobserver/2014/mar/22/george-stinney-execution-verdict-innocent, 2023. 5. 18. 검색; Robertson, C., "South Carolina Judge vacates conviction of George Stinney in 1944 execution," The New York Times, 2014, 12, 17, https://www.nytimes.com/2014/12/18/us/judge-vacades-conviction-in-1944-execution.html, 2023. 5. 18. 검색; Starr, T. J. "Executed at 14: George Stinney is a constant reminder that the death penalty must end," NewsOne, 2022, 6, 16, https://newsone.com/2061550/george-junius-stinney-jr-birthday, 2023. 5. 18. 검색; Chappell, B., "S. C. Judge says 1944 execution of 14-year-old boy was wrong," NPR, 2014, 12, 17, https://www.npr.org/sections/thetwo-way/2014/12/17/371534533/s-c-judge-says-boy-14-shouldnn-t-have-been-executed, 2023. 5. 18. 검색; Eriou-Smith, Loulla-Mae, "George Stnney Jr.: Black 14-year-old boy exonerated 70 years after he was wxecuted," The Independent, 2014, 12, 18, https://www.independent.co.uk/news/world/americas/george-stinney-jr-black-14yearold-boy-exonerated-70-years-after-he-was-executed-9932429, 2023. 5. 18. 검색.

인 사업가의 아들 George Burke Jr.가 살인 사건의 가능한 용의자라는 소문의 당사자로 떠올랐다. Burke Jr.의 아들 Wayne Burke가 당시 사건을 조사하던 주민에게 자신의 할머니가 자신에게 말하기를 자기 아버지 Burke Jr.가 소녀들이 살해된 날 자신의 목재 트럭으로 소녀들을 할머니 집으로 데려왔었다는 것이다. 여기에 의혹을 더하는 것은 이 사건에 Burke Sr.가 보인 지대한 관심이었다. 그는 Stinney를 살인으로 기소할 것을 권고하였던 검시 배심원단의 장이었고, Stinney를 기소했던 대배심원이었으며, 그의 기소에 증인이기도 하였다. 그리고 시신이 발견된 장소의 지주이기도 하였다. 그는 이 사건의 증인으로서 그리고 Stinney의 살인혐의와 기소의 책임이 있는 핵심 집단의 구성원으로서 사건의 거의 모든 국면에 참여했다는 것이 변호인에게는 Stinney의 재판이 처음부터 오염되었다는 증거였다. 지역의 가장 유명한, 유력한 주민으로서 비밀 청문에서 다른 배심원들에게 영향을 미칠 기회가 있었다는 것이다.[262]

변호인단이 발견한 특이점은 이들뿐만이 아니었다. 검찰이 사건을 전개하면서 살인 흉기가 계속 바뀌었다는 점이다. 기소장에는 처음엔 '철봉'으로 기재되었다가 철로 못으로 다시 철로 버팀목 이음 못으로 다양하게 바뀌었으나, 그 어떤 것도 소녀들에게 신체적 손상을 입힌 도구일 개연성이 없었다고 한다. 서류에는 망치 머리 크기의 둥근 도구가 소녀들의 중상해를 초래했다고 기록되어 있었기 때문이다. 변호인 측의 법의 병리학자

---

262 Wikipedia, "George Stinney," https://en.wikipedia.org/wiki/George_Stinney, 2023. 5. 18. 검색; Pan, D. and Hawes, J. B., "In 1944, George Stinney was young, black and setenced to die," Post and Courier, 2018, 5, 25, https://www.postandcourier.com/news/special_reports/in-george-stinney-was-young-black-and-sentenced-to-die/article_a87181dc-2924-11e8-b4, 2023. 5. 18. 검색.

도 이에 동의하였다. 부상 부위를 보아 못과 해머를 쉽게 오판할 수 있는 것이 아니라고 강조하였다. 또한 검찰은 Stinney가 소녀를 강간하려다 실패하자 살해했다고 설명하였지만, 그의 재판에 참여한 또 다른 법의 병리학자는 가능성만 있을 따름이지 소녀들이 성적으로 학대되었다고 확신할 수 없다고 진술하였던 것이다.[263]

Julius Jones
사법제도의 인종적 부정의와 공범의 덮어씌우기 허위 진술

Julius Jones는 사형수로서 자신의 생명을 위해 지난 20년을 투쟁하였다. 그는 오클라호마대학교를 장학생으로 다녔고, 고교 시절 뛰어난 농구선수로 그의 선생님들과 친구들이 기억하는 그런 학생이었다. 그러나 45세의 백인 Howell이 미국 오클라호마주 Edmond의 부유한 교외에서 자동차를 강탈당한 후 자기 집 차도에서 총격을 당한 1999년에 그의 모든 것이 바뀌게 된다. Howell의 GMC Suburban이란 소형 트럭은 사라졌고, 그의 누이동생 Megan Tobey가 유일한 목격자였다. Megan Tobey는 총격범을 빨간 두건, 흰색 셔츠 그리고 테두리 없는 베레모 또는 원뿔형 털실 모자를 쓴 젊은 흑

263 Pan, D. and Hawes, J. B., "In 1944, George Stinney was young, black and setenced to die," Post and Courier, 2018, 5, 25, https://www.postandcourier.com/news/special_reports/in-george-stinney-was-young-black-and-sentenced-to-die/article_a87181dc-2924-11e8-b4, 2023. 5. 18. 검색; Anglis, J., "Inside the execution of 14-year-old George Stinney Jr., The youngest person in U.S. history to face capital punishment," ATI, 2023, 4, 5, https://allthatsinteresting.com/george-stinney-jr, 2023. 5. 18. 검색.

인 남성으로 기술하였다. 그러나 그녀는 총격범이 얼굴을 가리고 있었기 때문에, 그의 얼굴을 파악, 확인할 수는 없었다고 한다. Howell이 살해되고 이틀 후, 경찰은 피살자의 없어진 트럭을 식품 가게 주차장에서 발견하게 된다. 경찰은 그 후 Ladell King이라는 이름의 남자가 그 차를 팔려고 했었다는 사실을 알게 된다. 그리고 Chris Jordan과 Julius Jones라는 두 사람이 그들의 훔친 자동차를 팔게 도와달라고 요청했었다고 경찰에 진술하였다. King은 Jordan이 운전을 하였고, Jones가 훔칠 Suburban 차량을 찾고 있었지만, Howell에게 총을 쏜 사람은 Jones라고 주장하였다. King과 Jordan 두 사람 모두 범죄 입증 증거가 있을 만한 장소로 Jones의 부모님 집을 지목하여 경찰의 관심을 돌렸다고 한다. 실제로 수사관들은 Jones 가족의 집 좁은 공간에서 빨간 털모자로 싼 총을 발견하였고, 다음 날 바로 Jones는 살인 혐의로 체포된다. 물론 이에 대해 변호인단은 재판과정에서 경찰이 찾아낸 증거는 Jordan에 의해서 꾸며진 것이었다고 항변하였다. 변호인단은 Jordan이 살인 발생 그날 밤 Jones의 집에 머물렀다고 하였으나, 물론 Jordan은 재판과정에서 그런 주장을 부인하였다.[264]

2020년, Jones의 이야기는 당시 California 주 변호사 시험을 준비하고 있었으며, 교도소 개혁과 사형제도에 대해 목소리를 내왔고, 구금된 남녀 재소자 다수의 석방 운동을 펴왔던 유명 모델 Kim Kardashian이 Jones 사건에

264 Chang, J., Lefferman, J. Smith, C. and Yamada, H., "Julius Jones' execution set for Thursday, federal court rejects appeal," ABC News, 2021, 11, 17, https://abcnews.go.com/US/julius-jones-execution-date-looming-family-refuses-give/story?id=80193162, 2023. 5. 18. 검색; Khalaf, S., "A former prosecutor breaks down the Julius Jones case," 2021, 11, 19, https://www.tulsaexpungementguy.com/blog/a-former-prosecutor-breaks-down-the-julius-jones-case, 2023. 5. 18. 검색.

관심을 표명하자, 대중들의 관심을 끌게 되어 이 사건은 다시 한번 세상의 스포트라이트를 받게 된다. 그와 같은 세상의 관심에 탄력을 받은 그에 대한 사면 청원은 그가 효과적이지 못하고 무능하고 경험이 없는 변호인, 배심원단의 인종적 편견과 추정되는 검찰의 비행을 포함하여 그의 유죄를 결정해야 할 임무가 있는 사법제도의 근본적인 붕괴로 인하여 사형수가 되었다고 지적하였다. 이 청원에 6백만 명 이상이 서명하여 이 사건에 대한 세상의 관심을 알 수 있게 하였다. 이러한 청원은 Jones에게 불리한 증거는 물론이고, 공범의 증언에 대한 신뢰성에 관한 의문을 포함한 다수의 쟁점 사항들이 있었기 때문이었다. 먼저, Jones는 나름의 알리바이가 있었다. 그가 사건이 발생 한 날 밤 집에 있었다고 그의 가족들이 증언하였다. 이런 주장에 대해서 검찰은 신뢰할 수 없다고 반박하였는데, 이유는 그날 밤 자신이 어디에 있었는지 일관성이 없었으며, 그의 변호사들이 가족들이 잘못 알고 있었고, 그는 그날 밤 집에 있지 않았다고 말했다고 증언했다는 것이다. 또 다른 하나의 쟁점은 그의 집에서 발견된 빨간 털모자와 모자로 포장된 총기에 관한 것이었다. 이에 대해서 청원서에는 Jordan이 사건 후 Jones의 집에 머물렀고, 그때 Jordan이 증거를 심었다고 주장하였다. 이에 대해 검찰은 Jones의 공범이 누구에게도 자신의 범행을 자백하지 않았다고 검찰에 진술했다는 것이다. 이에 대한 근거로 검찰은 변호인단의 요청으로 이루어진 빨간 털모자에 대한 DNA 검사 결과 DNA 프로파일의 대부분이 Jones와 일치하였고, 반면에 Jordan은 제외되었다는 것이다. 물론 변호인단에서도 이런 검찰의 주장에 대해 DNA 검사 결과가 제한적이었고, Jordan의 DNA는 제외될 수 없었다고 반박하였다. 청원에는 또 유일한 목격자의 총격범에 대한 기술이 Jones와 전혀 일치하지 않다는 것을 보여줄 수도 있었던 사건 며칠 전에 찍은 Jones의 사진을 배심원단에 보여주지 않았다는 주장도 하였다. 일부 배심원들이 나서서 만약 자기들이 그 사진을 보았다면 사건의 결과가 달라졌을 수 있다고 지적하였다. 끝으로, 이 사건에는 인종적 편견이 깔려있다는 것이다. 어느 배심원이 Jones를 "깜둥이"로 불렀다고 하며, 그가 체포될 때도 경찰관이 "깜둥이"라고 불렀다는 것이다.[265]

이처럼 Jones에 대한 사법절차와 과정은 다양한 일탈로 점철되었다는 것이다. Jones는 알리바이가 있었으나 배심원은 듣지도 못하였고, 유일한 증인은 범죄 현장에서 누군가 다른 사람을 지목하였고, 검찰 측 핵심 증인은 자신의 형량을 줄이기 위하여 검찰과 비밀스러운 거래를 했기 때문이다. 그리고 Jones에게 불리한 증언을 했던 FBI 요원은 후에 선서를 하고 하는 증언에서 자신이 거짓말로 증언을 했다고 시인하였다. 검찰은 또한 Jones에 대한 유죄평결에 찬성했던 한 배심원이 "깜둥이"라는 인종 차별적 언어를 사용했다는 내용을 배심원단에게 숨겼다고도 한다.[266]

결국, 압도적인 증거들이 Julius Jones의 무죄, 무고함을 가리키고 있다는 것이다. 먼저, 유일한 목격자의 총격범에 대한 기술이 Jones와 일치하지 않았다는 점이다. 그의 진술에 의하면 총격범이 털실 모자로부터 약 1~2인치 정도의 머리털을 가졌다고 진술하였으나 배심원단은 그의 사진을 결코 보지 못하였지만 당시 그는 삭발을 하고 있었기 때문에 그런 진술에 맞지 않았다고 한다. 반면에 자신의 사형 선고를 피하려는 비밀 거래를 하여

265 "Julius Jones: Execution halted after clemency granted hours before death sentence carried out," https://www.9news.com.au/world/julius-jones-us-execution-granted-clemency-hours-before-death-sentence-carried-out/, 2023. 5. 18. 검색.

266 "Free Julius Jones," https://freejuliusjones.com, 2023. 5. 18. 검색.

Jones에게 죄를 뒤집어씌우는 불리한 증언을 했던 Jordan에게 정확하게 일치하였다. 그리고 Jones가 사건이 발생한 날 밤, 가족과 함께 집에 있었다고 모든 가족이 증언한 알리바이가 있었지만, 살인 사건을 변호한 경험이 전혀 없었던 변호인이 단 한 명의 증인도 부르지 않아서 가족 누구도 배심원단에게 증언하지 못하였고, 당연히 배심원들은 그의 알리바이를 전혀 들을 수 없었던 것이다. 더 중요한 것은, Jordan이 개인적인 관심이 없는 여러 사람들에게 살인 사건에 대해 Jones가 유책하다고 증언해주면 그 보상으로 일단 15년 만에 석방시켜주겠다는 약속을 검찰이 자신에게 했다는 말을 떠벌렸다는 사실을 배심원들은 전혀 듣지도 알지도 못했었다는 것이다. 여기에 더하여, Jones에 대한 유죄 확정과 선고의 신뢰성에 대한 심각한 의문들이 있다는 것이다. 먼저, 쓰레기 법의학(junk forensic science)의 문제다. 검찰의 Jones에 대한 법의학은 지금은 신빙성이 없어진 FBI 분석가 Kathleen Lundy와 화재 감식관 Terrence Higgs의 증언에 근거하였는데, 이들 두 사람 모두가 나중에는 자신들의 잘못을 시인하였다고 한다. 그리고 인종적 편견의 문제로서, Jones의 배심으로 자격이 있었던 흑인 중 단 한 사람만을 제외하고 거의 모든 흑인들이 배심원이 되지 못하여 그 한 명을 제외한 모든 배심원이 백인이었다는 것이다. 최소한 한 명의 배심이 이 재판은 시간 낭비라고 하며, "깜둥이"를 데려나가서 유치장 뒤에서 사살해야 한다고 말하는 등 배심원의 평결에 영향을 미치는 인종적 편견을 가졌었다는 것이다. Jones와 같이 백인 남성을 살해한 흑인 피의자는 만약 피해자가 비백인이었을 때보다 사형이 선고될 확률이 세배나 된다는 것이 인종적 편견과 차별이 없지 않음을 보여주고 있다.[267]

---

267 "Free Julius Jones," https://freejuliusjones.com, 2023. 5. 18. 검색; Kaplan, N.,

자신이 범하지도 않은 살인 사건으로 무고하게 그것도 19세라는 어린 나이임에도 사형을 선고받고 자신의 무고함과 무죄를 주장한다는 이유로 하루 23시간이나 독방에 구금되었던 Jones 사건은 인종적 불평등과 차별과 부정의가 미국 형사사법제도가 안고 있는 심각한 문제의 하나임을 여실히 보여주었다. 그 결과, 세계적인 모델 Kim Kardashian이나 미국 프로 미식축구팀 Cleveland Brown의 유명 쿼터백인 Baker Mayfield를 포함한 유명인들의 지대한 관심을 끌기도 하여 더욱 사회적 문제가 되기도 하였다. 처음 그가 무고하게 유죄를 선고받게 된 데는 이 사건의 공범인 고등학교 친구 Chris Jordan의 Jones에 불리한 허위 진술로 그에게 죄를 덮어 씌우기 하려는 데서 시작되어, Jordan이 교도소 수용 중 동료 수형자들에게 자신이 살해했다고 여러 차례 시인했음에도 Jones가 전과기록이 있는 흑인이라는 일종의 확정 편향에 매몰된 사법제도와 그 종사자들이 Jones에 대한 오심으로 이끌었다는 것이다.[268]

"Julius Jones may be executed thrusday: Hers's why criminal justice experts(and Kim Kardashian West) think he's innocent," Fotbes, 2021, 11, 17, https://www.forbes.com/sites/annakapapaln/2021/11/17/julius-jones-may-be-executed-thursday-heres-why-criminal-justice-experts-and-kim-kardashian-west-think-hes-innocent, 2023. 5. 18. 검색.

268 Rouhandeh, A. J., "Who is Julius Jones? Execution of Oklahoma inmate controversy explained," Newsweek, 2021, 11, 17, https://www.newsweek.com/who-julius-jones-execution-oklahoma-inmate-controversy-explained-1650511, 2023. 5. 18. 검색; Osborne, D., "Julius Jones case deserves independent review from Oklahoma AG," The Black Wall Street Times, 2023, 4, 11, https://theblackwallsttimes.com/2023/04/11/julius-jones-case-deserves-independent-review-from-oklahoma-ag, 2023. 5. 18. 검색; Segura, A., "Despite a botched execution and concerns over innocence, Oklahoma prepares to execute Julius Jones," The Intercept, 2021, 11, 14, https://theintercept.com/2021/11/14/oklahoma-death-penalty-julius-jones, 2023. 5. 18. 검색.

공저자 약력

이 윤 호

학력

　동국대학교 경찰행정학과 학사

　동국대학교 대학원 경찰행정학과 석사

　미국 Michigan State University, School of Criminal Justice 석사, 박사

경력

　현) 고려사이버대학교 경찰학과 석좌교수

　　동국대학교 경찰사법대학 경찰행정학부 명예교수

　전) 경기대학교 교정학과, 경찰학과 교수, 교학2처장, 대외협력처장, 행정대학원장

　　동국대학교 경찰사법대학 경찰행정학부 교수,

　　사회과학대학장, 경찰사법대학장, 행정대학원장, 경찰사법대학원장, 입학처장

　전) 국가경찰위원회 위원

　　법무부 법무연수원 교정연수부장(민간전문가 초빙 2급 이사관)

　　한국공안행정학회 회장

　　한국경찰학회 회장

　　대한 범죄학회 회장

　　한국산업보안연구학회 회장

　　한국테러정책학회 회장

저서

　범죄학(박영사), 교정학(박영사), 경찰학(박영사), 피해자학(박영사),

　현대사회와 범죄(박영사), 범죄, 그 진실과 오해(박영사), 범죄심리학(박영사),

　청소년비행론(박영사), 범죄예방론(박영사), 범죄 기네스북(도도),

　연쇄살인범, 그들은 누구인가(도도), 우리 속에 숨은 사이코패스(도도),

　세기와 세상을 풍미한 사기꾼들(박영스토리),

　영화 속 범죄 코드를 찾아라(도도)

이 승 욱

학력: 미국 Michigan State University, School of Criminal Justice 학사

　　미국 Illinois State University, Department of Criminology 석사

　　미국 Michigan state University, School of Criminal Justice 박사

경력: 현) 미국 Texas A & M University, San Antonio, 조교수

　　전) 미국 University of Southern Indiana 조교수

세기의 오심

초판발행	2024년 4월 10일
지은이	이윤호·이승욱
펴낸이	노 현
편 집	사윤지
기획/마케팅	정연환
디자인	BEN STORY
제 작	고철민·조영환
펴낸곳	(주) 피와이메이트
	서울특별시 금천구 가산디지털2로 53, 210호(가산동, 한라시그마밸리)
	등록 1959.3.11. 제300-1959-1호(倫)
전 화	02)733-6771
f a x	02)736-4818
e-mail	pys@pybook.co.kr
homepage	www.pybook.co.kr
ISBN	979-11-6519-992-0 03300

copyright©이윤호·이승욱, 2024, Printed in Korea

정 가   26,000원

박영스토리는 박영사와 함께하는 브랜드입니다.